Königreich Dänemark
Königreich Polen
Hamburg
Elbe
Berlin
Warthe
Amsterdam
Utrecht
Oder
Heiliges Römisches Reich
Rhein
Erfurt
Köln
Brüssel
Aachen
Wetzlar
Elbe
Prag
Olmütz
Eger
Main
Erzbm. Trier
Mainz
Trier
Brünn
Nürnberg
Worms
Mosel
Speyer
Neckar
Metz
Esslingen
Landshut
Donau
Wien
Straßburg
Bm. Straßburg
Breisgau
Augsburg
Biberach
München
Schlettstadt
Über-lingen
Ravensburg
Salzburg
Graz
Colmar
Isny
Inn
Konstanz
Friesach
Plattensee
Basel
Bodensee
Wangen
Innsbruck
Drau
Besançon
Brennerpass
Brixen
Waadt
Bern
Simmental
Bozen
Bormio
Trient
Triest
Genfer See
Comer See
Rovereto
Wallis
Aosta
Como
Gardasee
Verona
Venedig
Mailand
Po
Dauphiné
Rhône
Bologna
Adriatisches Meer
Florenz
Kirchenstaat
Avignon
Rom
Korsika
Königreich Neapel
Mittelmeer

Elmar Bereuter

HEXENHAMMER

Elmar Bereuter

HEXENHAMMER

Roman

Herbig

Besuchen Sie uns im Internet unter
http://www.herbig-verlag.de
http://www.der-hexenhammer.de

1. Auflage September 2003
2. Auflage Januar 2004

Schutzumschlag: Wolfgang Heinzel
Karte auf Vor- und Nachsatz: Eckehard Radehose
Herstellung und Satz: VerlagsService Dr. Helmut Neuberger
& Karl Schaumann GmbH, Heimstetten
Gesetzt aus der 11,2/13,5 Weiss-Antiqua
Druck und Binden: Ueberreuter Buchproduktion, Korneuburg
Printed in Austria
ISBN 3-7766-2341-1

Zwei Dinge sind für den Verstand unerklärlich:
die Weisheit Gottes und der Wahnwitz der Menschen.

Alexander Pope

PROLOG

Peter von Greyerz konnte nicht schlafen. Schon mehrfach hatte er den Tag verwünscht, an dem er sich dazu überreden ließ, den bequemen und ruhigen Posten als Ratsherr in Bern aufzugeben und die Stelle als Landvogt hier im Obersimmental anzutreten. Da saß er nun auf der Blankenburg, die er vor ein paar Jahren aus einem Meierhof zu einer Festung hatte ausbauen lassen, fror sich vom Spätsommer bis ins späte Frühjahr in dem kalten Gemäuer den Hintern ab und schlug sich mit einer aufsässigen Landbevölkerung herum, die sich keinen Deut um die neue Berner Rechtsprechung scheren wollte, sondern auf ihren verbrieften Gewohnheitsrechten beharrte.

Seit 1392 war er nun schon hier und musste sich widerwillig eingestehen, dass er es beileibe nicht mit einem Haufen thumber Bauern zu tun hatte.

Früher, ja früher wäre es sicher noch einfach gewesen, die Leute unter der Knute zu halten.

Damals war das steile und enge Tal noch weitgehend abgeschnitten gewesen: Der Jaunpass, Pillon- und Rawilpass führten in Gebiete wie das Greyerzerland, Waadtland, Mittel- und Oberwallis, deren Dialekte und Sprachen sie als Alemannen kaum oder überhaupt nicht verstanden.

Zudem waren sie Selbstversorger und es bot sich nur selten ein Anlass, die Talschaft zu verlassen. Die Schafe lieferten Milch und Wolle, Getreide wurde selbst angebaut und bei den Müllern im Tal vermahlen.

Seit einigen Jahren war jedoch die Umstellung auf die Großviehzucht in vollem Gange und machte es notwendig, Vieh und Fleisch auch außerhalb zu verkaufen, zudem musste das nunmehr fehlende Getreide zugekauft werden. Zunehmend wuchs der Wohlstand, man konnte es am Dorf Boltigen in unmittelbarer Nähe sehen, aber mit ihm kamen auch neue Ansichten, Redereien und Tratsch ins Tal.

»Aufmüpfiges und renitentes Pack«, murmelte der Vogt und hieb mit der Faust auf die große eichene Tischplatte. Der leere Messingbecher klirrte leise gegen den Weinkrug. »Keinen Respekt mehr vor der Obrigkeit!«

Die einheimischen Adelsgeschlechter hatten sich in der Vergangenheit durch Fehden untereinander, Herrschaftsaufteilungen und Verschuldung selbst fast an den Bettelstab gebracht. Fremde Herren, die auch noch den verhassten Habsburgern nahe standen, machten sich auf den Burgen breit. Der andauernde Wechsel der Herrschaftsverhältnisse hatte dafür gesorgt, dass auch die Rechtsprechung weitgehend zum Erliegen kam. Oft erfolgten die Ablösungen so schnell, dass Gesetze, die gerade ein paar Monate alt waren, von heute auf morgen nichts mehr galten. Neue Verordnungen wurden wiederum nach ein paar Tagen über den Haufen geworfen, selbst die Gesetzgeber hatten in kürzester Zeit den Überblick verloren. Die Leute begannen, ihre Streitereien unter sich auszutragen und ihre Ansprüche in blutigen Sippenfehden geltend zu machen.

Anfang der achtziger Jahre lebte im Tal ein Mann, den sie Scavius, den »Räudigen« nannten. Scavius gehörte zu den Bessergestellten, er war gefürchtet, aber es gab noch Mächtigere und Stärkere als ihn. Worum es in der Blutfehde ging, schien kaum jemand genau zu wissen und diejenigen, die es wussten, hielten lieber den Mund. Seine Feinde jagten ihn mit vielen Leuten in den steilen, schwer zugänglichen Bergwäldern, suchten ihn in den unheimlichen Mooren oben am Jaunpass, sie lauerten ihm nächtelang auf, konnten aber seiner nicht habhaft werden.

Der »Räudige« verspottete sie in aller Öffentlichkeit und behauptete, er würde über Zauberkräfte verfügen und könne sich schnell wie der Blitz in eine Maus verwandeln. Was immer sie auch versuchten, er entkam ihnen immer wieder. Die Simmentaler glaubten wie alle Menschen, ob sie nun in einem Bergtal, dem flachen Land oder in einer Stadt wohnten, ob sie nun Richter, Bauer, Handwerker oder hochgestellte Beamte waren, an die Existenz von Zauberern. Und alle glaubten auch fest daran, dass es unter ihnen auch welche gebe, die sich in Tiere verwandeln konnten. Hier hatten sie nun den endgültigen Beweis dafür vor Augen. Wie sonst sollte es möglich sein, dass er über Jahre immer wieder entwischen konnte, was auch immer seine Todfeinde anstellten?

Letztendlich ging er ihnen aber doch noch in die Falle. Scavius saß eines Abends in seiner Stube und behielt wie immer sorgsam die Tür im Auge, als seine Mörder sich unbemerkt an das Fenster heranschlichen, ein paar Pfeile auf ihn schossen und ihn dann mit Messern und Schwertern vollends niedermetzelten.

Was wäre geschehen, wenn er einen seiner Häscher erblickt hätte? Genau – in eine Maus hätte er sich verwandelt und wäre mit Sicherheit durch eine Ritze ins Freie entkommen. Davon war auch Peter von Greyerz felsenfest überzeugt, obwohl er die Geschichte nur vom Hörensagen kannte.

Ruhelos ging er immer noch in der Stube auf und ab, draußen war es stockfinster, der Kienspan blakte und nur gelegentlich knackte ein Balken in die Stille hinein.

Der Vorfall von heute Nachmittag in Boltigen wollte ihm nicht aus dem Kopf. An sich wäre es nichts Besonderes gewesen, wäre da nicht der Stadelin in der Nähe gewesen. Der Stadelin war ein Kleinbauer und betrieb noch Ackerbau und Viehzucht mit ein paar Geißen und Schafen auf herkömmliche Weise. Er war neidisch auf alle, die mehr besaßen als er und vom Ehrgeiz besessen, allen zu zeigen, dass seine Art der Bewirtschaftung durchaus mit der Großviehhaltung mithalten konnte. Es wurde gemunkelt, er sei ein Zauberer, weil seine Äcker immer mehr Ertrag hatten als die der Nachbarn und dass es für die Reichen besser sei, nicht aufs Pferd zu steigen, wenn der Stadelin in der Nähe war.

Und heute hatte er es mit eigenen Augen gesehen: Ein Viehhändler aus Zweisimmen hatte seinen linken Stiefel bereits im Steigbügel, als das Pferd zu scheuen begann, mit den Vorderhufen in die Höhe stieg und den armen Mann unter panischem Wiehern über den Dorfplatz schleppte. Nur durch das beherzte Eingreifen eines Umstehenden konnte Schlimmeres verhütet werden.

Alle sahen, ob dem Mann etwas geschehen sei, nur der Stadelin war stehen geblieben und hatte gemeint: »Wenn er nicht reiten kann, soll er halt zu Fuß gehen wie wir auch!«

Greyerz hatte die Blicke bemerkt, die den Stadelin trafen, der aber hatte sich nur verächtlich abgewandt und den Platz verlassen.

Wenn das nicht ein Fingerzeig von oben war, was denn sonst? Immer noch lief er hin und her, der Vorfall ließ ihn nicht zur Ruhe kommen. Was hatte er denn seit seiner Ankunft hier bewirkt?

»Gar nichts«, murmelte er verdrossen.

Zwar war er auch für das Militärische im Obersimmental zuständig, aber seit dem Sempacher Krieg 1386, in dem die Stadt Fribourg die Habsburger unterstützt und den Kürzeren gezogen hatte, herrschte Ruhe im Land. Auch in politischer Hinsicht konnte er hier nur wie der Wein auf dem Tisch nur langsam versauern. Zwar gehörte das Tal seit 1391 nun fest zur Berner Herrschaft, aber die Bauern hatten für sich große Freiheiten abgetrotzt.

In Bern wurden von ihm Erfolge erwartet. Nur wie – unter diesen Umständen?

Eine Möglichkeit sah er:

Diesem Zauberer würde er das Handwerk legen und ein Exempel statuieren, mit dem er zeigen würde, wer der Herr hier im Tal war! Er musste nur beweisen, dass die gegen den Stadelin vorgetragenen Beschuldigungen der Wahrheit entsprachen. Aber das durfte nicht allzu schwer sein.

Schließlich war schon eine Reihe von Leuten bei ihm auf der Burg erschienen und hatten behauptet, dass der Stadelin ein Drittel von allem Heu, Mist und Getreide auf seine Felder gezaubert habe. Eine Nachbarin gab an, er habe einen Hagelschauer auf ihren Acker umgeleitet – und dass er ohne eine Bewegung Pferde scheu machen konnte, hatte er ja selbst gesehen.

Greyerz löschte sorgfältig den Kienspan und tastete sich in die Schlafkammer, wo er sich noch eine Zeit lang schlaflos in seiner Bettstatt herum wälzte.

Am nächsten Morgen ließ er sein Pferd satteln und ritt zur Strettlerin, einer Wittfrau in Boltigen.

»Mit eigenen Augen habe ich beobachtet, wie der Hagelschauer genau vor dem Acker des Stadelin angehalten hat und einen Augenblick in der Luft stehen geblieben ist. Dann hat er sich gedreht und ist über mein Feld gezogen. Gleich darauf ist der Stadelin an mir vorbei gelaufen und hat schadenfroh gelacht.«

»Wem hat er denn sonst noch geschadet?«, wollte der Vogt wissen.

Sie nannte ihm eine Bauernfamilie, in der die letzten sieben Kinder nacheinander tot zur Welt gekommen seien und die er schon im Mutterleib umgebracht habe. Einem anderen Nachbarn habe er einen Sturm aufs Haus geleitet, der das Dach vollständig abgedeckt habe.

Auch hätte sie gehört, dass er oben in den Bergen kleine Kinder in die eiskalten Gletscherbäche werfen würde.

Ihr Nachbar bestätigte den Sachverhalt mit dem Sturm und meinte, dass es nicht mit rechten Dingen zugegangen sein könne, weil die Hütte vom Stadelin doch schon recht baufällig sei, aber der sei nichts passiert.

In den nächsten Tagen ging es herum wie ein Lauffeuer, dass der Vogt eine Untersuchung gegen den Stadelin betrieb.

Nicht wenige schlichen sich hinauf zur Blankenburg und Greyerz stellte schon bald schaudernd fest, dass er dabei war, ein regelrechtes Ungeheuer der Justiz zu überantworten.

Immer neue, schier unglaubliche Geschichten erzählte man sich und die Angst vor dem mächtigen Zauberer, der sich mit dem Höllenfürsten selbst verbündet haben sollte, steigerte sich ins Unermessliche. Frauen getrauten sich kaum mehr aus dem Haus in der Angst, irgendwo dem Stadelin zu begegnen. Gestandene Männer drehten um, wenn er ihnen entgegenkam oder schlugen sich ins Gebüsch, wenn sie schon von weitem seiner ansichtig wurden.

Der Stadelin merkte wohl, wie sie sonntags in der Kirche entsetzt zusammenfuhren, wenn er sich in die Kirchenbank schob. Auch nach der Messe blieb niemand mehr auf dem Kirchplatz stehen, sondern alle trachteten danach, möglichst schnell aus seinem Blick zu verschwinden.

Er konnte zwar nur ahnen, wieso er mit einem Mal so viel Angst und Schrecken verbreitete, aber es erfüllte ihn mit klammheimlicher Freude und Genugtuung, wie auch die alles besser wissenden Großbauern und reichen Viehhändler so etwas wie Respekt vor ihm hatten.

Was wollten sie ihm schon anhaben? Das halbe Dorf war untereinander zerstritten und verfeindet und manch einer war schon bei ihm vorstellig geworden mit der Bitte, einem Feind oder Nachbarn einen Schadenszauber zuzufügen.

Nach zwei Wochen war der Landvogt so weit. Er war sicher, nun genügend Beweise zu haben, um diesen gottlosen Zauberer ein für alle Mal unschädlich zu machen. Am Dienstagabend ließ er den Bütteln ausrichten, sich am nächsten Morgen auf der Blankenburg einzufinden. Mit Bedacht hatte er zur Verhaftung den Vormittag gewählt, damit möglichst viele im Tal sehen konnten, wie der Stadelin seiner gerechten Strafe zugeführt wurde. Womit er allerdings nicht gerechnet hatte, war die Angst der Büttel.

Mit aschfahlen Gesichtern und weit aufgerissenen Augen standen sie nun da vor ihm, als sie erfuhren, wen sie in den Turm sperren sollten.

»Ich gehe ja mit euch«, versuchte sie Greyerz zu beruhigen.

»Ich habe Familie und Kinder«, fand der größte von ihnen wieder Worte.

»Ich auch«, jammerte der zweite und der dritte lamentierte, dass er zwar weder Familie noch Kinder habe, aber sich deswegen auch nicht vom Stadelin einen Zauber an den Hals wünschen lassen wolle.

Greyerz schüttelte den Kopf: »Wer fromm zum christlichen Glauben steht und der Gerichtsbarkeit folgt, dem kann auch ein Zauberer nichts antun!«

Zweifelnd sahen die drei einander an. Das hätten sie schon lieber von einer geistlichen Autorität gehört als vom Landvogt.

Greyerz sah ihnen fest in die Augen. »Der Stadelin ist kein gewöhnlicher Zauberer, sondern er steht mit dem Teufel im Bunde. Gelegentlich hört man dafür sogar einen neuen Begriff, den ihr wahrscheinlich noch nicht kennt: Hexer! Der Stadelin ist einer davon, so viel ist sicher. Ich werde das beweisen! Und ihr werdet noch stolz sein, mitgeholfen zu haben, diesen vom Glauben abgefallenen Verbrecher unschädlich zu machen!« Seine Worte trugen allerdings nicht zu ihrer Beruhigung bei, sondern bewirkten das Gegenteil. »Ich habe heute noch im Dunkeln angefangen zu beten und eingehend mein Gewissen befragt. Christus, der Herr ist mit uns!«

Greyerz verschwieg den Bütteln, dass er mehrfach versucht hatte, die Geistlichkeit im Simmental auf seine Seite zu ziehen und von kirchlicher Seite Unterstützung zu erhalten.

Diese hatten sein Ansinnen rundheraus abgelehnt und die durch das Tal wogenden Gerüchte um den Stadelin als dummen und einfältigen Aberglauben abgetan. Sie führten an, dass schon im »Canon episcopi« ganz eindeutig gesagt wurde, der Teufel könne höchstens die Wahrnehmung verdorbener Menschen täuschen, aber niemals Wunder tun. Daher beruhe Zauberei auf nichts als Einbildung und Verwirrung des Geistes, was noch mehr für den neumodischen Hexenglauben gelte.

»Doch es wäre gut, wenn diese Verwirrten in ihrem Unglauben allein zu Grunde gingen und nicht so viel andere mit sich in den Abgrund ihrer Ungläubigkeit zögen«, hatte er argumentiert.

»Das heißt aber noch lange nicht, dass man sie umbringen solle. Davon ist im Neuen Testament nirgendwo die Rede!«, war die kühle Antwort gewesen.

»Aber was geschieht mit den vom Glauben abgefallenen Ketzern und Häretikern? Die Heilige Inquisition sorgt doch auch dafür, dass sie dem weltlichen Gericht übergeben und abgeurteilt werden und nicht wenige landen auf dem Scheiterhaufen!«, hatte er beharrt und als die Geistlichen immer noch nicht darauf eingingen, hatte er nachgesetzt: »Sie verkünden Irrlehren und lästern damit Gott. Schon im Buch Pentteuch steht geschrieben: Welcher des Herren Namen lästert, der soll des Todes sterben! Das Feuer soll wenigstens ihre Seelen reinigen und sie vor der Verdammnis retten!«

»Das ist eben der große Unterschied – Zauberer aber verkünden keine neue Lehren! Abgesehen davon, der Stadelin wäre dazu auch zu einfältig!« Damit war die Diskussion beendet gewesen.

Greyerz kannte sich zwar mit theologischen Fragen nicht so genau aus, aber sie würden schon noch sehen, was geschähe, wenn man nicht schon die Anfänge bekämpfe und das Übel mit Stumpf und Stiel ausrottete. Außerdem würde er es diesem widerspenstigen Bergvolk schon noch austreiben, sich über ihn lustig zu machen und seine Anordnungen zu ignorieren.

Er schwang sich auf sein Pferd und drängte zum Aufbruch. Als die Büttel keine Anstalten machten, ihm zu folgen, drohte er, sie alle drei auf der Stelle einzusperren.

Widerwillig und wortlos liefen sie neben ihm her.

»Pater noster, quiet in coelis …«, begann der Vogt zu beten, worauf seine Gehilfen einstimmten und erst aufhörten, als sie vor der Hütte des Stadelin standen.

Dieser war gerade im Begriff, das Haus zu verlassen, und der Vogt wies ihn scharf an, sofort zurück über die Türschwelle zu treten.

»Oh, so viel Besuch schon am frühen Morgen«, meinte Stadelin spöttisch, »aber leider habe ich nichts da, um euch zu bewirten!«

Greyerz tat so, als ob er nichts gehört hätte. »Geh hinein!«, befahl er heiser. Sein Herz pochte bis hinauf in den Hals und aus den Augenwinkeln sah er die angstverzerrten Gesichter seiner Büttel. Jetzt nur keine Schwäche zeigen, sonst laufen die dir noch davon, sagte er sich. Entschlossen stieg er vom Pferd und band es am Apfelbaum fest. Mit festem Schritt ging er auf das Bäuerlein zu, schlug drei Kreuzzeichen und drängte ihn zurück in die Stube.

Zögernd kamen seine Gehilfen nach. Wortlos sah sich der Vogt in der trotz des Morgenlichtes dämmerigen Stube um, aber er konnte keine verdächtigen Zauberutensilien entdecken. Zuerst fast unmerklich, dann aber immer heftiger werdend, begann sich der Raum mit ekelhaftem Gestank zu füllen. »Das ist der Satan! Riecht ihr es? So stinkt nur der Leibhaftige!« Greyerz lief aufgeregt in der Stube herum und schlug unentwegt Kreuzzeichen.

»Wer soll das sein? Der Satan?«, lachte das Bäuerlein. »Deine Leute haben vor Angst in die Hosen geschissen!«

»Deine Frechheiten werden dir schon noch vergehen«, schrie der Vogt ihn an, »meine Leute machen auch nicht wegen eines Zauberers in die Hose, oder?«

Auffordernd sah er seine Büttel an, die verlegen die Köpfe schüttelten.

»Da, da siehst du es!«, rief er triumphierend. »So, und nun nehmt ihn fest!«

Zaghaft traten die drei Männer nach vorne und streckten zögernd die Arme nach dem Stadelin aus.

Greyerz sah, dass ihre Hände wie Espenlaub zitterten. »Das ist ein Fluch von ihm, das hat er euch aufgehext! Packt ihn nur fest an, denn sobald er von der Gerichtsbarkeit ergriffen ist, verschwinden auch seine ruchlosen Kräfte!«

Wild entschlossen warf sich der Jüngste auf den an die Wand zurück gewichenen Stadelin, die beiden anderen schnappten nach seinen Händen und drehten sie auf seinen Rücken.

Der Stadelin wehrte sich nur schwach, weil er einsah, dass er gegen die Übermacht nichts ausrichten konnte.

»Streck einmal deine Hände aus!«, befahl der Vogt dem jungen Gehilfen. »Da, seht selbst! Das Zittern ist verschwunden. Seit er in den Händen des Gerichtes ist, hat er keine Macht mehr über euch!« Gleichzeitig stellte er nicht ohne Stolz fest, dass es ihm soeben gelungen war, noch zwei neue Beweise hinzuzufügen.

Alles war so gekommen, wie es der Vogt vorausgesagt hatte, und die Büttel sahen keinen Grund mehr, sich vor dem Zauberer zu fürchten. Fest hatten sie seine Hände vor dem Bauch gebunden, schubsten ihn roh ins Freie und verknoteten das lange Seilende am Sattelknauf des Pferdes.

»Wartet, ich muss noch etwas erledigen!«, sagte der eine.

»Ich auch«, meinte beiläufig auch der zweite Gehilfe und beide verschwanden in den Gebüschen auf der rückwärtigen Seite des Hauses.

»Schon zweimal habe ich gefragt, was mir zur Last gelegt wird«, begehrte der Gefangene auf, »aber bis jetzt habe ich noch keine Antwort bekommen!«

»Stadelin«, erwiderte Greyerz gütig, »was gegen dich vorliegt, ist so viel und so grauenhaft, dass es ein einzelner Christenmensch kaum fassen kann. Ich denke, auch für dich muss es eine Erlösung sein, wenn wir deine verirrte Seele auf den Pfad der wahren Tugend zurückbringen.«

»Was soll ich denn getan haben?«

»Zauberei. Und das in übelster Art! Es wird behauptet, du hättest dich sogar mit dem Satan persönlich verbündet. Ich weiß, du wirst das nicht sofort zugeben. Aber das Gesetz hat Mittel und Wege, um die Wahrheit zu finden, verlass dich darauf! Aber es wird nicht leicht werden, weder für mich noch für dich«, seufzte er.

Inzwischen waren auch die beiden Büttel zurück und mit stolz erhobenen Häuptern trieben sie nun den Gefangenen durch das Dorf hinauf zur Burg, wo das Turmverlies bereits mit frischem Stroh eingestreut und auch der Kübel für die Notdurft bereitgestellt war. Greyerz hatte gestern zwei Schöffen bestimmt und ihnen befohlen, sich am heutigen Nachmittag in der Burg einzufinden. Gleichzeitig hatte er ihnen erklärt, sie hätten auf das Urteil keinen Einfluss, da sie von der Juristerei ohnehin nichts verstünden und er sie lediglich als Zeugen beim Geständnis brauche. In dem kahlen Raum, in dem die Verhandlung stattfinden sollte, hatte er zuvor ein großes Kruzifix zwischen zwei Kerzen aufstellen lassen. Die beiden Schöffen hatten links und rechts des Vogtes ihren Platz eingenommen, als die Büttel den immer noch gefesselten Bauern hereinführten.

Der Stadelin, der sich erst im Verlies so seine Gedanken gemacht hatte, war sich sicher, dass er noch heute freigelassen werden müsste. Dementsprechend sicher war auch sein Auftreten.

Greyerz war klar, dass nicht nur den Denunzianten wohler gewesen wäre, hätten sie wenigstens einen noch so kleinen Anschein kirchlicher Unterstützung erkannt. Da dem aber nicht so war, musste er eben so tun als ob. Mit einem Span zündete er die Kerzen an, eröffnete die Verhandlung mit einem feierlich getragenen Gebet um Erleuchtung und entrollte dann einen papierenen Bogen, den er aber vorerst zur Seite legte.

Er räusperte sich kurz und sah dann den Angeklagten unvermittelt an. »Kannst du zaubern oder gar hexen?«

»Hexerei kenne ich nur vom Hörensagen und Zaubern ist zu viel gesagt. Ich kann Warzen wegbeten, Schmerzen lindern, den Brand löschen …«

»Das können viele, das ist doch keine Zauberei oder Hexerei«, unterbrach ihn der Vogt ungeduldig. »Hast du schon einmal Wetterzauber gemacht?«

»Ja, ich habe es versucht. Ich kenne ein paar Wettergebete.«

»Und? Kannst du das Wetter beeinflussen oder umleiten?«

Der Stadelin zuckte mit den Achseln. »Hie und da ist es mir gelungen, dann aber wieder nicht.«

»Wer hat dir diese Kenntnisse beigebracht?«

»Der Hoppo hat mich das gelehrt.«

Die beiden Schöffen begannen plötzlich zu tuscheln und flüsterten aufgeregt auf den Vogt ein.

»Soso, der Hoppo! Das war doch der Freund vom Scavius, den man auch den Räudigen nannte.« Greyerz hielt einen Moment inne, stand dann auf und trat zum Fenster. »Soso, der Hoppo«, wiederholte er.

»Wo ist denn dieser Hoppo jetzt?«

Die Zeugen schüttelten ratlos die Köpfe. »Er ist schon lange aus dem Tal verschwunden, niemand hat mehr etwas von ihm gehört«, erwiderte der eine. »Schade!«, sagte Greyerz. Abrupt drehte er sich um und fuhr dann mit schneidender Stimme fort: »Wenn der Hoppo der Freund des ›Räudigen‹ war, hat der ihm bestimmt auch noch andere Dinge beigebracht. Zum Beispiel, wie man sich in eine Maus oder ein Tier verwandelt. Du willst mir doch nicht weismachen, dass dir dieser Hoppo nicht auch das gezeigt hat!«

Stadelin verneinte. Er versuchte zu erklären, dass die Geschichte mit der Maus nur eine Finte war, mit der der »Räudige« sich seine Häscher vom Leib halten wollte.

Aber die Gesichter der Beisitzer und auch der Büttel wurden finster und auch Greyerz wurde wütend. »Was willst du uns da auftischen? Willst du wirklich behaupten, dass ein einzelner Mann das ganze Tal jahrelang zum Narren gehalten hat? Jeder hier weiß, wie der ›Räudige‹ immer wieder seinen Feinden entkommen ist und nur durch eine List umgebracht werden konnte. Das behauptest du doch nur, um dich selber zu schützen!« Er schritt zurück zum Tisch und nahm das Papier zur Hand. Ärgerlich stellte er fest, dass tatsächlich keine Anzeige wegen »Transmissio« vorlag. Oder doch?

Greyerz wusste nicht, wie er das auslegen sollte. »Hier steht, du kannst unsichtbar durch die Luft fliegen!«

»Wer gibt das an?«

»Das brauche ich dir nicht zu sagen.«

»Wenn ich unsichtbar war, wer soll mich dann gesehen haben?«, fragte der Stadelin zurück.

»Du bestreitest das also?«

»Ja! Das ist doch ein Blödsinn!«

»Ferner sollst du kleine Kinder vor den Augen ihrer Eltern in eiskalte Gebirgsbäche geworfen haben!«

»Was soll ich getan haben?« Stadelin überlegte angestrengt.

Der Vogt und die Schöffen ließen ihn nicht aus den Augen.

Plötzlich fiel es ihm wieder ein. Aber das lag bestimmt schon zehn oder eher noch mehr Jahre zurück. »Ja, das stimmt, aber das war eher zum Lachen. Vor einer halben Ewigkeit habe ich im Sommer in Lenk hinten zwei Buben, die frech zu mir waren und mich mit Steinen beworfen haben, gepackt und in den Truebbach gesteckt.«

»Was ist dann mit ihnen weiter passiert?«

»Gar nichts, patschnass waren sie halt!«

»Ich glaube, du lügst«, entgegnete der Vogt kühl. »Wer so lange nach einer Antwort suchen muss, der sagt nicht die Wahrheit! Lenk – das stimmt. Hier steht aber, es seien drei Kinder gewesen und du hättest sie in die Iffig gestoßen, wo sie dann über den Wasserfall hinunter gestürzt seien. Ihre Leichname hätte man nie gefunden!«

»Iffig? Da war ich noch nie in meinem Leben!«

»Du leugnest also wieder?«

»Ja!«

Greyerz fuhr fort: »Es wird dir vorgeworfen, die Familie Knuty in Oberwil über viele Jahre unfruchtbar gemacht zu haben. Nicht genug, dass im Stall kein Vieh mehr lebend auf die Welt kam. Der Bäuerin sollst du nacheinander sieben Kinder noch im Mutterleib totgezaubert haben! Willst du das auch abstreiten?!«

»Ja!«, beharrte der Stadelin.

»Mehrmals sollst du Unwetter herbeigezaubert haben und Stürme und Hagelschauer dann umgeleitet haben. Streitest du das auch ab? Du hast selbst zugegeben, dass du wetterzaubern kannst!«

»Ich habe nur gesagt, dass ich ein paar Wettergebete kenne.«

»Die du auch angewendet hast!«, fuhr ihn Greyerz an.

»Schon, aber nur im Guten!«

»Du gibst also zu, dass du auch schlechten Wetterzauber kannst?«

»Nein! Ich gebe nur zu, dass ich Wettergebete kenne, aber nicht weiß, ob sie auch geholfen haben oder ich mir das nur eingebildet habe!«

»Wenn du schon nicht sicher bist, ob deine Gebete helfen, dann hast du einen schwachen Glauben. Wenn man aber im Glauben nicht stark ist und an der Hilfe Gottes zweifelt, ist die Gefahr groß, sich mit den Mächten der Finsternis zu verbünden. Wer Böses im Schilde führt, kann von Gott dazu keine Unterstützung erwarten. Also wendet sich der im innersten seiner Seele schon Verfaulte an seinen Widersacher, den Satan, für den es eine wahre Freude ist, wenn er wieder jemanden gefunden hat, den er ganz verderben und mit dessen Hilfe er die göttlichen Pläne stören kann! Ist das so?!«

»Ich ... ich, ich weiß es nicht«, stotterte der Stadelin verwirrt und hob seine gefesselten Hände, um sich mit dem linken Unterarm den Schweiß von der Stirne zu wischen.

»Er weiß es nicht!«, höhnte der Vogt. »Die Frage ist doch einfach: Ist das so oder nicht? Also antworte mit ja oder nein!«

»Ich weiß es nicht«, stöhnte der Stadelin.

»Also gut. Ich frage dich jetzt anders. Glaubst du, dass das möglich wäre? Dass sich ein verdorbener Mensch an den Teufel wendet, weil er sich von diesem Beistand für seine Absichten verspricht?«

Stadelin spürte, dass er jetzt ganz vorsichtig sein musste. Forschend blickte er hinüber zu den Zeugen, die aber scheinbar teilnahmslos seinem Blick auswichen und in den Raum starrten.

»Ich warte«, vernahm er Greyerzers Stimme, die ungeduldig und gereizt klang.

»Ich weiß es wirklich nicht!«

»Das habe ich dich auch nicht gefragt! Ich wollte lediglich von dir wissen, ob du das für möglich hältst oder nicht!«

»Aber ich weiß es nicht!«

»Wieso weigerst du dich, diese einfache Frage mit einem Ja oder Nein zu beantworten?«

»Ich bin kein Pfarrer und kenne mich da nicht aus!«, schrie der Stadelin.

»Du sollst auch nicht sagen, was die Geistlichen darüber denken, sondern was du selber glaubst!«

»Das weiß ich nicht, weil ich darüber noch nie nachgedacht habe.«

»Aber du gibst zu, dass du auch schon Wetterzauber gemacht hast?«

»Das habe ich ja schon gesagt. Aber nur im Guten!«

»Und wie hast du das gemacht, nur im Guten?«

Der Stadelin blickte auf seine Hände. »Vor ein paar Jahren ist ein schweres Hagelwetter aufgezogen, die Wolken waren fast pechschwarz. Da habe ich ein Gebet zu den Kreuznägeln Christi gesprochen, aber anstatt zu hageln, fing es dann zu regnen an.«

»Du hast also den Hagelsturm abgewendet und in Regen verwandelt?«

»Ich weiß es nicht.«

»Jetzt reicht es mir aber!«, explodierte der Vogt. »Gerade hast du zugegeben, dass du ein Wetter gewendet hast und gleich darauf sagst du, dass du nicht wüsstest, ob du es getan hättest!«

»Ich habe nur …«

»Schweig!«, fuhr ihn der Vogt wütend an. »Was hast du zu den Vorwürfen zu sagen, die die Familie Knuty betreffen?«

»Nichts!«, sagte der Stadelin trotzig.

»Sieben tote Kinder schon im Mutterleib, von dem jahrelangen Unglück im Stall wollen wir zuerst gar nicht reden. Und ausgerechnet dir fällt dazu nichts ein?«

»Wieso, was sollte mir einfallen?«

»Ha!«, machte Greyerz. »Dein Neid und deine Missgunst auf alle, die mehr besitzen als du, ist weitum bekannt. Und die Knutys gehören nun einmal zu den größten Großviehbauern im Tal. So einen wie dich, der immer noch am Alten hängt und der die Umstellung auf die neue Milchwirtschaft verurteilt und schlecht macht, weil er dazu selbst zu wenig Boden hat, den muss doch der Neid fast umbringen!«

»Ich habe genug zum Leben und meine Felder haben immer bessere Erträge als die vieler anderer«, entfuhr es dem Stadelin, der sich darauf gleich heftig auf die Lippen biss.

»Warum geben deine Felder bessere Erträge? Doch nur, weil du Heu, Getreide und Mist unsichtbar von fremden Feldern auf deine Äcker und Wiesen zauberst! So wird es jedenfalls erzählt, auch dass du die Unwetter zu deinen Nachbarn umlenkst! Gibst du das zu?«

»Nein!«

»O Stadelin, du machst es uns nicht leicht. Aber das habe ich ja heute Vormittag schon geahnt. Wir schweifen ab. Gehen wir nochmals zu den Knutys zurück. Ein paar von ihren Feldern liegen doch auch in deiner Nähe. Wenn der Knuty verlumpet wäre, hättest du sicher zugesehen, billig an diese zu kommen. Für dich wäre das doch ein gefundenes Fressen gewesen. Aber du scheinst da ja doppelt vorgesorgt zu haben: Wenn sie keine Kinder bekommen, haben sie auch niemanden, der später einmal die Felder bewirtschaftet und wenn sie kein Vieh haben, weil die Kinder zur Arbeit fehlen, brauchen sie auch keinen Weidegrund. Bestreitest du immer noch, mit dem Unsegen auf deren Hof etwas zu tun zu haben?«

»Ja!«

»Du bist ein ganz Verstockter. Aber warte nur, wir bringen die Wahrheit schon ans Licht. Du weißt, dass auf Schadenszauber nach dem Berner Recht die Todesstrafe steht. Und zwar nicht irgendeine Art der Hinrichtung wie einfach so Köpfen oder Aufhängen.« Greyerz machte eine Pause. Dann sagte er fast mitleidig: »Eine verstockte Seele kann nur durch das Verbrennen bei lebendigem Leibe auf dem Scheiterhaufen gereinigt werden.«

Dem Stadelin wich alle Farbe aus dem Gesicht und auch die beiden Zeugen sahen einander erschrocken an. Sicher, sie lebten in harten Zeiten und ein Menschenleben war nicht besonders viel wert. Der Tod war ein ständiger Begleiter und gehörte zu ihrem Leben wie das Rauschen der Wasserfälle oder das Tosen der Stürme droben in den eisigen Höhen des Wildstrubel. Die Geschichten von den noch nicht lange zurückliegenden blutigen Bauernfehden wurden noch immer mit verschwörerisch leisen Stimmen an dunklen Winterabenden in den noch dunkleren Stuben oder in den Dorfbeizen erzählt. Da wurde gehauen, gestochen, geschossen, erwürgt, gehängt – aber einen Menschen bei lebendigem Leib verbrennen?

»Ich gebe dir Bedenkzeit bis morgen. Ich rate dir, überlege gut, was du nun tust.« Greyerz wandte sich an die beiden Büttel. »Führt ihn ab!«, befahl er knapp.

Leise klirrte die Kette um seinen rechten Fuß. Über ihm, in unerreichbarer Höhe, war in der Mauer ein Stein ausgespart. Im Verlies war es stockfinster und auch durch das Loch kam keine Helligkeit herein.

Stadelin kauerte sich an die Wand, rückte aber bald wieder weg, da die Kälte der Steinquader bald durch seine dünne Joppe stach. Seit seiner Verhaftung hatte er nichts mehr gegessen, aber selbst wenn sie ihm ein Stück Brot gegeben hätten, er hätte es nicht hinunter bekommen.

Seine Kehle war ausgetrocknet wie ein Bergbach im Sommer und er versuchte immer wieder, etwas Speichel im Mund zu sammeln und diesen dann schnell zu schlucken. Die Selbstsicherheit, die er anfangs gezeigt hatte, war verflogen und einer tiefen Bangigkeit gewichen.

»Du musst jetzt einen klaren Kopf behalten!«, sprach er halblaut auf sich ein. »Was will er denn von mir? Sicher, ich bin habgierig und vielleicht auch ein Neidhammel, das mag ja alles sein. Aber das sind andere auch. Bestimmt habe ich auch ein großes Maul, aber auch da bin ich nicht der Einzige. Warum haben sie gerade mich ausgesucht? Hassen mich die Leute so, dass sie mir den Tod wünschen? Was habe ich falsch gemacht?«

Der obere Rand der eisernen Fußschelle schnitt ihm ins Fleisch, aber er nahm den Schmerz kaum wahr.

»Wieso hat mich niemand gewarnt? Habe ich denn keine Freunde?« Die Antwort gab er sich gleich: »Nein, Stadelin, du hast keine. Du hättest schon selber die Augen und Ohren offen halten und ein wenig weiter denken müssen.« Aber trotz dieser Einsicht lärmte ein Gedanke wie das gleichmäßige Klappern eines Mühlrades in seinem Kopf. »Wieso trifft es gerade mich? Wieso? Wieso? Wieso?«

Nur mühsam beruhigte er sich und begann,die Anklagepunkte einzeln zu überdenken. Das mit den Kindern ins Wasser werfen war doch lächerlich. Da müsste es ja Eltern gegeben haben, die man auch namentlich hätte benennen können. Wieso aber versteifte sich der Vogt so auf den Wetterzauber?

»Dass du dich mit den Erträgen deiner Felder verteidigen wolltest, war ein schwerer Fehler! In Zukunft sagst du kein Wort mehr als unbedingt notwendig!«

Da kam ihm blitzartig die Erkenntnis:

»Das ist es, ja, das ist es! Das und nichts anderes. Der Neid! Wieso bin ich da nicht früher drauf gekommen! Sie behaupten ja, ich hätte Heu, Korn und Mist von ihren Feldern auf meine gezaubert. Wieso behaupten sie das? Doch nur deshalb, weil ich bessere Erträge als sie heraus hole. Und weil sie keine Erklärung dafür haben, soll ich ein Zauberer oder gar ein mit dem Teufel verbündeter Hexer sein.«

Jahrelang hatte er nicht nur Mist und Jauche ausgebracht, sondern auch im Winter andere Abfälle wie Kuhhörner und die frischen Eingeweide geschlachteter Tiere verteilt, die dann bei der Schneeschmelze von den Füchsen und anderen Tieren verzogen wurden. Das war das ganze Geheimnis. Er überlegte fieberhaft, ob er das im nächsten Verhör sagen sollte, verwarf es aber dann wieder. Mit Sicherheit würde der Greyerz versuchen, ihm daraus einen Strick zu drehen und irgendeinen neuen Zauber mit Eingeweiden und Hörnern erfinden.

Durch das Loch drang das Rascheln der Blätter im Wind, der gleichmäßig durch das Tal strich. Langsam verfärbte sich das dunkle Viereck in ein helles Grau. Mit beiden Händen schob er die Einstreue zu einem Haufen zusammen und ließ sich darauf fallen.

Du musst schlafen!, hämmerte es in ihm. Aber sobald er die Augen schloss, tauchte immer wieder das Bild auf, wie sie ihn wie ein Stück Vieh durch das Dorf zerrten und links und rechts die Gaffer aus den Fenstern oder um die Hausecken spähten.

Ein lautes Geräusch ließ ihn hochfahren. Für einen Augenblick wusste er nicht, wo er sich befand. Der Schlüssel drehte sich schwer im Schloss, durch den Türspalt fiel ein schmaler Streifen Licht. Lange konnte er noch nicht da gelegen haben, das spürte er in allen Knochen.

Eine Hand schob einen Krug und zwei Scheiben graues Brot in die Zelle.

Hastig wollte er sich auf das Wasser stürzen, als ein Männerstimme, in der deutlich die Angst mitschwang, rief: »Bleib, wo du bist!«

Krachend fiel die Türe zu und die Schritte entfernten sich eilig.

Noch im Stehen setzte er den Krug an den Mund und hörte erst mit dem Trinken auf, als sich sein Bauch zu spannen begann. Eigentlich hatte er noch immer keinen Hunger und jeder Bissen kostete ihn

Überwindung. Er tauchte die Scheiben in das Wasser und würgte dann den Brei hinab. Ein kleiner Vogel setzte sich in das Mauerloch, sah einen Augenblick zu ihm hinab und flatterte dann wieder davon.

Schritte näherten sich, wieder wurde die Türe aufgesperrt. Geblendet versuchte Stadelin die beiden Männer zu erkennen, die in die Zelle traten.

»Guten Morgen, Meister Stadelin«, begrüßte ihn einer der beiden höhnisch, den er an der Stimme als den dickeren Büttel von gestern erkannte.

»Na, ihr Hosenscheißer«, gab der Stadelin zurück.

»Na warte, das wird dir noch Leid tun!«, zischte der Dünnere. Offenbar hatten sie alle Angst vor ihm verloren.

»Zieh nur fester zu«, sagte der Dickere, »nicht, dass er uns davon fliegt!«

Oben im Verhörraum saßen die beiden Zeugen bereits hinter dem Tisch. Vor ihnen standen eine Schüssel mit gebratenen Hühnerschenkeln, eine Karaffe mit Wein sowie zwei Becher.

Sie taten so, als ob sie gar nicht bemerkten, wie der Angeklagte hereingeführt wurde und machten derbe Späße über die Magd, die gerade mit hochrotem Kopf durch die Seitentüre verschwand. Kurz darauf erschien der Vogt, auch er schien bester Laune zu sein. Den beiden Schöffen rief er mit übertriebener Lustigkeit ein paar Worte zu, die scherzhaft klingen sollten und begrüßte die beiden Büttel mit einem Kopfnicken. Für den Stadelin hatte auch er keinen Blick übrig.

Diesem schlug sein Herz bis zum Hals. Langsam ließ er seine Augen durch den Raum gleiten. Neben einem rohen Seitentisch, der nicht zur anderen Ausstattung des Raumes zu passen schien, stand ein ebensolcher Stuhl mit einer hohen Lehne. Auf dem Tisch lag so etwas wie ein in der Mitte geteilter Holzklotz, aus dem zwei Schrauben heraus ragten. Im Halbdunkel neben dem Tisch entdeckte er auf dem Boden einen Haufen mit Stricken und Seilen. Erschrocken zuckte er zusammen, als ihn der Vogt ansprach und spürte, wie sich alle seine Sinne schlagartig bis in die Haarspitzen schärften.

»Ich hoffe, unser gestriges Gespräch hat dir deine Schandtaten deutlich genug aufgezeigt. Du hast die ganze Nacht über Zeit gehabt, darüber nachzudenken. Du kannst dir eine Menge Unannehmlichkeiten ersparen, wenn du jetzt ein Geständnis ablegst. Also«, seine Stimme wurde schneidend, »gestehst du, dass du unsichtbar durch die Luft geflogen bist?

Stadelin schüttelte den Kopf.

»Ja oder nein? Oder hat es dir die Sprache verschlagen?«, fuhr ihn Greyerz an.

»Nein!«

»Gibst du zu, dass du mit Satans Hilfe Wetter zaubern kannst?«

»Nein!«

»Gibst du zu, dass du Schadenszauber an der Familie Knuty verübt hast?«

»Nein!«

»Gibst du zu, Heu, Korn und Mist auf deine Felder gehext zu haben?«

»Nein!« Stadelin fiel auf, dass die Anklage wegen der Kinder, die er ins Wasser geworfen haben sollte, fehlte. Er fasste wieder etwas Mut, auch die übrigen Anschuldigungen entkräften zu können.

Greyerz zog die Augenbrauen hoch und tat so, als ob er ihn mitleidig ansehen würde. »Keinen einzigen Punkt willst du zugeben?«

»Nein!« Stadelin wich seinem Blick nicht aus.

»Weißt du, was das heißt?«

»Nein!«

»Schau, ein Gericht ist dazu da, die Wahrheit herauszufinden und Schuldige zu bestrafen. Wenn es kein Gericht gibt, dann gibt es auch keine Ordnung. Das habt ihr ja hier im Tal selbst erlebt. Wenn Ordnung geherrscht hätte, dann wäre der ›Räudige‹ damals vor ein ordentliches Gericht gestellt worden und nicht von seinen eigenen Mitbürgern umgebracht worden. Und selbst dann, wenn sie ihn ermordet hätten, wären auch seine Mörder nicht ungestraft geblieben. Verstehst du das?« Ohne eine Antwort abzuwarten, drehte sich der Vogt um und deutete auf den Tisch mit dem darauf liegenden Holzblock. »Weißt du, was das ist?«

Stadelin schüttelte den Kopf.

»Das sind Daumenschrauben. Du musst einsehen, dass das Gericht verpflichtet ist, aus dir die Wahrheit herauszuholen. Ich werde dich jetzt peinlich befragen lassen, das ist für dich sehr unangenehm, aber leider nicht zu ändern. Du hast jetzt die letzte Möglichkeit, ein freiwilliges Geständnis abzulegen. Also, bekennst du dich der dir vorgetragenen Anschuldigungen für schuldig?«

Stadelin schüttelte erneut den Kopf und wiederholte laut: »Nein!«

Greyerz schien vor Mitleid zu zerfließen: »Armer Mensch! Wie fest muss dich der Teufel in seinen Fängen halten, dass du bereit bist, ein solches Ungemach auf dich zu nehmen! Welche Macht muss Satan über dich haben, dass er dich dazu zwingen kann, fast unmenschliche Schmerzen um seinentwillen zu ertragen!« Mit betrübter Miene befahl er den Bütteln: »Fesselt ihn auf den Stuhl!«

Mit den kurzen Stricken banden sie seine Füße an den Stuhlbeinen fest, schlangen das Seil um Oberkörper und Oberarme und lösten danach die Handfessel. Diensteifrig begann der Dickere die Schrauben am Holzblock aufzudrehen.

»Warte noch einen Augenblick«, meinte der Dünnere, »seine Hände sind noch nicht richtig durchblutet. Sonst tut es nicht richtig weh!«

»Das ist jetzt die erste Stufe. Aber du und der Teufel wollt es ja nicht anders!« Der Vogt hatte sich vor ihn gestellt und sah auf ihn herab. »Fangt an!«

Die beiden Büttel packten seine Hände und versuchten seine Daumen in die beiden schwach ausgeprägten Mulden zu stecken.

Stadelin wehrte sich, so gut es ging.

»Halt seine Hand fest«, rief der Dickere.

Ehe er sich versah, steckten seine beiden Daumen zwischen den beiden Holzblöcken.

Schnaufend wischte sich der Dickere den Schweiß von der Stirn.

»Dreh zu!«, befahl Greyerz und beobachtete scharf das Gesicht des Delinquenten. »Fester!«

Der Dünnere machte links und rechts je eine viertel Drehung an den Schrauben.

Stadelin spürte, wie der Schmerz in die Finger schoss, sich über die Arme ausbreitete und langsam über den Rücken stechend ins Gehirn kroch.

Greyerz stand vor ihm und las ihm nochmals die Anklagepunkte vor. »Gestehst du?«

»Nein!«, kam es gequält über Stadelins Lippen.

»Fester!«

Diesmal drehte der Dickere. »Das ist für die Hosenscheißer«, flüsterte er leise, aber doch noch so laut, dass es der Vogt hören konnte.

»Das ist eine ordentliche Gerichtsverhandlung und kein Ort zum Austragen von persönlichen Feindseligkeiten. Wenn so etwas noch einmal vorkommt, habt ihr mit einer Bestrafung zu rechnen!«, schrie er wutentbrannt den Büttel an. Dann wandte er sich an die beiden Zeugen. Scheinbar seelenruhig erzählte er ihnen, wie es bei der Verhaftung zu stinken angefangen habe und der Gestank so höllisch gewesen sei, dass sie fast keine Luft mehr bekommen hätten.

»Wenn ihr das selbst miterlebt hättet, hättet auch ihr keine Zweifel mehr, dass der Teufel im Spiel gewesen ist!«

»In die Hosen haben sie geschissen!«, schrie verzweifelt der Stadelin, der nicht wusste, dass die beiden auf das Urteil keinen Einfluss hatten.

»Der Gestank ging eindeutig vom Angeklagten aus. Aber ein Mensch kann unmöglich so stinken, es war beinahe unerträglich.« Er drehte sich wieder zum Delinquenten, dem der Schweiß in Bächen über das Gesicht rann. »Willst du nun endlich die Wahrheit bekennen?«

»Ja!«, keuchte der Stadelin.

»Na also, dann fang an!« Greyerz bedeutete den Bütteln, die Schrauben ein wenig zu lockern. »Also, was gibst du zu?«

»Ihr wollt die Wahrheit hören? Die Wahrheit aber ist, dass ich keine einzige Untat begangen habe, die ihr mir vorwerft. Das schwöre ich bei Gott und der Heiligen Jungfrau!«

Greyerz schüttelte betrübt den Kopf.

In Stadelins Fingerspitzen zuckte und pochte der Schmerz, als ob sie mit glühenden Messern bearbeitet würden.

»Anziehen, aber etwas fester!«

Der Stadelin brüllte auf. Er glaubte es förmlich zu spüren, wie seine Fingernägel brachen. Tränen traten aus seinen Augen und vermischten sich mit dem Schweiß. Seine Lippen zitterten und bebten.

»Du brauchst ab jetzt nichts mehr zu sagen. Es genügt, wenn du nickst!«

Wieder verlas der Vogt die Anklagepunkte, aber der Stadelin schüttelte immer wieder nur den Kopf.

»Zudrehen«, befahl Greyerz scharf.

Stadelin stieß einen langen, gellenden Schrei aus. Blut lief zwischen den beiden Hölzern hervor und tropfte auf seine Hose. Die Augen traten ihm fast aus den Höhlen und er glaubte für einen Augenblick ohnmächtig zu werden, als sie die nächste Umdrehung machten und seine Knochen zerquetscht wurden. Sein Körper zitterte und bebte und er war zu keiner Antwort oder Kopfbewegung mehr fähig, als ihn der Vogt wieder nach einem Eingeständnis fragte.

»Es ist ein Jammer mit dir. Aber glaube ja nicht, dass wir die Wahrheit nicht aus dir herausbekommen! Nehmt ihm die Daumenschrauben ab!« Greyerz trat zu ihm und beugte sich über seine Hände.

Die Fingernägel lagen in Streifen in blutigem Fleisch, deren Ränder schwarz verfärbt waren.

»Legt ihm einen Verband um«, wies er die Büttel an, während er sich aufrichtete.

»Verstehst du, Stadelin, du hast die Ordnung gestört. Indem du dich gegen den Glauben versündigtest, hast du die Leute in Angst und Schrecken versetzt. Die Menschen fühlen sich bedroht, sie fürchten sich vor dir. Das aber kann ich als Landvogt nicht dulden. Auch wenn ihr hier im Simmental weitgehend eigene Rechte habt, so muss ich doch den Anschuldigungen nachgehen, die an mich herangetragen werden. Die Leute kommen zu mir, weil sie von mir Hilfe erwarten, da ihr mit eurer eigenen Rechtsprechung in einem solchen Falle wie deinem hilflos seid. Und was gegen dich vorliegt, ist so viel – es ist schier unmöglich, dass nicht etwas Wahres dabei ist. Ich selber glaube sogar, dass du noch viel mehr Schaden und Unglück angerichtet hast, aber die Menschen getrauen sich nicht, alles bei mir anzuzeigen, aus Furcht, du könntest an ihnen Rache nehmen.«

Greyerz sah auf den zitternden Mann hinab und bemerkte zu den Zeugen, dass sie auf dem richtigen Wege seien, da das heftige Zittern nicht vom Angeklagten, sondern vom Teufel selber stamme, der nun Angst habe, eine sicher geglaubte Seele zu verlieren.

»Willst du denn nicht endlich gestehen?«

Stadelin schüttelte leicht den Kopf.

»Bindet ihn los und bringt ihn hinab. Wir machen morgen weiter!«

Am Nachmittag ließ Peter von Greyerz sein Pferd satteln und ritt hinein nach Zweisimmen.

Er konnte es nicht begreifen, dass die Geistlichkeit seinen Bemühungen, den Stadelin als Hexer zu überführen, nur Ablehnung entgegenbrachte. Sicher, der Stadelin war bisher ein Einzelfall. Bisher, ja bisher!

Aber hörten die geistlichen Herren nicht, welche schauderhaften Geschichten schon seit einigen Jahren von draußen ins Tal schwappten? Was war mit den Katharern vor zweihundert Jahren, die allen Ernstes der Ansicht waren, dass die Schöpfung ein Werk des Teufels sei und nur die menschliche Seele göttlichen Ursprungs? Die den Satan in Gestalt einer Katze verehrten und dieser in ihren Versammlungen den Hintern küssten! Die Katharer waren nun zwar dank der Heiligen Inquisition ausgerottet, aber was taten die Waldenser? Sie predigten tagsüber den reinen Bibelglauben und lehnten Priestertum und Reichtum ab. Nachts aber feierten sie wilde Gelage mit wüsten sexuellen Ausschweifungen, wobei die oberste Waldenserin einen Trank herumreichte, der aus übelsten Zutaten zusammengemischt war. Wer einmal davon trank, verfiel unwiderruflich der Waldenserei. Es wurde gemunkelt, dass die bei ihren Orgien gezeugten Kinder sofort nach der Geburt getötet und zu Salben verarbeitet würden, mit deren Hilfe man fliegen könne.

Seit der Kirchenspaltung von 1378 zogen immer mehr Prediger herum, die den Leuten einredeten, einer Irrlehre anzuhängen. Aber auch wer sich unverbrüchlich an den katholischen Glauben hielt, hatte es schwer. Welchem Papst sollte man nun folgen? Dem Papst Urban in Rom oder dem Papst Clemens in Avignon?

Falls er sich an den falschen hielt – hatten dann die Heiligen Sakramente überhaupt noch Gültigkeit? Und fiel dann im Falle des Ablebens auch die Seele der Verdammnis anheim?

Greyerz war der festen Überzeugung, dass es nur einer bewerkstelligen könnte, eine solche Verwirrung zu stiften und auch hochstudierte Köpfe zu verblenden: Satan.

Dies alles legte er dem Zweisimmener Pfarrer dar und forderte ihn auf, seine Meinung zu überdenken und beim Bischof einen Exorzisten anzufordern. Schließlich ginge es nicht mehr nur um die kirchliche Ordnung, sondern auch um die weltliche und es könnte die noch unentdeckten Zauberer und Hexer im Tal davon abhalten, ihr unseliges Tun weiter fortzusetzen. Er vergaß nicht, auch auf die durch Schadenszauber entgangenen Steuern der Stadt Bern und auch der Abgaben für die Kirche hinzuweisen.

Der Pfarrer sah ihn finster an. »Exorzismus? Dafür gibt es klare Vorschriften. Der Stadelin ist ein kleines Bäuerlein, das weder lesen noch schreiben kann. Also: Spricht er in Sprachen, die er unmöglich können kann oder versteht sie? Verfügt er über körperliche Kräfte, die im Verhältnis zu seiner Körpergröße, Statur und Alter nicht nur außergewöhnlich, sondern nach aller menschlicher Erfahrung unmöglich sind?«

»Nein!«, gab er gleich selbst die Antwort, »der Stadelin wollte sich sicher mit seinen Zauberkünsten wichtig machen. Aber wir haben Euch schon dargelegt, dass es sich um Aberglauben handelt. Und im Übrigen wäre er zu einfältig dazu, auf solche Gedanken zu kommen, ich kenne ihn nun schon lange genug.«

Es fing schon an zu dämmern und Greyerz war noch immer verärgert, als er auf der Blankenburg dem Knecht die Zügel zuwarf. Die Unterstützung durch die Geistlichkeit hätte dem Urteil sicher mehr Gewicht gegeben und die sittliche Rechtmäßigkeit betont. Aber er hatte den Prozess alleine angefangen und würde ihn nun auch alleine zu Ende bringen. Grimmig stapfte er über die Treppe und warf die Türe hinter sich ins Schloss.

In dieser Nacht fanden in der Blankenburg zwei Männer keinen Schlaf. Unten im Verlies wand sich der Stadelin, in dessen Daumen immer noch der Schmerz pochte, und oben in der Burg überlegte Greyerz fieberhaft, wie er dem Zauberer ein Geständnis abringen konnte.

Ein grauer, fahler Morgen zog herauf, soweit das Stadelin durch die Maueröffnung abschätzen konnte. Das Pochen in seinen Fingern war nun einem ziehenden Schmerz gewichen, dem er nun aber kaum mehr Beachtung schenkte. Angstvoll lauschte er hin zur Türe und fuhr erschrocken zusammen, als drüben im Stall ein Pferd mit den Hufen gegen die Holzbohlen der Seitenwand trat.

Irgendwann näherten sich Schritte und erleichtert stellte er fest, dass es nur eine einzelne Person war. Wie schon gestern wurde die Türe nur einen Spalt breit geöffnet und eine Hand schob hastig einen Krug und zwei Brotscheiben in die Zelle. Mit großen Zügen leerte er das kalte Wasser in seine trockene Kehle, riss das Brot mit den gesunden Fingern und abgespreizten Daumen über den Handballen in den Mund. Erst jetzt wurde ihm bewusst, wie unbeholfen ein Mensch ohne diese beiden Finger war.

Als er die beinahe schon vertrauten Stimmen der beiden Büttel vernahm, empfand er dies beinahe als Erleichterung. »Bringen wir es hinter uns«, murmelte er und erhob sich von der Einstreue. Angewidert wandte er sein Gesicht ab, als ihm während des Fesselns der Schnapsatem des Dünneren entgegenschlug.

Oben im Zimmer saß der Landvogt mit den beiden Zeugen bereits hinter dem Tisch.

Die Magd räumte das Geschirr beiseite und kam mit einer Karaffe Wein zurück.

Greyerz sah den Stadelin mürrisch an.

»Wie ist es, legst du jetzt ein Geständnis ab oder müssen wir dort weitermachen, wo wir gestern aufgehört haben?«

Der Stadelin wich seinem Blick nicht aus und spürte plötzlich, wie eine sonderbare Ruhe über ihn kam. »Nein!«, kam seine Antwort mit fester Stimme. »Heiliger Herr Jesus und Heilige Mutter Maria, lasst mich stark bleiben!«, betete er so inbrünstig, wie er noch nie in seinem ganzen Leben gebetet hatte.

Greyerz schüttelte mitleidig den Kopf: »Der Teufel hält dich noch immer fest in seiner Hand. Ich werde es dir beweisen, du Unglücklicher. Kannst du das Vaterunser beten?«

Stadelin nickte.

»Also, dann fang an!«

»Vater unser, der du oben bist im Himmel, geheiliget sei dein Name …« Er ließ den Vogt nicht aus den Augen, so lange, bis dieser es nicht mehr ertragen konnte und sich abwenden musste, als der Stadelin bei »… und führe uns nicht in Versuchung« angekommen war.

»Habt ihr seinen Blick gesehen? Habt ihr ihn gesehen?«, schrie Greyerz. »Verhexen wollte er mich. Es war der Leibhaftige selbst, der aus ihm herausgeschaut hat. Ich musste mich umdrehen, weil er versucht hat, auch über mich Macht zu bekommen. Der Teufel hat den Menschen Stadelin benutzt, an seiner Stelle das Vaterunser zu sprechen, da er das selbst ja nicht kann!« Der Vogt war außer sich und felsenfest davon überzeugt, dass sich Satan seiner bemächtigen wollte. »Aber wie ihr selbst gesehen habt, ist er machtlos, weil er sich in der gerichtlichen Ordnung befindet!«, rief er triumphierend. »Stimmt das, Satan?«, schrie er den Stadelin an.

Wenn er jetzt »ja« sagte, war er verloren, wenn er »nein« sagte, würde er es ihm als Einflüsterung des Teufels auslegen. Stadelin schwieg.

Greyerz tobte, schrie und brüllte.

Aber der Bauer stand völlig teilnahmslos da und gab ihm keinen Anlass zu einer neuen Anschuldigung.

»Schafft ihn hinunter in den Hof!«, herrschte er die Büttel an.

Über dem Scheunentor ragte ein Balken ins Freie, an dessen Ende eine Rolle befestigt war, über die ein Seil auf beiden Seiten zu Boden hing. In der Hofmitte kniete der jüngere Gehilfe, den er seit seiner Festnahme nicht mehr gesehen hatte, vor einem eisernen Gefäß, aus dem dunkler Rauch aufstieg.

»Bist du so weit?«, wollte der dicke Büttel wissen.

»Ich habe die Kohlen erst vor ein paar Tagen im Schwarzenmatt geholt. Sie sind noch feucht und brennen schlecht.«

»Nimm halt Holz dazu!«

Sie verknoteten das Seil mit den Fesseln.

»Zieht ihn hoch!«, befahl Greyerz.

Zu zweit hängten sich die beiden Büttel an das Seil und zogen den Stadelin so weit nach oben, bis seine Zehenspitzen nur ganz knapp über dem Boden schwebten. Der Vogt lief um ihn herum, nickte zufrieden und wandte sich den beiden Zeugen zu, mit denen er ein Gespräch über das Wetter anfing. Erst als der Stadelin immer häufiger aufstöhnte und verzweifelt versuchte, mit den Füßen den Boden zu erreichen, drehte er sich scheinbar verwundert um, ganz so, als ob er ihn vergessen hätte.

»Ach, tut es weh?«, fragte er zynisch.

Stadelin sah ihn wortlos an.

»Noch nicht genug, wie ich sehe. Der Teufel in dir scheint immer noch stärker zu sein als du selbst und wir alle zusammen!«

»Was macht das Feuer?«

»Es müsste reichen!«, gab der jüngere Gehilfe zurück.

Greyerz machte eine Handbewegung nach oben, stellte sich vor den Stadelin und sagte »Halt!«, als dessen Füße auf seiner Brusthöhe baumelten.

Zu zweit schleppten sie den Eisenkessel heran und stellten ihn unter dem Delinquenten ab.

Beißender Rauch stieg dem Stadelin in die Augen und raubte ihm den Atem. Er hustete und nach einiger Zeit begann er zu röcheln. Aus seinen Händen war inzwischen jedes Gefühl gewichen.

Erschrocken stellte der Vogt fest, dass dem Hexer der Kopf auf die Brust gesunken war und er auf nichts mehr reagierte. »Lasst ihn herunter, aber sofort!«, rief er in Panik. Das hätte ihm gerade noch gefehlt, dass sich der Stadelin ohne Geständnis einfach so aus dieser Welt davon schlich. »Wasser!«, schrie er, »schüttet ihm Wasser über den Schädel und gebt ihm zu trinken!«

Erleichtert atmete er auf, als der Bauer langsam wieder zu sich kam und sein Körper von einem würgendem Husten geschüttelt wurde.

»Hast du noch Durst?«, frage Greyerz besorgt.

Stadelin nickte dankbar und der Landvogt selbst hielt ihm den Krug an den Mund.

»Wir machen am Nachmittag weiter. Du brauchst etwas Ruhe!«

Sie lockerten ein wenig seine Fesseln um die blau angelaufenen Hände und schleppten ihn hinüber zur Tennwand, wo sie das Seilende hoch oben und für ihn unerreichbar festbanden.

Bald darauf kam der Dickere mit einer Schüssel leicht gesalzenem Getreidebrei zurück und schob ihm Löffel für Löffel in den Mund. Danach flößte er ihm aus einem großen Becher Wein ein, den Stadelin in gierigen Schlucken durch seine kratzende Kehle laufen ließ.

»Du kannst trinken, so viel du willst, hat der Vogt gesagt. Willst du noch einen?«

Wohliger Nebel legte sich über Stadelins Verstand, aber er war noch klar genug, das verlockende Angebot auszuschlagen, auch wenn er dazu seinen ganzen Willen aufbieten musste. Das würde dem Vogt so passen. Ihn besoffen zu machen und damit zu hoffen, ihm leichter ein Geständnis abpressen zu können.

Greyerz war wütend, als er davon erfuhr. »Aber ich bringe dich schon noch dazu, du starrhalsiger Simmentaler!«

Stadelin schreckte hoch, als ihn jemand unsanft an den Schultern rüttelte. »Aufstehen! Es geht weiter!«

Immer wieder rutschten seine Beine weg.

»Helft ihm auf«, knurrte Greyerz, »oder seid ihr blind?«

Zu dritt hoben sie ihn hoch und lehnten ihn dann an die Wand, wo er wackelig stehen blieb.

Stärker als die übrigen Schmerzen kam ihm das Stechen im Kopf vor und mit einem Mal drehte sich alles um ihn. Wenn sie ihn nicht aufgefangen hätten, wäre er umgefallen.

Verschwommen sah er den Vogt vor sich, der auf ihn einredete.

»Hast du mich verstanden?«, schrie dieser.

Aber Stadelin sah ihn nur verständnislos an.

»Wir müssen warten!«, beschied der Vogt. »Holt einen Tisch und ein paar Stühle und einen Humpen Wein! Aber sauft nicht so viel, dass ihr nicht mehr bei Verstand seid!«

Am späten Nachmittag waren alle schon ein wenig angeheitert und der Dickere rief nach oben, dass der Zauberer nun so weit sei. Greyerz kam über die Treppe herunter, besah sich den Stadelin, den sie wieder an die Mauer gelehnt hatten und nickte. »Gestehen willst du wahrscheinlich nicht?«

Stadelin schüttelte müde den Kopf.

»Zieht ihn wieder hoch!«

Das Seil spannte sich und der Vogt gab den Befehl zum Festmachen, als seine Füße etwa kniehoch über dem Boden schwebten.

»Zieht ihm die Schuhe aus!«

Der Jüngere riss ihm diese mit Gewalt nach unten weg, die Seile gruben sich tief in seine Handgelenke und Stadelin stieß einen lauten Schrei aus.

Mit kurzen Holzstangen schoben sie den heißen Eisenkessel nach vorne und ließen den Bauern so weit ab, bis seine Fußsohlen drei Handbreit über der Glut schwebten.

Instinktiv zog Stadelin die Beine an, aber schon nach kurzer Zeit verließ ihn die Kraft.

Keuchend versuchte er dann, der sengenden Hitze durch Schwingen zu entgehen, wodurch aber die dünnen Seile verstärkt in seine Handgelenke schnitten.

Mit ausdruckslosem Gesicht stand ein Büttel neben ihm und wartete auf ein Zeichen vom Vogt. Schließlich nickte Greyerz und der Büttel schlug mit einem dicken Knüppel auf das gespannte Seil.

Stadelin brüllte auf wie ein waidwundes Tier und der Vogt erklärte den beiden Zeugen und den Gehilfen, dass das nicht der Stadelin selber sei, der so schreie, sondern der Dämon, der nicht aus ihm heraus wolle.

»Gestehe endlich!«, rief er immer wieder hinauf, während nun der Jüngere mit dem Stock auf das Seil einprügelte.

Dem Stadelin traten die Augen fast aus den Höhlen, sein Schreien wurde immer leiser, ging allmählich in ein immer stiller werdendes Wimmern über und zwischen seinen Beinen begann sich der Stoff dunkel zu färben.

»Das wird heute nichts mehr«, sagte Greyerz verärgert, »nehmt ihn herunter und sperrt ihn weg!«

Hart zeichnete sich der Schatten in dem Lichtstreifen ab, der in die Zelle fiel.

»Hmm«, räusperte sich Greyerz unsicher, während er auf den verkrümmt am Boden liegenden Stadelin hinabsah. Dieser schlief fest und gelegentlich lief ein Zucken durch seinen Körper.

Auf seine Aufforderung zum Aufstehen hatte er nicht reagiert und auch den Tritt in die Leiste schien er nicht gespürt zu haben.

Fragend sahen die beiden Büttel den Vogt an.

»Wir warten bis zum Nachmittag. Er muss wieder ein wenig zu Kräften kommen. Legt ihm einen Fußverband an!«

Der Jüngere brachte in einem Holzschaff Eichenrindensud, in den der Dickere Lumpen eintauchte und um die mit Brandblasen übersäten Füße wickelte.

Stadelin merkte nichts davon. Irgendwann erwachte er, schleppte sich mühsam zum Eimer in die Ecke und verrichtete seine Notdurft. Gleich darauf schlief er wieder ein.

Es war schon später Nachmittag, als Greyerz wieder das Gefängnis aufsuchte, um nach dem Delinquenten zu sehen. Stadelin lag immer noch zwischen Bewusstlosigkeit und Schlaf auf der Einstreue. Der Vogt gab Befehl, ihn zu wecken und nach draußen zu bringen. Als sie ihn auf die Beine stellen wollten, schrie der Bauer auf und sackte sogleich zusammen. Die beiden Büttel fassten unter seine Armen und schleppten ihn ins Freie. Greyerz war beim Anblick Stadelins klar, dass sich dieser nicht auf den Beinen halten konnte.

»Setzt ihn auf einen Stuhl!«

Aber auch dort mussten sie ihn festhalten.

»Willst du gestehen?«

Stadelin schüttelte den Kopf.

»Welche Farbe haben deine Hühner?« fragte der Vogt unvermittelt.

»Alle möglichen«, antwortete Stadelin verdutzt.

»Hast du auch schwarze?«

»Ich glaube, ja.«

»Hast du nun schwarze, ja oder nein?«

»Ja.«

»Welche Farbe hat der Tod?«

»Schwarz.«

»Was ist Satans Lieblingsfarbe?«

»Ich weiß es nicht, ich nehme aber an, schwarz.«

»Wozu brauchst du schwarze Hühner?«

»Wozu hat man Hühner?«, fragte Stadelin zurück.

»Werd nicht frech. Hier stelle ich die Fragen!«, fuhr ihn Greyerz an. »Also, noch einmal: Wozu brauchst du schwarze Hühner?«

»Zum Eierlegen und zum Schlachten.«

»Dazu brauchst du schwarze?« Der Vogt verzog angespannt das Gesicht.

»Mir ist doch die Farbe meiner Hühner gleichgültig, solange sie Eier legen!« Stadelin war plötzlich wieder hellwach, aber er konnte sich nicht vorstellen, worauf der Vogt hinauswollte.

»Soso, dir ist das gleichgültig. Mir aber nicht. Muss ich dir wirklich sagen, wozu du schwarze Hühner brauchst?« Greyerz trat ganz nahe an ihn heran. »Zum Wetterzaubern!« Er sah ihn scharf an. »Gibst du das zu?«

»Nein!«

Der Vogt seufzte. »Bindet ihm die Hände auf den Rücken und zieht ihn auf!«

Die Büttel schleiften Stadelin hinüber zum Scheunentor, wo sie ihn bäuchlings auf den Boden gleiten ließen und seine Fesseln mit dem Seil verknoteten. Während sie ihn aufrichteten, schrie er wieder laut auf.

»Das ist noch gar nichts gegen das, was jetzt kommt. Willst du dir das nicht ersparen?«

Stadelin gab keine Antwort.

Ein Gehilfe hielt ihn fest, die beiden anderen spannten leicht das Seil. Greyerz nickte.

Stadelins Hände hoben sich in die Höhe, während sich sein Oberkörper nach vorne beugte.

»Mehr!«

Seine Oberarme begannen sich schmerzhaft zu drehen und zu spannen.

»Fester!« Stadelin keuchte und stöhnte.

»Fester!«

Der Schmerz wurde fast unerträglich, Rotz lief aus seiner Nase und Speichel aus dem Mund.

»Höher!«

Ruckartig rissen die beiden Büttel am Seil. Wie ein greller Blitz schlug es in Stadelins Kopf ein, als mit deutlich hörbarem Knacken beide Schultern aus den Gelenken sprangen. Mit einem gellenden Schrei fiel er in Ohnmacht.

Greyerz brüllte erbost, dass sie hirnlose Ochsen seien, sie sollten sehen, was sie da angerichtet hätten und dass man auch zum Foltern Gefühl brauche.

»Holt den Medicus, er soll die Schultern wieder einrenken!«

Nach drei Tagen schleiften sie Stadelin wieder aus der Zelle. Sie hatten darauf verzichtet, ihn zu fesseln, da der Medicus meinte, der würde ihnen bestimmt nicht mehr davon laufen.

In der Tat sah der Stadelin Furcht erregend aus. Aus seinem ausgemergelten Gesicht blickten stumpf verquollene und mit Blut unterlaufene Augen, im verzottelten und verfilzten Haar hatten sich Heureste verfangen, an den Handgelenken hing die Haut in Fetzen.

Greyerz betrachtete ihn zufrieden, während der Bauer auf den Stuhl gebunden wurde. Wenn ihn sein Gefühl nicht täuschte, würde er heute sein Geständnis bekommen.

»Willst du gestehen?«

»Nein!«, murmelte Stadelin.

»Das alles hast du dir mit deiner Verstocktheit selbst zuzuschreiben. Wir müssen es tun, auch wenn es uns nicht leicht fällt!«

Er wandte sich an den Zahnlosen. »Fang an!«

Stadelins Hemd lag am Boden, seine Hosenbeine waren hochgekrempelt.

Mit einer großen Zange, wie sie von den Schmieden verwendet wurde, näherte sich der Büttel. Entsetzt sah Stadelin auf die glühenden Backen. Der Gestank war so fürchterlich, dass sich alle mit Ausnahme des Vogtes und des Zahnlosen die Nase zuhielten, während sich das Eisen zischend in Stadelins Wade bohrte.

Nachdem sie ihm aus dem rechten Oberarm ein Stück Fleisch gerissen und in die Brust ein faustgroßes Loch gesengt hatten, gestand Stadelin.

Er gab zu, mit von Hoppo mitgeteilten geheimen Formeln Satan selbst angerufen zu haben und ihn um den Beistand eines Unterteufels gebeten zu haben. Wenn dieser erschienen sei, hätte er ihm auf einer Wegkreuzung ein schwarzes Huhn opfern müssen, das er in die Luft geworfen habe. Der Unterteufel hätte dann für den gewünschten Schaden gesorgt.

Auch gestand er, unter der Türschwelle der Knutys eine Eidechse vergraben zu haben, die alles Lebendige auf dem Hof unfruchtbar machen sollte.

Am nächsten Tag ließ Greyerz den vor Schmerzen halb Wahnsinnigen in den Vernehmungsraum schleppen.

»Wir haben nach der Eidechse unter der Schwelle gesucht, haben aber keine gefunden! Hast du sie weggezaubert?«

»Nein!«, ächzte Stadelin.

»Wo ist sie dann?«

»Vielleicht ist sie schon vermodert, es ist ja schon einige Jahre her!«

Greyerz überlegte. Für den Unfruchtbarkeitszauber mit der Eidechse musste man nicht selbst zaubern können. Das war allgemein bekannt. Es genügte, diese, während man Verwünschungen sprach, unter der Hausschwelle des Feindes zu verstecken.

»Also gut«, sagte er nach einer Weile, »du gibst also ohne Folter zu, mit dem Teufel im Bunde zu sein und Schadenszauber verübt zu haben?«

Stadelin nickte matt.

»Kannst du mir das auch sagen? Ja oder nein!«

»Ja«, flüsterte Stadelin leise.

Greyerz blieb vor Stadelin stehen und sah ihn lächelnd an. »Du gestehst es also!« Immer noch lächelnd sprach er weiter: »Auf Grund der von dir selbst eingestandenen Hexentaten verurteile ich dich zum Tode durch Verbrennen bei lebendigem Leibe. Das Urteil wird morgen vollstreckt!« Er drehte sich zu den Zeugen um: »Ihr habt alles gehört?«

Die Schöffen nickten.

Die Nachricht von der Verurteilung sprach sich in Windeseile herum. Am nächsten Vormittag war bereits eine große Menschenmenge zu dem Feld vor Boltigen geströmt, auf dem schon der Scheiterhaufen loderte.

Auf einem Karren liegend zogen sie den Stadelin durch die gaffende Menge und viele versuchten, noch einen Blick auf den überführten Zauberer, der sogar mit Satan im Bunde war, zu erhaschen.

Sie banden ihn auf einer Leiter fest, zwei der Büttel fassten deren Enden und warfen den Stadelin mit Schwung ins prasselnde Feuer. Stadelin schrie auf, brüllte eine Zeit lang, fing dann an zu stöhnen und zu wimmern und verstummte bald ganz.

Eine kleine Maus, die unter dem Holzstapel Zuflucht gefunden hatte und der es nun zu heiß wurde, schoss unter dem Scheiterhaufen hervor, huschte über die zertrampelte Wiese und verschwand dann im hohen Gras. Entsetzt wichen einige der Umstehenden zurück. »Er ist entkommen. Er ist entwischt!«, riefen sie aufgeregt und im Nu verdichtete es sich zur Gewissheit, dass sich der Stadelin in eine Maus verwandelt hatte, wie es ja schon auch der »Räudige« gemacht hatte.

BUCH I
FORMICARIUS

1. KAPITEL

Johannes Nider war ein gebildeter Mann. Der Sohn eines armen Schuhmachers aus der oberschwäbischen Reichsstadt Isny hatte es weit gebracht. Sein Vater war schon früh gestorben, schon als kleiner Bub konnte er sich nur noch schemenhaft an ihn erinnern. Auch die Großeltern kannte er nur aus Erzählungen, sie wurden von der Pest 1350 hinweggerafft, als in einem Jahr über fünftausend Einwohner Isnys den Schwarzen Tod starben. Schuld an der Pestilenz sei eine Dreierkonstellation aus Saturn, Jupiter und Mars gewesen, die am 20. März 1345 in einen 40-Grad-Winkel zu Aquarius getreten sei, das hätten hochgelehrte Doctores in Paris herausgefunden.

Seine resolute und tiefgläubige Mutter sorgte dafür, dass der kleine Johannes keinen Gottesdienst oder Andacht verpasste. »Das ist alles, was ich dir auf deinen Lebensweg mitgeben kann. Ohne Glauben unterscheidet sich der Mensch nicht viel von einem Tier«, ermahnte sie immer wieder ihren Buben.

Irgendwann fiel dem Benediktinerabt in der Klosterkirche der Knabe auf, der die Predigten geradezu in sich hineinzusaugen schien. Einige Wochen lang beobachtete er ihn unauffällig und nahm ihn an einem Sonntag nach dem Gottesdienst zur Seite. »Verstehst du denn alles, was wir von der Kanzel verkünden?«

»Manches ja, aber vieles nicht. Aber ich bin ja noch klein und möchte möglichst viel lernen.«

Dem Abt gefiel die Antwort. »Würdest du gerne bei uns Benediktinern die Klosterschule besuchen?«

Er sah das kurze Aufleuchten seiner Augen, das aber sogleich wieder verschwand.

»Ja, schon. Aber meine Mutter ist eine arme Frau und Vater habe ich auch keinen mehr«, erwiderte der Junge bedrückt.

»Da werden wir schon eine Lösung finden. Wichtiger ist dein

Wille, etwas aus deinem Leben zu machen. Wie heißt du denn und wo wohnst du?«

»Johannes Nider. Wir wohnen an der Straße hinaus nach Eglofs, es ist das zweite Haus gleich hinter der großen Linde.«

»Gut. Ich werde mit deiner Mutter reden!«

Ein paar Tage später betrat der Abt abends die windschiefe Hütte, die nur aus einem einzigen Raum bestand. »Gelobt sei Jesus Christus!«

»In Ewigkeit, Amen!«, erwiderten die beiden scheu.

Unauffällig sah sich der Geistliche um. In einer Ecke qualmte ein lehmgemauerter Herd, auf dem ein verrußter Kessel dampfte und über dem eine alte verbeulte Pfanne hing, an einem roh gezimmerten Tisch standen zwei ebensolche Hocker und auf dem gestampften Erdboden lagen in einem abgeteilten Bretterverschlag zwei säuberlich ausgerichtete strohgefüllte Zudecken mit ebensolchen Kopfkissen. Auf dem kleinen Fenstersims entdeckte er Teller, Tassen und Löffel. Neben dem Fenster hing ein Kruzifix mit einem geschnitzten Corpus, dessen Kopf mit der Dornenkrone im Verhältnis zum Oberkörper zu klein geraten war, daneben stand auf einem angenagelten Brett eine gipserne Madonna.

Die Frau bemerkte seinen Blick. »Ich weiß, er ist nicht schön. Aber wir haben kein Geld und müssen uns mit dem begnügen, was wir uns leisten können«, sagte sie entschuldigend.

»Gute Frau, es kommt nicht auf das Äußerliche an, sondern auf die innere Einstellung und den Glauben!«, antwortete der Abt.

»Bitte nehmt Platz. Ich kann einen Tee machen, mehr habe ich leider nicht im Haus.«

»Mach dir keine Mühe, ich brauche nichts«, antwortete der Abt und ließ sich umständlich auf dem Hocker nieder. Erst jetzt sah er die Truhe auf der rückwärtigen Seite des Tisches, in der ihre Habseligkeiten verstaut waren und die ebenfalls als Sitzgelegenheit diente.

»Du hast es sicher schon deiner Mutter gesagt«, wandte er sich an den Buben.

Johannes nickte und seine Mutter sagte: »Ja, er hat mir davon berichtet. Aber wir haben gerade so viel, dass wir nicht verhungern müssen. Seit mein Mann gestorben ist, müssen wir uns alleine durchschlagen. Als Tagelöhnerin bekomme ich zwar im Sommer schon Arbeit, den Winter über müssen wir jedoch von dem bisschen Ersparten leben. Um es vorneweg zu sagen – zu einem Schulbesuch für den Buben fehlt mir einfach das Geld!«

»Deswegen bin ich ja hier«, lächelte der Geistliche.

Als er sie genauer betrachtete, fielen ihm ihre abgehärmten Gesichtszüge auf. Sie musste knapp Mitte dreißig sein, vor ihm aber stand eine Frau, die um mindestens zehn Jahre älter aussah.

»Ich beobachte deinen Buben schon eine ganze Weile. Mir ist aufgefallen, wie andächtig er während der Gottesdienste ist und wie aufmerksam er den Predigten zuhört. Du scheinst einen frommen und sehr wissbegierigen Sohn zu haben, um den es schade wäre, wenn seine Talente verkümmern würden. Mit meinen Mitbrüdern, die ihn ebenfalls observiert haben, bin ich mir einig. Wir würden den Buben gerne in unsere Klosterschule aufnehmen, und zwar umsonst. Du kannst sicher sein, dass wir das nicht mit jedem machen, aber hier zu einer Ausnahme bereit sind.«

Schwach wandte sie ein, dass sie ihn über den Sommer als Gehilfen bei einem Schuster, der ein Freund ihres verstorbenen Mannes war, versprochen hatte und dass sie das bisschen Geld dringend nötig hätten.

»Nichts da!«, erwiderte der Abt bestimmt, »wir werden auch im Kloster für ihn eine Arbeit finden, ohne dass er vom Lernen abgehalten wird. Außerdem bekommt er auch das Mittagessen bei uns.« Der Abt erhob sich. »Im Herbst kann er bei uns anfangen. Seid ihr einverstanden?«

Frau Nider nickte stumm. In ihrem Innersten hatte sie wie alle Mütter schon immer gewusst, dass ihr Sohn etwas Besonderes war.

Johannes war ein stilles, ernstes Kind, die Streiche und der laute Übermut seiner Altersgenossen waren ihm ein Gräuel und er ging ihnen aus dem Wege. Am liebsten streifte er alleine durch die hügeligen Wälder und Wiesen, saß an einem Bach und sah den flirrenden Libellen zu oder hing im Gras liegend seinen Gedanken nach.

Im Sommer scheute er auch nicht den langen Weg hinaus zum Eistobel, in dem er tief unten das geheimnisvolle Rauschen der Argen hören konnte. Immer wieder lief er oben an der Kante des Abbruches entlang und versuchte, einen Weg in die Tiefe zu finden, und je länger er suchte, desto stärker wuchs in ihm das Verlangen, diese fremde Welt zu betreten.

Keuchend wühlte er sich eines Tages durch das Gestrüpp, die Dornen der Brombeerschläge zerkratzten seine Haut, seine Hände klammerten sich an halbdürre Äste, die Füße rutschten über feuchtes Moos, bis er endlich von einer unterspülten Böschung aus ins Bachbett springen konnte.

»Ich bin unten!«, schrie er laut und beinahe übermütig, obwohl ihn niemand hören konnte.

Er kannte keinen Erwachsenen, geschweige denn eine Gleichaltrigen, der sich bisher hier herunter getraut hatte. Nun stand er, er, Johannes Nider, er, den sie alle für ein wenig sonderlich hielten, in einer Falte dieser Erde, die für alle anderen Isnyer genau so nah war, denen aber der Mut oder die Abenteuerlust fehlte und die sich schon allein aus Angst vor den schauerlichen Geschichten, die man sich erzählte, nie und nimmer hier herunter gewagt hätten. Hier war ab jetzt seine Wunderwelt, die jetzt nur ihm, ihm ganz allein gehörte. In einem Gumpen schwammen Fische, die sofort unter einem großen Felsbrocken verschwanden, als sein Schatten ins Wasser fiel. Er setzte sich auf einen warmen Stein und ließ seine Füße ins Wasser baumeln. Eine Bachstelze hüpfte aufgeregt hin und her, die in einem fort nach etwas Unsichtbarem pickte. Über den sonnenüberfluteten Blumen am Ufer schwebten Hunderte von Schmetterlingen und wurden plötzlich von einem leichten Windhauch verweht. Zwischen den Farnen wuchsen wilde Erdbeeren, die säuerlich schmeckten. Hoch über der Schlucht zog ein Habicht seine weiten Kreise und er sah ihm so lange zu, bis durch das helle Licht seine Augen zu tränen begannen.

Johannes fühlte tiefen Frieden in sich, er spürte förmlich, wie seine kleine Seele eins war mit der Schöpfung Gottes. Der Habicht war verschwunden. Erst als ihm ein hoher Wasserfall den Weiterweg versperrte und er nach einer gangbaren Möglichkeit suchte, sah er ihn wieder. Ein kleines Vögelchen flatterte in panischer Angst in der blauen Luft hin und her, der Habicht war höchstens ein paar Fuß über ihm, stürzte sich dann im steilen Flug auf ihn herab und trug ihn in seinen Fängen davon.

»Wieso lässt Du das zu? Wieso erschaffst Du ein Lebewesen, damit ein anderes es umbringen kann? Wieso muss so ein kleiner Vogel sterben, damit ein größerer leben kann?« Der Gleichklang in ihm war zerrissen. Ärgerlich wandte sich Johannes um und trat den Heimweg an.

Unter einer Kiefer fand er noch einen riesigen Steinpilz, den er behutsam am Stil abdrehte und unter seine Joppe steckte. Der Speichel lief ihm schon im Mund zusammen.

Endlich würde wieder einmal etwas anderes auf den Tisch kommen als der ewige Haferschleim und Hirsebrei.

An einem großen Haufen mit Waldameisen blieb er jedoch fasziniert stehen.

Diese kleinen Tiere übten eine eigenartige Anziehungskraft auf ihn aus. Stundenlang konnte er ihrem emsigen Treiben zusehen und je länger er sie beobachtete, desto mehr erkannte er, dass es sich nicht um ein planloses Gewusel handelte, sondern alles nach irgendwelchen Regeln ablief. Johannes riss Blätter von den Bäumen, setzte gefangene Ameisen darauf, die er mit einem großen Wassertropfen fixierte und dann gegen das Licht hielt. In der durchsichtigen Halbkugel erschienen die Tierchen plötzlich viel größer und er konnte sie in aller Ruhe von allen Seiten betrachten.

Bald kannte er sie zwar nicht nach Namen, aber er wusste sie zu unterscheiden: Rote Waldameisen, Gelbe Wiesenameisen, Schwarze Wegameisen, Feldameisen …

Er wusste auch, dass die Waldameisen ihren Haufen meist um einen schon halb vermoderten Wurzelstock bauten, in den sie Gänge nagten. Auch bei der Auswahl der Baumaterialien waren sie wählerisch. Er entdeckte, dass sie nicht alle gleich aussahen, obwohl sie zum gleichen Volk gehörten. Da gab es heller und dunkler getönte, auch in der Größe unterschieden sie sich und manche hatten einen im Verhältnis zum Körperbau beinahe unförmigen Kopf.

Mehr als einmal kam er erst nach Einbruch der Dunkelheit nach Hause, was seine Mutter aber nur milde tadelte. Mit glänzenden Augen erzählte er ihr dann, wie er heute wieder den ganzen Nachmittag bei einem großen Haufen unter einer halb vertrockneten Tanne verbracht hatte.

»Unter den Ameisen findest du alles, Mutter. Da gibt es Weber, Zimmerleute, Maurer, Bäcker, Gärtner, Krieger, Faule und Fleißige. Aber keine Professoren, Beamte, Feldherren oder andere, die Befehle erteilen. Alles folgt einer eigenen Ordnung, ohne dass sie es wissen. Ja, sie wissen nicht einmal, dass sie Ameisen sind. Verstehst du das?«

Sie schüttelte besorgt den Kopf. »Was soll aus dir noch werden, Johannes?«

Er überhörte ihre Frage. »Da, riech einmal, ein wenig ist noch da!«

Ohne eine Antwort abzuwarten, streckte er ihr seine kleine Hand unter die Nase und ohne eigentlich zu wollen, sog sie den immer noch stechenden Geruch auf seiner Haut ein, den die Ameisen absondern, wenn man mehrere Male nacheinander mit der Handfläche auf den Haufen klopft.

Sie musste leicht husten.

»Das musst du selbst einmal sehen«, sprudelte er weiter, »sie kommen alle heraus und bringen sofort wieder die beschädigte Stelle in Ordnung. Es gibt keine Oberameise, die ihnen das befiehlt! Das machen sie von selbst! Verstehst du das?«

»Nein, ich verstehe das nicht, Bub, und das ist mir auch gleichgültig. Ich habe den ganzen Tag damit zu tun, für unseren kargen Lebensunterhalt zu sorgen und keine Zeit, mich um so einen Unsinn wie Ameisen zu kümmern!«

Im Stillen überlegte sie, ob es doch so eine gute Entscheidung gewesen war, den Buben zur Schule zu schicken.

Als das zweite Jahr anbrach, hatte Johannes sich verändert. Er wurde immer schweigsamer und in sich gekehrter und wenn seine Mutter ihn fragte, was er denn habe, antwortete er höflich, aber bestimmt, dass sie das nicht verstehen würde.

Zwar war sie stolz darauf, dass ihr Sohn das Lesen und Schreiben lernte, aber wenn er ihr vom Logischen Denken erzählte, hätte er mit ihr genau so gut lateinisch reden können.

Auch brachte er Heiligenlegenden und fromme Traktate mit nach Hause, über denen er tiefgebeugt bis spät in die Nacht im Schein eines Kienspanes saß.

»Du verdirbst dir noch die Augen!«, ermahnte sie ihn immer wieder.

Gehorsam löschte er dann den Span und kroch widerstrebend in sein Bett. Das Einzige, worüber er ausführlich und mit Begeisterung mit ihr sprach, waren seine Ameisen. Inzwischen hatte er auch angefangen, eigene Experimente durchzuführen. Überall standen Behältnisse und Vasen herum, in denen er einzelne Ameisen hielt, die aber regelmäßig nach ein paar Tagen verendeten, obwohl er sie immer in der Nähe des Haufens einfing und auch etwas Futter von dort mitnahm. Zuerst dachte er, es läge an der Feuchtigkeit, aber auch das Besprengen mit Wasser und das Auslegen mit feuchten Tüchern brachte kein besseres Ergebnis. Nach meistens zwei, spätestens nach drei Tagen waren sie tot. Wenn er aber mehrere zusammen tat, lebten diese vier, fünf, ja mitunter sogar sechs Tage.

»Ich weiß nicht, vielleicht haben sie nur eine so kurze Lebenserwartung«, sagte er zweifelnd, worauf seine Mutter keine Antwort gab, sondern nur einen Seufzer ausstieß.

Erst eine lange Schönwetterperiode brachte ihm die Gewissheit. An die hundert Ameisen zweier Haufen hatte er mühsam mit Tinte markiert, die aber auch noch nach über zwei Wochen putzmunter über den Waldboden krabbelten. Selbst als es dann an zwei Tagen geregnet hatte, entdeckte er eine Woche später immer noch einige schwarz gefärbte Exemplare.

»Das ist es«, murmelte er halblaut, »sie können ohne einander nicht leben. Ihr Staat ist so eingerichtet, dass das einzelne Lebewesen ohne die Gemeinschaft nicht überlebensfähig ist. Selbst dann nicht, wenn alle materiellen Voraussetzungen erfüllt sind!«

Noch etwas fiel ihm auf, was ihm bisher entgangen war: Die kleinen Tierchen wuselten nur scheinbar durcheinander. In Wirklichkeit aber nahmen sie fast immer den kürzesten und geradesten Weg. Sicher, es gab auch Ausnahmen und es gab auch welche, die der Arbeit aus dem Wege gingen, aber das waren meist dieselben, die auch sonst keinen allzu übermäßigen Eifer zeigten.

»Wer aber sagt ihnen das? Warum wissen sie, wo der kürzeste Weg ist, wenn sie ihn auf Grund ihrer Körpergröße gar nicht sehen können?« Ganz offensichtlich trat auch hier ein Teil des göttlichen Schöpfungsplanes deutlich zu Tage.

Vor einigen Wochen hatte er seiner Mutter eröffnet, dass er Priester werden wolle. Überglücklich wollte sie ihn in ihre Arme schließen, aber Johannes reagierte abweisend und wand sich aus ihrer Umarmung.

»Das ist jetzt vorbei, Mutter«, sagte er und sah sie ernst an.

Sie hatte ihm nie gesagt, dass dies ihr Herzenswunsch war und sie jeden Tag darum betete, ihren Sohn als Geistlichen zu sehen. Nun aber war sie durch seine schroffe Antwort doch verletzt. »Siehst du mich denn nicht mehr als deine Mutter an?«

Er blickte gerade in ihr betroffenes Gesicht. »Selbstverständlich bist und bleibst du meine Mutter, die ich auch bis in den Grund meines Herzens liebe. Aber ich habe mir vorgenommen, körperliche Berührungen mit allen Menschen auf das Notwendigste zu beschränken. Das lenkt nur ab und trübt das Urteilsvermögen!«

Besorgt sah sie, wie der Bub immer magerer wurde, da er am Morgen nur noch eine Tasse kaltes Wasser trank und am Abend bestenfalls einen dünnen Tee zu sich nahm.

Als er schließlich nur noch Haut und Knochen war, konnte sie es nicht mehr mit ansehen. Sie ging zum Abt, der ihm befahl, wenigstens in der Früh feste Nahrung zu sich zu nehmen und auch abends eine Kleinigkeit zu essen.

»Das kannst du machen, wenn du erwachsen bist. Aber in deinem Alter ruinierst du dir damit deine Gesundheit!«, sagte dieser streng. »Denk an unseren Ordensgründer, den heiligen Benedikt. Das war ja schließlich einer der Anstöße für seine Ordensregel Ora et labora – bete und arbeite, die den Menschen in seiner Gesamtheit umfasst. Auch er lebte anfangs in einer Höhle und zu seiner Zeit gab es Tausende und Abertausende, die sich selbst irgendwelche strengen Gelübde auferlegten und ihr irdisches Dasein mit Selbstkasteiung verbrachten, indem sie den Herrn in seinem Leiden am Kreuz sogar noch zu überbieten versuchten. Sie bevölkerten die Wälder und Einöden und versuchten in ihrer Verblendung gegen die gottgeschaffene und gottgewollte Natur zu leben, indem sie sich immer noch größere und heftigere Qualen ausdachten. Sie zogen wie Jesus der Herr in die Wüste, aber nicht wie dieser für vierzig Tage, sondern gleich für ihr ganzes Leben und verbrachten es damit, unablässig Tag und Nacht um Gnade und Barmherzigkeit für sich zu flehen. Manche schlugen sich unter ständigem Gebet die Köpfe am Boden blutig, andere ließen sich in Tierhäute einnähen oder in den heißen Wüstensand eingraben, andere liefen in dreckigen Lumpen voll Ungeziefer und mit gebundenen Händen auf dem Rücken herum und wieder andere behängten sich mit schweren Eisengewichten oder stiegen auf Säulen, auf denen sie Jahre oder gar Jahrzehnte lang ausharrten. Ein gewisser Salamanius aus Kapersana ließ sich lebendig einmauern und gelobte, niemals mehr ein einziges Wort zu sprechen, ein Thaleläus klemmte sich zehn Jahre lang in einen Wagenreifen und zog sich dann in einen eisernen Käfig zurück. Diese Narren! Sie ruinierten ihre Gesundheit und meinten, das sei die wahre Gottesfurcht. Der einzige Gedanke, zu dem sie noch fähig waren, war der Tod und ihr eigenes Seelenheil. Sie kümmerten sich nur um sich selbst und ließen die ihnen von Gott gegebenen Gaben verkommen. Aber was sage ich? Schau dich um, es gibt auch jetzt noch genügend solcher Tölpel, die ihren ganzen Verstand darauf verwenden, ihren Körper, das Gefäß ihrer Seele, zu malträtieren und zu beschädigen. Nicht wenige von ihnen sind auch noch so eitel, dass sie darin wetteifern, noch mehr Schmerz und Ungemach ertragen zu können als andere. Es geht ihnen längst nicht mehr um Gotteserfahrung, sondern sie haschen nach Anerkennung und Bewunderung. Verwende deinen Geist, um Gott und den Menschen zu dienen, nicht aber dazu, um deine Person in den Mittelpunkt deiner Welt zu stellen! Askese ja, aber mit Maß und Ziel und erst dann, wenn du ausgewachsen bist!«

Für Johannes war es anfangs klar vorgegeben, dass er Benediktinermönch werden würde. Ein Leben als Säkularpriester konnte er sich nicht vorstellen, das wäre ihm zu laut und mit zu vielen Ablenkungen verbunden gewesen. Aber je älter er wurde und je mehr er in das Klosterleben des Ordo Sancti Benedicti tieferen Einblick bekam, desto mehr Zweifel kamen in ihm hoch.

Irgendwann wurde er beim Abt vorstellig, dem er seine Bedenken vortrug. »Ein Priester, wie ich es werden möchte, muss beim Volke sein, er muss zum Volke gehen. Die benediktinische Weise der Frömmigkeit und Gelehrtheit möchte ich nicht in Abrede stellen, im Gegenteil. Sie hat viel Gutes bewirkt, denken wir nur an die Universitäten, ohne die das heutige Abendland undenkbar wäre, und sie wird es auch weiterhin tun. In der Regel 33, Punkt 3 des heiligen Benedikt heißt es: ›Keiner habe etwas als Eigentum, überhaupt nichts, kein Buch, keine Schreibtafel, keinen Griffel, gar nichts.‹ Der Orden selbst aber besitzt Ländereien, die von Leibeigenen bewirtschaftet werden, was zugegeben zwar für diese nicht nur Nachteile, sondern auch Vorteile bringt, er lässt prächtige Klöster bauen und seine Mönche sitzen an einer gut gedeckten Tafel. Viele Menschen verstehen es nicht, dass die Kirche Armut predigt, selbst aber irdische Güter besitzt und dafür Abgaben einfordert!«

»Was glaubst du, was Isny ohne uns Benediktiner wäre? Ein bedeutungsloses kleines, schmutziges Kuhdorf«, entgegnete der Abt unwirsch.

»Versteht mich nicht falsch: Ich verurteile das nicht, ich würde ohne die Eure großzügige Unterstützung, die ohne irdischen Besitz nicht möglich gewesen wäre, heute wahrscheinlich Schweine hüten oder ein armseliges Dasein als Flickschuster wie mein Vater fristen. Ich könnte weder lesen noch schreiben, wüsste nichts von Scholastik und der Mystik der großen Heiligen. Aber die benediktinische Art des Dienstes an Gott und den Mitmenschen entspricht nicht meinen Vorstellungen, sie ist mir nicht radikal genug. Bitte haltet mich nicht für hochmütig und eingebildet. Ich möchte zu einem armen Orden, da ich auch durch Eure Unterrichtung weiß, dass irdische Güter den Blick auf das Wesentliche und wirklich Wichtige verstellen oder zumindest trüben. Bei den Benediktinern müssten die Menschen zu mir kommen, ich aber möchte zu ihnen gehen, ohne aber Gefahr zu laufen, mein Herz und meinen Verstand mit vergänglichen Dingen zu belasten.«

Der Abt sah ihn daraufhin lange an. »Zu den Franziskanern oder Dominikanern möchtest du also? Weißt du, wie viele Auseinandersetzungen gerade wir mit ihnen wegen ihrer Vorstellung von Armut hatten? Auch wir sind als einzelne der strengen Armut verpflichtet, dadurch aber sind wir als Gemeinschaft durch unsere Klöster und Besitzungen unabhängig. Sie aber predigen auch dem Volke und den einfachen Leuten das Ideal von Besitzlosigkeit. Wenn sich diese Anschauung als gelebte Form durchsetzen würde, hätten wir es mit einer Verelendung unseres gesamten Gemeinwesens zu tun. Bedenke das!« Der Abt tat alles, um seinen Zögling umzustimmen, den er für einen seiner begabtesten und hoffnungsvollsten Schüler hielt und der eine Bereicherung für ihren Orden gewesen wäre.

Er griff zu seinem letzten Argument: »Seit ich dich kenne, warst du immer still, ernst und verschlossen. Draußen aber musst du mit den Menschen umgehen. Sie werden dich nicht nur danach beurteilen, was du ihnen sagst, sondern auch wie du auftrittst. Getraust du dir das zu?«

»Ich bin hier lange Zeit in der Scholastik unterwiesen worden. In der Questio habe ich gelernt, klare Fragen zu stellen und in der Respondens, den Kern der Frage zu erfassen und eine treffende, logische Antwort zu geben. Darüber hinaus wird mich der Heilige Geist schon erleuchten, wenn die Zeit dazu reif ist!«

Der Abt gab sich geschlagen. »Es gibt viele Wege, Gott, seiner Kirche und den Menschen zu dienen. Ich an deiner Stelle würde mir ein paar Klöster anschauen und danach entscheiden. Ich könnte mir vorstellen, dass der Bettelorden der Dominikaner am ehesten deinen Idealen entspricht, da er im Gegensatz zu den eher ungebildeten Franziskanern auch Gelehrsamkeit voraussetzt. Was soll man von einem Ordensgründer wie Franziskus von Assisi schon erwarten, der Schweine als seine Geschwister bezeichnet? Aber eines kann ich dir mit auf den Weg geben: Die vollkommene Gemeinschaft wirst du nirgendwo, auch dort nicht finden. Ich sage dir das, weil ich dich von Kindesbeinen an kenne und von deinen moralischen hohen Ansprüchen an dich selbst weiß!«

Als sich Johannes Nider in Isny verabschiedete und auf die Wanderschaft machte, war er über zwanzig Jahre alt. Viel weiter als über seine Heimatstadt war er bis dahin noch nie hinausgekommen. Was er da draußen sah, erschreckte und verstörte ihn zutiefst. Da wurde geflucht, gesoffen, gehurt, geschlagen, betrogen und gelogen, gestohlen, geraubt und gemordet. Er glaubte in die tiefsten Abgründe der menschlichen Seele zu blicken und war sich sicher, dass eine derart verlotterte Gesellschaft nur zum Untergang verdammt sein konnte.

»Ein Laie geht zur Buhlerin, ein Stadtpriester sucht Reichtum und Macht, ein Mönch aber strebt nach Wissen und Erkenntnis!«

Gerade aber was die Mönche anbetraf, sah es auch in manchen Klöstern nicht viel besser aus.

Von den drei allgemein gültigen Ordensregeln Armut, Keuschheit und Gehorsam war oftmals nicht mehr viel übrig geblieben. Gelder aus dem Ablasshandel wurden in die eigene Tasche geschoben, betrunkene Brüder torkelten schon am helllichten Vormittag über die Gänge, zotige Witze wurden lautstark wiedergegeben, in den gemischten Klöstern sah er mehr als einmal nachts Nonnen aus Mönchszellen huschen und aus einem Konvent floh er verschreckt, als die Mönche dem Prior Prügel angedroht hatten.

Es gab viele, die in ein Kloster gezwungen wurden oder nur deshalb in einen Orden eintraten, um sich ein bequemes und sorgenfreies Leben zu sichern, ohne sich weiter um irgendwelche Gelübde zu scheren.

Nach einem Jahr hatte er immer noch nicht das gefunden, was er suchte. Man schrieb bereits Anfang 1402, als er in einem Dominikanerkonvent von einem Kloster in Colmar im Elsaß hörte, das durch einen gewissen Konrad von Preußen reformiert und mit eisernem Besen ausgekehrt worden sei. Obwohl sich nicht wenige der Mönche offen über ihn lustig machten, zögerte Johannes Nider keinen Augenblick und schulterte sein Bündel.

Es war im April, als er in Colmar ankam und an die Klosterpforte pochte. Bereits nach ein paar Tagen wusste er, dass er am Ort seiner Bestimmung angekommen war.

Hier herrschte die strikte Befolgung der Augustinusregel und der Ordenskonstitution, was freiwillige Armut, den Verzicht auf persönlichen Besitz und auf feste Einkünfte der klösterlichen Gemeinschaft bedeutete. Der Tagesablauf orientierte sich an dem Bemühen um spirituelle und geistige Vervollkommnung und ging mit der Suche nach Erkenntnis und Wissen einher. Nach dem im Dominikanerorden vorgeschriebenen einjährigen Noviziat legte Johannes Nider im folgenden Frühjahr seine ersten Ordensgelübde ab.

Von nun an ging es für Bruder Johannes steil bergauf. Bereits im folgenden Jahr schickten ihn seine Ordensoberen durch vier Diözesen nach Worms, wo er vom dortigen Bischof Eckhard von Dersch die niederen Weihen erhielt.

Weitere Stationen waren Köln und Konstanz, wo er ein philosophisch-theologisches Grundstudium absolvierte, das drei Jahre Philosophie, drei Jahre Naturwissenschaften und drei Jahre Theologie beinhaltete. 1422 wurde er von seinem Ordensgeneral Leonardo Dati nach Wien versetzt, wo er *pro forma et gradu magisterii* studieren sollte. Nach insgesamt sechs Jahren Studiums der Theologie promovierte er 1425 in Wien zum Doktor und wurde kurz darauf als Professor an die Universität berufen. Seine akademischen Titel kamen ihm jedoch wie Verfehlungen gegen den Heiligen Geist vor, sie waren in seinen Augen eitle und hoffärtige Überhebungen und widersprachen zutiefst seinen Vorstellungen von Demut und Bescheidenheit.

»Tragt mich ohne Titel nur als Johannes Nider ein«, bat er den Schreiber des Schulverzeichnisses, der ihn daraufhin verwundert ansah. Auch seinen Schülern befahl er, ihn wie einen einfachen Bruder zu behandeln, und wäre sein Alter nicht gewesen, wäre er wahrscheinlich als Letzter in der Bibliothek bemerkt worden, wo er trotz seiner Beleibtheit auf einer schmalen, harten Bank saß und sich demütig vor seinen Studiosi verneigte. Einer von ihnen, den er zur Erörterung einer theologischen Frage zu sich in die Zelle gebeten hatte, berichtete den anderen staunend, dass selbst die Kammer jedes einfachen Mönches besser ausgestattet sei als die ihres hoch angesehenen und berühmten Lehrers.

Gerne hätte Bruder Johannes auch noch ein medizinisches Studium begonnen, was ihm aber durch die Ordensregeln verwehrt war. Er fand jedoch nichts in den Statuten, die ihm eine Beschäftigung mit solchen Fragen verboten hätte. So ausführlich es ging, befasste er sich mit der Säftelehre von Galen, die wiederum auf den antiken Lehren des Hippokrates und Aristoteles beruhte.

Danach bestand die Erde aus den vier Elementen Wasser, Erde, Luft und Feuer, denen wiederum Heilpflanzen mit feuchten, trockenen, kalten und heißen Eigenschaften zugeordnet wurden. Auch die Körpersäfte wurden nach diesen vier Elementen eingeteilt und ihnen wurden ebenso verschiedene Eigenschaften und Temperamente zugeordnet:

Schwarze Galle: Melancholie, Schleim: Phlegma, Gelbe Galle: Cholerik und Blut: Sanguinik.

Durch entsprechende Medikamente konnte der Arzt den Säftehaushalt umformen und ausgleichen.

Für die Beschäftigung mit solchen Dingen blieb ihm jedoch immer weniger Zeit.

Seit seinem Eintritt bei den Dominikanern war er ein glühender Verfechter der von seinem einstigen Oberen und Lehrer Konrad von Preußen vorangetriebenen Reformierung des Ordens und der Rückführung zu der strengen Auslegung der Regeln.

Aus dem weltfremden Knaben von einst war ein Mann geworden, der nun schon langsam auf die fünfzig zuging und der seine gewachsenen Prinzipien ehern auch mit ungewöhnlichen Mitteln durchzusetzen wusste.

Ihm war klar, dass seine Berufung als Prior des Nürnberger Konventes nicht nur eine Fügung des Allmächtigen war, sondern auch mit den aufsässigen Nonnen des Frauenkonventes von Santa Katharina zusammenhing: Schon seit über dreißig Jahren wehrten sich die Frauen dieses Klosters erfolgreich gegen die strikte Observanz, auch sein Lehrer Konrad war hier schon gescheitert.

Es war ein kühler 28. September 1428, als Johannes Nider zusammen mit dem deutschen Ordensprovinzial Nikolaus Notel durch die Klosterpforte trat. Ebenso kühl wie das Wetter war auch der Empfang und die Stimmung, die den beiden entgegenschlug. Nider befahl alle Nonnen in die Klosterkirche, aber alle seine in einer wortgewaltigen Predigt vorgetragenen Argumente und Betrachtungen fielen auf steinigen Boden.

»Ihr habt gelobt und dem Herrn versprochen, seine Nachfolge anzutreten und ein gottgefälliges, heiligmäßiges Leben zu führen. Was aber macht ihr? Euer Leben unterscheidet sich in vielen Bereichen kaum von dem weltlicher Bürger. Ihr trachtet nicht mehr nach Spiritualität und Mystik, sondern tanzt um das goldene Kalb. Wie sollen uns die Laien noch glauben, wenn wir Wasser predigen und Wein nicht nur trinken, sondern saufen? Wie können wir als Ordensleute noch Vorbilder sein, wenn unser Lebenswandel zum Gespött des Volkes geworden ist? Wie können wir von der Einheit der Kirche verkünden, wenn wir selbst untereinander uneins sind?« Im Dämmerlicht der Kirche sah er in ihre versteinerten Gesichter. »Ich sehe es«, rief er, »ich sehe in eure dunklen Herzen, in denen die Flamme des rechten Glaubens erloschen ist. Hier ist nicht das Haus Gottes, sondern hier regiert der Antichrist!« Enttäuscht sah er ihnen nach, als die Nonnen mit eisigen Mienen die Kirche verließen.

»Was hast du geglaubt, lieber Bruder? Hier haben sich schon andere die Zähne ausgebissen. Aber du wirst es schaffen, sie zur Einheit und den ursprünglichen Idealen unserer Kongregation zurück zu bewegen!«

Nider warf dem Provinzial einen müden Blick zu. »So viel Dunkelheit und so wenig Licht!«

Er kam nun jeden Tag in den Konvent, er sprach in Gleichnissen, bat und flehte, aber alles war vergebens. Nach drei Wochen war er der Verzweiflung nahe. In seiner Not trat er an einige Nürnberger Ratsmitglieder heran. »Dieses Kloster ist ein Sündenpfuhl. Die Nonnen sind eingebildet, eitel, geschwätzig und unbelehrbar. Sie sind eine Schande nicht nur für den Orden, sondern auch für die Stadt kein Grund zur Freude. Ich habe schon mit der Oberin des Konventes Schönensteinbach im Elsaß korrespondiert. Sie wäre bereit, zehn fromme Schwestern hierher zu entsenden, um die hiesigen Nonnen zur Räson zu bringen. Allerdings brauche ich dazu die Unterstützung des hochwohllöblichen Rates der Stadt Nürnberg. Ich bitte Euch daher, in einem Schreiben nach Schönensteinbach die Umstände im Nürnberger Kloster zu schildern und meinem bisherigen Schriftverkehr Nachdruck zu verleihen. Gleichzeitig bitte ich Euch, auch hier im Katharinenkloster vorstellig zu werden und den verirrten Schwestern ins Gewissen zu reden. Ich weiß, es gibt sowohl im Stadtrat als auch in der Bevölkerung Personen, die für die eigenwillige und liederliche Lebensweise der Nonnen durchaus Sympathie aufbringen. Aber so kann und darf es nicht weitergehen. Haltet Euch das Beispiel eines Ameisenhaufens vor Augen: Auch dort geht es lebhaft zu. Trotz des bei oberflächlicher Betrachtung scheinbaren Gewimmels herrscht eine strikte Ordnung, ohne die der Ameisenstaat wie jedes Gemeinwesen nicht existieren könnte. Jede Ameise braucht die Gemeinschaft. Ohne sie stirbt sie in kurzer Zeit. Mehrere Ameisen zusammen können etwas länger überleben, aber auch sie sind dem Tod geweiht, wenn es ihnen nicht gelingt, einen neuen Staat zu gründen. Aber selbst dann ist die Existenz dieser Abtrünnigen noch längst nicht gesichert. Ähnlich verhält es sich hier mit dem Katharinenkloster. Entweder unterwirft es sich den übergeordneten Regeln, oder aber es ist nur eine Frage der Zeit, bis der geistige Zerfall auch zum Niedergang des Konventes führen wird, was auch für die Stadt einen herben Verlust bedeuten würde.«

Am 6. Dezember 1428 trafen die zehn reformierten Nonnen ein, aber erst am 13. Dezember erklärten sich die Nürnberger Schwestern auch unter weltlichem Druck bereit, die Mitschwestern aus dem Elsässer Konvent bei sich aufzunehmen.

Kaum aber waren die neuen Schwestern eingezogen, geschahen seltsame Dinge. Die Nonnen berichteten mit zitternden Stimmen von einem Dämon, der sie nachts mit unheimlichen Lauten erschreckte.

»Das ist sicher kein Dämon, sondern wahrscheinlich sind das Ratten und Mäuse, die euch Angst einjagen!«, versuchte Nider die verängstigten Schwestern zu beruhigen.

»Das sind ganz andere Töne. Ratten und Mäuse kennen wir. Es ist unheimlich, wir können kein Auge zu machen!«

Die Nonnen ließen sich nicht davon abbringen, dass ein Dämon im Kloster umging, worauf ihnen Nider erwiderte, dass sie sich das nur einbildeten, da es allgemein bekannt sei, dass das weibliche Geschlecht für solche Phantastereien empfänglich sei und sie sich gegenseitig damit verrückt machen würden.

In der nächsten Nacht aber warteten alle vergeblich auf das Läuten zur Mette. Sie fanden die Sakristarin, die zu den Aufrührerinnen zählte, so verkrümmt und elend zugerichtet im Raum unterhalb des Glockenstuhles, dass niemand – auch Nider nicht – daran glaubte, dass sie den folgenden Tag überleben würde. Schließlich ging der Spuk auch am helllichten Tage weiter und niemand wagte es mehr, alleine herumzulaufen. Nider musste sich eingestehen, mit seinem Wissen am Ende zu sein. Er legte den Schwestern öffentliche und private Gebete auf, empfahl ihnen Geduld und Gottvertrauen.

»Seht, solange wir den früheren und alten Weg beschritten haben, ist so etwas nie vorgekommen«, riefen einige aufmüpfig.

»Satan hatte auch keine Veranlassung, um euch zu kämpfen, weil ihr schon so verdorben wart!«, gab Nider zurück.

Zuerst waren es einige wenige, aber nach und nach kamen fast alle und legten eine Beichte über die Taten ihres ganzen Lebens ab. Sie wechselten ihre Kleidung und zogen die der Ordensvorschrift entsprechende Tracht an.

»Das göttliche Wirken hat am Ende doch über die Schliche des Teufels obsiegt!«, sagte Johannes Nider zufrieden zu Gertrud Gwichtmacherin, die auf sein Betreiben hin als neue Priorin des Katharinenklosters eingesetzt wurde. »Meine Arbeit hier ist getan. Aber auch im Basler Konvent in der Schweiz geht es drunter und drüber. Der Ordensgeneral, Bruder Bartholomäus Texery, hat mich dorthin bestellt. Auch dort weigern sich verblendete Mitbrüder, nach den ursprünglichen Regeln zu leben und sich unter die Observanz der apostolischen Kirche zu stellen. In Basel hat der Teufel einen Teil der Brüder schon so fest im Griff, dass wir zuerst im Berner Konvent wohnen müssen, da ansonsten mit gewalttätigen Ausschreitungen zu rechnen ist, wie mir berichtet wurde. Aber ich gehe ja nicht allein. Zwölf Mitbrüder aus Nürnberg werden mich begleiten und uns zur Seite stehen.«

»Wie die zwölf Apostel«, lächelte die neue Priorin.

»Und ich wäre der dreizehnte, also der Herr?«, gab Johannes Nider irritiert zurück.

»Nein, selbstverständlich nicht. Aber einer seiner Stellvertreter«, erwiderte die Nonne erschrocken.

»Das sind meine Mitbrüder auch. Ich bin höchstens primus inter pares, also Erster unter Gleichen.«

2. KAPITEL

Schon seit zwölf Tagen regnete es ununterbrochen, die Regengüsse verwandelten Wiesenkuhlen in Seen, von den Lehmwänden der Häuser löste sich der Putz, entwurzelte Bäume trieben in den Flüssen, legten sich quer, schoben sich übereinander und ließen die Wasser über die Ufer treten. An den Hängen zerfloss die Erde und legte sich als schwerer, brauner Brei über Wege und Straßen. Auf den Feldern stand das Vieh fast knietief im Schlamm.

Bei Biberach hatte Johannes Nider sich von seinen Confratres getrennt, da es ihn drängte, seiner Heimatstadt einen Besuch abzustatten. Seine Mutter war bereits vor Jahren friedlich im Schlaf zu ihrem Schöpfer heimgekehrt, auch der Abt hatte seine Augen für immer geschlossen und sonst kannte er eigentlich kaum mehr jemanden in Isny. Ob der Pater Anselmus noch lebte? Er sah kurz zum Fenster hinaus, als ein neuer Schauer gegen das Gefährt prasselte.

Ihm tat der arme Kutscher Leid, der vorne so gut wie ungeschützt den Elementen ausgesetzt war, während er mit einem Kaufmann, der nach Mailand wollte und einer behäbigen Frau, die nach Leutkirch zu einer Beerdigung musste, in der trockenen Geborgenheit der Kutsche saß.

Nider genoss es, wieder unter einfachen Menschen zu sein und wieder in ihrer einfachen Sprache sprechen zu können. In all den Jahren hatte er nie vergessen, wo er eigentlich hergekommen war. Hier fand er oft mehr Weisheit als in den ganzen spitzfindigen und eitlen Diskursen an der Universität oder in dem gestelzten Halbwissen der Adligen und Patrizier. Jeden Tag las er an einem anderen Ort eine heilige Messe, hörte die Beichte und unterhielt sich mit den Leuten. In allen sah er seine Geschwister, gleichgültig, ob sie nun Ziegenhirten, Abdecker, Bauern, Handwerker, Mägde oder Fürsten waren.

Ein greller Blitz, der gleichzeitig von einem gewaltigen Knall begleitet wurde, tauchte selbst das Innere der Kutsche in helles Licht. Gleich darauf vernahmen sie das berstende Krachen des getroffenen Baumes knapp einen Steinwurf von ihnen entfernt. Die Pferde bäumten sich entsetzt auf, rissen unter panischem Wiehern den gefährlich schleudernden Wagen von der Straße, zerrten ihn durch den tiefen, aufgeweichten Lehm und kamen erst zitternd zu stehen, als die Räder mit einem harten Ruck im schweren Morast stecken blieben. Nicht nur dem Kutscher, sondern auch den Insassen stand der Schrecken noch im Gesicht, als sie kreidebleich und benommen aus dem Gefährt krochen.

»Himmelherrgottsakrament!«, fluchte der Fuhrmann, nachdem er sich als Erster gefasst und mühsam wieder die Rösser beruhigt hatte und sich nun nach seinen Fahrgästen umsah: ein Kaufmann, eine Frau und ein Mönch – von denen brauchte er sich keine große Hilfe erwarten.

»Himmelherrgottsakrament!«, entfuhr es ihm nochmals und die Gegenwart des Geistlichen war ihm im Moment völlig gleichgültig.

Der Dominikaner wies ihn scharf zurecht: »Du wagst es, Gott zu lästern, der uns gerade ein Beispiel seiner Macht gezeigt hat?! Wenn er gewollt hätte, wäre es für ihn ein Kleines gewesen, die Kutsche zu treffen. Aber anstatt ihm zu danken, beleidigst du ihn. Vielleicht wollte er uns nur zeigen, wie schmal der Grat zwischen Leben und Tod ist. Denke darüber nach. Zeit dazu hast du genug, wenn du auf deinem Kutschbock sitzt.«

Kleinlaut entschuldigte sich der Kutscher, dass er das nicht so gemeint habe und es ihm einfach herausgerutscht sei.

»Das ist keine Antwort. Herausrutschen kann nur etwas, was in einem drinnen ist!«, erwiderte Nider streng.

Bis die Kutsche wieder auf der Straße stand, waren alle vier bis auf die Haut durchnässt und mit kalter, lehmiger Erde beschmiert. Die Frau bat die Männer, allein in die Kutsche steigen zu dürfen, wo sie sich etwas Trockenes anziehen wolle.

Ungeduldig standen sie im herabtrommelnden Regen, der Kutscher und der Kaufmann riefen abwechselnd, wie lange es noch dauern möge, nur der Mönch hielt sich abseits, insgeheim zwickte ihn immer noch ein wenig das Gewissen und er bat den Herrn, sein Ungemach als Buße für den Bruch der Ordensregel anzunehmen, die ihm eigentlich streng vorschrieb, alle Wege zu Fuß zurückzulegen und auf Zuhilfenahme eines Fuhrwerkes oder Pferdes zu verzichten.

Es gab eigentlich nur drei Ausnahmen, die es erlaubten, diese Regel zu brechen: Wenn ein Bruder zu einem Fürsten gerufen wurde, er außerhalb des Klosters erkrankt war oder wenn er zu einem Kranken gerufen wurde. Eine Zuwiderhandlung wurde mit Auspeitschung und Essen auf dem Boden sitzend bei Wasser und Brot bestraft. Aber bei dem Wetter wäre er per pedes nicht weit gekommen, sondern wäre mit seinen Mitbrüdern in Biberach festgesessen und hätte nur kostbare Zeit vertan. Nider hatte sich die Entscheidung nicht leicht gemacht, war dann aber zum Schluss gekommen, dass unter diesen Umständen die Fahrt mit einer Kutsche die größere Härte sei.

»Wollt Ihr Euch nicht umziehen?«, fragte der Kaufmann erstaunt und sah auf den triefenden Priester, während er selbst mit einem Bündel trockenen Gewandes hinter einer mächtigen Buche verschwand.

»Nein, nein. Es geht schon. Das trocknet wieder von selbst!«

»Das ist ein Wetter!«, sagte die Frau später und wählte ihre Worte mit Bedacht, »fast könnte man meinen, der Teufel selbst hat seine Hand im Spiel. Seit zwei Wochen regnet es ununterbrochen, durch den strengen Winter haben die Bauern kein Heu mehr und jetzt haben die Tiere auch noch kein Gras. Im letzten Sommer hat der Hagel die halbe Kornernte vernichtet, was noch übrig blieb, verdorrte wiederum zur Hälfte in der anschließenden Bruthitze und der Rest wurde von Sturm und Regen zu Boden gedrückt und verfaulte.«

Unsicher sah sie hinüber zu dem Mönch, der sich in die Ecke gekauert hatte und sein Frieren vor den Mitreisenden zu verbergen suchte.

»Ja, man könnte das wirklich meinen«, pflichtete der Kaufmann bei, »ich komme ja weit herum und überall ist es dieselbe Misere. Die Sommer sind keine Sommer mehr, sondern höchstens eher bessere Herbste, die Winter sind schneereicher und kälter als früher. Schaut nur aus der Kutsche, wie soll da noch etwas wachsen und Mensch und Tier ernähren?« Er machte eine kurze Pause und schob den Vorhang sofort wieder zurück, als der Wind einen Schwall dicker Regentropfen in das Kutscheninnere jagte. »Aber das ist ja noch nicht alles. Nicht genug, dass in den Bergen die Bäume von den Hängen herab gespült werden, im Winter kommen dann die Lawinen und reißen auch noch die letzten Baumbestände in die Tiefe. Ich habe es mit eigenen Augen gesehen: Straßen, die früher ab dem Frühjahr mühelos passiert werden konnten, waren noch im Sommer mit hohen Schneemassen versperrt oder ganz weggerissen. Über den Septimerpass in der Schweiz, den schon die Römer jahrhundertelang als Übergang benutzten, war im letzten Jahr kein Durchkommen mehr. In Savoyen haben sie erzählt, dass die Leute drüben in den Bergtälern des Dauphiné Wurzeln und selbst das magere Bergheu, welches selbst die Kühe verschmähen, abkochen, um nicht vor Hunger zu sterben.« Er machte eine Pause und sah seine Mitreisenden an. »Auch dort«, fuhr er fort, »erzählt man sich, dass der Teufel seine Hand im Spiel hat. Aber nicht so, wie ihr meint, dass er das alleine macht, nein! Es soll dort Leute geben, und wie mir zu Ohren gekommen ist, nicht nur dort, sondern auch im Lombardischen und in vielen anderen Gegenden, die ich durchreiste, die mit dem Satan einen Pakt geschlossen haben, um sich damit einen Vorteil zu sichern. Aus dem ausgelassenen Fett von ermordeten Kindern stellen sie Salben her, mit deren Hilfe sie nächtens auf einem Besen oder Ziegenbock zu ihren geheimen Zusammenkünften fliegen. Genaues weiß ich natürlich auch nicht, da die Geschichten überall anders erzählt werden. Auch wird behauptet, dass es Leute geben soll, die sich in ein Tier verwandeln können und in dieser Gestalt vielfältigen Schaden zufügen können.«

Johannes Nider saß still in seiner Ecke und hörte aufmerksam zu. Was die beiden hier erzählten, war für ihn nicht neu. Fast täglich kamen ihm solche Geschichten zu Ohren und auch im Beichtstuhl kam es immer häufiger vor, dass er um seinen Rat gegen Verhexungen und Verwünschungen gebeten wurde. Längst war auch er im Zweifel, ob die im *Canon episcopi* vertretene Lehrmeinung, wonach der Teufel nur den Geist verwirren, aber keinen eigentlichen Schaden anrichten könne, nicht neu überdacht und interpretiert werden müsse.

»Drüben im Dauphiné«, fuhr der Kaufmann fort, »sollen diese Hexensekten aus der Lombardei eingeführt worden sein. Sie haben sich – so sagt man jedenfalls – als Ärzte, Kuppler, Bettler und Wahrsager eingeschlichen. Aber jetzt sei im Kreis Briançon ein Richter eingesetzt, der kein langes Federlesen mit diesem verkommenen Gesindel macht und rigoros aufräumt!«

»Claude Tholosan«, murmelte Nider.

»Was sagt Ihr?«, fragte der Kaufmann verdutzt.

»Claude Tholosan, so heißt der Richter. Ich habe von ihm gehört. Er ist noch nicht lange im Amt.«

»So einen müssten wir hier auch haben«, seufzte die Frau. »Aber bei uns ist der Obrigkeit alles gleichgültig, solange wir die Steuern und Abgaben noch bezahlen können. Das wird sich erst ändern, wenn sie nichts mehr aus uns herausquetschen können.«

Der Kaufmann nickte beipflichtend.

»Der Mensch lebt nicht vom Brot allein«, meldete sich Nider bestimmt aus seiner Ecke.

»Es sind die geistigen Werte, die alles erst ermöglichen. Sie sind die Grundvoraussetzung. Jeder Einzelne wäre allein kaum fähig, zu überleben. Dazu braucht auch der Mensch ein Gemeinwesen, in dem es feste Regeln gibt, damit jedes einzelne Mitglied dieser Gesellschaft weiß, was es zu tun hat. Oder glaubt ihr wirklich, dass wir hier auf einer Straße fahren könnten, wenn es nicht so wäre? Wer hätte Interesse daran, ein Wegenetz zu bauen? Als Einzelwesen würde jeder sagen, ich brauche das nicht und ich habe keinen Nutzen davon, der im Verhältnis zum Aufwand steht. Aber selbst dann, wenn es jemand wollte, wäre er als Einzelner dazu gar nicht in der Lage. Dazu braucht es eben neben den geistigen Voraussetzungen auch die materiellen. Eines ist nichts ohne das andere. Gott hat uns beides gegeben, den Geist und die Materie, wobei der Geist höher zu bewerten ist, da er es ist, der die Materie formen kann. Der Mensch aber ist ein törichtes Wesen, das meist nur an sich selbst denkt und oftmals nur das glaubt, was es zu sehen meint und daher irdischen Besitztümern nachjagt. Habt ihr schon einmal einen Ameisenhaufen betrachtet?«

Seine beiden Mitreisenden sahen ihn entgeistert an. In ihren Gesichtern konnte Nider ablesen, dass sie ihm nicht folgen konnten.

»Wir haben etwas anderes zu tun, als unsere Zeit mit so nutzlosen Tieren wie mit Ameisen zu vertrödeln«, warf der Kaufmann unwillig ein.

Die Frau nickte zustimmend.

»Schade«, fuhr der Mönch fort, »aber von diesen scheinbar nutzlosen und auch scheinbar so völlig sinnlos herum krabbelnden Kreaturen könnten wir Menschen eine Menge lernen, wenn wir nur wollten. Oder habt ihr gewusst, dass diese kleinen Tierchen auch eigene Straßen haben? Gesehen habt ihr es sicher schon, nur darüber nicht nachgedacht, weil es nichts mit Gut und Geld zu tun hat und sich deswegen nicht lohnt.« Nider machte eine Pause und lauschte dem Prasseln des Regens auf das Kutschendach.

Unsicher hüstelte die Frau, doch jetzt plagte sie die Neugier und nach einer Weile fragte sie:

»Und, was können wir von den Ameisen lernen?«

»In der freien Natur wie beispielsweise im Wald ist es etwas schwieriger zu beobachten, weil man dazu Geduld braucht und das Auge schulen muss. Deutlich sichtbar wird es aber auf Wiesen, wo diese Straßen oftmals die Breite meines kleinen Fingers annehmen können. Habt ihr das noch nie gesehen?«

»Jetzt wo Ihr es sagt, ja. Aber ich habe noch nie darauf geachtet«, erwiderte sie.

»Seht ihr, so achtlos und blind stolpert ihr durch die Welt.« Seine Stimme klang nicht vorwurfsvoll, sondern eher resigniert. »Wozu aber bauen auch Ameisen Straßen und Wege?«

Die Frau hob die Schultern und der Kaufmann schüttelte ratlos den Kopf.

»Sie bauen sie aus den gleichen Gründen wie wir Menschen. Stellt euch einmal eine Stadt vor, in und zu der es keine Straßen geben würde. Jeder würde sein Haus dort bauen, wo es ihm gerade einfiele. Wie aber will er ohne Straße oder Weg das Baumaterial transportieren? Er könnte sich bestenfalls mühsam mit Saumpferden durch das Gelände plagen oder es selbst tragen und müsste dabei auch größere Umwege in Kauf nehmen. Angenommen, die ersten Siedler der Stadt hätten es trotzdem geschafft. Sie haben sich die besten Plätze gesichert, aber neue Menschen drängen nach, die aber auch nicht im letzten Schattenloch leben wollen. Die Häuser stehen dicht an dicht, jeder wäre von der Willkür seiner Nachbarn abhängig, Mord und Totschlag wären nicht die Ausnahme, sondern die Regel, da eine allgemeine öffentliche Ordnung gar nicht entstehen, geschweige denn aufrechterhalten werden könnte. Auch zu der Stadt würden ja keine Wege führen. Wovon aber sollen sich die Leute ernähren, wenn kaum Nahrungsmittel in die Stadt gebracht werden können? Wie erhält der Schmied sein Eisen, der Küfer seine Eichenbohlen, der Wirt seinen Wein?« Nider machte eine kurze Pause und strich mit der flachen Hand über die kahle Fläche zwischen seinem Haarkranz. »Wie ihr seht, hat eine Straße sowohl eine verbindende als auch ordnungshaltende Funktion. Aber sie birgt auch Gefahren. Unser Land ist voll von Wegelagerern und Räubern, die sich in den Wäldern verstecken und denen die Wege ein faules, liederliches und gottloses Dasein ermöglichen. Ohne öffentliche Ordnung, die wiederum von den Mitgliedern der Gemeinschaft getragen wird, wären die mühsam gebauten Straßen bald wieder sinnlos, da alle wohlanständigen Bürger Angst hätten, sie zu benutzen. Es braucht also Soldaten, die dem lichtscheuen Gesindel nachstellen und die für Sicherheit sorgen. Wobei wir wieder bei den Ameisen wären. Der Mensch ist ein von Gott mit einem Verstand gesegnetes Wesen, den er zu seinem Nutzen oder auch Schaden verwenden kann – aber eine Ameise? Oder glaubt ihr, dass auch eine Ameise einen Verstand hat?« Die Frage war rein rhetorisch gemeint und er erwartete auch keine Antwort.

»Nein, hat sie nicht«, fuhr er fort, »aber trotzdem vollbringt sie Dinge, wozu der Mensch seine Vernunft und seinen Intellekt benötigt. Ameisen bauen Straßen, um das Futter schneller zu ihrem Haufen transportieren zu können. Aber das ist es nicht allein. Auch sie haben Feinde, aber der größte Feind dieser kleinen und doch so erstaunlichen Tiere sind wie bei den Menschen die Ameisen selbst. Auch hier gibt es Strauchdiebe und Wegelagerer, die an den Straßen auf Beute lauern oder andere Ameisenvölker, die ihre Nachbarn überfallen und dazu der Einfachheit halber auch gleich die von ihren Feinden gebauten Wege benutzen. Deshalb werden die Wege auch bei den Ameisen von Soldaten bewacht. Man erkennt sie bei genauem

Hinsehen an ihren manchmal großen Köpfen mit starken Oberkiefern, mit denen sie ihre Gegner in die Flucht schlagen. Daneben gibt es noch Melder und Boten, die bei Gefahr Hilfe herbeiholen. Wie ihr seht, haben es sich diese scheinbar einfältigen und von uns hochmütigen Menschen als Ungeziefer angesehenen Tierchen selbst so eingerichtet. Aber niemand sagt der einzelnen Ameise, was sie zu tun hat oder befiehlt ihr etwas. Jede weiß von selbst, wo ihr Platz in der Gemeinschaft ist und was ihre Pflichten sind. Keine Oberameise zwingt sie zum Straßenbau, trotzdem tun sie es. Der Mensch aber wägt ab, welchen Nutzen er selbst als Einzelner davon hat und wenn er daraus keinen Gewinn für sich selbst schlagen kann oder ihm dieser als zu gering erscheint, rührt er keinen Finger. Er braucht also trotz oder vielleicht sogar wegen seines Verstandes jemanden, der ihn zur Arbeit für das Gemeinwesen zwingt. Ohne Könige, Fürsten und Vögte und Zinseintreiber gäbe es also nicht nur keine Straßen, sondern auch keine Ordnung und kein Recht. Wer also, so frage ich euch, ist letztendlich klüger? Die dumme und einfältige Ameise, die nicht einmal weiß, dass sie eine ist und ohne Zwang tut, was notwendig ist oder der sich selbst als Krone der Schöpfung bezeichnende Mensch, der trotz seinem Verstand dazu angehalten werden muss, das Notwendige zu tun?«

Nider lehnte sich in die Ecke zurück und schlug seine Beine unter der härenen Kutte übereinander.

Die Kutsche rumpelte und ächzte über den mit tiefen Löchern übersäten Weg durch die Hohlgasse. Seine Mitreisenden schienen nichts davon zu merken.

»So etwas habe ich noch nie gehört«, fand die Frau als Erste wieder Worte. »Woher wisst Ihr denn das alles?«

»Teilweise aus eigener Beobachtung. Aber das ist nichts Besonderes. Schon Aristoteles hat sich mit ihnen beschäftigt.«

»Aristoteles? Kenne ich nicht. Wer ist das?«, fragte die Frau.

»Ein griechischer Gelehrter. Er lebte im dritten Jahrhundert vor Christi Geburt.«

»Ach so, dann ist er ja schon lange tot«, erwiderte sie und schien ein wenig enttäuscht zu sein.

Nider musste lächeln.

Die Fahrt wurde langsamer, die Pferde schienen allmählich müde zu werden, ihr Schnauben klang gequält, wenn sie der Kutscher mit heftigem Zügelschlag und lautem Peitschenknall vorwärts trieb. Wie Schatten tauchten zwei Reiter aus dem schweren Grau auf. Seit dem Aufbruch am Morgen war ihnen kein Lebewesen begegnet. Auch die Dörfer und Weiler, durch die sie kamen, schienen wie ausgestorben und Hütten, Bäume, Sträucher schienen sich hinter dem dicht fallenden Regen zu verstecken. Die beiden Männer hielten an und auch die Kutsche kam zum Stillstand.

Von den breiten Hutkrempen der Reiter troff das Wasser, zog in kleinen Bächen durch die lehmige Erde, mit der die Rösser bis zur Brust bespritzt waren und die voll gesogenen ledernen Umhänge klebten wie dicke Häute an den Körpern.

»Was habt ihr denn Wichtiges vor, dass ihr bei dem Wetter unterwegs seid?«

»Gute Frage, himmel ...«, wollte der eine erwidern.

Erschrocken legte der Kutscher den Zeigefinger an die Lippen, deutete dann mit dem Daumen über die Schulter nach hinten und machte verstohlen ein Kreuzzeichen. Die beiden verstanden.

»Da hast du Recht«, fuhr der andere fort, »normalerweise jagt man heute keinen Hund vor das Haus. Ich bin Maler und mein Kamerad ist Vergolder. Wir haben einen Auftrag oben bei Essendorf. Nichts Großes, aber wir müssen halt nehmen, was wir an Arbeit bekommen. Wo wollt ihr denn hin?«

»Heute noch bis Leutkirch und morgen über Wangen nach Isny«, antwortete der Kutscher.

»Von woher kommt ihr?«, wollte der Kaufmann wissen.

»Wir sind schon ein paar Tage unterwegs. In Feldkirch hatten wir auf der Schattenburg zu tun. Graf Friedrich von Toggenburg baut sie gerade um.«

»Unangenehmer Mensch«, ergänzte der andere, »geizig, von nichts eine Ahnung, aber überall herumkommandieren!«

»Brunzdumm«, pflichtete sein Kamerad bei.

»Wie sprecht ihr?«, mischte sich der Mönch empört ein. »Er trägt schließlich eine große Verantwortung vor Gott und seinen Untertanen. Hütet also eure Zungen und urteilt nicht so leichtfertig!«

»Dann soll er sich um Angelegenheiten kümmern, von denen er etwas versteht und sich nicht in jeden Dreck einmischen!«, gab der größere der beiden respektlos zurück.

»Wie ist denn das Wetter weiter unten?«

»Gute Frau«, lachte der Kleinere, »wenn ihr als Gans oder Ente mit Schwimmhäuten auf die Welt gekommen wäret, würdet ihr euch dort bestimmt wohl fühlen!«

»So schlimm?«, fragte sie betroffen.

Die beiden nickten. »Und es ist saukalt. In den Bergen hat es geschneit, und das, wo es schon Frühling sein sollte! Ich sage, das geht nicht mit rechten Dingen zu, das hören wir überall, wo wir herumkommen!«

Der Vergolder neigte den Kopf, um das in der Hutkrempe angesammelte Wasser ablaufen zu lassen. »Unten am Bodensee, hat man uns erzählt, sei ein ausgewachsener Stier einen Fluss herab getrieben. Der Stier sei mit dem Rücken auf dem Wasser gelegen und habe laut gelacht und sich immer so hingedreht, dass sein Geschlechtsteil zu den Leuten, die ihn gesehen haben, hingezeigt hätte. Kaum sei er mit einem höhnischen Lacher um eine Biegung verschwunden, sei auch schon ein gewaltiges Gewitter aufgezogen. Auch steinalte Leute hätten gesagt, dass sie ein so heftiges Unwetter noch nie erlebt hätten und die Hagelkörner seien so groß gewesen wie Hühnereier. Einige hätten es nicht mehr geschafft, sich unter einen Baum oder ein Dach in Sicherheit zu bringen und seien ernsthaft verletzt worden. Einem Glatzköpfigen sei ein faustgroßer Brocken auf den Schädel geflogen und habe eine Ader durchgetrennt und er sei auf freiem Feld verblutet. Aber auch Hunde und Katzen habe es erschlagen. Hagel um diese Jahreszeit ...«

»Wer hat euch das erzählt?« Nider sah die beiden zweifelnd an.

»Ach, das haben wir nicht nur einmal, sondern öfter gehört. So, jetzt müssen wir aber weiter!«, gab der Maler zur Antwort und dirigierte sein Pferd mit einem Schenkeldruck auf den Weg.

»Zieht mit Gott!«, sagte Nider.

Der Weg durch das Wurzacher Ried war verschwunden. Wo sonst Holzbohlen durch das Moor führten, wateten sie nun hinter der Kutsche barfuß durch kalten schwarzen Brei, der sich saugend um ihre Füße legte und sie nur mit Anstrengung schmatzend wieder frei gab.

Der Kutscher hatte die Gäste zum Aussteigen aufgefordert und stapfte mit einem langen Stock in der Hand vor den Pferden her, die er am kurzen Zügel führte. Immer wieder blieb er stehen und stieß den Stecken in den Boden und manchmal musste er zwei- oder dreimal zustechen, bis er sich sicher war, auf dem richtigen Weg zu sein. Leise fluchte er vor sich hin und war froh, dass der Priester weit genug hinter dem Fuhrwerk war, wo er ihn nicht hören konnte. Laut wurde er erst, als das rechte Hinterrad eine der Bohlen verfehlte und die Kutsche mit rumpelndem Krachen bis zur Achse im Moor versank und mit bedrohlicher Schräglage stecken blieb.

»Heben!«, schrie er nach hinten, »anheben und nicht schieben, ihr Hornochsen! Oder glaubt ihr, dass ihr mehr Kraft als die Rösser habt?« Wütend auf sich selber drosch er auf die Pferde ein und auch die Wortwahl war ihm nun wieder gleichgültig.

Nider wollte ihn zurechtweisen.

»Nach hinten und anheben«, belferte er den Mönch an. »Die Predigt kann warten!«

Als die Räder wieder auf festem Untergrund standen und die beiden Pferde anzogen, rutschte der Kaufmann aus, wollte sich noch am Gefährt festhalten, glitt aber nochmals ab und schlug dann mit einem überraschten Aufschrei längsweg in den schlammigen Morast. Der Kutscher und die Frau lachten laut, als er sich wieder mühsam auf die Beine rappelte und selbst der sonst so ernste Nider konnte sich ein leises Lächeln nicht verkneifen.

Es war später Abend, als sie in Leutkirch eintrafen, wo sich die Frau verabschiedete.

Graue Rauchfetzen quirlten aus den eng an eng stehenden Häusern, wurden vom Wind in die schmalen Gassen gedrückt, überlagerten den Gestank von Fäkalien und vermischten sich mit den scharfen Gerüchen aus den Ziegenverschlägen und Schweineställen. Der Gasthof entpuppte sich als heruntergekommene Kaschemme mit einem dicken, kahlschädeligen Wirt, der die neuen Gäste unfreundlich anstarrte und ihren Gruß mit einem Grunzlaut quittierte. Mehrere verwegen aussehende Männer saßen mit stierem Blick um einen runden Tisch, auf dem ein großer Schnapskrug stand, ein Würfelbecher knallte auf die Eichenplatte. Das darauf folgende Grölen war so laut, dass es in den Ohren wehtat.

Nider und der Kaufmann entschieden sich für den entferntesten Tisch.

»So wie die aussehen, verdienen die ihren Lebensunterhalt auch nicht alle auf ehrliche Weise«, flüsterte der Kaufmann nach einer Weile.

Einer der Männer trug eine Augenklappe, einem anderen fehlte an der linken Hand vier Finger und ein anderer hatte eine riesige, rot leuchtende Narbe, die sich über die ganze linke Wange zog und offensichtlich von einem Schwerthieb herrührte.

»Nein, denen möchte ich auch nicht alleine im Wald begegnen«, murmelte der Mönch.

Beide versuchten ihr Unbehagen zu verbergen und taten so, als ob sie die immer dreister und frecher werdenden Blicke nicht bemerkten.

Der Kutscher hatte die erschöpften Tiere im Stall versorgt und nach den beiden Pferden gesehen, die morgen die Kutsche nach Isny ziehen sollten. Auch die Radnaben hatte er noch mit Talgfett eingeschmiert und neue Holzklötze in die Bremsschuhe gesteckt. Als er in die Gaststube trat, wurde er mit lautem Geschrei begrüßt und der mit der Narbe füllte einen Becher randvoll mit Schnaps und hielt ihn ihm entgegen.

»Komm her, Wendelin, setz dich zu uns«, schrie der Einäugige.

Der Kutscher nahm einen großen Schluck, stellte den leeren Becher auf den Tisch und wischte sich mit dem Handrücken über den Mund, während er einen lauten Rülpser ausstieß.

»Gleich. Ich muss nur kurz in meine Kammer und mich umziehen. An meinem Gewand ist schon seit dem Vormittag kein Faden mehr trocken!« Er kam zu seinen Fahrgästen herüber ins Halbdunkel.

»Was sind denn das für ungehobelte Menschen?«, deutete Nider mit dem Kopf zu den Zechern.

»Der mit der Feder am Hut und der mit der Augenklappe fangen entlaufene Leibeigene ein. Wird ganz gut bezahlt. Die anderen …«, er zuckte die Schultern, »kenne ich nicht. Es ist auch hie und da besser, wenn man seine Nase nicht überall hineinsteckt. – Willst du dich nicht hier um deine Gäste kümmern?«, rief er dann quer durch die Stube zum Wirt hinüber.

Mürrisch wuchtete dieser seinen massigen Körper an den Tisch und entzündete mit einer Kerze den Kienspan, der in einer Halterung in der Wand steckte. »Was wollt ihr?«

»Zuerst einmal etwas Trockenes anziehen!«, erwiderte der Kaufmann ärgerlich.

»Erster und zweiter Verschlag hinter der Tür. Essen und Trinken?«

»Was habt ihr?«

»Würste mit Kohl, Speck, Kohlsuppe mit Fleisch.«

»Würste mit Kohl«, sagte der Kaufmann, »und einen Krug Wein.«

Der Wirt sah wortlos und verächtlich den Mönch an.

»Ein Stück Brot, das genügt mir!«

»Was?«

»Vielleicht noch einen Apfel, wenn ihr einen habt. Und ein Glas Wasser!«

»Ist das Euer Ernst oder wollt Ihr einen Spaß mit mir machen?« Die kleinen Augen funkelten zornig in dem feisten Gesicht.

»Nein, ich brauche wirklich nicht mehr!«

Dem Wirt blieb der Mund offen stehen. Da sollte sich noch einer auskennen! Erst vor ein paar Tagen waren zwei Franziskaner durchgekommen, die nach den Würsten jeweils noch ein großes Speckstück vertilgt hatten und anschließend so gezecht hatten, dass sie alleine nicht mehr ihre Schlafstatt fanden und am nächsten Morgen kaum wach zu bekommen waren. Und der hier sah seinem Körperumfang nach zu urteilen auch nicht so aus, als ob er etwas zurückgehen ließe. Kopfschüttelnd verschwand er in der Küche.

3. KAPITEL

Das Wetter war immer noch unverändert. Heute Mittag waren sie in Wangen durchgekommen, wo der Kaufmann ausgestiegen war und auf eine Fahrgelegenheit nach Chur wartete.

Ein Weißgerber, der zuerst nach Isny und dann weiter nach Kempten wollte, verstaute seine Lederpacken auf dem Kutschendach und ein Hufschmied, der nach verbranntem Horn roch, hatte sich einen Sack Hufnägel beim hiesigen Nagelschmied geholt.

Die beiden Männer nahmen von dem kleinen Mönch kaum Notiz und erzählten von ihren Geschäften. Der Schmied meinte, wenn das Wetter auch dieses Jahr so weitergehe, wie es angefangen habe, werde bald das Fleisch billiger sein als das Brot, weil es dann mehr als genug zum Schlachten gebe, wenn das Vieh kein Futter mehr habe.

Der Gerber pflichtete ihm bei und sagte, dass er dann zwar die Häute nachgeworfen bekomme, aber andererseits für das Leder nichts mehr bezahlt würde, da jeder den anderen unterbieten würde, um seine Ware überhaupt noch loszuwerden.

»Droben in Kempten haben sie, so hat man mir es erzählt, einen Mann beobachtet, der nachts durch einen Kamin aus dem Haus geflogen sein soll. Er sei dann in der Luft stehen geblieben und auf einmal sollen aus zwei anderen Häusern auch durch den Kamin zwei Frauen in die Luft gestiegen sein. Wenn man nicht genau hingesehen habe, hätte man in der Dunkelheit glauben können, es seien nur Rauchfahnen. Aber diese drei hätten dann so zu lachen angefangen, dass einem das Blut in den Adern gefroren sei. Eines der Weiber hätte übermütig geschrien: ›Tun wir es?‹ und die anderen hätten noch lauter gelacht und zurückgeschrien: ›Ja, ja!‹. Dann seien sie über die Stadt geflogen und hätten eine riesige Wetterwolke hinter sich hergezogen und es habe danach drei Tage lang geschüttet wie aus Kübeln.«

Nider war hellwach, mischte sich aber nicht ein, sondern hörte nur still zu.

»Es soll sogar Zauberer geben, die Kühe melken können, ohne dass sie die Kuh berühren. Angefangen habe das in der Schweiz, hat mir ein fahrender Händler erzählt. Sie nehmen eine Axt, schlagen diese neben der Stalltüre in den Rahmen, sprechen einen Zauberspruch und können dann die Milch aus dem Axtstiel heraus melken. Wenn du in den Stall kommst, ist die Kuh leer«, sagte der Schmied.

»Das Handwerk gehört denen gelegt. Wenn ich so jemanden erwischen würde … niemand unternimmt etwas dagegen. Jeder weiß es, aber keiner tut etwas«, schimpfte der Gerber und der Schmied gab ihm Recht.

Kurz vor Isny klarte der Himmel auf und Nider rief dem Kutscher nach vorne zu, er solle anhalten. »Lass mich aussteigen. Ich möchte zu Fuß weitergehen!«

»Aber Ihr habt doch bis Isny bezahlt!«

»Das Geld kannst du deswegen behalten.«

Wie kann man nur freiwillig gehen wollen, wenn man bequem fahren kann. Das ist schon ein sonderbarer Pfaffe, dachte der Kutscher bei sich und machte »Brrr, brrr«, worauf die Pferde zum Stillstand kamen.

Nider legte sein Bündel auf einen feuchten Holzstamm, setzte sich darauf und sah der Kutsche nach, wie sie allmählich kleiner und kleiner wurde und dann hinter einem Hügel ganz verschwand.

Tief sog er den Duft der dampfenden Erde in sich, sein Gesicht drehte er in die wärmenden Strahlen der Sonne und sein Blick wanderte hinüber zu den mehlweiß überpuderten Gipfeln der Nagelfluhkette, deren Flanken mit braunen Murenstreifen durchzogen waren.

»Schnee. So viel Neuschnee – und das um diese Zeit«, murmelte er.

Wie lange war er nicht mehr hier gewesen? Er versuchte nachzurechnen, gab es dann aber auf. Mehr als ein Dutzend Jahre mochte es wohl her sein. Er lauschte dem Wind, der in den Blättern der Bäume raschelte, irgendwo sang eine Amsel und eine Lerche stieg tirilierend in die Höhe, ganz so, als ob sie ihrer Freude über das Ende des Unwetters Ausdruck verleihen wollte. Neunundvierzig Jahre war er nun alt. Nider schloss die Augen und sah den kleinen Johannes, wie er durch die Felder und Wiesen streifte. Im Konvent saß er zu Füßen seiner Lehrer, er sah das ernste und vorzeitig gealterte Gesicht seiner Mutter und spürte dabei, wie es in seinem Herzen einen Stich gab. Wie mochte sie wohl ausgesehen haben, als sie starb? Ob das Haus wohl noch stand?

Er spürte, wie es ihn warm durchflutete, dieses Gefühl für das Vertraute, Bekannte, Kleine.

Das Kleine, ja, das ist der richtige Ausdruck, dachte er, Heimat, das ist die kleine Welt in der großen Welt. Hier hast du deinen ersten

Atemzug getan und die ersten Schritte gemacht. Hier hast du jeden Tag einen neuen Teil einer nur dir zugänglichen Welt entdeckt und mit jeder deiner neuen Erfahrung hat sich auch dein – wenn auch noch kleines – Weltbild erweitert. Hier hast du zum ersten Mal die Liebe deiner Eltern gespürt, auch die deines Vaters, auch wenn du dich nicht mehr an ihn erinnern kannst. Wo bist du überall herumgekommen? Du warst in Köln und Wien, hast am Konstanzer Konzil teilgenommen. Du warst einige Zeit in einem Konvent in Oberitalien bei Venedig und jetzt kommst du geradewegs aus Nürnberg. Vielleicht hast du an all diesen Orten mehr Wissen um die Wahrheit erfahren, das mag sein. Die Menschen hier sind ungebildet, sie sind nicht besser als an anderen Orten, an denen du warst. Trotzdem wirst du milde gestimmt, sobald du hierher kommst. Dein Urteil ist weniger streng, du bist eher bereit, über die Schwächen deiner Mitmenschen hinwegzusehen. Du glaubst, sie zu verstehen, weil du mit ihnen aufgewachsen bist und viele gleiche Fehler gemacht hast wie sie.

Ihm kam in den Sinn, wie ihn seine Mutter umarmen wollte und er sie von sich schob, als er ihr seinen Entschluss mitteilte, dass er Priester werden wolle.

»Ja, mein lieber Johannes«, murmelte er, »ja. Auch Heimat macht subjektiv.«

Schwer atmend stemmte er seinen fülligen Körper in die Höhe, packte sein Bündel und schritt der freien Reichsstadt Isny zu. Wo das Haus seiner Jugend gestanden hatte, weideten ein paar Ziegen die dünnen Halme. Ein verschorfter Hütejunge sah ihn aus blöden Augen an und versuchte lallend seinen freundlichen Gruß zu erwidern. Zum Grab seiner Mutter fragte er sich durch und fand es verwildert, mit Gras und Unkraut überwachsen vor.

Auf sein Klopfen an der Klosterpforte öffnete ein junger Mönch und als er seinen Namen nannte, wurde dessen Haltung unterwürfig und devot.

»Bruder Johannes, der berühmteste Sohn der Stadt ...«, stammelte er.

»Ich bin nur ein kleiner unbedeutender Dominikaner und es ist nicht recht, wenn du mich wegen meiner vom Herrn gegebenen Gaben anders behandelst als einen anderen beliebigen Mitbruder«, wies er ihn scharf zurecht. »Und der berühmteste Sohn der Stadt bin ich noch lange nicht. Dieses Attribut steht sicher Heinrich von Isny zu, nicht mir!«

»Heinrich von Isny? Ich komme aus Ulm und bin noch nicht lange hier im Konvent«, antwortete der Benediktiner verlegen.

Nider seufzte, dann gab er sich einen Ruck: »Komm, ich erzähle dir kurz die Geschichte, damit du eine Ahnung von seinem Stellenwert bekommst. Heinrich von Isny war Franziskanermönch und der wichtigste Vertraute König Rudolphs, dem ersten Habsburger auf deutschem Thron. Rudolphs Gemahlin Anna von Hohenberg bat auf dem Totenbett, in Basel an der Seite ihres früh verstorbenen Sohnes Karl und nicht in Wien beigesetzt zu werden. König Rudolph respektierte diesen ihren letzten Wunsch, doch die Überführung von Wien nach Basel war keine einfache Sache, wie du dir vorstellen kannst. Ihrem Leichnam wurden die Eingeweide entnommen, die Bauchhöhle wurde mit Sand und Asche gefüllt, das Gesicht einbalsamiert. Dann überzog man den Körper mit einem Wachstuch und hüllte ihn in prächtige Gewänder. Eine goldene Kette zierte das verschleierte Haupt. Die tote Königin bettete man in den Sarg aus Buchenholz, der mit eisernen Bändern verschlossen wurde. Rudolph konnte sie auf ihrer letzten Reise nicht begleiten, da ihn die Geschäfte in Wien zurückhielten. Seinem vertrauenswürdigsten Mann, Heinrich von Isny, erteilte er den Auftrag, für ein würdiges Begräbnis zu sorgen. Vierzig Pferde waren dem Leichenwagen vorgespannt, je zwei Dominikaner und Minoriten begleiteten den düsteren Zug, der Ende März 1281, ich glaube, es war am zwanzigsten, in Basel anlangte. Eintausendzweihundert Kleriker erwarteten dort die tote Königin. Drei Bischöfe zelebrierten das Totenamt, bei dem der Sarg senkrecht aufgestellt wurde und der Deckel geöffnet war, damit alle Anwesenden die Verstorbene noch einmal sehen konnten. Unter dem Wehklagen vieler wurde dann die sterbliche Hülle Königin Annas im Chor des Münsters beigesetzt. So viel zu Heinrich von Isny.«

»Das alles wisst Ihr aus dem Gedächtnis?«, fragte der junge Mönch staunend.

»Sicher. Er stammt ja auch aus Isny. Ist der Bruder Abt da?«, wollte er übergangslos wissen.

»Ja, ich hole ihn«, stammelte der junge Benediktiner immer noch verdattert ob der unerwarteten Belehrung und verschwand mit hochrotem Kopf.

Der Abt war ein hagerer Mönch mit ernstem Gesicht. »Bruder Johannes Nider!«, sagte er feierlich schon beim Eintreten, »welche Ehre für unseren Konvent!«

»Ohne diesen Konvent würde es den Bruder Johannes Nider gar nicht geben, der würde wahrscheinlich irgendwo vor der Stadt Schweine hüten oder sich wie sein Vater als Flickschuster durchs Leben schlagen. Bitte behandelt mich daher wie einen der geringsten Eurer Brüder!«, antwortete Nider demütig.

»Ich habe schon von Eurer Bescheidenheit gehört. Ich verspreche es. Was kann ich für Euch tun?«

»Ich bin auf der Durchreise nach Basel oder richtig gesagt, zuerst nach Bern. In Biberach habe ich mich von meinen Mitbrüdern getrennt, da ich schon lange nicht mehr in Isny war und mich ehrlich gestanden das Heimweh ein wenig geplagt hat. Ich möchte Euch bitten, mir ein oder zwei Tage Unterschlupf zu gewähren.«

»Solange Ihr wollt. Ich lasse Euch gleich eine leere Zelle zuweisen.«

»Ich brauche nur ein Bett, einen Tisch und Stuhl sowie eine Kerze. Lebt eigentlich Pater Anselmus noch?«

»Ja. Er ist inzwischen hoch betagt und unser ältester Mitbruder. Er ist fast blind und er hört schlecht, aber sein Geist ist noch frisch und klar wie ein Bach im Gebirge. Ihr findet ihn in der Kirche am Seitenaltar. Er verbringt fast den ganzen Tag im Gebet.«

Ein Novize geleitete ihn zur Zelle, wo Nider sein Bündel sorgsam auf das Bett legte und sich dann stracks auf den Weg zur Kirche machte.

Seine Augen mussten sich zuerst an das Halbdunkel gewöhnen. Alles schien hier unverändert und doch war etwas anders. Er brauchte einige Zeit, bis er darauf kam, dass es die neuen und größeren Bilder der Kreuzwegstationen an den Seitenwänden waren. Morgen, im

Laufe des Tages, wenn das Licht besser war, würde er sie sich genauer ansehen.

Laut hallten seine Schritte auf dem Steinboden, während er durch den Mittelgang nach vorne ging. Pater Anselmus war nicht nur so etwas wie ein Vaterersatz für ihn gewesen, sondern er war auch der seiner Lehrer, den er wegen seiner messerscharfen Logik am meisten bewunderte und der ihn prompt zurechtwies, als er ihm dieses einmal sagte.

»Wie kann ich auf etwas stolz sein, das mir geschenkt wurde? Jeder Mensch bekommt von Gott verschiedene Talente, die er nutzen soll. Wenn er es aus Faulheit nicht tut, versündigt er sich genau so, als wie wenn er sich selbst zum Narren macht, indem er sich mit seiner intelligentia brüstet und damit selbst seine Faulheit des Denkens beweist. Benutze daher deinen Verstand nie, um andere verächtlich zu machen oder zu erniedrigen, denn wer sich selbst erhöht, wird erniedrigt werden und umgekehrt!«

Neben der großen Säule am Seitenaltar wirkte das kleine Männchen einsam und verloren. Offenbar hatte er ihn noch nicht bemerkt, seine Lippen bewegten sich leise und unablässig.

Um seine Andacht nicht zu stören, schob sich Nider behutsam seitlich in die Bank.

Die Haut an Pater Anselmus' Kopf spannte sich wie knittriges Pergament über seinen Schädel, seine Nase ragte spitz aus dem Gesicht und seine Ohren wirkten unnatürlich groß. Die faltigen Hände waren mit großen, braunen Altersflecken übersät.

Nider wagte es nicht, ihn anzusprechen und fuhr erschrocken zusammen, als plötzlich die helle Stimme des alten Mönches die Stille zerriss. »Schön, dass du da bist, Bruder Johannes!«

»Ich … ich … dachte, Ihr seid blind«, stotterte Nider verstört.

»Ja, ich bin blind und mit meinem Gehör ist es auch nicht mehr zum Besten bestellt. Aber wenn man nichts mehr hört und sieht, entwickelt man andere Fähigkeiten wie zum Beispiel die der Intuition«, lächelte Anselmus mit zahnlosem Mund und sah seinen Schüler mit leblosen Augen an.

Johannes Nider fühlte, wie ihn ein fast unbändiges Verlangen überkam, den alten zerbrechlichen Mann in seine Arme zu nehmen und er hatte alle Mühe, seinem Drang nicht nachzugeben. Aber gegen seine Tränen war er machtlos.

»Du brauchst nicht zu weinen. Es ist so. Meine Zeit auf dieser Erde neigt sich dem Ende zu und ich freue mich auf den Tag, an dem ich sie verlassen und in die Ewigkeit des allmächtigen Schöpfers eintreten darf.«

»Woher wisst Ihr, dass ich weine?«, fragte Nider verblüfft.

»Intuition. Ich spüre es«, antwortete der Mönch nochmals und seinem Schüler schien es, als ob ein spitzbübisches Lächeln um seinen faltigen Mund spielte.

»Was machen deine Ameisen?«

»Meine Ameisen ... äh, meine Ameisen ...«, Nider kam erneut ins Stottern, da er mit allen möglichen, nur mit dieser Frage nicht gerechnet hatte.

»Ameisen, ja, die Ameisen ... je mehr ich mich mit ihnen beschäftige, desto mehr erstaunen sie mich. Wir Menschen könnten viel von ihnen lernen. Sie kennen keine Habsucht, Stolz und Begehrlichkeit, wie es den einfachen und ungebildeten Leuten nicht nur vielfach von der weltlichen Obrigkeit, sondern auch vom Klerus vorgelebt wird. Trotzdem oder gerade deswegen funktioniert ihr Gemeinwesen. Sie haben viele Eigenschaften, die nicht nur den einfachen Menschen, sondern auch der Geistlichkeit gut zu Gesicht stehen würden.«

»Du musst das aufschreiben!«, erwiderte Pater Anselmus bestimmt.

»Ich weiß!« Nider nickte müde.

»Und? Warum machst du es nicht?«

»Seht, überall wimmelt es von verblendeten und vom wahren Glauben abgefallenen Menschen, die meinen, über eine gewisse Bildung in Glaubensdingen zu verfügen und mit feurigen Worten gegen unsere Kirche predigen und nicht nur die einfachen Leute, sondern oftmals auch diejenigen, die die weltliche Macht ausüben, verblenden und mitten ins Verderben führen. Ich sehe ja selbst, dass in unserer Mutter Kirche vieles nicht in Ordnung ist und ich bin gerade auf dem Weg nach Basel, um den Augiasstall im dortigen Dominikanerkloster auszuräumen. Es ist nicht verwunderlich, wenn das liederliche Leben der Mönche für einige Anlass ist, den Finger in die schwärende Wunde zu legen. Sie behaupten, sie hätten Visionen und Offenbarungen, sie ziehen durch die Städte und Dörfer, scharen Anhänger um sich und bilden Sekten. Sie stellen sich außerhalb des seit den im vierten und fünften Jahrhundert während der großen Synoden herausgearbeiteten *opinio communis*. Damit trennen sie sich aber nicht nur von der anerkannten christlichen Lehre, sondern auch von der Kirche als Organisation. So stürzen sie sowohl den Staat als auch die Kirche um.«

Er musste laut und langsam sprechen, und erst als Pater Anselmus als Zeichen nickte, dass er verstanden hatte, redete er weiter.

»Nehmt zum Beispiel Nikolaus von Basel. Als Begharde lebte er als Laie in klosterähnlicher Gemeinschaft, widmete sich der Krankenpflege und Leichenbestattung. Aus der bei den Begharden und Beghinen nicht gerade unüblichen Schwarmgeisterei, die schließlich zu ihrem Verbot auf dem Konzil von Vienne führte, wurde bei ihm Freigeisterei. Auch er behauptete, er habe Visionen und Offenbarungen, es gelang ihm, mit seinen farbenreichen Schilderungen offensichtliche Irrtümer als Wahrheit zu verkünden und Schüler um sich zu scharen. Seinen Zuhörern versicherte er glaubhaft, dass Christus in seinem Handeln sei und er in Christus. Lange Zeit konnte er der Inquisition entkommen, schließlich wurde er aber in Wien gefangen genommen, wo er gestand und zusammen mit seinen Schülern Jakob und Johannes von der weltlichen Gewalt verbrannt wurde. Oder nehmen wir den Begharden Burginus. In Konstanz fiel er durch sein asketisches Leben auf und erregte Aufmerksamkeit durch verrückte Visionen und Offenbarungen, aus denen er eine neue Regel und eine neue Glaubenslehre stampfte. Auch er sammelte Schüler um sich, die genau so verrückt waren wie er selbst. Seine Anschauungen waren so konfus, dass sie nur mit dem Einfluss eines bösen Geistes erklärbar sind.«

»Ich weiß«, unterbrach ihn Pater Anselmus, »er wurde zusammen mit seiner Regel auf dem Scheiterhaufen verbrannt.«

Nider nickte. »Oder die Hussiten«, ereiferte er sich, »gerade sie sind ein exemplarisches Beispiel, wohin ihre Irrlehre führt. Seht selbst, was sie anrichten, sogar untereinander sind sie sich uneins und haben sich in zwei Richtungen gespalten, hier die Utraquisten in Prag und dort die Taboriten im böhmischen Tabor, die auf die Ankunft des Jüngsten Tages warten und dem König und der Kirche Zins und Fronarbeit verweigern. Die Deutschen haben sie vertrieben, Kirchen und Klöster verwüstet und alle Kleriker, deren sie habhaft werden konnten, haben sie umgebracht. In ihrer Uneinigkeit sind sie dabei, das halbe christliche Abendland in Schutt und Asche zu legen.«

»Vielleicht ist da unser deutscher Kaiser Sigismund nicht ganz unschuldig daran. Erst hat er dem Johannes Hus 1415 freies Geleit zum Konzil in Konstanz versprochen, ist dann aber wortbrüchig geworden und ließ ihn auf dem Scheiterhaufen verbrennen«, warf Pater Anselmus ein, »erst danach kam es zu den Aufständen und den Kriegen, in denen sie ganze Kreuzritterheere vernichteten und es immer noch tun!«

»Ich war auch auf dem Konzil. Dort war nichts vom Wehen des Heiligen Geistes zu spüren. Es war einfach widerlich, auch wie sie mit dem Hus umgesprungen sind, war barbarisch. Aber trotzdem: Wehret den Anfängen!«, entgegnete Nider. »Eine einzige kranke Ameise kann ein ganzes Volk ins Verderben führen, um wie viel mächtiger und verheerender ist aber ein kranker Gedanke?«

»Kranke Ameisen werden von ihrem Volk umgebracht?«, fragte Anselmus verdutzt.

»Nein. Im Gegenteil. Sie werden gepflegt. Selbst dann, wenn eine Rettung aussichtslos ist und der ganze Haufen angesteckt wird und zugrunde geht. Sie haben keine Kenntnisse über Krankheiten und deren mögliche Folgen, wie wir sie als vernunftbegabte Wesen besitzen. Auch die Mutter Kirche versucht ja – wenn wir bei diesem Bild bleiben wollen – das kranke Mitglied zu heilen. Sie will die verwirrten und kranken Geister zur Einsicht bringen und will sie nicht als Mitglieder der Gemeinschaft verlieren.« Nider hielt einen Moment inne und fuhr dann fort: »Anders aber verhält es sich, wenn es sich um ein nicht zum eigenen Haufen gehöriges Tier handelt. Es wird gnadenlos bekämpft und unschädlich gemacht. Selbst dann, wenn es sich um ein Mitglied eines ursprünglich verwandten Stammes handelt. Ja, die Hussiten, gleichgültig ob nun Utraquisten oder Taboriten, gehören vernichtet und restlos ausgemerzt, weil sie die gottgewollte Ordnung in Chaos verwandeln!«

»Ja, erst ihre Uneinigkeit führte zum Bürgerkrieg, der sich dann zum Flächenbrand ausweitete«, murmelte der greise Mönch.

»... und inzwischen auf Österreich, Ungarn, Bayern, Brandenburg, Sachsen und Schlesien übergegriffen hat!«, ergänzte Nider. »In ihren vier Prager Artikeln fordern sie die freie Lehre, die Spendung des Laienkelches, Vermögensverzicht für den Klerus und Ahndung von Todsünden durch weltliche Gerichte. Was aber würde in einem Ameisenhaufen passieren, wenn jedes Tierchen das Recht hätte, anstatt seiner in der göttlichen Ordnung vorgesehenen Tätigkeit nachzugehen, diese in Frage stellen dürfte? Der Staat würde zusammenbrechen!«

»Komm, es ist Zeit zum Abendmahl«, sagte Pater Anselmus, »gehen wir ins Refektorium!«

Die beiden Mönche erhoben sich und als Nider seinem greisen Mitbruder helfend unter den Arm greifen wollte, wehrte dieser energisch ab.

»Lass das. Ich komme schon zurecht!«

»Apostolischer Kommunismus«, murmelte Nider, während sie aus der Dämmerung der Kirche traten.

»Was?«, fragte Pater Anselmus, der ihn nicht verstanden hatte.

»Apostolischer Kommunismus. So nennen die Taboriten die Form ihres Zusammenlebens. Das hört sich in der Theorie sicher gut an, in der Praxis wird und kann es aber nicht funktionieren, schon allein deswegen, weil es Faule und Fleißige gibt und es Letztere irgendwann überdrüssig werden, für die Piger mit zu arbeiten.«

»Wen meinst du mit Piger, den Faulen oder den Verdrossenen? Das Wort hat ja zwei Bedeutungen.«

»Beide. Der Faule ist faul, weil er ja sieht, dass andere für ihn arbeiten. Der Verdrossene aber wird faul, weil er nicht einsieht, dass er für den Faulen arbeiten soll!«

»Wenn ich mich recht entsinne, hast du mir einmal erklärt, dass es auch unter den Ameisen Faule und Emsige gibt?«

»Ja, das stimmt. Aber ihr müsst Euch das etwas anders vorstellen. Ein Ameisenhaufen ist ein durch und durch soziales Gebilde, der Staat ist sozusagen auch gleichzeitig das Gehirn und jede einzelne Ameise wiederum ein Teil davon. Eine einzelne Ameise an sich ist dumm, aber trotzdem kennt sie ihre Pflichten, ohne dass sie darum weiß. Dem Menschen aber wurde vom Schöpfer ein eigenes Gehirn mit auf den Erdenweg gegeben, das es ihm ermöglicht, seine Umgebung zu erfassen, zu analysieren und zu beurteilen. Wie Ihr selbst wisst, missbrauchen aber die meisten ihr Urteilsvermögen. Sie streben nicht nach Erkenntnis und Wahrheit, sondern sie vertun ihre Erdenzeit damit, sich möglichst viele persönliche Vorteile zu sichern, was zwangsläufig zu Missgunst und Neid führt.« Nider musste stehen bleiben, weil ihn das laute Sprechen mit dem schwerhörigen Mönch anstrengte.

»Du bist also der Ansicht, dass ein Gemeinwesen, in dem der persönliche Besitz weitgehend abgeschafft ist, nicht existenzfähig ist? Dann dürfte es auch keine Klöster geben, da ihr Dasein auf ebensolchen Forderungen beruht!«

Der Dominikaner hatte sich wieder ein wenig erholt, atmete aber immer noch schwer. »Nein und ja. Aber es geht nur mit Freiwilligkeit. Ein junger Mensch, der in ein Kloster eintreten will, hat während des Noviziats genügend Zeit, sich über die Tragweite seines Entschlusses klar zu werden und zu prüfen, ob ihm diese enthaltsame Lebensweise zusagt. Auch funktioniert es nur in kleinen Einheiten mit persönlichen Bindungen. Je größer und damit anonymer eine Gemeinschaft wird, die sich die Früchte ihrer Arbeit teilt, um so schwächer der Trieb, zur Erhaltung der Gemeinschaft durch Arbeit beizutragen. Irgendwann kommt der Zeitpunkt, an dem sich jeder sagt: Auf meine Arbeit kommt es überhaupt nicht mehr an, sie ist das, was ein Tropfen für das Meer ist. Dann geht die Arbeit nicht mehr aus Erhaltungstrieb vonstatten und äußerer Zwang wird nötig. Sobald die Möglichkeit der Eigenwirtschaft gegeben ist, wird die Gemeinwirtschaft zerfallen. Nicht weil es von außen angegriffen wird, nicht, weil fremde Mächte es fürchten, zerfällt das Gebilde, sondern es verfault von innen heraus. Ihr werdet sehen, das erledigt sich von selber wie schon bei den Urchristen!«

»Wo also ist die Sünde größer? In der Faulheit in der Gemeinwirtschaft oder aber in der Bereicherung durch den Handel, indem meist etwas verkauft wird, was der Kaufmann nicht selbst geschaffen hat und dafür oftmals ein Vielfaches verlangt, als der bekommt, der es hergestellt hat? Was meinst du?«

»Ich habe dazu eine kleine Schrift verfasst. *Tractatus de contractibus mercatorum*. Es ist eine Anleitung zu Vertragsabschlüssen für Kaufleute«, antwortete Nider. »Ich erzähle Euch morgen gerne mehr davon. Jetzt aber müssen wir uns beeilen, sonst kommen wir zu spät!«

»Ja, wir haben nun genug geredet. Der heilige Benedikt wäre mit mir nicht zufrieden!«, meinte Pater Anselmus. »Ordensregel Kapitel sechs: ›Tun wir, was der Prophet sagt: Ich sprach, ich will auf meine Wege achten, damit ich mich mit meiner Zunge nicht verfehle. Ich stellte eine Wache vor meinen Mund, ich verstummte, demütigte mich und schwieg sogar vom Guten.‹«

»Oder: Man soll der Schweigsamkeit zuliebe bisweilen sogar auf gute Gespräche verzichten«, lächelte Nider.

Schwer schloss sich die Eichentür zum Refektorium. Ein Novize trat zu Nider und wies ihm schweigend einen Platz zu. Nach dem gemeinsamen Tischgebet stellte der Abt den Gast seinen Mitbrüdern vor, während der Novize, der ihn zu seinem Platz geleitet hatte, hinter einem Stehpult Aufstellung nahm. Schweigend nahmen die Mönche ihr Abendessen ein, das aus Lammbraten, grauem und geröstetem hellem Brot und einem Krug mit Wein bestand. Vom Fleisch nahm Nider nur ein ganz kleines Stück und den abschließenden Kräuterschnaps lehnte er gänzlich ab. Während des Essens las der Novize mit monotoner Stimme aus dem Evangelium nach Markus.

Die Gefühle des Abtes für seinen Besucher waren zwiespältig. Einerseits fühlte er sich geehrt, einen so berühmten Mann in seinen Klostermauern zu beherbergen, der zudem hier aufgewachsen und von Benediktinern seinen ersten Schliff bekommen hatte. Andererseits zählten die Dominikaner seiner Ansicht nach zur vierten Art der Mönche, zu den so genannten Gyrovagen, die landauf, landab ziehen und sich für drei oder vier Tage in verschiedenen Klöstern beherbergen und verköstigen ließen und über die der heilige Benedikt sagte, dass es besser sei, über deren erbärmlichen Lebenswandel zu schweigen als zu reden. Aber gerade Nider forderte ihm einen gewissen Respekt ab, da seine äußere Erscheinung und sein demütiges Auftreten in keiner Weise den eisenharten Reformator vermuten ließ, der selbst aufmüpfigste und bockbeinigste Konvente zur Räson brachte.

Nach dem Abendmahl zog sich auch Nider schweigend in seine ihm zugewiesene Zelle zurück. Seit Tagen war er nicht mehr dazu gekommen, seine Gedanken zu Papier zu bringen.

»Was, schon so spät?«, sagte er erstaunt zu sich, als er das huschende Trappeln auf dem steingedeckten Gang vernahm.

Vorsichtig löschte er die Talgkerze, indem er Daumen und Zeigefinger mit Spucke befeuchtete, zog seine Kapuze über den Kopf und reihte sich in den Zug der Mönche ein, der sich zur Complet und Vigil hinüber zur Kirche bewegte.

Hoch schwang das »Herr, öffne meine Lippen« nach oben in das Dunkel der nur spärlich vom Fackelschein erleuchteten Kirche. Es folgten Psalm drei und das »Ehre sei dem Vater«, darauf Psalm 94 gesungen mit Antiphon, ein Hymnus des Ambrosius, dann sechs Psalmen wiederum mit Antiphonen, der Versikel, der Segen des Abtes. Drei Brüder trugen abwechselnd je eine Lesung vor, die mit drei Responsorien beendet wurden. Die weiteren sechs Psalmen wurden mit einem »Halleluja« abgeschlossen und die Lesung aus den Apostelbriefen auswendig vorgetragen. Nachdem das »Kyrie eleison« inbrünstig flehend in der hohen Dämmerung verhallt war, zog auch Nider seine Fackel aus dem Eisenring neben der Bank und schloss sich dem schweigenden Zug der Mönche an, die in ihre Zellen zurückkehrten.

»Nur noch diese Zeile«, murmelte Nider, der Mühe hatte, seine Augen offen zu halten.

Leise kratzte die Feder die letzten Buchstaben auf das Papier, als ein gellender, markerschütternder Schrei die nächtliche Stille zerfetzte, während sich ein großer Tintenfleck auf dem Blatt ausbreitete. Aber Nider war so erschrocken, dass er es gar nicht bemerkte.

Auf dem Gang hörte er die hastigen Schritte des Dienst habenden Mönches, dem es oblag, die Fackeln zu überwachen und auszuwechseln. Knarzend und quietschend öffneten sich die Zellentüren und aufgeregte Stimmen riefen wirr durcheinander. Ein Lufthauch löschte seine Kerze, worauf er sich an der Wand entlang in der Dunkelheit nach draußen tastete.

Aus einer der Zellen drang ein heftiges Keuchen und Stöhnen und irgendjemand schien einen schweren Schrank herum zu schieben.

Gegenstände flogen durch die Luft, fielen polternd zu Boden, etwas, das sich wie ein Krug anhörte, krachte scheppernd gegen die Wand und mit einem dumpfen Dröhnen knallte offensichtlich ein Stuhl gegen die geschlossene Zellentüre.

»Gebt mir eine Fackel und lasst mich durch«, sagte Nider entschlossen, als er sah, dass keiner der verängstigten Brüder Anstalten machte, die Zelle zu betreten. Langsam zog er die gangwärts zu öffnende Türe einen Spalt weit auf, worauf das Rumoren schlagartig verstummte.

In der Zelle sah es aus, als ob ein Kampf stattgefunden hätte. Der Tisch zeigte mit den Beinen zur Decke, Bücher lagen zerstreut mit herausgerissenen Seiten auf dem Boden, der Schrank lehnte halb umgekippt an der Wand und aus der zerfetzten Bettdecke quoll das Stroh.

Mitten in der Zelle aber lag ein Mann – nackt, wie ihn Gott geschaffen hatte. Sein Körper war über und über mit Flecken und Striemen übersät.

»Wer ist das?«

»Bruder Egilhard«, kam die Antwort von der Türe her.

Nider beugte sich zu ihm hinab und fühlte seinen Puls. »Er ist ohnmächtig. Zieht ihn an und legt ihn auf das Bett!«

Zögernd traten einige Mönche in die enge Zelle und hoben ihren schweren Mitbruder auf die Pritsche.

»Wo ist sein Skapulier?«, wollte einer der Brüder wissen.

Suchend sahen sie sich in dem kleinen Raum um, schauten unter das Bett und hinter den schrägstehenden Schrank, auch unter einer zerknüllten Decke, die in einer Ecke lag, war der Umhang nicht zu finden.

Inzwischen war auch der Abt hinzugekommen. »Was ist hier los? Was soll der Radau mitten in der Nacht?«

»Wir wissen es auch nicht. Es scheint ein Kampf stattgefunden zu haben, aber niemand hat die Zelle verlassen«, antwortete der Dominikaner.

»Vielleicht ist der andere durch das Fenster entkommen?«, mutmaßte einer der Mönche.

Nider sah sich zweifelnd um. »Wohl kaum. Erstens ist das Fenster so klein, dass ein Erwachsener kaum durchkommen dürfte, zweitens ist es so weit oben, dass es ohne einen Tisch oder einen Stuhl unerreichbar ist. Der Tisch aber liegt wie der Stuhl am anderen Ende der Kammer. Aber nehmen wir trotzdem an, er hätte es geschafft. In der Dunkelheit würde er sich bei einem Sprung aus dem zweiten Stockwerk wahrscheinlich einige Knochen gebrochen haben!«

»Und wenn er das Skapulier selbst zum Fenster hinausgeworfen hat?«

»Was ist vor dem Fenster?«, wollte Nider wissen.

»Ein Beet«, gab der Abt zur Antwort, der nun hüstelnd über die Schwelle in den flackernden Lichtschein trat.

»Bruder Armin hat es heute Nachmittag umgegraben«, bemerkte ein anderer Mönch.

»Dann müssten ja auch Spuren zu sehen sein, wenn jemand hinuntergesprungen ist. Seht mal nach, aber genau!«, gab der Abt den Befehl.

»Hier ist nichts. Keine Spuren und auch kein Skapulier!«, rief nach einiger Zeit eine Stimme vom Fuß der Klostermauer nach oben.

Bruder Egilhard lag noch immer bewusstlos auf seiner Pritsche. Seine Confratres rieben ihn mit kalten Tüchern ab, hielten ihm scharf riechende Essenzen unter die Nase, schüttelten ihn und zogen an seinen Armen und Beinen. Aber der massige Mönch stieß nur gelegentlich einen kleinen Seufzer aus. Die Übrigen begannen abermals mit der Suche nach dem verschwundenen Umhang.

»Vielleicht hat er ihn verloren?«, meinte Bruder Laurenz unsicher.

»Nein. Er war auf dem Kirchgang auf dem Rückweg vor mir. Das wäre doch sofort aufgefallen. Ein Benediktiner ohne Skapulier – undenkbar!«, warf ein anderer ein.

Einer der Mönche war gerade im Begriff, mit seiner Fackel die Zelle zu verlassen, die sich langsam mit qualmendem Rauch zu füllen begann, als Niders Blick auf einen schwarzen Punkt an der ansonsten makellos weißen Wand fiel. Mit dem vermissten Umhang konnte es zwar nichts zu tun haben, aber der schwarze Klecks wirkte irgendwie störend. Langsam strich er mit der Hand über die Stelle und bekam ein winziges Stück Stoff zu fassen, das sich ein klein wenig herausziehen ließ. Aber nur ein klein wenig – dann war Schluss. Einigen der anderen Mönche gelangen auch nur einige Fingerbreit und auch der Bruder Schmied, der schon mal allein den schweren Amboss durch die Werkstatt wuchtete, kam nicht mehr als auf die Breite einer Hand.

Das Tuch war mit ungeheurer Wucht in dem vielleicht daumendicken Loch verpresst.

»Holt einen Strick«, rief der Schmied, während er sich bekreuzigte, »wir müssen einen Strick herum wickeln und es gemeinsam versuchen!«

Drei ausgewachsene Männer stemmten sich nunmehr gegen das Stück Stoff, das sich nur unter Aufbietung aller ihrer Kräfte kaum merklich nach außen bewegen ließ.

Irgendwann konnten sie das Tuch mit den Händen fassen, zwar ging es nun etwas leichter, aber die Männer hatten das Gefühl, als ob es von einer ungeheuren Macht festgehalten würde. Verbissen zogen und rissen sie abwechselnd weiter und diejenigen, die nicht mit dem Stoff beschäftigt waren, standen stumm betend draußen auf dem Gang. Bruder Egilhard lag noch immer bewusstlos auf seiner Pritsche. In dem Augenblick, in dem der letzte Rest des Umhanges aus der Wand glitt, erwachte er mit einem Schrei aus seiner Ohnmacht.

Alle waren aschfahl und starrten mit wortlosem Entsetzen abwechselnd auf ihren Mitbruder, das Skapulier und das Loch.

»Ich … ich weiß nichts. Ich habe geschlafen und bin jetzt aufgewacht.« Fassungslos sah er sich in der verwüsteten Zelle um und betrachtete nur flüchtig die sich nun ins Bläuliche verfärbenden Flecken an seinen Armen. »Wer hat das gemacht? Wer war hier?«

Niemand antwortete.

Egilhard erhob sich ächzend von seiner Schlafstatt, um das Durcheinander genauer anzusehen. »Ich weiß … ich weiß wirklich nichts!«, beteuerte er, während er über die Beule an seinem Kopf fuhr und dann die zerfetzten Seiten eines Buches in die Hand nahm.

Nider räusperte sich. »Wir glauben dir. Kein normalsterblicher Mensch ist in der Lage, ein so großes Tuch wie ein Skapulier in ein so kleines Loch zu stopfen.«

»In welches Loch?«, fragte Egilhard.

Nider deutete zur Wand und forderte ihn auf, es sich genauer anzusehen.

Der Mönch starrte wortlos auf die kleine Öffnung, schlug ein Kreuzzeichen und taumelte zurück zu seiner Pritsche. Auf seiner Stirn bildeten sich dicke Schweißtropfen und er spürte, wie das Blut aus seinen Adern wich. Gleich würde er noch einmal ohnmächtig werden. »Nein. Nein ... das ist unmöglich. Das ... das kann nicht sein«, keuchte er tonlos, »aber glaubt mir, ich weiß von nichts!« Er bekreuzigte sich nochmals und ließ dann seinen schweren Körper auf das Bett fallen, wo er reglos liegen blieb.

Nider hatte Bruder Egilhard keinen Augenblick aus den Augen gelassen, argwöhnisch verfolgte er jede seiner Bewegungen und jede Änderung seines Gesichtsausdruckes.

»Nein, er sagt die Wahrheit«, murmelte er dann.

»Ich werde die Zelle aussegnen. Holt mir meine Stola und Weihwasser!«, befahl der Abt.

Es war noch tiefdunkle Nacht, als die Mönche zur morgendlichen Laudes schritten. Ihr Gang war gebeugt und in ihren Gesichtern stand Verwirrung. Auch Nider hatte die ganze Nacht kein Auge zugetan, sondern sich nur schlaflos auf seiner Pritsche herum gewälzt, und fühlte sich wie gerädert.

Was war das nun gewesen? Hatte Satan nur ihren Geist verwirrt, ihnen allen einen Possen vorgespielt und sie an der Nase herumgeführt? Hatten sie sich das mühsame Herausziehen des Skapuliers unter Aufbietung aller Kräfte nur eingebildet? Oder irrte da die Lehrmeinung des *Canon episcopi*? »... sie bekennen, durch Blendwerk und Vorspiegelungen der Dämonen verführt worden zu sein ... denn eine zahllose, durch diese falsche Ansicht getäuschte Mehrheit hält dies für wahr und weicht in dieser Meinung vom rechten Glauben ab; sie verfällt heidnischen Irrtümern, wenn sie meint, dass es außer dem einen Gott irgendein anderes göttliches Wesen oder eine andere göttliche Macht gibt ...«

War sein Glaube und der des ganzen Benediktinerklosters hier so schwach, dass Satan ihnen allen etwas vorgaukeln konnte? Was aber, wenn das heute Nacht doch alles Wirklichkeit gewesen war?

Nider musste sich zwingen weiterzudenken. Das Vorkommnis hier war zwar ähnlich wie das im Nürnberger Nonnenkonvent, aber trotzdem war es anders. Nicht nur einmal, sondern schon mehrfach war ihm versichert worden, dass es Leute gebe, die nur einen persönlichen Gegenstand der Person benötigten, um sie zu verprügeln. Diesen Gegenstand steckte man dann in einen Sack und schlug mit einem Stock unter Anrufung der Dämonen auf diesen ein. Und Bruder Egilhard war verprügelt worden, ohne dass jemand bei ihm war. Vielleicht doch Hexerei?

Wenn es das wirklich geben sollte – die Folgen wären unabsehbar.

Er suchte nach einer Antwort im *Canon episcopi*: »dass jeder, der solche oder ähnliche Dinge für möglich hält, den Glauben verliert, und dass, wer nicht den rechten Glauben an Gott hat, nicht von Gott, sondern von dem, an den er glaubt, das heißt des Teufels ist.«

Er erschauerte und es schien ihm, als befände er sich in einem lichtlosen Raum, in dem er auf der Suche nach einem Ausgang im Kreis an den Wänden entlang lief und dann feststellen musste, dass es keine Türe nach außen gab.

Todi in Umbrien kam ihm in den Sinn. Erst im März letzten Jahres wurde dort eine Striga namens Matteuccia Francisci der Hexerei im Bunde mit Satan überführt und sie gestand, scheußliche Dinge getan und Menschen und Tieren Schaden zugefügt zu haben. Ihre Zauberkraft verlor sie erst, als der hoch angesehene Bruder Bernhard von Siena in Todi eintraf. Drei weltliche Richter waren bei dem Prozess anwesend und die Anklage lautete auf Ketzerei, denn wer vom wahren Glauben abfalle und sich mit dem Teufel verbinde, sei mit den Mitteln der Inquisition zu behandeln. Schon zwei Jahre zuvor hatte der Inquisitor Giovanni Fiamma einen Mann »per sortilegio sapiente heresim« auf den Scheiterhaufen gebracht und noch ein paar Jahre früher waren bereits drei Frauen in Mondovi wegen desselben Vergehens verurteilt worden.

Der Richter Claude Tholosan drüben im Dauphiné war der Meinung, dass sie nicht nur Ketzer, sondern im eigentlichen Sinne Götzendiener seien und wer mit Satan im Bunde stehe, müsse hart bestraft werden, da auch dieser keine Milde kenne.

Was also nun war die Wahrheit? Konnte Satan nur die Sinne der Menschen täuschen und verführen oder konnte er im Bund mit ihm auch Wunder vollbringen? Was war heute Nacht wirklich geschehen?

Der einzige der Mönche, der einen gelassenen Eindruck machte, war der greise Pater Anselmus. Die wärmenden Strahlen der Sonne wurden von einem kalten Wind verweht, der durch den Säulengang strich. Nider fröstelte und erhob sich von der Bank in der geschützten Ecke, als er tastende Schritte und das tapsende Klopfen eines dünnen Stockes vernahm.

Genau neben ihm blieb der alte Mann stehen. »Bruder Johannes, ich habe dich schon erwartet«, lächelte er mit knittrigem Mund und sah Nider mit seinen leblosen Augen an.

»Ja, wie …?«

»Intuition. Habe ich dir schon gesagt«, lächelte er weiter.

»Pater Anselmus, ich muss Euch etwas fragen!«, fasste sich Nider.

»Ich weiß. Ob Bruder Egilhard Feinde hat. Nein, hat er nicht. Nicht jedenfalls innerhalb des Konventes, denn du weißt ja, dass ›und vergib uns unsere Schuld wie auch wir vergeben unseren Schuldigern‹ im Pater noster für uns nach der Benediktinerregel sofort bindend ist. Auch außerhalb des Klosters ist er, soweit es seine wenigen Kontakte betrifft, die ihm der Bruder Abt erlaubt hat, durchaus beliebt. Aber wer kann schon in andere Menschen hineinschauen!«

»Was haltet Ihr von der Geschichte?«

Pater Anselmus wiegte den Kopf und schwieg eine Zeit lang. »Das fragst du mich? Du als Mitglied der domini canes, der Spürhunde des Herren? Ihr seid doch eigentlich die bevorzugten Fachleute für solche Fragen!« Er schwieg wieder und schien zu überlegen. »Wir können jetzt natürlich eine scholastische Diskussion anfangen, wie früher, weißt du noch?«, lächelte er leise nach innen. »Schau, ich bin ein alter Mann und habe in meinem Leben viele unglaubliche Dinge erlebt. Manche sind für mich heute noch vom Verstand her gesehen unfassbar, manche lassen sich aber auch einfach natürlich erklären.«

»Aber das hier nicht!«, antwortete Nider.

»War es nun eine Sinnestäuschung, hat uns Satan alle nur zum Narren gehalten, uns das alles nur vorgespiegelt oder war es Wirklichkeit? Gott verlangt aber nicht nach Täuschungen, damit wir ihm gehorchen!«

»Gott nicht. Aber er hat Satan die Macht gegeben, uns auf die Probe zu stellen und wie du siehst, hält ihn auch eine Klosterpforte nicht davon ab. Er macht sich sogar lustig über unseren schwachen Glauben und verhöhnt uns.« Nider begleitete Pater Anselmus bis vor das Kirchenportal. »Ich möchte mir noch die Zelle von Bruder Egilhard genauer und bei Tageslicht ansehen!«

Der schwere Mönch lag auf seiner Pritsche, klapperte mit den Zähnen und stammelte wirr und unverständlich, während der Novize vom Schemel aufstand und ihm mit einem großen Tuch den Schweiß von der Stirn wischte. Ihm war sichtlich unwohl, allein mit Egilhard in einem Raum ausharren zu müssen.

Nider trat ans Bett und legte dem Bruder die Hand auf die Stirn.

»Ist ... ist er besessen?«

»Nein. Aber er hat hohes Fieber und phantasiert!«

Dem Novizen entfuhr ein erleichterter Seufzer.

Nider trat zur Wand. Das Loch war da, es befand sich in einer Ritze zwischen zwei Steinen. Also wenigstens in diesem Punkt war er keiner Täuschung erlegen. Oder doch? Vorsichtig strich er mit dem Finger darüber und besah es genau und schüttelte dann schweigend immer wieder den Kopf. Ein Blendwerk des Satans. Nider wusste immer noch nicht, was er davon halten sollte. Er drehte sich um, öffnete die Türe, nickte dem Novizen aufmunternd zu und wollte gerade rückwärts gewandt den Raum verlassen, als sein Blick unter das Bett fiel. Das Blut wich aus seinem Gesicht und er musste sich am Türrahmen festhalten. Unter der Bettstatt lag ein Strick. Er war genau so lang und genau so dick wie der, den sie zum Herausziehen verwendet hatten.

4. KAPITEL

Draußen begannen die ersten Vögel zu zwitschern und ein paar hellgelbe Lichtstreifen zwängten sich durch die breiten Spalten zwischen den roh behauenen Balken. Niders Nase war verstopft und er erwachte durch sein eigenes Schnarchen. Schwer atmend schob er seinen fülligen Körper in die Höhe und trat dann aus dem windschiefen Heustadel in den jungen Morgen. Schwerer Tau lag noch auf den Gräsern und Halmen, an einer weißen Birke bewegten sich leise raschelnd die Blätter und von irgendwo aus der Ferne trug der Wind das heisere Krähen eines Hahnes herüber. Mit der flachen Hand klopfte er den Staub aus seiner härenen Kutte und entfernte dann mit spitzen Fingern die restlichen Heureste. An einem kleinen glucksenden Wiesenbach wusch er sich den Schlaf aus den Augen, schulterte dann sein Bündel und machte sich weiter auf seinem Weg.

Seit drei Tagen war er nun wieder unterwegs. Besonders schwer war ihm der Abschied von Pater Anselmus gefallen und beiden war bewusst, dass sie sich hier auf dieser Erde nicht mehr begegnen würden. Er konnte nicht anders. Er musste seinen dürren alten Lehrer in den Arm nehmen.

»Vergelte es dir Gott, Vater Anselmus«, räusperte er heiser und mit halb erstickter Stimme und auch der Greis wischte über seine erloschenen Augen.

»Wir sehen uns drüben wieder«, flüsterte dieser und fasste nach Niders Hand.

»Und denk an deine Ameisen. Schreib es auf. Die einfachen Leute verstehen solche Beispiele viel besser als hochgestochene theologische Betrachtungen!«

Mehrmals drehte er sich um, während er zu den Meierhöfen hinaus schritt und blickte auf die windverwirbelten Rauchfetzen über seiner Heimatstadt zurück. Lange stand er an der Abbruchkante des Eistobels und suchte dann die Stelle, an der er als kleiner Bub immer in die Schlucht hinabgestiegen war. Nach einigem Suchen fand er sie auch wieder. Sehnsüchtig blickte er hinab auf das tosende Wasser und lauschte dem dumpfen Rumpeln der Baumstämme, die in den Kehrwassern der Wasserfälle gefangen waren und immer wieder gegen die Felsen krachten.

»Johannes, das ist vorbei!«, sagte er zu sich selbst und wandte sich entschlossen zum Gehen.

Er war nun schon weit über Sankt Gallen hinaus, das er rechts liegen ließ. In einem kleinen Dorf, dessen Namen er schon wieder vergessen hatte, las er eine heilige Messe und nahm einigen älteren Frauen die Beichte ab. Die Landschaft war hügelig und der lange Anstieg über den Rickenpass machte ihm zu schaffen. Die Nacht verbrachte er bei den Zisterzienserinnen im Kloster Wurmsbach am Zürichsee, wo er sich aber nur mit »Bruder Johannes« vorstellte, da er die Einstellung der Nonnen nicht kannte.

Ein wenig mulmig war ihm schon zu Mute, als er dann auf dem fast zweitausend Schritt langen schmalen Holzsteg stand, der über den See hinüber nach Rapperswil führte und dessen Bretter nicht befestigt, sondern nur lose auf den Bohlen aufgelegt waren. Wären die Dielen fest angemacht gewesen, hätte ein Sturm eines Tages vielleicht die ganze Brücke in den See geworfen; so aber konnte der Wind höchstens einzelne Läden in die Wellen kippen. Tief unter seinen Füßen schwappte das Wasser schmatzend an den dicken eingerammten Holzstämmen. Nider schickte ein dankendes Stoßgebet zum Himmel, als er endlich wieder festes Land unter sich hatte.

Nach einer weiteren Übernachtung bei den Dominikanerinnen in Neuenkirch und bei den Benediktinern im Kloster Trub im Emmental klopfte er am Abend hundemüde an die Pforte des Konventes in Bern. Zu zweit schlüpften sie durch das Tor in den Innenhof. Neben Nider stand schüchtern ein zerlumptes Bürschchen, das nicht einmal wusste, wie alt es war und das er auf höchstens achtzehn schätzte. Unterhalb von Schupbach war der Kleine plötzlich aus einem Gestrüpp gesprungen und hatte breitbeinig auf dem Weg stehend mit einem Messer herumgefuchtelt.

»Das ist ein Überfall!«, hatte er geschrien und war zurückgewichen, als der Mönch keine Anstalten machte, stehen zu bleiben.

Seine Angst war offensichtlich und je näher Nider kam, desto panischer wurde er. »Stehen bleiben! Bleib stehen!«, kreischte er, während er ihm sein Messer mit ausgestreckter Hand entgegen hielt und sich schrittweise nach hinten tastete.

Nider hielt inne, fixierte ihn scharf und stellte dann sein Bündel auf einem Stein neben dem Weg ab. »Dein wievielter Überfall ist das?«, fragte er in ruhigem Ton.

»Das geht dich einen Dreck an, du dicker Pfaffe!«

Nider tat so, als ob er nichts gehört hätte. »Einen Dominikaner willst du also ausrauben und erwartest dir von mir fette Beute. Soso …«

»Leere deine Taschen und breite das Bündel auf dem Weg aus. Ihr habt doch immer Geld aus dem Ablasshandel dabei, sagt man!«

»Ja, dann schauen wir einmal, mit welchen Kostbarkeiten ich dem jungen Herren dienen kann.« Nider kramte seinen Rosenkranz und sein Schneuztuch aus der Tasche und legte es mit ein paar Münzen auf den Stein. Seine anderen Habseligkeiten breitete er mit einem Stück Sauerkäse und einem Ranken Graubrot auf dem Boden aus. »Mehr ist bei mir leider nicht zu holen!«

Ungläubig sah ihn der Junge an. »Ich habe Hunger«, stotterte er dann und wurde verlegen, »seit drei Tagen habe ich nur ein paar Beeren und Wurzeln gegessen!«

»Da, nimm!«, deutete Nider auf den Boden.

»Ist das alles, was Ihr habt?«

Nider nickte.

Der Junge starrte gierig auf das Brot und den Käse, langte aber beides nicht an.

»Was ist? Bediene dich!«

Sein Gegenüber hielt immer noch das Messer in der Hand und schüttelte den Kopf. »Nein!«, sagte er dann bestimmt, »nein!«

»Wieso nicht?«

»Dann habt ja Ihr selbst nichts mehr!«

Nider lächelte. »Du bist aber kein besonders brutaler Räuber und Strauchdieb. Komm, wenn du das Messer schon zur Hand hast, teile das Essen in zwei gleiche Hälften!«

Nider sah, wie in seinem Inneren der Hunger gegen die Angst kämpfte und trat ein paar Schritte zurück. »Ist es gut so, mein Sohn?«

Der Jüngling ließ ihn immer noch nicht aus den Augen, während er sich bückte und den Käse und das Brot in zwei Hälften schnitt.

»Leg meinen Teil auf den Boden, ich habe noch keinen Hunger!«

Gierig biss der Räuber zuerst in den Käse und stopfte dann ein großes Stück Brot in seine Backen.

»Langsam«, sagte Nider, »langsam kauen. Nimm nicht so viel auf einmal, besser nur die Hälfte und speichle es gut ein. Sonst hast du bald wieder Hunger! Wie heißt du denn?«

»Niklas«, kam es mit einem Rülpser zurück.

Nider musterte ihn unauffällig unter den Augenlidern hervor.

Der Junge hatte ein klares, offenes Gesicht, das nicht zu seinem derzeitigen Broterwerb passen wollte.

»Und was machst du, wenn du keine Mönche überfällst?«

Niklas lief rot an. »Ich ... ich ... war Schweinehirt ... aber vor ein paar Wochen sind alle Säue krank geworden, sie haben alle rote Flecken bekommen. Die trächtigen Sauen warfen vor der Zeit tote Ferkel, manche verendeten ohne Vorzeichen und nach ein paar Tagen war die halbe Herde tot. Ein alter Schäfer, der behauptete, sich mit dem Viehsegnen auszukennen und mehrmals da war, meinte dann, dass er sich halt mit Schafen, aber leider nicht so gut mit Schweinen auskennen würde. Ich habe an jedem Eck des Feldes ein Kreuz aus Ästen ausgelegt, die Säue mit Steinen abgerieben, die ich bei Vollmond ins Wasser gelegt habe, aber es hat alles nichts genützt. Zwei Tiere haben überlebt, aber man hat mir sofort die Schuld gegeben, weil ich nicht genug aufgepasst hätte und irgendjemand hat gemeint, vielleicht hätte ich sie ja verhext, weil sie mir immer schon angemerkt hätten, dass mir die Arbeit eigentlich zuwider gewesen sei.«

»War sie das?«

Niklas nickte. »Ein ganzes Leben lang Schweine hüten?«, fragte er niedergedrückt.

»Und dann?«

»Sie haben mich fortgejagt und gesagt, ich solle mich hier nicht mehr blicken lassen und froh sein, dass sie mir keinen Prozess wegen Schadenszauber anhängen. Aber ich war es wirklich nicht, glaubt mir. Vielleicht war es sogar der Schafhirte oder einer von denen selbst, dem ein Schwein gehört hat und der einem anderen etwas auswischen wollte.«

»Was sagen deine Eltern dazu?«

»Mein Vater ist bei der Fronarbeit von einem Burgturm gefallen und meine Mutter ist letztes Jahr auch gestorben. Sie hat sich ein Bein gebrochen.«

»Geschwister?«

»Habe ich auch keine. Es ist keines älter als zwei Jahre geworden – nein, der …«, er suchte nach dem Namen, »der … ja, der Urs wurde drei.«

»Soso«, sagte Nider und sah ihn durchdringend an, »und wie soll es weitergehen?«

Niklas wich seinem Blick nicht aus. »Hier habe ich nichts mehr verloren, da will niemand mit mir etwas zu tun haben, weil sie fürchten, ich könnte ihr Vieh verderben. Etwas anderes als Viehhüten kann ich aber nicht. Ich werde versuchen, irgendwohin zu kommen, wo mich niemand kennt. Ich möchte ein ehrliches Leben und etwas lernen. Aber ein Steinmetz hat mir geantwortet, ich sei ihm zu alt zum Lernen, weil ich wahrscheinlich schon zu aufmüpfig sei und ein Müller hat mich hinausgeworfen, weil er nicht wolle, dass sein Mehl nach Saustall stinke.«

»Was würdest du wirklich gerne lernen, also nicht, was für dich jetzt gerade das Naheliegendste ist, sondern das, was du dir ganz tief drinnen wünschst?«

»Lesen«, sagte Niklas und senkte die Augen.

»Und warum ausgerechnet das?«

»Ich habe schon Bücher gesehen, für mich sieht das aus wie …«, er suchte nach einem passenden Wort, »ich weiß nicht, ich sehe da keinen Sinn in den vielen Zeichen, weiß aber, dass einer dahinter ist. Ich weiß, dass zwischen den zwei Deckeln eine andere Welt ist, von der ich ausgeschlossen bin und von der ich nie etwas erfahren werde.«

Nider sah auf den zerlumpten und stinkenden Jüngling und erkannte in ihm plötzlich sich selbst. Genau so hätte er wahrscheinlich in seinem Alter auch ausgesehen, wenn ihn nicht der Abt in die Schule geholt hätte. »Komm!«, sagte Nider in einem Ton, der keinen Widerspruch duldete, »komm, gehen wir. Du wirst lesen lernen, wenn du es wirklich willst. Stell es dir aber nicht zu einfach vor. Vielleicht wünschst du dir noch oft, wieder ein Schweinehirt zu sein!«

Niklas war verwirrt und verstand gar nichts mehr. Da überfiel er einen Mönch, hielt ihm sein Messer vor den Bauch, nahm ihm die halbe Reiseverpflegung ab, beleidigte ihn und dieser wollte ihm dafür auch noch Gutes tun.

Immer noch beschämt stand er nun im Klosterhof neben Nider und wagte es kaum, seinen Kopf zu heben. Schon dreimal wollte er den Mönch um Verzeihung bitten, aber dieser hatte ihn jedes Mal schroff abgewiesen. »Danke lieber dem Herrn, dass er dich zu mir geführt hat!«

Oben auf der Treppe öffnete sich eine Türe, durch die sich eine großgewachsene Gestalt schob und dann über die Stufen herab schritt.

»Bruder Johannes Nider! Gelobt sei Jesus Christus, es freut mich, Euch hier zu sehen!«

Die beiden Mönche verbeugten sich und Nider erwiderte den Gruß. »Auch ich freue mich, Euch zu sehen, Bruder Bartholomäus! Das ist Bruder Bartholomäus Texery, der General unseres Ordens«, stellte er ihn seinem Begleiter vor.

»Wen habt ihr denn da mitgebracht?« Texery musterte den verdreckten und abgerissenen Jungen abweisend.

»Niklas Hügli heißt er. Ich habe ihn unterwegs aufgelesen und er möchte lesen und schreiben lernen.«

»Soso. Lesen und Schreiben. Was hast du bisher gemacht?«

»Ich war Schweinehirte«, antwortete Niklas verlegen und wäre am liebsten in einem Mauseloch verschwunden. »Liebe Muttergottes«, flehte er inbrünstig aus der Tiefe seiner Seele, »hilf mir, dass der Pater Johannes ihm nichts von dem Überfall erzählt! Sonst werfen sie mich ins Gefängnis und hängen mich dann vor dem Stadttor am Galgen auf! «

»Soso«, wiederholte Texery, »Schweinehirte also. Und was willst du dann mit Lesen und Schreiben? Willst du dich auf lateinisch mit deinen Schweinen unterhalten und ihnen vielleicht auch predigen? Da bist du bei den Franziskanern besser aufgehoben, deren Ordensgründer betrachtete die Säue sogar als seine Geschwister!«

»Auch ich wäre vielleicht heute Schweinehirte, wenn nicht der Benediktinerabt in Isny Erbarmen mit mir gehabt hätte!«, entgegnete Nider leise auf lateinisch.

Texery wurde verlegen. »Entschuldigt meine Hochmut, aber hie und da geht sie mit mir durch und ich beurteile die Menschen nach ihrem Äußeren.«

»Ist schon gut, Bruder Bartholomäus. Hättet Ihr etwas dagegen, dass er einige Zeit hier bleibt, damit wir sehen können, ob er begabt genug und eifrig ist?«

Texery nickte, wenn auch etwas zögernd.»Aber vorher soll er sich gründlich waschen! Er stinkt ja wie ein Iltis! Sorge dafür, dass er auch Kleidung erhält, die diesen Namen auch verdient!«, wies er den in respektvollem Abstand wartenden Novizen an, der ihnen auch schon das Tor geöffnet hatte.

»Ich heiße Gregor«, stellte sich dieser bei Niklas vor, »komm mit mir!«

Gregor verzog angewidert die Nase und sah zu, dass der Abstand groß genug blieb, während sie zum Wirtschaftsgebäude hinübergingen.

Die beiden Mönche sahen ihnen nach.

»Die Nürnberger Confratres sind auch schon da. Sie sind vorgestern gekommen. Gute Leute. Ulrich Sellatoris, Subprior Cipriani, Arnold Inferoribus, Johannes Polender, Marcus von der Etsch, Theoderich Dyncke, Johannes Huenler, Diebold Husen, Konrad Herbst ... Peter von Erfurt ...« Der General stockte und tippte ungeduldig mit Zeige- und Mittelfinger an seine Stirn. »Zwei fehlen ...«

»Erhard Hel und Bruder Lutzmann«, ergänzte Nider.

»Ja, wirklich gute Leute. Wir werden jeden einzelnen von ihnen brauchen!«

»Was ist los in Basel?«

Texery stieß einen verächtlich schnaubenden Laut aus. »Ich kann Euch sagen, da wartet eine Menge Arbeit auf uns und alleine brauchen wir beide uns da gar nicht erst hin zu wagen. Wie Ihr wisst, haben sie mich schon einmal vertrieben und auch die für die drei Bullen von Papst Martin selbst, die an die Stadt und den Bischof nicht nur von Basel, sondern auch von Konstanz und Straßburg sowie an Markgraf Rudolf gerichtet waren, hatten sie nur Hohn und Spott übrig. Ein Teil der Mönche hat angedroht, uns zu verprügeln und aus der Stadt zu jagen, falls wir beide es wagen sollten, uns auch nur in Basel blicken zu lassen!«

»Wie wollt Ihr weiter vorgehen?«, wollte Nider wissen.

»Ich habe bereits die Amtsenthebung des Priors Großhans sowie den Bann über die unbotmäßigen Mönche verfügt!«

»Und, wie haben sie darauf reagiert?«

»Hmm«, schmunzelte der Ordensgeneral und warf seinem Mitbruder einen listigen Blick zu, »vier der erbittertsten Anführer, darunter auch der Prior, haben sich bereits gefügt und baten, wenn auch mit heimlichem Zähneknirschen, um Aufhebung des Bannes!«

»Aber der Aufruhr selbst ist trotzdem noch nicht niedergeschlagen«, entgegnete Nider.

Texery schüttelte seinen Kopf mit dem grauen Tonsurkranz. »Nein. Ich werde ihnen aber die Absolution erteilen. Die weiteren Verhandlungen werden wir aber hier in Bern führen. Der Konvent und die Stadt sollen Abordnungen schicken! Hier sind wir auf sicherem Territorium!«

5. KAPITEL

Peter von Greyerz war inzwischen alt geworden. Sein schütteres graues Haar hing seitlich bis auf die Höhe der Wangenknochen und verstärkte den düsteren Ausdruck seines faltigen Gesichtes mit den tiefliegenden Augen. Vierzehn Jahre war er Vogt im Simmental gewesen, vierzehn Jahre, die sich hart in ihm eingegraben hatten.

1406 hatte er endgültig die Nase voll gehabt und die Herrschaft einem Verwandten übergeben. Er war nach Bern zurückgekehrt und hatte seine ursprüngliche Tätigkeit als Stadtrat wieder aufgenommen. Da saß er nun im Speisezimmer seines vornehmen Patrizierhauses einem gewichtigen Dominikanermönch gegenüber, der um Vermittlung bei der Basler Ratschaft vorstellig geworden war.

Eher beiläufig waren sie auf seine Simmentäler Zeit zu sprechen gekommen und die Fassungslosigkeit stand Nider ins Gesicht geschrieben, während der angesehene Ratsherr von seinen Erlebnissen in dem Bergtal erzählte.

Seine anfangs eher brüchige Stimme war nun mit einem Mal bestimmt und fest und auch in seinen bisher eher trüben Augen kam ein seltsamer Schimmer. »Ja, es war nicht einfach. Aber ich habe wieder für Ordnung und Respekt vor der Obrigkeit gesorgt. Am Anfang haben sie noch über mich gelacht, aber das ist ihnen dann schon vergangen. Das ganze Tal war ein einziger Sündenpfuhl und wurde von Zauberern beherrscht, die sich mit dem Teufel verbündet hatten, wovon sie sich eine größere Wirkung ihrer Schandtaten versprachen. Der Stadelin war der Erste, dem ich auf die Schliche kam. Ich habe ihn hinrichten lassen. Kurz darauf zechte ein Simmentäler in einer Kneipe in der Stadt Fribourg, wo er plötzlich einen stieren Blick bekam und behauptete, er könne gerade im Augenblick sehen, wie ihm jemand daheim seine Angel am Wasser stehlen würde. Man nahm ihn gefangen und zuerst wollte er sich herausreden, er sei betrunken gewesen und dass alles nur ein Scherz war. Nach der peinlichen Befragung gestand er aber, mit dem Teufel im Bunde zu stehen und er wurde dann nach seinem Heimatrecht, also nach dem der Stadt Bern, verbrannt. Es gab aber auch Leute im Tal, die die Satansbündelei nicht ernst nahmen.«

Um Greyerzes Lippen spielte ein Anflug eines leisen Lächelns. »So wurde mir eine Frau als Hexe gemeldet, die zusammen mit Dämonen Schadenszauber verüben würde. Ich ließ sie festsetzen. Ihr Mann lief aber sofort zu einer Wahrsagerin, die ihm weissagte, seine Frau würde nicht schuldig gesprochen. Am nächsten Tag kam er zu mir gelaufen und berichtete mir freudestrahlend davon. Ich ließ das seiner Frau ausrichten, dazu auch noch, dass ich sie noch einmal peinlich befragen würde, worauf sie bat, ich solle zu ihr ins Gefängnis kommen. Dort gestand sie mir ohne Umschweife, sie habe mit Hilfe der Dämonen gesehen, wie ihr Mann zur Wahrsagerin gerannt sei. Diese habe aber nicht Recht, weil sie selbst genau wüsste, dass sie von ihm morgen verurteilt würde. Ich erzählte ihrem Mann wieder gleich davon. Der aber lachte nur lauthals und meinte, er sei jetzt gespannt, welche von den beiden Hexen Recht behalten würde. Am übernächsten Tag wurde seine Ehefrau verbrannt.«

Greyerz kam nun richtig in Fahrt und seine bleichen Wangen bekamen Farbe. »Ich wusste nun zwar, dass es Menschen im Tal gab, die sich mit Satan zusammengetan hatten, um anderen zu schaden und sich selbst einen Vorteil zu verschaffen«, fuhr Greyerz fort, »auch war mir klar, dass nicht nur einzelne Zauberer und Hexen am Werk sein konnten, sondern es musste einen oder mehrere Zusammenschlüsse oder Bünde geben. Wie aber, so fragte ich mich, wird man in einen solchen Bund aufgenommen?«

Er schwieg einen Moment und seine Augen verzogen sich zu zwei schmalen Schlitzen. »Aber ich habe es herausbekommen«, raunte er. »Es war ein junges Ehepaar, das mir als verdächtig gemeldet wurde. Der Mann fragte im ersten Verhör geradeheraus, welche Strafe ihn erwartete und ich antwortete ihm wahrheitsgemäß, fügte aber hinzu, er könne bei einem Geständnis seiner Missetaten auf ein mildes Urteil oder sogar Vergebung hoffen. Da sprudelte es nur so aus ihm heraus. Offensichtlich belastete die Kumpanei mit Satan doch sein Gewissen. Er erzählte, dass es Hexenmeister gebe, die mit dem angehenden Hexer am Sonntag früh vor der Weihwasserweihe in die Kirche gehen und dort Christus, der Kirche, dem Glauben und der Taufe abschwören. Dann leisten sie ihrem neuen Herrn die Huldigung und das Treueversprechen unwiderruflich für ihr ganzes Leben und machen einen Kniefall vor ihm. Zum Abschluss trinken sie ihren Zaubertrank aus toten Kindern und verstehen auf der Stelle die wichtigsten Riten.«

Nider schauderte. »Und was habt Ihr mit ihm gemacht?«

»Er hat abgeschworen und war erleichtert, dass ihm vergeben wurde. Ich würde sogar sagen, er nahm das Todesurteil wenn auch nicht gerade freudig, so doch gelassen entgegen. Aber seine Frau …« Der alte Vogt suchte nach Worten. »Ja, seine Frau …«, hub er wieder an, »ich wollte auch ihre Seele retten. Aber sie war so verbockt, dass sie nicht einmal unter Folter abschwören und auf den rechten Weg zurückkehren wollte.« Er hob bedauernd die Schultern und sah den Mönch an. »Was hätte ich tun sollen? Ich musste sie verbrennen lassen! Ihr Mann hat ja alles eingestanden! Aber selbst auf dem Scheiterhaufen wollte sie nicht umkehren und hat uns auch dort noch beschimpft und verflucht!« Greyerz langte nach seinem Gehstock und erhob sich, um ein Fenster zu öffnen. »Ich hoffe, ich langweile Euch nicht und stehle Eure Zeit?«

Nider antwortete, dass er zwar schon oft ähnlich schauerliche Dinge gehört habe, aber noch nie auf jemanden gestoßen sei, der direkt und hautnah davon berichten konnte.

»Ich habe alle Zeit der Welt«, fügte er hinzu.

Von außen flutete das Sonnenlicht hell in den Raum und unten auf der Straße stritten ein paar Spatzen mit wütendem Tschilpen um einen Pferdeapfel.

Greyerz holte von der großen Kredenz an der Stirnseite einen Krug mit zwei reich verzierten Bechern. »Vom eigenen Rebberg am Bieler See. Nicht dieses Gepansche, das man sonst meist bekommt. Grausig! Sie schütten alles in einen großen Bottich zusammen und bezeichnen dann dieses Gesöff als Wein. Und wenn es absolut ungenießbar ist, werfen sie noch Tannenäste oder Waldbeeren hinein, um den furchtbaren Geschmack zu überlagern!«

»Höchstens halb voll!«, deutete Nider an, »ich bin kein großer Weintrinker.«

Greyerz füllte seinen eigenen Becher und nahm wieder Platz. »Ja, ja, die Zauberei im Simmental. Die gab es schon seit urdenklichen Zeiten. Aber die Verbrüderung mit dem Teufel kam von außen, sie wurde in das Tal hinein getragen. Angefangen hat das schon vor meiner Zeit, ich würde sagen, so um etwa 1370. Aber ich – und das halte ich mir zugute – war der Erste, der diese Schweinereien bemerkt und aufgedeckt hat. Es war wie mit einem Wollfaden. Er liegt vor dir, du hebst ihn auf und verfolgst ihn bis zu seinem Ende und plötzlich hast du einen ganzen Knäuel in der Hand!«

Nider hatte Mühe, seine Erregung zu verbergen. »Wie ging es weiter?«, fragte er heiser und nippte an seinem Becher.

»Es wurde immer schlimmer. Ein Gerücht ging um, dass in der Berner Gerichtsbarkeit in ganz kurzer Zeit dreizehn Kinder spurlos verschwunden seien und es kam zu öffentlichem Aufruhr darüber, dass die Obrigkeit nur tatenlos zusehe und diesen Zauberern nicht zu Leibe rücke. Eine dieser Hexen aber bekam ich zu fassen und sie gestand mir nach anfänglichem Leugnen, sie würden sowohl ungetauften als auch getauften Kindern auflauern, sofern sie nicht mit einem Kreuz oder Gebet geschützt seien. Sie rauben sie auch aus dem Kindbett oder gar von der Seite der Eltern. Nachdem sie die Kinder nach ihren Zeremonien getötet haben, lassen sie sie oftmals liegen, um den Eltern einen Unglücksfall vorzutäuschen. Nach einiger Zeit stehlen sie die Leichen wieder aus dem Grab, lösen ihre Knochen aus und kochen sie in einem Gefäß mit heißem Wasser, bis sie flüssig und trinkbar geworden sind. Aus der festeren Masse machen sie dann Salben für ihre Künste oder zur Verwandlung ihrer Gestalt in Tiere. Die Flüssigkeit füllen sie in Flaschen oder Schläuche und alle, die davon trinken, werden durch die beigegebenen Zeremonien augenblicklich zum Mitwisser oder gar Meister der Sekte!«

Nider spürte, wie sich seine Nackenhaare sträubten und gerne wäre er bereit gewesen, das alles als Märchen abzutun. Aber der, der ihm das alles erzählte, war nicht irgendwer, sondern der Richter und Ratsherr Peter von Greyerz.

»Aber das ist noch lange nicht alles«, fuhr dieser unbeirrt fort. »Vierzehn Jahre lang war ich Vogt und die Hexer und Zauberer konnten mir nichts anhaben, da mich meine Frömmigkeit beschützte. Ich war schon wieder einige Jahre in Bern, als ich wegen einiger Geschäfte zurück ins Simmental musste. Ihr könnt mir glauben, es war mir äußerst zuwider, aber mir blieb keine andere Wahl. Es war schon spät in der Nacht, als ich auf der Blankenburg ankam. Ich war hundemüde, bekreuzigte mich kurz und legte mich gleich schlafen. Mir lag daran, hier schleunigst wieder wegzukommen und ich wollte noch nachts aufstehen, um ein paar nötige Briefe zu schreiben. Als ich die Augen aufschlug, war helles Licht um mich und verärgert sprang ich aus dem Bett in der Annahme, verschlafen zu haben. Dabei vergaß ich das Kreuzzeichen und rannte die Treppe hinunter zur Schreibstube, die ich aber verschlossen vorfand. Wütend auf mich selbst machte ich kehrt und fluchte vor mich hin ›In Teufels Namen‹ oder so etwas Ähnliches, worauf es schlagartig stockfinster wurde. Mich schlug es die Treppe hinunter, wo ich bewusstlos und blutend liegen blieb. Drei Wochen war ich danach krank. Gleich hatte ich zwar die Hexer im Verdacht, aber ich konnte nicht herausfinden, wer mir das angetan hatte. Es kam erst später an den Tag, dass es die Rache von fünf Simmentaler Hexern, vier Männern und einer Frau gewesen war, die mich umbringen wollten.«

Nider sah Greyerz an, dass dieses Erlebnis ihm immer noch zu schaffen machte und unwillkürlich musste er an seine eigenen Erlebnisse im Nürnberger Frauenkonvent und in der Isnyer Klosterzelle denken.

»Ihr habt diese Prozesse alleine, ich meine ohne Unterstützung durch die Geistlichkeit geführt?«

»Pah«, sagte Greyerz mit einer verächtlichen Handbewegung, »sie versteckten sich hinter dem *Canon episcopi* und tun das noch bis heute, obwohl ich ihnen ja genügend Beweise geliefert habe!« Er sah seinem Gegenüber fest in die Augen. »Die Angst und die Furcht der Leute vor den mächtigen Zauberern war unvorstellbar. Sie getrauten sich kaum noch aus ihren Häusern, gingen einander aus dem Wege und beobachteten sich gegenseitig voller Misstrauen. Sie wagten kaum noch, miteinander zu sprechen und es verging fast kein Abend, an dem nicht irgendjemand auf die Blankenburg geschlichen kam und seinen Nachbarn, Schwager oder Schwägerin der Hexerei bezichtigte. Vieles war natürlich oftmals Blödsinn und manch einer versuchte die Justiz für seine eigenen fadenscheinigen Zwecke zu missbrauchen. Mit der Zeit aber entwickelte ich einen – fast möchte ich behaupten untrüglichen – Instinkt dafür, ob es sich lohnte, einer Anzeige nachzugehen oder nicht. Fast alle, die von mir angeklagt wurden, gestanden letztendlich, mit dem Teufel paktiert zu haben.«

Johannes Nider trat vor der Türe des Greyerz'schen Anwesens in einen bereits dämmernden Spätnachmittag. Er war bis ins Innerste aufgewühlt. Zurück im Konvent schloss er sich sofort in seiner Zelle ein und begann alles aufzuschreiben.

6. KAPITEL

Gelb wie eine Honigwabe hing der Mond am Himmel, irgendwo kläffte ein Hund und zwei offensichtlich Betrunkene zogen grölend und lärmend nach Hause. Niklas lag in seiner Kammer neben der Küche, die man ihm zugewiesen hatte. Er war Nider so lange in den Ohren gelegen, bis dieser ihm gestattet hatte, mit nach Basel zu kommen. Bis dahin hatte er immer geglaubt, dass Mönche friedliche und friedfertige Menschen seien. Aber hier im Basler Dominikanerkloster war es gleich nach ihrer Ankunft drunter und drüber gegangen. Zwar hatten sich die Brüder während der Verhandlungen in Bern zähneknirschend der Observanz unterworfen und General Texery hatte ihnen in Absprache mit Nider eine Reihe von Erleichterungen zugestanden. Aber es hatte doch noch eine Reihe von Mönchen gegeben, denen auch dies noch zu viel war und die jede Möglichkeit nutzten, verschwörerische Reden zu halten und die neuen Mitbrüder aus dem Nürnberger Konvent mit Nichtbeachtung zu strafen.

»Ich verlange nichts von euch, was ich nicht auch tue!«, hatte Nider bei seinem Einzug als neuer Prior betont, sie aber starrten ihn nur mit finsteren Blicken an. Mit jedem Einzelnen hatte er lange Gespräche geführt, deren Inhalt sie aber sofort tuschelnd untereinander weitererzählten. Ihre letzte Hoffnung war die Provinzialversammlung des Ordens in Esslingen gewesen, wo sie aber eine schmähliche Niederlage einstecken mussten. Wütend und gedemütigt verließ die Mehrzahl von ihnen, darunter auch der frühere Prior, den Konvent.

Nider behandelte seinen Schützling mit Strenge, hatte aber insgeheim Freude an dem aufgeweckten Burschen – und seine Flausen würde er ihm schon noch austreiben. Mit Feuereifer war er beim Lernen des Alphabets dabei, das ihm anfangs noch Gregor beibrachte. Hier in Basel hatte sich der alte Nikolaus von Landau erboten, den Jungen zu unterrichten.

Niklas selbst hatte an dem strengen Klosterleben wenig Gefallen und es gab durchaus Augenblicke, an denen er sich zurück zu seinen Schweinen wünschte, wo nicht der ganze Tag in irgendwelche Regeln gepresst war. Zwar wären nun genügend Zellen leer gestanden, aber diese waren den Mönchen und Novizen vorbehalten. Die ihm zugewiesenen Arbeiten versah er gewissenhaft und dem Prior wurde berichtet, dass er ohne Aufforderung mehrere undichte Stellen auf dem Dach mit neuen Schindeln ausgebessert und zwei gebrochene Platten im Hof ersetzt habe. Aber hie und da konnte er sich einen Streich nicht verkneifen und er dachte bei sich, dass das auch die Mönche, wenn auch nicht immer die Betroffenen selbst, lustig finden müssten. Erst vor ein paar Tagen hatte er die Türklinke zum Hof mit Ruß eingerieben und nach einiger Zeit lief die Hälfte der Brüder mit schwarzen Flecken in den Gesichtern herum. Lachend blieben sie dann stehen und der eine zeigte auf den anderen, worauf dieser zuerst stutzte und dann lachend zurück deutete. Der Einzige, der da keinen Spaß verstand, war der Prior, der ihn zu sich bestellte und ermahnte, solche Scherze in Zukunft zu unterlassen.

Niklas musste schmunzeln, als er an heute Nachmittag dachte. Der schwachsichtige Bruder Jonas saß wie immer, wenn es das Wetter erlaubte, um diese Zeit im Hof auf der Bank unter der Linde, in deren Geäst sich Niklas versteckt hielt. An einem langen Stock hatte er ein paar Blätter festgebunden, mit denen er nun ganz sanft die Glatze des Mönches kitzelte. Zuerst hatte dieser unwirsch mit der flachen Hand versucht, die Fliege oder was es immer war zu verjagen, kaum aber ließ er sie sinken, war sie schon wieder da. Niklas wurde immer übermütiger und wuschelte ihm nun mit dem ganzen Büschel über den Kopf, worauf dieser aufsprang und suchend nach oben starrte. Obwohl er nun direkt unter ihm stand, sah er ihn immer noch nicht. Gerade wollte er sich wieder niederlassen, als der Stock wieder aus dem Geäst fuhr und ihm von hinten mit den Blättern über die Glatze strich. Bruder Jonas schoss wie von einer Wespe gestochen in die Höhe, machte zwei Schritte vorwärts und sah argwöhnisch zur Bank hinüber und dann wieder hoch zum Baum. Aber außer ihm schien wirklich niemand hier zu sein. Langsam und sich vorsichtig umsehend ging er wieder zurück. Niklas wartete, bis er sich gesetzt hatte und wuschelte wieder über seinen Kopf. Diesmal fuhr Jonas mit einem wütenden Knurren auf und ging unsicher vor sich hin schimpfend hinüber zum Klostergebäude, wobei er sich immer wieder misstrauisch umwandte.

Ein Windhauch wehte durch das Fenster und trug den unverwechselbaren Rauchgeruch herein, der entsteht, wenn halbfeuchtes Stroh und Holz verbrannt werden. Aber der Geruch kam nicht irgendwo aus der Stadt, dazu war er zu intensiv. Auch das Mondlicht hatte sich verändert. Es war nicht mehr gelb, sondern hatte einen ins Rötliche gehenden Schimmer. Zudem schien es leicht zu flackern. Als sich Niklas aus dem Fenster lehnte, glaubte er hinter der der Straßenseite abgewandten Wand einen hellen Schein zu sehen. Barfuß rannte er über den Hof, hob den Riegel in der kleinen Tortüre und schlüpfte hinaus. Kaum bog er um die rückwärtige Mauer, sah er es auch schon. Mannshoch züngelten die Flammen in die Höhe und fraßen sich bereits an einem Balken im Fachwerk nach oben. Einen Moment blieb er entsetzt stehen und sah auf den knisternden und funkensprühenden Holzhaufen.

Brandstiftung! Jemand will das Kloster anzünden!, fuhr es ihm durch den Kopf. »Feuer! Feuer! Es brennt! Das Kloster brennt!«

Er schrie, so laut er nur konnte und fast hätte er in seiner Aufregung den Schatten übersehen, der hastig und mit großen Schritten in der Dunkelheit verschwand. Den Umrissen nach zu urteilen, schien es ein Mönch zu sein.

Niklas überlegte nur kurz, ob er ihn verfolgen sollte. »Das Kloster ist wichtiger!«, entschied er, zog einen halb angebrannten Balken aus dem Feuer und schob immer noch schreiend den brennenden Haufen von der Wand weg.

Es kam ihm wie eine halbe Ewigkeit vor, bis die ersten Mönche mit Wassereimern bei ihm ankamen. Einer leerte den Kübel an den Wandfuß.

»Von oben her! Schüttet das Wasser nach oben, ihr Deppen!«

Niklas erschrak selbst über seinen unverschämten Ton, aber keiner der Brüder wies ihn deswegen zurecht.

Bruder Paul kam außer Atem und ohne Kübel angerannt.

»Was soll das, hast du deinen Kopf nur deswegen, damit es dir nicht in den Hals hinein regnet?«, fuhr ihn einer der Confratres an.

Bruder Paul Segenser stotterte etwas Unverständliches und reihte sich in die Kette ein, die sich inzwischen gebildet hatte und die Eimer weiter reichte. Niklas ließ ihn nicht aus den Augen. Irgendetwas stimmte nicht mit ihm. Aber was? Plötzlich sah er es.

Bruder Paul stand als dritter vom langsam verglimmenden Feuer weg, das aber noch hell genug war, um zu erkennen, dass sich Strohhalme in seiner Kutte verfangen hatten und seine Hände schmutzig und mit schwarzen Rußstreifen überzogen waren. Mit dem Feuer war er nicht in Berührung gekommen, seit er hier war. Das wusste Niklas bestimmt. Unauffällig sah er auf die Hände der anderen, die in der Nähe standen. Sie alle waren nicht mehr ganz sauber, aber niemand außer ihm hatte schwarze Striemen auf den Handrücken.

Er hatte zwar mit Bruder Paul nicht viel zu tun, aber er mochte ihn trotzdem nicht sonderlich. Er schien immer schlecht gelaunt zu sein und er gehörte zu dem Kreis unter dem alten Prior, der das Kloster verlassen hatte. Auch konnte er niemanden in die Augen sehen, sondern er schlug im Gespräch immer die Augen zu Boden oder blickte an den anderen vorbei.

Aber deswegen muss er es ja nicht gewesen sein, dachte Niklas und suchte fieberhaft nach einem Grund, wie die Streifen auf seine Hände gelangt sein könnten. Es fiel ihm aber trotz aller Anstrengung keiner ein.

Das Feuer war endlich gelöscht, die Kette hatte sich aufgelöst und die Mönche standen alle ratlos und mutmaßend beisammen. Nur Niklas bemerkte, wie sich Bruder Paul in die Dunkelheit davon stahl.

7. KAPITEL

Im Kloster hatte man Bruder Paul schon fast vergessen. Paul Segenser hatte in Niklas' Anwesenheit gestanden, dass er aus Wut über das strenge Reglement den Konvent niederbrennen wollte und wurde dafür auf Befehl Niders für neun Monate ins Gefängnis geworfen. Vor seiner Entlassung schwor er die Urfehde, in der er eidesstattlich versprach, an keiner der beteiligten Personen Rache zu nehmen. Seither war er verschwunden und niemand hatte mehr von ihm gehört.

Im Konvent hatte man inzwischen andere Sorgen. Johannes von Ragusio hatte bereits vor vielen Jahren bei Nider angefragt, ob Basel als Ort für ein großes Kirchenkonzil geeignet sei und auch die Bürger einem solchen Ansinnen positiv gegenüber stehen würden. Als die Ratsherren Zustimmung bekundet hatten, wurde er dann gebeten, bei den Vorbereitungen behilflich zu sein. Hauptziele des Konzils sollten das Ende der Häresien, vornehmlich der Hussiten, Frieden in der Christenheit und die Reformierung der Kirche sein.

In der ganzen Stadt wurde nun renoviert, die Straßen gepflastert, bei Birsfelden wurde eine neue Brücke gebaut, eine Münzstätte eingerichtet und die Stadtbefestigung ausgebaut. Am Spalentor erwarb die Stadtgemeinde zwei Häuser zur Absonderung der Huren, die sicher wie schon beim Konstanzer Konzil in hellen Scharen hierher strömen würden. Der Stadtschreiber Johannes Zwinger wurde in Erwartung des einfallenden Gesindels beauftragt, ein Fahndungsbuch zu erstellen, anhand dessen die verschiedenen Gauner- und Bettlertypen erkannt und festgesetzt werden konnten. Im Anhang sollte dazu noch ein Glossar der Gaunersprache mit angefügt werden. Auch der Konvent der Dominikaner erstrahlte in neuem Glanz, da ihn Nider als einen der Tagungsorte angeboten hatte.

Als Erster traf der Benediktinerabt Alexander von Vézeley ein und manche hielten das Konzil schon für gescheitert, da der Abt über sechs Wochen der einzige Teilnehmer blieb. Erst dann kamen auch die Delegierten der Pariser Universität, Johannes von Ragusio als Stellvertreter des päpstlichen Legaten Julian Cesarini sowie Juan de Palomar als Kaplan Eugens IV.

Nider wurde gebeten, die Eröffnungspredigt zu halten. »Es gibt Würdigere und Gebildetere als mich!«, wehrte er sich immer wieder dagegen, aber als er immer stärker bestürmt wurde, gab er dann doch nach.

Immer noch war nur ein Bruchteil der erwarteten Geistlichkeit und Gelehrten eingetroffen. Zwar war das Münster bis auf den letzten Platz gefüllt, aber es waren auch viele Basler Bürger gekommen und Nider entschloss sich daher, die Predigt in deutscher Sprache zu halten.

Nicht nur sein Rat, sondern auch seine Tatkraft waren zunehmend gefragt und bald wusste er nicht mehr, wo ihm der Kopf stand: Mit dem Prior von Chambéry, Guido Flamochetti, wurde er vom Generalkapitel beauftragt, die Statuten des Ordens zu sichten, Widersprüche zu beseitigen und eine einheitliche Fassung auszuarbeiten.

Die Hussitenfrage brannte allen auf den Nägeln, gerade hatten sie wieder dem Kreuzzugsheer bei Taus eine empfindliche Niederlage beigebracht. Österreich und Burgund kämpften gegeneinander und auch hier wurde um seine diplomatische Vermittlung gebeten.

Zusammen mit dem berühmten Pariser Theologen Nikolaus Amici und Ritter Arnold von Rotberg erreichte er einen Waffenstillstand zwischen Philipp von Burgund und Friedrich IV. von Österreich.

Mit Johannes von Maulbronn wurde er vom Konzil beauftragt, mit den Hussiten eine Vereinbarung über die Teilnahme auszuhandeln, die in Eger unterzeichnet wurde und die den Ketzern freies Geleit zusicherte.

Dazwischen wurde er noch als Delegierter des Ordens ins Konzil berufen und auch noch mit der Visitation der Basler Weltgeistlichen betraut. Einige in der hussitischen Abordnung hatten noch nicht vergessen, dass er vor nicht allzu langer Zeit noch ihre vollständige Vernichtung gepredigt hatte und lehnten weitere Disputationen mit ihm ab, worüber er aber insgeheim ganz froh war.

Nach und nach erhielt das Konzil Zulauf aus ganz Europa und entwickelte sich zum theologischen, gelehrten und politischen Treffpunkt. Elf Orden, neun Universitäten, zehn Könige und achtzehn Herzöge waren durch Gesandte vertreten. Ein in den gelehrten Zirkeln vieldiskutiertes Thema vor allem der Teilnehmer aus Süddeutschland, Savoyen, Frankreich und Italien war der neue Hexenglaube, der wie ein giftiger Nebel über die Länder waberte und auch in die letzten Winkel der entlegendsten Bergtäler eindrang. Nider stellte das neue Denken zur allgemeinen Debatte. Eine solche Gelegenheit wie das Konzil würde zu seinen Lebzeiten nicht wieder kommen. Hier trafen sich über Jahre hinweg die Geistesgrößen und Mächtigen des ganzen Abendlandes. Hier wurden bestehende Meinungen bestätigt, neue Gedanken diskutiert, abgewogen, verworfen oder bestätigt und in die Welt hinausgetragen. Manche der Gesandten aus den mittel- und norddeutschen Gebieten hatten zwar schon davon gehört, dies aber mehr als Schaudergeschichten oder Aberglauben abgetan.

Sie alle kannten die Lehrmeinung des *Canon episcopi* über Frauen, die, »durch Blendwerk und Vorspiegelungen der Dämonen verführt, glauben und bekennen, des Nachts zusammen mit der heidnischen Göttin Diana und einer unzählbaren Menge von Frauen auf gewissen Tieren zu reiten, in der Stille der dunklen Nacht große Entfernungen zurückzulegen, die Weisungen der Göttin zu befolgen, als wäre sie die Herrin, und in bestimmten Nächten zu ihrem Dienst gerufen zu werden.«

Nun aber waren hier die gebildetsten Köpfe des Abendlandes beisammen und ereiferten sich über nächtliche Flüge auf Besen und Ziegenböcken, allerdings mit dem Unterschied, dass sie jetzt davon ausgingen, dass diese Schilderungen der Wirklichkeit entsprachen und mit direkter Hilfe des Teufels bewerkstelligt werden könnten. Sie debattierten über Teufelsanbetung, Verwandlung von Menschen in Tiere, Unzucht mit dem Teufel selbst, Verzauberung von Mensch und Vieh und anderen grauenhaften Dingen.

Nikolaus Amici berichtete vom Prozess gegen Jeanne d'Arc in Rouen, bei dem er zugegen gewesen war, der Inquisitor Heinrich Kalteisen war in Basel, ebenso Peter Wichmann aus Westpolen, Juan de Torquemada aus Spanien, Nikolaus von Kues, Aeneas Silvius Piccolomini, Kardinal Albergati, der Philologe Tommaso Parentucelli ebenso wie viele andere gelehrte Juristen, Philosophen und Theologen. Auch Nider erzählte von seinen eigenen Erlebnissen und den fürchterlichen Vorkommnissen im Simmental, die er von dem Berner Richter Greyerz erfahren hatte.

Der Sekretär des Papstes Felix V., Martin Le Francs, wusste von unsagbaren Hexentaten und Menschen, die sich nächtens im Valloise in reißende Wölfe verwandelten, und Amédée de Talaru, der Erzbischof von Lyon, erzählte die Geschichte eines alten Kürschners aus Regensburg, den die Räuber im Wald überfallen hatten. Plötzlich sei ein großer Trupp bewaffneter Reiter aufgetaucht und hätten ihn befreit. Die Reiter aber seien leibhaftige Teufel gewesen. Der Kürschner sagte, die Welt sei voll von Leuten, die nach den Teufeln riefen und diese fänden willige Anhänger, da die Welt voll von Missetaten, Kriegen und Verwirrungen sei. Aber wer von den Mächten der Finsternis beschützt würde, müsse auch ein Hexer sein. Das Gericht in Briançon kam zu derselben Erkenntnis und der Richter Claude Tholosan ließ ihn hinrichten.

»Das ist ja ein völlig neuer Aspekt«, warf einer der Umstehenden ein.

»Und Tholosan ist ja nicht irgendwer«, fuhr de Talaru fort, »er ist zwar kein Theologe, aber trotzdem eine anerkannte Kapazität auf dem Gebiet des Hexenwesens. Über zweihundert Prozesse hat er schon geführt und auch schon einige Abhandlungen darüber geschrieben! Er hat auch nachgewiesen, dass sich die Teufelsanhänger nach außen hin in das Gegenteil verstellen können. Sie leben scheinbar fromm, in Wirklichkeit aber ohne Glauben, gehen eifrig in die Kirchen. Mit abergläubischen Formeln heilen sie Menschen, die wiederum glauben, sie hätten diese Gabe von Gott und sie wie Heilige verehren.«

»Diese Heuchler sind natürlich besonders schwer zu fassen. Aber oft verraten sie sich selbst durch scheinbar übergroße und übertriebene Frömmigkeit«, setzte er hinzu.

De Talaru schwieg einen Moment. »Tholosan war es auch, der mich auf das Einsickern dieser Abtrünnigen auch von Lyon aus aufmerksam machte. Mit dem Herzog von Savoyen habe ich deshalb schon vor Jahren ein Abkommen über das Vorgehen gegen Häretiker, Blasphemiker, Magier, Zauberer und Juden geschlossen!«

Schon seit Jahren war in Basel ein Kommen und Gehen und es gab Zeiten, in denen über fünfhundert Konzilianten gleichzeitig in der Stadt waren.

»Was macht eigentlich Euer Ameisenbuch?«, wollte eines Tages Nikolaus Amici wissen, der vor einigen Tagen mit einigen Pariser Professoren eingetroffen war.

Nider stieß einen tiefen Seufzer aus. »Ich bin froh, dass ich wenigstens das Konzept fertig habe. Jetzt soll ich nach Wien, um den dortigen Konvent zu reformieren und als Magister zu lehren. Ich habe schon von hier und aus Nürnberg einige Mitbrüder angefordert. Vielleicht habe ich unterwegs nach Wien und dort selbst etwas mehr Zeit.«

»Wie ist die allgemeine Meinung zur Hexenfrage?«

Nider seufzte noch einmal. »Die Ansichten gehen auseinander. Aber die Zahl derjenigen, die nicht an das Hexenwesen glauben, scheint etwas weniger zu werden. Hauptsächlich sind es die Gesandten aus Gebieten, die kaum oder noch nicht von dieser neuen Form der Zauberei betroffen sind. Anders ist es in dem deutschen Süden, der Schweiz, Frankreich und Norditalien. Da scheint es so zu sein, dass sich aus den einzelnen Mosaiksteinchen zunehmend ein

Bild ergibt! Viele der Untaten haben Ähnlichkeit miteinander, gleichgültig nun, wo sie verübt wurden.«

8. KAPITEL

Niklas lief barfuß neben der Straße. Seine Sandalen mit Sohlen aus Eselshaut warf er übermütig ein Stück nach vorne, rannte hinterher und begann das Spiel von neuem. Er genoss es, das taunasse Gras und die sich langsam erwärmende Erde unter seinen schwieligen Füßen zu spüren. Gelber Ginster blühte in großen Kugeln, die Luft schmeckte nach Kräutern und von unten drang das gleichmäßige Rauschen der Donau.

Johannes Nider sah ihm zu und schüttelte den Kopf.

Niklas war nun schon einige Zeit im Basler Konvent. Das Leben im Kloster war bestimmt kein Honigschlecken, das wurde Niklas schon nach ein paar Tagen bewusst und Johannes Nider führte nach der Reformation ein strenges Regiment.

Trotzdem, er war vom Ernst und dem Glaubenseifer der Mönche zunehmend beeindruckt, auch von der Einfachheit des greisen Paters Nikolaus von Landau, der schon Prior des Basler Klosters gewesen war, aber auch als angesehener Inquisitor jahrelang über die Reinheit der Lehre gewacht hatte und nun als einfacher Mönch im Kloster lebte.

Er hörte Geschichten vom Ordensgründer Dominikus Guzmann, der das Studium der freien Künste abbrach, die Pergamentrollen mit dem Evangelium aus dem Familienbesitz verkaufte und das Geld den Hungernden schenkte. Der Gleichgesinnte um sich scharte und sie anwies: »Zieht eure Schuhe aus! Legt Gold und Silber ab! Wandert zu zweit und tragt Kleider aus grober Wolle! Bittet demütig um Nahrung und Unterkunft! Nur die Lebensweise der Apostel wird unser Wort glaubhaft machen!« Er erfuhr von Albertus von Lauingen, den man »Albertus Magnus«, den »Großen« nannte, der schon vor fast zweihundert Jahren behauptet hatte, die Erde sei eine Kugel, der sich mit Pflanzenkunde befasste, das Nervensystem bei Krebsen entdeckte, die Verwandlung einer Raupe in einen Schmetterling beschrieb, das Phänomen der Mondfinsternis erklärte und nachwies, dass Fische hören können. Begierig lauschte er, wenn sie fast andächtig über seinen Schüler Thomas von Aquin sprachen. Dessen adligen Eltern schickten ihn zu den Benediktinern und hofften, ihn eines Tages als Abt dieses elitären Ordens zu sehen. Als er aber bei dem Bettelorden der Dominikaner eintrat, brach für seine Familie eine Welt zusammen. Als seine Mitschüler in Köln den dicken und schweigsamen Jüngling als »stummen Ochsen« verspotteten, habe Albertus geantwortet: »Dieser Ochse wird noch brüllen und die Welt der Wissenschaft wird aufhorchen!« Er hörte das erste Mal von Aristoteles, Plato, Sokrates und Ibn Ruschd. Er verstand zwar nicht immer, um was es ging, aber er sah oftmals, wie manche der Mönche zusammenzuckten, wenn sein Mentor einen dieser Namen erwähnte.

Armut, Keuschheit und Gehorsam?

Armut ja, diese Lebensweise hätte ihm gefallen. Mit den beiden anderen Anforderungen sah es schon anders aus. Gehorsam – das ginge noch an. Erheblichere Probleme hatte er aber mit der Keuschheit. So manches junge Mädchen ließ sein Herz schneller schlagen und wenn er mit einem sprach, rutschte ihm ein Kloß in den Hals und er lief rot an. Zuerst war es nur eine leise Stimme, die er aber versuchte, nicht zu beachten, aber je mehr er gegen sie ankämpfte, desto drängender wurde sie. Nächtelang lag Niklas im Dunkeln auf der Pritsche neben der Küche und rang mit sich selbst.

Er und ein Pfaffe? Vor nicht allzu langer Zeit hatte er nichts als Verachtung für sie übrig gehabt und jetzt wollte er selber einer werden? »Nein, du willst ja nicht. Nur diese blöde Stimme sagt es«, murmelte er und schlug wütend mit dem Fuß gegen die Wand. Irgendwann wurde sein Sträuben schwächer, was ihn aber nur noch mehr beunruhigte. »Nein, ich werde kein Mönch. Ich kann es nicht und will es auch nicht!«, sagte er trotzig. Dann aber kniete er wieder stundenlang in der Kirche und betete verzweifelt um Erkenntnis und hoffte insgeheim, dass der Ruf verstummen möge. Aber was er auch unternahm, die Stimme lockte süß und machte ihm gleichzeitig Angst. Als er es nicht mehr aushielt, bat er Pater Johannes um ein Gespräch.

Nider sah seinem Schützling ernst in die Augen. »Glaube mir, ich weiß, wie das ist. Auch ich habe das durchgemacht. Du hast zwei Möglichkeiten: Entweder wartest du so lange, bis du sicher bist, den Ruf annehmen zu können, oder du verlässt das Kloster und versuchst, ihn zu vergessen. Du musst loslassen können, sonst wirst du unglücklich. Übereile nichts, du bist noch jung und hast Zeit. Aber du musst es freiwillig tun und bereit sein, es als ein Geschenk zu betrachten. Sonst wirst du unglücklich und läufst Gefahr, einer dieser Mönche zu werden, wie sie haufenweise herumlaufen und ein sinnentleertes Leben führen!«

Nider blickte dem jungen Mann nach, der mit dem Saum seiner Kutte in den Händen wie ein närrischer Ziegenbock über die Wiese hüpfte. Zu sechst waren sie heute schon bei Sonnenaufgang im Dominikanerkloster in Krems aufgebrochen, wo am Abend vorher die Stimmung in offenes Misstrauen umgeschlagen war, als sie sich als reformierte Ordensbrüder zu erkennen gaben und er seinen Namen nannte.

Für zusätzlichen Ärger sorgte noch der Streich von Niklas, der dem laut schnarchenden Abt die Zellentüre aus den Angeln gehoben hatte, die dann mit lautem Poltern in den Gang krachte, als dieser sie am Morgen öffnen wollte, um seine weiterziehenden Mitbrüder zu verabschieden. Vor lauter Schreck war er mit einem Satz zurück in die Zelle gesprungen, hatte geschimpft wie ein Rohrspatz und behauptet, das hätten sie aus purer Rachsucht getan.

Schon von weitem hörten sie das aufgeregte Geschrei, das aus dem kleinen Dorf drang. Niklas war stehen geblieben und wartete auf seine Gefährten. Auf dem staubigen Dorfplatz wand sich zuckend eine Frau mit Schaum vor dem Mund. Gelegentlich stieß sie spitze, unverständliche Schreie aus, neben ihr lagen verteilt die Scherben einer irdenen Schüssel. Zwei Männer beugten sich über sie und die Umstehenden lärmten durcheinander.

»Der Teufel ist wieder einmal in sie gefahren, gut, dass ihr da seid«, riefen sie aufgeregt.

»Sie hat ein Messer, aber sie hält es so fest in der Hand, dass wir ihr es nicht wegnehmen können«, schnaufte der größere der beiden.

Nider trat näher und hieß die Leute still zu sein. Wortlos betrachtete er die Frau, die mit den Augen rollte, in denen nur das Weiße zu sehen war.

»Sie ist besessen, Ihr seht es selbst. Könnt Ihr der armen Frau nicht den Teufel aus dem Leib treiben?«

»Wer seid Ihr?«

»Ich bin ihre Schwester. Sie hat das schon seit ein paar Jahren und wenn er in sie fährt, bekommt sie beinahe übernatürliche Kräfte. Ein Priester hat schon einmal den Exorzismus gesprochen, aber es hat nichts genützt. Vielleicht könnt Ihr es?« Hilfesuchend sah sie ihn an.

Nider beugte sich über die am Boden Liegende und schüttelte dann den Kopf. »Nein, liebe Leute. Hier hilft kein Exorzismus, sondern da muss ein Arzt helfen. Sie hat das Fallende Weh.«

Verständnislos blickten ihn alle an.

»Das hat mit den Körpersäften zu tun«, versuchte er zu erklären. »Zwar hat ein Dämon ihrem Gehirn Schaden zugefügt. Betet für sie und auch sie soll die Kraft des Gebetes nutzen, um die Heilwirkung der Medizin zu stärken und den Dämon von ihr fern zu halten!«

Später saßen sie im Schatten eines großen Baumes und lauschten Nider, der ihnen den Unterschied zwischen Besessenheit und Krankheit des Geistes erklärte. »In der Diözese Bamberg wurde ich in das Haus eines kranken Handwerkers gerufen, der hoffnungslos vom Heil seiner Seele sprach und sich schon wiederholt umbringen wollte. Er führte an, er habe eine kleine Sünde begangen, aber er glaube nicht, dass sie ihm vergeben und er von seiner zwanghaften Vorstellung, sich selbst zu entleiben, geheilt würde. Ich drang auf ihn ein und sagte, es seien schon viel größere Missetaten vergeben worden. Er aber fuhr mich an und schrie: ›Herr, ich glaube der Erfahrung! Denn ich sah mich zu den Abgründen der Hölle geführt und sah, wie die Flammen auf mich zukamen!‹ Ich ließ nach einem Arzt rufen, der ihm Schlafmittel und andere Dinge verabreichte. Als ich am nächsten Tag bei ihm vorbeikam, begrüßte mich der Mann gut gelaunt und sagte, er habe seit langer Zeit das erste Mal die ganze Nacht geschlafen. Seine Seele sei nun ruhiger und die Selbstmordversuchung sei verschwunden. Es war also eine Geisteskrankheit und keine Besessenheit. Hier war der Arzt für den Körper weitaus nötiger als der Arzt für die Seele!«

Nachdenklich starrte Niklas auf den Boden und hob dann den Kopf. »Meister, ich habe eine Frage.«

Nider nickte ermunternd.

»Ist es möglich, dass auch ein geisteskranker Ketzer angeklagt wird, der Inquisitor aber erkennt nicht, dass er einen Kranken vor sich hat, weil er nichts davon weiß und er übergibt ihn dem weltlichen Gericht, das ihn dann Hals über Kopf verbrennen lässt?«

Sein Mentor warf ihm einen anerkennenden Blick zu. In seinem neuen Werk, das sein bisher größtes werden sollte und das als Metapher angelegt war, hatte er Niklas eine wichtige Rolle zugedacht. »Formicarius«, »Der Ameisenhaufen«, sollte es heißen. Entwickelt hatte er zwei Figuren, die des gelehrten Theologus und die des ungebildeten, denkfaulen Piger, der als Beispiel für das einfache Volk dienen sollte. Niklas war in seiner jugendlichen Unbekümmertheit und seiner noch einfachen geradlinigen Denkweise für ihn ein Geschenk des Himmels und eine sprudelnde Quelle der Inspiration.

»Gut gedacht, Piger, auch wenn du keiner bist.« Nider musste sich eingestehen, dass er über diese Frage noch kaum nachgedacht hatte. Er zögerte einen Augenblick, bevor er antwortete.

»Ja«, räumte er ein, »wenn ein Inquisitor unvorsichtig ist, kann das durchaus geschehen. Man muss das sorgfältig prüfen!«

Während er weitersprach, schien er mit seinen Gedanken mit einem Mal ganz weit weg zu sein. »Mit Juan de Palomar musste ich in Regensburg eine Frau verhören, die sich unvorsichtig über den Glauben und die Häresie geäußert hat. Sie war eine ungebildete Frau mittleren Alters und gab an, göttliche Offenbarungen gehabt zu haben und behauptete von sich, sie sei absolut sündenfrei und glücklicher als die Apostelfürsten. Auf die Fragen der vielen anwesenden Doktoren verschiedener Fakultäten antwortete sie sehr listig und ruhig. Auch überzeugende Worte aus der Heiligen Schrift konnten sie nicht umstimmen und sie beharrte, in keinem Punkt zu irren, sondern sie, die Verhörenden seien Irrende und sie sei bereit, für ihre Wahrheit ins Feuer zu gehen. Wir beide, also de Palomar und ich, beobachteten sie ganz genau. Hirnkrank oder schwachsinnig schien sie nicht zu sein, ihre Gedanken schienen ganz klar zu sein und sie verwickelte sich in keine Widersprüche. De Palomar sagte zu den Anwesenden:

›Ihr werdet sehen, eine einzige Erschütterung wird sie wieder zu Verstand bringen!‹ und meinte, man müsse sie nur während des weltlichen Verhöres an Stricken ziehen, soweit es das schwache Geschlecht aushalte. Mich aber und einen gelehrten Lektor nahm er beiseite und flüsterte, wir sollen so tun, als ob wir gegen die Folter seien, um sie uns gesonnen zu machen. Während der Befragung bestritt sie, Lehrer oder Mitwisser gehabt zu haben und sie sei durch einen Engel und den Geist Gottes angeleitet worden. Mehr war aus ihr nicht herauszubringen und mir war bald klar, dass sie selbst allein die Ursache für ihre Irrtümer war, wie es öfters gerade bei Frauen vorkommt, da diese, wie ihr wisst, auf Grund ihres Geschlechtes und ihres schwachen Glaubens leichter zur Schwärmerei neigen. Durch die Folter war sie nun ausreichend erniedrigt und sie wurde zurück in den Gefängnisturm geführt. Am Abend des gleichen Tages suchten der Lektor und ich sie auf. Die Unglückliche konnte sich vor Schmerzen kaum bewegen. Sie begann zu wehklagen, wie sehr sie verletzt worden sei und beschwerte sich treuselig bei uns. Wir erzählten ihr von vielen gelehrten und berühmten Männern, die durch Offenbarungen des gefallenen Engels Luzifer verführt und getäuscht worden waren. Nach und nach begann sie sich zu besinnen, sie beichtete mir freiwillig alle Dinge, die sie seit ihrer Jugend begangen hatte und versprach, öffentlich von ihrem Irrtum abzuschwören. Dies geschah drei Tage später und viele weinten vor Freude und Erbarmen! Sie war also nicht krank oder besessen und keine Prüfung, Exorzismus, Wissenschaft oder Unterrichtung der Heiligen Schrift hätten ihr helfen können, sondern sie musste selbst begreifen, dass sie durch eigene Schuld schwer getäuscht worden war!«

9. KAPITEL

Dank der Mithilfe der Nürnberger Brüder konnte die Reformation des Wiener Konventes zügig abgeschlossen werden, auch wenn es einige heftige Widerstände dagegen gab, das bisherige bequeme Leben aufzugeben. Nider hatte nun Zeit, sich mehr um seinen

»Formicarius« zu kümmern. Er befahl Niklas, sich möglichst in seiner Nähe zur Verfügung zu halten. Seine Handschrift war inzwischen durch ständige Übung recht flüssig, aber sein Latein ließ noch zu wünschen übrig. »Wir machen es so: Wir diskutieren und du schreibst stichwortartig mit. Ich bringe es dann später in die Reinschrift!«

Beide befanden sich in der Klosterbibliothek, Niklas stand hinter dem Schreibpult, auf dem ein Stapel italienisches Papier lag und Nider schritt auf und ab.

»Du willst sicher wissen, wieso ich dieses Buch schreibe?«

Die Frage war eigentlich mehr rhetorisch gemeint, aber der angehende Mönch nickte trotzdem eifrig.

»Auf meinen vielen Reisen und meiner Tätigkeit als Prediger spüre ich eine immer stärker zunehmende Trägheit im Glauben. Die Menschen murren, dass ihnen Gott nicht mehr wie in den Offenbarungen Zeichen schickt, obwohl er es immer noch tut – aber sie sehen es nicht mehr. Mit dem Formicarius möchte ich von wunderbaren Dingen aus eigener Erfahrung und den Erzählungen glaubwürdiger Menschen berichten. Das Werk soll nicht mit dem Maßstab wissenschaftlicher Beweiskraft gemessen werden, sondern ich will moralische Erbauung betreiben. Vorsicht ist natürlich angebracht bei den Berichten von Frauen, da viele von ihnen auch schon seltsame Geschehnisse gleich für Wunder halten und gleich anfangen zu delirieren. Es geht mir aber nicht darum, das zarte Geschlecht der Frauen allgemein zu verdammen. Wo es möglich ist, werde ich auch die Informanten nennen, manche muss ich aber wegen des Beichtgeheimnisses verschweigen, andere deswegen, weil Gefahr an Leib und Seele für die Betreffenden besteht. Ursprünglich wollte ich es in vier Teile untergliedern, aber ich werde noch einen fünften Abschnitt über Zauberer und Täuschungen anfügen. Du wirst die Rolle des Schülers übernehmen, ich die des Lehrers. Das erste Buch wird über die wenigen Beispiele guter Menschen handeln, das zweite über die Offenbarungen solcher Menschen, das dritte von falschen Visionen und Einbildungen, das vierte von den Taten vollkommener Menschen und das fünfte habe ich dir ja schon gesagt.«

»Warum aber heißt das Werk Ameisenhaufen?«

»In jedem Kapitel wird am Anfang eine Eigenschaft der Ameisen vorgestellt. Wie du weißt, faszinieren sie mich seit meiner Kindheit.«

»Wieso nicht die der Bienen, sie sagen doch den Leuten mehr als diese winzigen Tiere. Mit einem Bienenstock kann jeder etwas anfangen«, warf Niklas ein.

Nider lächelte. »Vade ad formicam, o piger, et considera vias eius et disce sapientiam, so steht es schon beim weisen König Salomon im Buch der Sprüche.«

»Gehe zur Ameise, o Fauler, betrachte ihre Wege und lerne von ihrer Weisheit«, übersetzte Niklas.

»Richtig. Zwar steht die Biene ebenfalls für Fleiß, die Ameise aber steht für vorausschauende Klugheit, Fleiß und soziales Verhalten. Der Bienenstaat aber ist monarchisch ausgelegt, der der Ameisen aber nicht. Überdies hat schon Thomas von Cantimpré ein Bienenbuch geschrieben.«

»Vielleicht gibt es doch ein Tier, das die Ameise übertrifft?«

»Nein. Das bestätigt auch die Weisheit Salomons, der die Ameise an die erste Stelle der Lebewesen setzte, die weiser seien als die weisesten Weisen, noch vor dem Häschen, der Heuschrecke und der Eidechse. Außerdem werde ich nur die Eigenschaften der Ameisen als Beispiele heranziehen, die von naturwissenschaftlichen Autoritäten wie Isidor von Sevilla, Aristoteles, Plinius, Solinas und Albertus Magnus beschrieben sind oder die ich aus eigenen Beobachtungen kenne!«

Nider machte eine Pause und fuhr dann fort: »Also, wir gehen systematisch vor. Wir teilen die einzelnen Kapitel ein und ordnen ihnen die Eigenschaften der Ameisen zu. Schreib auf: 1. Kapitel: Nach den Tätigkeiten. 2. Kapitel: Nach den Bewegungsmöglichkeiten. 3. Kapitel: Nach der Größe. 4. Kapitel: Nach dem Entwicklungsstadium. 5. Kapitel: Nach der Farbe.«

Niklas' Feder kratzte über das Papier.

»Obwohl schwarze Ameisen einen kleinen Körper haben, überragen sie doch größere Tiere an Körperkraft. Obwohl sie in großer Zahl zusammen leben, haben sie keinen Herrscher. Ihre Gesellschaft unterscheidet sich darin vom Bienenstaat. Ameisen gehorchen einander gegenseitig ohne Anweisungen, weil ihrem Staatswesen eine innere Ordnung zu Grunde liegt. Diese sagt ihnen nicht nur, dass sie ein eigenes Haus für ihren Staat brauchen, sondern auch, wie sie es bauen müssen. Dieses Haus hat verschiedene Räume, Tunnelsysteme und Geheimgänge. Sie stellen ihre Nahrung nicht wie die Bienen selbst her, sondern sie tragen die von Gott gegebenen Geschenke in ihren Bau. Sie bestatten ihre Toten auf eigenen Friedhöfen, sie unterhalten ein eigenes Heer mit Soldaten, die nicht nur Gift spritzen, sondern die ihre Kiefer wie Scheren einsetzen und damit ihre Feinde zertrennen. Aber Arbeitsameisen wiederum kennen untereinander kein herrisches oder aggressives Verhalten. Ein wichtiges Merkmal ist die Brutfürsorge, sie füttern, säubern und beschützen die Larven und Puppen, aber sie säubern sich auch gegenseitig. Wenn sich eine junge Ameise nicht selbst aus der Puppenhülle befreien kann, helfen ihr andere beim Schlüpfen, wir Menschen würden sie als Hebammen bezeichnen. Zur Farbe der Ameisen ist anzumerken, dass sie einen ähnlichen Bezug hat wie die Säftelehre von Galen. Kälte schadet der Fortpflanzung der Ameisen – diesen Aspekt diskutieren wir im fünften Kapitel. Hast du das?«

»Wie würdet Ihr einen Zauberer beschreiben?«, wollte Niklas wissen.

»Ein Zauberer ist jemand, der Schlechtes tut und schlecht dem Glauben dient. Beides findet man häufig bei ihnen, die durch abergläubische Handlung Menschen verletzen!«

»Auf welche Art und Weise können sie das bewerkstelligen?«

»Es gibt sieben Arten«, gab Nider zur Antwort, »die durch Worte, Riten, Handlungen in Verbindung mit einem Dämonenpakt wirksam werden. Die erste Art ist das Hineintragen schlechter Liebe bei einem Mann oder einer Frau. Die zweite ist das Erzeugen von Hass und Neid. Die dritte Erzeugung männlicher Impotenz und weiblicher Unfruchtbarkeit. Die vierte das Krankmachen eines Menschen. Die fünfte die Vernichtung von Leben. Die sechste den Raub des Verstandes und als siebente haben wir die Schädigung eines Menschen in seinen Angelegenheiten und in seinem Denken.«

»Ihr solltet darüber ausführlich schreiben, da es viele Leute gibt, die das alles bestreiten und natürliche Ursachen dafür verantwortlich machen!«

»Du bist wirklich ein Piger«, tadelte Nider, »hast du die Folgen bedacht? Wir würden das genaue Gegenteil erreichen. Wenn wir es genau schildern, könnten wir gleich ein Zauberbuch schreiben. Wenn wir die Riten und Verfahren aber nur andeuten, werden sie sich solche Bücher beschaffen und viel Zeit und Mühe darauf verwenden, diese zu lesen. Es ist besser, sie wissen nicht alles so genau, da sie es wahrscheinlich wegen ihrer Ungebildetheit auch gar nicht verstehen würden. Ich denke, es ist ausreichend und besser, wenn ich nur die Vorkommnisse anführe, die mir von glaubwürdigen Leuten zugetragen wurden.«

Er hielt vor einem der großen Regale inne. »Nigromantiker – schreib das auf, die gehören auch dazu!«

»Was unterscheidet denn diese von Zauberern?«

»Sie weisen die Toten an aufzustehen und ihnen geheime Dinge mitzuteilen. Mit Dämonenhilfe verüben sie aber auch Schadenszauber und beschädigen Menschen. Abt Benedikt von den Benediktinern war einer von ihnen.«

»Abt Bernhard ... hier in Wien, im Schottenkloster ... den wir vorgestern getroffen haben?«, stammelte Niklas und erbleichte.

In einer Seitengasse in der Nähe des Stephansdomes war er plötzlich vor ihnen gestanden. Eine riesige Gestalt mit einem monströsen Schädel und einem Gesicht wie eine Fratze, an dem das Mönchsgewand des heiligen Benedikt geradezu wie eine Beleidigung wirkte.

»Ja, genau der«, bestätigte Nider, »seine Geschichte hat er mir selbst erzählt. Ursprünglich stammt er aus Bayern. Er war ein Tunichtgut, Possenreißer und Gaukler und er besaß einige Bücher über Nigromantie. Bei den Adligen war er wegen seiner Künste wohl gelitten, auch wenn sie Angst vor ihm hatten. Über lange Jahre führte er ein ausschweifendes und wüstes Leben. Seine fromme Schwester war im Orden der Büßerinnen und betete Tag und Nacht um ihn. Benedikt plagte zunehmend das Gewissen und er beschloss, Buße zu tun und ein gottgefälliges Leben zu führen. Aber alle reformierten Klöster, bei denen er anklopfte, wiesen ihn ab, sei es wegen seines fürchterlichen Aussehens oder aber, weil ihm sein übler Ruf vorauseilte oder beides zusammen. Nach langem Bitten und Flehen nahmen sie ihn dann doch im Schottenkloster auf. Aber dort fand er noch lange keine Ruhe, da sich die Dämonen nicht abfinden wollten, dass er ihnen den Rücken gekehrt hatte. Noch am gleichen Tag, an dem er die Beichte über sein bisheriges elendes Leben abgelegt hatte, spürte er nachts die Anwesenheit eines Dämonen. Mit einem gewaltigen Hieb fetzte ihm dieser die Lampe aus den Händen und verletzte ihn nicht unerheblich. Du hast ihn ja selbst gesehen. Einen solchen Hünen getrauen sich selbst zwei erwachsene Männer nicht anzugreifen und manch einer bekommt schon allein bei seinem Anblick das Knieschlottern!« Nider schwieg und rieb sein Kinn mit Daumen und Zeigefinger. »Erinnerst du dich an die Geschichte aus dem Simmental, die ich dir erzählt habe? Ich meine die mit dem Ehepaar, wo die Frau nicht abschwören wollte und verbrannt wurde?«, fragte er unvermittelt.

Niklas nickte irritiert. »Was hat das mit Nigromantik zu tun?«

»Nichts. Es ist mir gerade eingefallen. Die Frau trug Leben in sich.«

Entsetzt blickte Niklas seinen Lehrer an, der aber sprach scheinbar ungerührt weiter: »Weißt du auch, wie sie in die Sekten aufgenommen werden?«

»Sie nehmen einen Zaubertrank aus gekochten Kindern«, antwortete er angewidert.

»Ja, es ist wie bei den Ameisen. Dort vernichtet die Kälte die heranwachsende Brut, bei den Menschen ist es die Kälte des Unglaubens, die Kinder und Leibesfrucht tötet!«

BUCH II

MALLEUS MALEFICARUM

1. KAPITEL

An dem runden Tisch in dem kleinen Haus in Eltville in der Nähe von Mainz saßen zwei grauhaarige Männer. Beide waren etwa im gleichen Alter, der eine hatte seinen roten Kardinalshut auf den Rücken geschoben, der andere trug trotz der sommerlichen Temperaturen eine Fellmütze.

»Ja, ja, mein lieber Gutenberg, alt sind wir geworden.«

Der so Angesprochene nickte bedächtig und strich über seinen Bart, durch den sich immer noch ein paar rötlich schimmernde Haare zogen.

Johannes Gutenberg und Nikolaus von Kues hatten sich während des Basler Konzils kennen und schätzen gelernt. Für Nikolaus von Kues, der bürgerlich Krebs hieß und sich nun Cusanus nannte, war das Basler Konzil der Anfang eines steilen Aufstieges gewesen. Die gerade von ihm verfasste ›De concordantia catholica‹, in der er als Jurist, Theologe und Philosoph eine neue Kirchen- und Staatstheorie entwarf, war bald in aller Munde. Gutenberg war aus geschäftlichen Gründen von Straßburg aus nach Basel gekommen, genauer gesagt – er war auf der Suche nach neuen Ideen und wollte versuchen, das stockende Geschäft mit den Heilsspiegeln in Gang zu bringen, für das sie extra eine Genossenschaft gegründet hatten. Für Aachen war die Zurschaustellung der dortigen Reliquien angekündigt und man wollte für diese Heiltumsfahrt, zu der Tausende von Pilgern erwartet wurden, Pilgerspiegel herstellen. Es handelte sich um kleine Metallrahmen aus einer Zinnlegierung, die in Formen gegossen wurden und auf denen ein konvexer Spiegel mittels kleiner Klammern befestigt wurde. Der Sinn dieser Spiegel, die viele Wallfahrer am Hut befestigt mit sich trugen, war es, die segen- und heilbringenden Strahlen, die von den Reliquien ausgingen, aufzunehmen und nach Hause mitzubringen, wo sie auch noch für die Angehörigen wohltätig wirken sollten. Allerdings hatte sich die Heiltumsfahrt um einige Jahre verschoben, sodass das festgelegte Kapital nichts einbrachte. In Basel hörte er von einem gewissen Nikolaus aus Kues, der sich über die fehlerhaften Messbücher beschwerte und den er sogleich aufsuchte.

»Es ist zum Verzweifeln. Die Bücher werden in den Klöstern abgeschrieben, das ist gut und recht. Aber meist steht nicht das Original zur Verfügung, sondern lediglich eine Kopie, die zwangsläufig Fehler enthält. Der Nächste wiederum schreibt diese Kopie ab, übernimmt die bereits enthaltenen Fehler und fügt noch seine eigenen dazu, die der Nächste wieder übernimmt. Was notwendig wäre, ist ein Verfahren, das solche Unzulänglichkeiten verhindert. Aber mit der handschriftlichen Weitergabe ist das nicht zu schaffen.«

Gutenberg hatte damals nur gesagt, dass er darüber nachdenken wolle. An diesen Aspekt hatte er noch gar nicht gedacht, aber es war für ihn eine weitere Bestätigung, auf dem richtigen Weg zu sein. Aber er verriet mit keinem Sterbenswort, dass er schon seit längerem an einer Lösung arbeitete. Buchdruck mit beweglichen Lettern – diese Erfindung würde alles auf den Kopf stellen! In der gleichen Zeit, in der ein Schreiber mühsam Buchstabe für Buchstabe malte und vielleicht nach einem Jahr fertig war, konnte er von demselben Buch Hunderte herstellen, die dann wiederum nur einen Bruchteil des handgeschriebenen Exemplares kosten würden. Aber er wusste, dass er nicht der Einzige war, der daran arbeitete. In Italien sollte sich angeblich ein gewisser Pamfilo Castaldi damit beschäftigen und aus Avignon in Frankreich hatte er von einem tschechischen Goldschmied namens Prokop Waldvogel gehört.

»Ja, ohne Euch hätte ich mir mit meiner Erfindung noch schwerer getan. Eure Aufträge für die Ablasszettel haben die Druckerei lange am Leben gehalten. Obwohl – manchmal frage ich mich, ob es nicht besser gewesen wäre, wenn ich mich mit etwas anderem beschäftigt hätte!«

»Nein! Eure Erfindung ist ein Segen für die Menschheit! Wie könnt Ihr so sprechen!«, widersprach Nikolaus von Kues energisch.

»Und was habe ich davon?« Gutenberg schlug aufbrausend mit der flachen Hand auf den Tisch.

»Immer noch der alte Hitzkopf!«, lachte der Kardinal.

»Es ist doch wahr. Beschissen und betrogen haben sie mich. Vor allem dieser elende Fust, mein Teilhaber, dieser Kleingeist und Pfennigfuchser zusammen mit meinem sauberen Gehilfen Peter Schöffer. Schaut Euch um! Jetzt sitze ich wieder in Eltville bei meiner Verwandtschaft und habe für zwei Brüder, Bechtermünze heißen sie, eine Druckerei eingerichtet und frette mich gerade so durch. Und die Mainzer – die soll der Teufel holen, alle zusammen!«

Nikolaus von Kues kannte ihn nun schon lange genug, um zu wissen, dass es sinnlos war, ihn zu bremsen.

Wenn Gutenberg in Fahrt war, konnte ihn nichts und niemand aufhalten. »Entschuldigt, ich habe noch gar nicht gefragt, was Euch zu mir führt!«, fragte er, nachdem er sich wieder einigermaßen beruhigt hatte.

»Könnt Ihr Euch noch an Nider, Johannes Nider erinnern?«

»Nider? Der vom Konzil? So ein kleiner dicker Dominikaner?«, fragte Gutenberg respektlos.

»Genau der!«

»Der hat doch so ein Buch geschrieben. Über Ameisen oder so etwas …«

»Genau!«

»Aber der lebt doch bestimmt nicht mehr!«

Der Kardinal nickte. »1438 ist er gestorben. In Nürnberg. Er war vorher noch einmal in Basel und hat dort sein Buch vorgestellt. Inzwischen gibt es ziemlich viele Abschriften davon, aber eigentlich nur wenige, die vollständig sind, da man vielfach nur die Teile abgeschrieben hat, die im jeweiligen Interesse waren.«

»Da war schon einmal jemand mit einer angeblich kompletten Kopie bei mir in Mainz und wollte ein Preisangebot. Wir haben aber mit dem Bibeldruck so viel zu tun gehabt, sodass ich es vergessen habe. Das Buch hat er mir – ich glaube, es war ein Dominikaner – dagelassen.«

»Habt Ihr es noch?«

Gutenberg lachte höhnisch. »Wie soll ich das haben? Glaubt Ihr, wenn man Euch an den Kragen will, habt Ihr anderes zu tun, als einem Buch nachzurennen? Ihr wisst ja, was passiert ist. Es ging um den verworrenen Streit zwischen Diether von Isenburg und Adolf von

Nassau, die Bürger waren für Isenburg, weil dieser ihnen versprach, die Privilegien des Klerus im Zusammenhang mit dem Weinhandel abzuschaffen. Dann aber wurde dieser abgesetzt und Adolf von Nassau zum Mainzer Erzbischof eingesetzt. Im Oktober 1462 überfiel der Nassauer die Stadt, es gab vierhundert tote Bürger, achthundert wurden aus der Stadt getrieben. Die Vertriebenen verloren all ihr Hab und Gut. Einer von den achthundert war ich und eigentlich habe ich Glück gehabt, nicht zu den vierhundert gehört zu haben!« Gutenbergs Halsschlagader schwoll gefährlich an. »Jetzt brüsten sie sich damit, die Stadt zu sein, in der der Buchdruck erfunden wurde. Meine mühsam wieder neu aufgebaute Druckerei ist futsch, meine Gesellen sind nun in alle Winde verstreut und mich jagen sie wie einen räudigen Hund davon. Überhaupt, eigentlich war ich in meinem Leben beinahe mehr im Exil als in der Stadt Mainz. Verdammt sei Mainz!« Er verzog angewidert das Gesicht und machte eine wegwerfende Handbewegung.

»Ja, ja, jeder hat sein Kreuz zu tragen!«, antwortete Nikolaus von Kues.

Beide schwiegen eine Zeit lang.

»Und, wie ist es Euch ergangen in den ganzen Jahren? Man sagt, dass Ihr zwar zu den großen Gelehrten dieses Jahrhunderts zählen würdet, aber als Bischof von …«

»Brixen«, half Nikolaus von Kues nach. »Brixen. Nein, das war keine gute Zeit. Das Domkapitel war mit meiner Entsendung nicht einverstanden und warf mir Prügel in den Weg, wo es nur ging. Auch der Erzherzog Sigmund von Tirol war mir gelinde gesagt nicht sonderlich gesonnen, wir stritten uns um landesherrschaftliche gegen bischöfliche Rechte. Ich konnte nachweisen, dass im 11. Jahrhundert Kaiser Konrad II. Gebiete im Inn-, Eisack- und Pustertal an die Bischöfe von Brixen und Trient nur verliehen, jedoch nicht geschenkt hatte. Diese Bischöfe verliehen wiederum ihre Ländereien weiter an verschiedene Grafengeschlechter. Letztendlich wurden die Grafen von Tirol Herrscher über weite Teile des Landes. Somit waren die Grafen von Tirol nur Lehensträger der Bischöfe und Tirol gehörte nicht ihnen. Auch mit dem Verbot, am Sonntag in voller Waffenmontur in die Kirche zu kommen, habe ich mich nicht sonderlich beliebt gemacht. Am Ende musste ich mich auf einer Burg verschanzen. Ich zog mich dann nach Rom zurück. Zwar bin ich immer noch Bischof von Brixen, war aber schon lange nicht mehr dort.«

»Man erzählt sich, Ihr seid mit dem Papst befreundet und wohnt sogar in seinem Palast in Rom?«

»Ja, ich kenne Pius II. schon seit Jahrzehnten!«

»Eigentlich sollte Niklas Hügli schon da sein«, sagte Cusanus unvermittelt.

»Niklas Hügli, wer ist das?«

»Ach so, ja – wegen ihm bin ich eigentlich bei Euch. Bruder Niklas hat mir geschrieben und mich gebeten, einen Kontakt zu Euch herzustellen. Er war ein Schüler von Nider und bei seinem Tod in Nürnberg an seinem Sterbebett. Er hat die Originalschrift des Formicarius!«

Über den Kiesweg näherten sich knirschend Schritte und gleich darauf klopfte es an der Türe.

»Das ist er«, sagte der Kardinal und erhob sich.

»Kommt herein!«, rief Gutenberg, der sitzen geblieben war.

Niklas musste seine Augen zuerst an das Dämmerlicht im Raum gewöhnen und beinahe hätte er die Schwelle übersehen. »Gepriesen sei der Name des Herrn!«

»In Ewigkeit, Amen«, kam es zweistimmig zurück.

»Hattet Ihr einen guten Weg?«

»Ja. Danke der Nachfrage.«

»Das ist Johannes Gutenberg. Bruder Niklas Hügli aus dem Basler Konvent der Dominikaner«, machte Nikolaus von Kues die beiden miteinander bekannt.

»Ihr nähert Euch auch schon langsam uns beiden an, was die Haarfarbe angeht«, lächelte er dann.

»Die Zeit verschont niemanden«, gab Niklas zurück und fuhr mit der rechten Hand über den bereits leicht ergrauten Tonsurkranz.

Seit dem Konzil in Basel, das 1438 zu Ende gegangen war, hatten sie sich nicht mehr gesehen.

»Ich hätte Euch nicht mehr erkannt!«, sagte Cusanus.

»Mir wäre es nach so langer Zeit gleich ergangen!«, erwiderte Niklas lächelnd.

Eigentlich hatte er es nur seiner unersättlichen Neugier und seinem Gedächtnis zu verdanken, dass er den mehr nebenher hingeworfenen Satz aufgeschnappt hatte und sich auch noch nach vielen Jahren daran erinnerte. Bei einem Gespräch im Basler Kloster, in dem es um fehlerhafte Messbücher ging, bemerkte Nikolaus von Kues zu einem Berner Bruder, er habe vor Jahren hier auf dem Konzil einen Mann kennen gelernt, der offensichtlich an der Lösung des Problems interessiert sei und der geheimnisvoll tun würde und mit dem er in Verbindung stünde. Als er den ersten Ablasszettel in der Hand hielt und man ihm sagte, das sei keine menschliche, sondern eine künstliche Schrift, wusste er, was damals gemeint war.

Der »Formicarius« seines Lehrers wurde immer bekannter. Durch die Konzilsteilnehmer verbreitete sich die Nachricht über ihn in weiten Teilen hauptsächlich des deutschsprachigen Raumes, Abschriften und Auszüge gab es bald in vielen Klöstern wie Mariazell in der Steiermark, Melk, Innsbruck, Köln, Wien oder Regensburg. Der »Ameisenhaufen« war nicht nur ein moralisches Erbauungsbuch, sondern Nider war auch an einer Bestandsaufnahme des Denkens seiner Zeit am Herzen gelegen.

»Warum lassen wir es nicht drucken? Unser Kloster könnte damit ein wenig Geld verdienen.« Immer wieder lag Niklas seinen Vorgesetzten damit in den Ohren.

»So etwas ist bestimmt sehr teuer und niemand kennt hier jemanden, der sich in der Druckkunst auskennt!«

Bei einem Besuch im Sankt-Paulus-Kloster in Worms erfuhr er, dass seine dortigen Mitbrüder bereits vor Jahren die Absicht gehabt hatten, das Werk als gedruckte Ausgabe herauszubringen und hatten schon einem Drucker in Mainz eine Abschrift übergeben, der ihnen ein Preisangebot machen sollte, aber dann nichts mehr von sich hören ließ. Der damit beauftragte Mönch starb kurz darauf und das Ganze geriet bald in Vergessenheit. Nach Jahren erinnerte sich einer der Brüder daran und man schickte ihn nach Mainz, um wenigstens das wertvolle Buch zurückzuholen. Zwar wusste auch niemand mehr, wie die Druckerei hieß, aber so viele dürfte es auch in Mainz nicht geben. Tatsächlich aber gab es nur die Druckerei Fust und Schöffer, wo man ihm aber sagte, dass das Buch nur beim Gutenberg sein könne und er soll das getrost vergessen, weil dessen Vermögen bis zum letzten Nagel konfisziert worden sei. Er sei aus der Stadt geflüchtet und niemand wisse, wo er sich aufhalte.

»Wahrscheinlich ist er wieder zurück nach Straßburg oder sonst wohin. Hoffentlich möglichst weit weg, wir haben mit ihm genug Ärger gehabt!«

Niklas aber hatte nun wieder einen Trumpf in der Hand. »Wieso sollen das andere machen? Wieso sollen wir uns das Geschäft entgehen lassen? Das hintere Klosterdach gehört schon lange neu eingedeckt und wir könnten das Geld gut gebrauchen!«

Die Einwände des Priors und seiner Mitbrüder wurden immer schwächer. »Was ist, wenn dieses Buch auch noch verschwindet? Schließlich ist es das Original!«

»Es gibt zwei Möglichkeiten. Entweder schreiben wir es Buchstaben für Buchstaben ab und geben es dann einer Druckerei oder wir nehmen das Original als Vorlage und lassen es aber dabei nicht aus den Augen!«

»Zuerst müssten wir eine Druckerei haben und so viel ich weiß, gibt es davon nicht so viele!«

»Ich kenne jemanden, der sogar den Erfinder des Buchdruckes kennt und der bei ihm Ablasszettel drucken ließ!«, gab Niklas nicht ohne Stolz zur Antwort.

»Wer soll das sein?«

»Nikolaus von Kues!«

»Nikolaus Cusanus?«

»Ja, genau der! Er ist uns bestimmt behilflich schon allein im Andenken an seine gemeinsame Zeit mit Pater Nider hier in Basel!«

Nun stand er also hier in Eltville und nestelte das Vermächtnis seines Lehrers und Gönners aus seiner Reisetasche und legte es beinahe ehrfürchtig auf den Tisch.

Gutenberg zog es zu sich heran und blätterte es mit geschäftsmäßigem Blick durch. »Auflage?«

»Auflage? Was ist das?«

»Wie viel Stück meint er«, gab Cusanus die Antwort.

»Dreihundert, hat man mir gesagt.«

»Dreihundert«, sagte Gutenberg, »ich muss das durchrechnen!«

»Ich will es nicht genau wissen, sondern nur ungefähr«, drängte Niklas, der Angst hatte, dass Gutenberg das Buch dazu da behalten wollte und es ebenfalls verschwinden könnte.

Der Drucker trommelte ein paar Mal mit den Fingern auf die Tischplatte, legte seinen Kopf auf die Seite und begann überschlagsmäßig zu rechnen.

Als er Niklas den Betrag nannte, fuhr dieser merklich zusammen. »Was, so viel?«

Die Summe war so groß, dass er sich so viel Geld auf einen Haufen gar nicht vorstellen konnte. In seinem Kopf arbeitete es. »Wenn wir nur fünfzig machen?«, fragte er dann zaghaft.

Gutenberg lachte. »Dann kommen wir zwar im Endbetrag herunter, aber das einzelne Buch wird so teuer, dass es kaum jemand kaufen wird!«

Er sah in das verzweifelte Gesicht des Mönches, der ihm plötzlich Leid tat.

»Ich dachte ... ich habe geglaubt ...«

»Ja, das tun alle. Alle glauben, dass das fast nichts mehr kosten dürfe und es gleichgültig sei, ob es nun zehn, hundert oder tausend Stück seien.« Gutenberg erhob sich. »Wisst Ihr was? Der Buchdruck wird noch erheblich billiger, es gibt noch vieles, was man einfacher machen könnte und auch das Papier ist noch verhältnismäßig teuer. Wartet noch ein paar Jahre und dann kostet es wahrscheinlich nur noch die Hälfte. Mich wird es bis dahin vermutlich nicht mehr geben und wie es dann hier weitergeht, weiß ich auch nicht. Einer meiner Gesellen ist nach Augsburg gezogen und zwei andere sind nach Köln. Sie waren meine verlässlichsten Leute.«

Niklas stand die Enttäuschung ins Gesicht geschrieben.

Cusanus zuckte die Schultern. »Meister Gutenberg hat Recht, auch wenn es schmerzt. Ich kann es nachfühlen, wie Ihr an Eurem Lehrer gehangen seid!«

»Wenn ich schon hier bin, darf ich mir wenigstens die Druckerei ansehen?«

»Ausnahmsweise. Normalerweise lasse ich keine Fremden hinein. Es kommen viele, die nur spionieren wollen!«, antwortete Gutenberg und tastete nach seinem Gehstock.

2. KAPITEL

Mit weit ausholendem Schritt kam der Dominikaner näher. Elisabeth Frauendienst stand unter der Tür ihres Hauses am Ravensburger Viehmarkt. »Bei der Gertraud müsste es auch bald so weit sein. Hoffentlich geht es diesmal leichter. Ihre bisherigen Geburten waren …«, wollte sie zu ihrer Nachbarin sagen, hielt aber inne, als der Mönch auf ihrer Höhe war.

»Gelobt sei Jesus Christus!«, grüßten die beiden Frauen, aber der Mönch warf ihnen nur einen mürrischen Blick zu und murmelte etwas Unverständliches.

»Kennst du den?«, fragte Elisabeth.

Die Nachbarin schüttelte den Kopf. »Nein. Den habe ich noch nie gesehen. Er scheint aber nicht das erste Mal in Ravensburg zu sein!«

Sie sahen ihm nach, wie er zielstrebig in die Richtung zum Rathaus verschwand.

Elisabeth Frauendienst, die alle nur Els nannten, war Anfang fünfzig, hatte ein fein geschnittenes Gesicht und eine stämmige Figur mit breiten Hüften. »Sechs Kinder gehen halt nicht spurlos an einem vorbei«, pflegte sie zu sagen, wenn sie ihr Mann Hans mit ihrem »gebärfreudigen Becken« frotzeln wollte.

»Du weißt, dass ich dich so mag, wie du bist«, lachte er dann gutmütig, wenn sie darauf ein wenig eingeschnappt reagierte.

Beide kannten sich schon von Kindesbeinen an und seit über einem Vierteljahrhundert waren sie verheiratet. Kurz nach ihrer Hochzeit hatte Hans die väterliche Schlosserwerkstatt übernommen und beide hatten es zu einem bescheidenen Wohlstand gebracht. Stolz war sie auf ihre drei Söhne und drei Töchter, die alle bereits aus dem Haus waren. Ihre Schwiegersöhne mochten sie wegen ihres gelegentlich derben Humors und die Schwiegertöchter behandelte sie wie ihre eigenen Kinder.

Vom rückwärtigen Teil des Hauses her klangen wuchtige Hammerschläge und das wimmernde Nachsummen des Ambosses. Dazwischen mischte sich das helle Lachen eines Kindes. Bestimmt machte ihr Hans wieder einen Spaß mit Thonius, dem ältesten Buben ihres Sohnes Sebastian, für den es keinen schöneren Platz als in der Schmiede gab, wo die Funken stoben, das Eisen zischend und dampfend im Wasserkübel verglühte und er den Blasebalg treten durfte.

»Ich muss jetzt zum Kochen, sonst wird der Hans ungemütlich, wenn das Essen nicht rechtzeitig auf dem Tisch steht!«, sagte Els und warf einen kurzen Blick zum Himmel, an dem ein urplötzlich aufkommender Wind schwarze, mit schwefelgelben Streifen durchzogene Wolken vor sich herschob.

Die Nachbarin hatte die Straßenmitte noch nicht erreicht, als schon das Wasser wie eine Wand die Straße herauf zog und so wuchtig auf den Boden platschte, dass es bestimmt eine Elle hoch in die Höhe sprang.

»Schau, dass du heim kommst. Es kommt gleich noch ärger!«, rief sie aus dem sicheren Hauseingang der Frau nach, die ihre Joppe schützend über den Kopf gezogen hatte. Els hatte den Satz noch nicht beendet, als die Gestalt mitsamt ihrem aufgeregten Geschrei vom Unwetter verschluckt wurde.

In der trockenen Stube des Rathauses saß der Mönch Johannes Gremper gegenüber.

»Deswegen haben wir Euch kommen lassen, Doktor Institoris. Ihr seht es selbst«, er deutete mit dem Kopf hin zum Fenster, »so geht das nun schon über längere Zeit. Vor zwei Jahren kamen innerhalb kurzer Zeit solche Wassermassen von oben, dass die Schussen über die Ufer trat und sogar der Altar in der Mühlbruggkapelle überflutet wurde. Im Winter wütete die Pest in Ravensburg und im Schussental, auch der Abt im Kloster Weißenau wurde dahingerafft. Letztes Jahr brachte zuerst ein Unwetter Misswuchs, dann vernichteten Hagelschläge den Rest von dem, was noch auf den Feldern und in den Weinbergen übrig war. Auch die Verbrechen nehmen zu. Allein seit Januar hatten wir sieben Todesurteile zu vollstrecken. Die Bevölkerung ist in Aufruhr, fast alle glauben, dass hier teuflische Kräfte am Werk sind. Der Stadtrat hat mich beauftragt, mit Euch Verbindung aufzunehmen, da ich Euch als päpstlich beauftragten Inquisitor empfohlen habe, der sich auch mit dieser neuen und in den letzten Jahren überhand nehmenden Art der Zauberei auskennt.«

An sich war Heinrich Kramer, der seinen Namen nach dem Erhalt der Doktorwürde in Institoris lateinisierte, auf den ersten Blick ein unscheinbarer Mann. Weder war er besonders groß noch besonders klein, die Schultern erschienen durch die härene Kutte breiter, als sie tatsächlich waren und auch sein Gesicht hätte man als durchschnittlich bezeichnet, wenn da nicht seine Augen gewesen wären. Selbst Johannes Gremper, der ihn nun schon lange genug kannte, konnte sich ihrer Wirkung nicht entziehen. In seinen grauen Augen war nichts von mönchischer Demut, sondern sie waren stechend und konnten minutenlang ohne einen Wimperschlag starren.

Kennen gelernt hatten sich beide in Basel, in dessen Diözese Gremper aufgewachsen war und wo er auch studiert hatte. Bei einem Hexenprozess in Waldshut, bei dem Gremper als Notar mitwirkte, waren sie sich näher gekommen.

Den größten Teil seiner Lebensgeschichte hatte ihm Institoris an langen Abenden dort erzählt, wie er in Schlettstadt im Elsaß aufgewachsen war und dann dort bereits im Alter von fünfzehn Jahren in das dortige Dominikanerkloster eintrat. Er prahlte, bei der Verbrennung des Waldenserbischofs Franz Reiser in Straßburg dabei gewesen und bei dessen Gang zum Scheiterhaufen sogar sein Beichtvater gewesen zu sein. Wegen Majestätsbeleidigung saß er im Gefängnis, worauf er stolz war. Er predigte den Kreuzzug gegen den König von Böhmen, promovierte in Rom zum Doktor der Theologie und erhielt bereits vorher vom Papst die Befugnis zur Inquisition. Später wurde er zum Ketzerinquisitor für die Provinz Oberdeutschland ernannt, die das gesamte deutschsprachige Gebiet zwischen Böhmen und Frankreich einschließlich Vorderösterreich, der deutschsprachigen Schweiz und dem Elsass umfasste. Zwar gab es da eine Geschichte mit unterschlagenen Geldern aus dem Ablasshandel, über die aber aus Institoris nichts Genaueres herauszubekommen war, ebenso wie über den Streit mit zweien seiner Mitbrüder, die ihn wegen Diebstahls und Verleumdung angezeigt hatten. Er erzählte, wie er kaum aus Rom zurück war und von unglaublichen Taten der Hexen in der Diözese und im Elsass hörte und sofort wusste, was seine gottgewollte Aufgabe war und was sein Lebenswerk werden würde. Gnadenlos würde er dieses Gesindel ausrotten und dabei auf nichts und niemanden Rücksicht nehmen. Aber dazu brauchte er noch Erfahrungen, vor allem im Umgang mit den weltlichen Gerichten, die ja letztendlich das Urteil aussprachen und vollzogen. Mit Hilfe seiner Vollmacht würde er zwar weniger die eigentlichen Häretiker und Ketzer vor Gericht zerren, sondern dafür das noch viel üblere Hexenunwesen mit Stumpf und Stiel ausrotten.

Er begann mit der Verfolgung in Basel, führte Prozesse in Breisach, Guebwiller, Oberwil und brachte in Thann im Elsaß eine Hebamme auf den Scheiterhaufen. Vom Papst erwirkte er einen Ablass für sein Schlettstädter Kloster, dessen Prior er nun war, mit Hinweis auf die hohen Kosten, die dem Konvent durch seine Tätigkeit als Inquisitor entstehen würden.

»Habt Ihr schon einen Verdacht?«, wollte er nun vom Notar, der auch zugleich Kaplan an der Stadtpfarrkirche war, wissen.

Das »R« sprach er rollend aus. Entdeckt hatte er die einschüchternde Wirkung dieses einfachen Konsonanten bei einem Prozess in Rappoltstein. Lange hatte er geübt und dazu entsprechende Gesten einstudiert. Eine Drohung wirkte damit noch bedrohlicher, in Lockungen lagen dunkel unausgesprochene Versprechen und Ängstliche wagten gar erst nicht zu widersprechen. Inzwischen war es ihm in Fleisch und Blut übergegangen.

Johannes Gremper verneinte. »Kommt, lasst uns zum Bürgermeister Gäldrich gehen. Er wartet sicher schon.« Auch Konrad Gäldrich und Heinrich Institoris waren alte Bekannte. »Wie lange ist es her, dass Ihr das letzte Mal in Ravensburg wart?«

»1475 – also neun Jahre«, erwiderte der Mönch.

»Tatsächlich. Schon so lange?«

Der Anlass war damals alles andere als erfreulich gewesen: Die Tinte auf seiner Bevollmächtigung als Inquisitor war noch kaum getrocknet, als er auf dem Rückweg von Rom nach Schlettstadt in Trient einem Inquisitionsverfahren gegen Juden beigewohnt hatte. Die Anklage hatte auf Ritualmord an einem kleinen Buben namens Simon gelautet, der nach ähnlichen Ritualen wie der landauf, landab zunehmenden Hexenzünfte abgelaufen sein sollte. Die Wogen waren hoch geschlagen in Trient und die Stimmung angeheizt worden durch die Predigten des Franziskaners Bernadin de Feltre.

Der Prozess war vom Fürstbischof unterstützt worden, geführt wurde er vom Stadtrat und Richter Johannes de Salis aus Brescia. Der päpstliche Kommissar aber hatte den sofortigen Abbruch des Prozesses gefordert, da die Anklage schwachsinnig wäre, worauf sich Bruder Heinrich beim Bischof erboten hatte, geeignete Argumente für die Weiterführung zu beschaffen und nachzuweisen, dass auch andernorts Juden wegen ihrer Schandtaten verfolgt wurden. Mit drei kaiserlichen Beamten war er auch hier gewesen und der Stadtrat musste auch Judenverbrennungen in Oberschwaben einräumen. Er war dann über Pfullingen, Endingen und Freiburg nach Schlettstadt gezogen, hatte Heidelberg einen Besuch abgestattet und war dann mit seinen Erkenntnissen nach Trient zurückgekehrt. Während der Hinrichtungen im folgenden Januar versuchte er, wenigstens die Seelen der Verurteilten zu retten und sie zur Taufe zu bewegen.

»Immer wenn Ihr kommt, liegt etwas Unangenehmes an«, lächelte Gäldrich säuerlich. »Ihr habt ja schon gehört, wieso wir nach Euch geschickt haben. Der Notar Gremper hat Euch als Kapazität auf dem Gebiet der Hexenjagd vorgeschlagen.«

Institoris seufzte. »Die Hexerei breitet sich aus wie eine Seuche. Aber«, er warf sich stolz in die Brust, »in den letzten Jahren haben wir allein in der Diözese Konstanz sechsundvierzig solcher Schweinereien aufgedeckt und die Verantwortlichen ihrer gerechten Strafe zugeführt!«

»Ich hoffe, Ihr seid auch hier erfolgreich und macht dem Spuk ein Ende. Das letzte Unwetter war dermaßen verheerend, dass alle Feldfrüchte, Saaten und Weinberge in einer Breite von einer Meile zermalmt wurden und niemand glaubte mehr daran, dass die Weinberge innerhalb der nächsten drei Jahre wieder eine Ernte einbringen würden! Den Wolkenbruch vorher habt Ihr ja selbst miterlebt! Sagt selbst – ist so etwas normal?«

»Nein, bestimmt nicht«, knurrte Institoris.

»Wie wollt Ihr vorgehen?«, wollte der Bürgermeister wissen. »Es muss etwas geschehen – und zwar bald. Die Leute sind unruhig und werfen uns vor, die Obrigkeit würde nur tatenlos zusehen!«

»Als erstes würrde ich vorrschlagen, Johannes Grremperr als Notarr einzusetzen. Schließlich ist err ja kaiserrlich bestallt. Wirr haben schon in Waldshut zusammengearrbeitet. Krriegt Ihrr das im Stadtrrat durrch?«, knarrte er.

»Das dürfte kein Problem sein«, nickte Gäldrich.

»Als zweites schlagen wir am Sonntag eine Schrift an der Kirchentüre in Liebfrauen an. Die Predigt halte ich. Das könnt Ihr als Kaplan sicher bewerkstelligen?«, wandte er sich an Gremper, der sich mit einem Blick mit Konrad Gäldrich verständigte, der neben dem Bürgermeisteramt auch noch die Stelle als Kirchenpfleger von Liebfrauen bekleidete.

Beide nickten.

»Was soll auf dem Anschlag stehen und wer macht es fertig?«, wollte der Bürgermeister wissen.

»Ich werde von kirchlicher Seite mit Exkommunikation drohen, wer von einer Hexe weiß und diese nicht unverzüglich meldet. Der weltliche Richter wird auf seine Weise befehlen und die bei ihm üblichen Strafen anführen. Das können wir noch besprechen. Zu Papier bringen kann ich es, nur mit der Ausführung des weltlichen Teiles soll mir der Notar Gremper behilflich sein!«

»Habt Ihr schon ein Quartier oder einen Quartierwunsch?«

»Es sollte ein Raum sein, der nicht ebenerdig liegt und dessen Fenster von außen auch nur mit einer möglichst langen Leiter erreichbar sind. Am sichersten wäre es natürlich, wenn auch der Raum von innen nur mit einer Leiter zugänglich wäre, die ich dann in die Kammer ziehen könnte. Ihr könnt Euch ja vorstellen, dass ich manchen Anfeindungen ausgesetzt sein werde.«

Der Bürgermeister und der Notar sahen sich an. »Im Stadtturm?«, schlug Gremper vor.

»Ja, der wäre geeignet. Ich lasse Euch eine Kammer herrichten«, bestätigte der Bürgermeister.

»Aber bitte peinlich sauber. Ich bin da empfindlich. Und sorgt bitte dafür, dass immer ein großer Krug Wein bereitsteht. Auch im Rathaus bräuchte ich einen Raum. Das wäre ein Ort, wo nicht jeder gleich sieht, ob der Besucher bei mir war oder nicht. Erfahrungsgemäß scheuen sich die Leute davor, offen zum Inquisitor zu kommen!«

»Das lässt sich ebenfalls einrichten«, antwortete Gäldrich,

»Hauptsache ist, dass die Leute sehen, dass von behördlicher Seite endlich etwas geschieht.«

Am Sonntag standen die Menschen in Scharen vor der Liebfrauenkirche und die wenigen, die des Lesens mächtig waren, übersetzten den Umstehenden, was auf dem Anschlag stand. Hans Frauendienst machte sich lustig und auch seine Frau Els meinte, dass es sicher Zauberer gäbe, aber keine Hexen. Beide verstummten aber, als sie die giftigen Blicke der Umstehenden bemerkten.

Die Glocken hatten schon mit dem Zusammenläuten begonnen, aber kaum einer betrat die Kirche und erst als das Geläute die letzten Schläge tat, begannen die Leute ins Innere zu drängen. Als der Prediger die Kanzel betrat, erkannte Els in ihm den Mönch wieder, der ihren Gruß vor ein paar Tagen so mürrisch erwidert hatte und der sich nun als Heinrich Institoris, Doktor der Theologie und beauftragter Inquisitor für die Provinz Alemania vorstellte.

Seine Predigerkunst hatte er in den Jahren seiner Tätigkeit verfeinert und vervollkommnet. Seine Stimme war anfangs immer nur so laut, dass er gerade noch verstanden wurde, wobei er aber immer die Mienen der Gläubigen im Auge behielt und auf einen bestimmten Druck seiner Worte achtete. Beinahe wehmütig und mitfühlend trug er die Geschichte eines Jünglings hier aus Ravensburg vor, der noch am ersten Tag seiner Ankunft bei ihm gewesen sei und den eine Hexe verführt habe.

»Er war verzweifelt und sagte mir, er sei vom Teufel in Gestalt einer Frau zum fleischlichen Akt gereizt worden. Der junge Mann war sehr verängstigt, da der Teufel nicht von ihm ablassen wollte. Ich riet ihm, die Frau wieder aufzusuchen, aber vor Eintritt in die Stube geweihtes Salz zu sich zu nehmen. Als er dann eintrat, sah ihn die Frau mit finsterem Gesicht an und verschwand schimpfend, weil ihr einer der Teufel noch eilig davon berichtet hatte. Wir sehen also, der Satan war hier in Gestalt einer Hexe oder sogar selber leiblich anwesend, weil er beides bewerkstelligen kann.« Er hielt einen Moment inne und ließ seine Worte wirken.

»In der Gemeinde Wiesental, das ist in der Nähe von Bruchsal, wurde der Schultheiß mit schweren Schmerzen und Qualen behext. Dass dies geschehen konnte, hatte er sich nach seinem eigenen Eingeständnis selbst zuzuschreiben. An den Sonntagen pflegte er sich immer mit Weihwasser und geweihtem Salz zu schützen, aber wegen einer Hochzeit, zu der er es eilig hatte, vergaß er es und wurde noch am gleichen Tag behext.«

Er hob seine Stimme und sah scharf nach unten. »Weihwasser und geweihtes Salz sind die einfachsten und wirkungsvollsten Gegenmittel gegen die Verführungen und Blendungen des Höllenfürsten.«

Institoris führte weiter auf, welche Mittel nicht nur als Vorsorge gegen Behexungen, sondern auch zum Heilen von bereits Behexten wirksam seien: »Hier in der Diözese Konstanz hat das Hexenwesen ein solches Ausmaß angenommen, dass einem einfachen Christenmenschen davon speiübel werden kann. Woanders ist es zwar auch nicht besser, aber hier wird durchgegriffen. Meistens sind es Frauen, da das weibliche Geschlecht anfälliger für die Verlockungen des Teufels ist, da die Weiber auch einen schwächeren Glauben haben. Das geht schon aus dem lateinischen Namen ›femina‹ hervor. ›Femina‹ heißt auf Deutsch Frau, setzt sich aber eigentlich aus den zwei Worten fe und minus zusammen.«

Er spürte förmlich, wie sie an seinen Lippen hingen. »Fe«, fuhr er fort, »bedeutet Glaube, Treue und mina ist die weibliche Form von minus, also weniger. – Was heißt also ›Frau‹ auf lateinisch?«, fragte er in das voll besetzte Kirchenschiff mit lauerndem Unterton.

Unten war es mucksmäuschenstill. Selbst ein zu Boden fallender Strohhalm wäre zu hören gewesen.

»Jawohl«, seine Stimme schwoll an und er reckte den linken Arm mit ausgestrecktem Zeigefinger in die Höhe, »Frau bedeutet nichts anderes als Weniger-Glauben! Außerdem darf man nicht vergessen: Das Weib wurde aus einer Rippe des Mannes geschaffen, schon deshalb ist es also ein unvollkommenes Geschöpf. Nicht nur der geistige, sondern auch der körperliche Makel der Frauen beweist, dass sie niemals dem Manne gleichgestellt sein kann. Gewiss, es gibt auch verkommene und verderbte teufelsbuhlerische Mannsbilder. Aber allein aus der Minderwertigkeit des Weibes entstammt die Verführung zum Unglauben und zur Hexerei!«

Auch Agnes Bader, die in der vorletzten Reihe saß, zuckte zusammen. Alles hatte sie zwar so nicht ganz verstanden, aber so viel bekam sie mit, dass auch sie zu dem Geschlecht gehörte, das eher zum Glaubensabfall und zu Verdorbenheit neigte. Bisher hatte sie immer gedacht, die Männer wären in dieser Hinsicht anfälliger, wenn sie so an das Fluchen und den liederlichen Lebenswandel dachte, den viele führten. Sie selbst fürchtete keinen Mann, auch wenn er einen Kopf größer war als sie und sie hatte kein Problem damit, ihn eigenhändig aus der Badestube zu werfen, wenn ihr einer dumm daherkam oder einen über den Durst getrunken hatte. Aber trotzdem, selbst sie hätte sich nie so benehmen dürfen, wie es für viele Männer selbstverständlich war.

»Wohin diese leichte Verführbarkeit bei den Frauen führen kann«, predigte Heinrich nun wieder scheinbar ruhiger weiter, »möchte ich an einem Beispiel aus Augsburg verdeutlichen. Es ist nicht so, wie ihr vielleicht glauben möget, dass sich die Hexen einfach zu erkennen geben, nein, nein, sie, beziehungsweise die Dämonen, sind oftmals viel schlauer. Ja, manchmal werden sogar Priester geblendet und stehen ihnen zur Verfügung. In Augsburg war es eine Gruppe von Frauen, die als Täuschung auf Anweisung Satans eine übertriebene Frömmigkeit praktizierte. Die Weiber gingen nicht nur einmal täglich zur heiligen Kommunion, sondern sogar täglich mehrere Male. Das aber darf nur der Priester. Dieses Treiben dauerte zehn Jahre. Als ich einschritt, verteidigten sie sich läppisch mit Stellen aus dem Johannes-Evangelium und bezogen sich auf theologische Schriften, die sie gar nicht verstehen konnten. Ihre angebliche Frömmigkeit beruhte also auf nichts anderem als dem angeborenen weiblichen Defizit, das vom Höllenfürsten dazu benutzt wurde, um sie zu verführen.«

»Der Stiftspfarrer selbst«, er hielt einen Augenblick inne und tat so, als ob er sich erinnern müsste, »er hieß Johann Molitor, verteidigte sie auch noch. Erst als ich darauf hinwies, dass auch die Juden den Genuss des Blutes und Leibes nicht begreifen, wurden sie einsichtig und versprachen, von ihrem ketzerischen Tun abzulassen.«

Die Nennung des Namens des Stiftspfarrers war seine persönliche Art der Rache. In Augsburg hatte er damals nicht Recht bekommen und es wurde lediglich der mögliche Ansatz zu ketzerischem Gedankengut eingeräumt. Die Niederlage war ärgerlich genug. Aber dass ihn am nächsten Tag nach der Urteilsverkündung die Betschwestern mitsamt dem Pfarrer elend verprügelt und aus der Stadt gejagt hatten, hatte er ihnen bis heute noch nicht vergessen.

Institoris führte wortgewaltig und mit rollendem »R« weitere furchtbare Beispiele an, wozu diese Hexen und Satansbünde im Stande seien.

»Wenn wir diesen Hexen die wahrhaftige Lehre mit gleichzeitiger Brutalität in der Verfolgung einbläuen, wird die Wahrhaftigkeit siegen, wenn auch nach schwerem Kampfe. Der Urheber dieser Volkskrankheit ist Satan selbst. Denn nur im Gehirn eines Ungeheuers – nicht eines Menschen – konnte dann der Plan zu einer Organisation sinnvolle Gestalt annehmen, deren Tätigkeit im Ergebnis zum Zusammenbruch der menschlichen Kultur und damit zur Verödung der Welt führen muss! So glaube ich im Sinne des allmächtigen Schöpfers zu handeln: Indem ich mich der Hexen erwehre, kämpfe ich für das Werk des Herrn!«

Aus dem Ärmel zog er sein Taschentuch und wischte sich über das schweißnasse Gesicht.

»Ich fordere euch auf – und zwar jede und jeden Einzelnen: Helft mit in dem Kampf gegen das Verderbnis! Wir kämpfen weniger für die Vernichtung des Schlechten als vielmehr zur Durchsetzung des Guten. Damit aber ist unser Kampf mehr Angriff als Abwehr! Aber jede Gewalt, die nicht einer festen geistigen Grundlage entsprießt, wird schwankend und unsicher sein. Ihr fehlt die Stabilität, die nur in der eisenharten Unduldsamkeit zu ruhen vermag. Diese Unduldsamkeit muss der Ausfluss der jeweiligen Energie und brutalen Entschlossenheit jedes Einzelnen sein, diese Brut zu vernichten. Ihr habt es gesehen, an der Kirchentüre und am Rathaustor. Ich bin vom Papst selbst beauftragt worden, gegen den Unglauben vorzugehen. Und um nichts anderes handelt es sich ja auch bei der Hexerei, ja, sogar noch schlimmer: Sie wissen, dass es Gott gibt, beten aber seinen Widersacher an!«

Er wartete, bis seine Worte verhallt waren und er sah mit Befriedigung, dass die Menschenmenge unter ihm kaum mehr zu atmen wagte. Wie ein Peitschenknall zuckte es durch das Gotteshaus, als er seine Faust auf die Brüstung der Kanzel niederfahren ließ und seine Stimme überschlug sich fast. »Wer eine von diesen Hexen oder diesen Unholden kennt oder jemanden kennt, der von solchen weiß, soll sich innerhalb der nächsten zwölf Tage bei mir im Rathaus melden. Dies gilt auch für übel beleumundete Personen oder solchen, denen zuzutrauen ist, dass sie Schäden an Mensch und Tier zu verursachen vermögen. Wer also solche Personen kennt, von ihnen weiß oder einen Verdacht hat, soll mich aufsuchen und mir sagen, was er oder sie gehört und gesehen hat. Diese Untersuchung wird auf ausdrücklichen Wunsch der Stadt durchgeführt und die Meldung von Verdächtigen ist somit auch ein ausdrücklicher Befehl des hochlöblichen Stadtrates. Wer sich dem widersetzt oder es vorziehen sollte, sein Wissen aus falscher oder irregeleiteter Rücksicht für sich zu behalten, wird kraft meiner vom Papst verliehenen Vollmacht aus der Kirche ausgeschlossen und verfällt der ewigen Verdammnis!«

Zufrieden sah er, wie die Leute ängstlich die Köpfe einzogen.

»Lob sei Gott, Verderben der Ketzerei, Friede den Lebenden, ewige Ruhe den Toten! Amen!«, beendete Institoris die Predigt.

Dann wandte er sich abrupt um, so als ob er die Gläubigen gar nicht mehr beachten würde und stieg eingeübten Schrittes von der Kanzel.

3. KAPITEL

Vor ungefähr einem Jahrhundert hatten sich die verschwägerten Kaufmannsfamilien Möttelin und Humpis zusammengeschlossen und damit den Grundstein für das größte Handelsimperium des Abendlandes gelegt. Kaufmannsgeschlechter wie die Besserer, Ankenreute, Neidegg, Faber, Moshain, Schellang und eben auch die der Gäldrich stießen dazu und zählten in kurzer Zeit zu tragenden Säulen der Gesellschaft. Auch aus den anderen oberschwäbischen Reichsstädten, ja sogar aus der Schweizerischen Eidgenossenschaft schlossen sich Kaufleute an. Neben Leinwand und Barchent handelte die Gesellschaft mit Zucker, Safran, Seide und Olivenöl aus Spanien, mit Südfrüchten, Mandeln, Alaun, Reis und Metallwaren aus Italien, mit Gewürzen aus dem Orient, mit Silber und Kupfer aus Ungarn und Honig, Kerzen, Pelzen und Wachs aus Osteuropa. Die Wege nach Italien führten auf teilweise abenteuerlichen Pfaden über die Schweizer Alpenpässe wie den Septimer, die Via Mala und Splügen. Eine weitere Hauptstütze war der Besuch der großen Messen und Märkte in der Champagne, Antwerpen, Genf, Lyon und Frankfurt.

Nach dem Vorbild des Adels hatte sich Konrad Gäldrich das Schloss Sigmarshofen zugelegt, nach dem er sich nun auch benannte. Seine Familie hatte es verstanden, sich durch geschicktes Heiraten mit vielen anderen Patrizierhäusern zu versippen und verschwägern.

Konrad selbst war ein fanatischer Glaubenseiferer und bekleidete schon seit langer Zeit hohe und höchste Ämter. Die Machtteilung im Stadtrat war geregelt und funktionierte zur allgemeinen Zufriedenheit. Den wenigen Patrizierfamilien stand eine große Zahl wirtschaftlich abhängiger Handwerker gegenüber, die in acht Zünften zusammengefasst waren. Auch die patrizischen Handelsherren waren seit Einführung des Zunftzwanges in der Gesellschaft »Zum Esel« vereint.

Die Regierung setzte sich neben dem Bürgermeister und dem Amman aus elf gewählten Räten sowie acht Zunftmeistern zusammen, die Zuständigkeit der Gerichtsbarkeit bei schweren Delikten lag beim zwölfköpfigen Stadtgericht, dessen Vorsitzender als Vertreter des Königs wiederum der Ammann war. Diesen Posten bekleidete Klaus Sunthain, der zwar auch nicht gerade unvermögend war, aber dessen Besitztümer sich im Vergleich zu denen von Gäldrich oder gar den schwerreichen Humpis eher bescheiden ausnahmen.

Konrad Gäldrich schloss die schwere Eichentür seines vornehmen Wohnhauses in der Marktstraße hinter sich und zog seinen Umhang fester um die Schultern. Die Sonne verlor allmählich ihre Strahlkraft, die Blätter an den Bäumen begannen sich zu verfärben und aus der Unterstadt drang jenes schauerliche Geruchsgemisch aus Fäkalien, Kohlküchen, Ziegenställen und Schweinekoben. Ihn fröstelte nicht nur wegen der Kälte, sondern auch wegen des Gedankens an die Predigt des Inquisitors von heute früh. Institoris hatte wieder eine scharfe Kanzelrede gegen die Hexerei gehalten.

»Es genügt nicht, dies Unholde zu fangen und sie zu überführen. Selbst wenn ihre Untaten nachgewiesen sind und sogar dann, wenn sie gestanden haben, hat Satan immer noch Macht über sie. So ist es in Straßburg geschehen. Dort wurde nicht beachtet, dass es nach einem Geständnis besonders gefährlich ist, eine Hexe alleine und ohne Bewachung in ihrem Verlies zu lassen. Kaum war die arme Frau alleine, wurde sie vom Dämonen bedrängt, sich mit ihrem Oberkleid aufzuhängen, um nicht durch eine aufrichtige Beichte wenigstens ihre Seele retten zu können. Aber wir werden dies in Zukunft verhindern und keine Gnade kennen, denn Satan gibt auch kein Pardon!«

Kaum war er von der Kirche in sein Haus zurückgekehrt, wurde ihm von einem Mann in Unterthingau im Fürstabttum Kempten berichtet, der der Hexerei angeklagt war, der aber trotz peinlicher Befragung zu keinem Geständnis bereit war und den sie vor ein paar Tagen gegen Leistung der Urfehde freilassen mussten.

In der Nähe des Rathauses hielten sich mehr Leute auf als sonst üblich. So schien es ihm wenigstens. Hinter der Türe des Vernehmungszimmers, das ebenerdig im Rathaus lag, hörte er die schnarrende Stimme des Inquisitors, der auf eine offensichtlich eingeschüchterte Frau einredete. Gäldrich lauschte einen Moment und trat dann ein.

Unwillig hob Institoris den Kopf, doch sein Gesicht hellte sich auf, als er den Bürgermeister erkannte.

»Kommt Ihr voran?«

»Ja, ich habe schon einige Hinweise bekommen, aber es ist auch viel Blödsinn dabei oder die Beschuldigungen sind so schwach und einfältig, dass sie nicht für eine Anklage reichen. Wie hier«, er deutete mit einer Handbewegung zu der vor seinem Tisch stehenden Frau, »sie sagt, sie habe ihre Schwägerin in Verdacht, da diese im letzten Monat drei Mal bei ihrem Bruder zu Besuch gewesen sei und jedes Mal war danach die Milch im Kübel sauer. Als ich nach Zeugen frage, kann sie natürlich keine benennen und dann komme ich dahinter, dass die beiden einfältigen Weiber schon seit fünf Jahren keinen Ton miteinander reden.«

Gäldrich sah die Frau an. »Ihr seid doch die Gattin des Schneiders Seidler?«

Sie nickte mit betretenem Gesicht, dem anzusehen war, dass es ihr unangenehm war, dass sie der Bürgermeister erkannt hatte.

»Ich … der Herr … in der Predigt hatte es geheißen, man müsse alle angeben, gegen die man einen Verdacht hätte«, verteidigte sie sich verlegen mit hochrotem Kopf.

»Ihr stehlt uns die Zeit!«, herrschte sie Institoris an. »Das hier ist kein Ort zum Austragen von privaten Streitigkeiten!«

Die Frau verbeugte sich unterwürfig, huschte zur Türe und schloss sie leise hinter sich.

»Kennt Ihr eine Agnes Bader?« Der Dominikaner fuhr mit dem Finger über das Papierblatt, auf dem er sich seine Notizen gemacht hatte.

»Phh«, machte Gäldrich, »Bader gibt es mehrere in der Stadt.«

»Sie scheint sich mit Kräutern auszukennen, aber auch mit anderen geheimnisvollen Dingen. Es liegen bereits zwei Aussagen gegen sie vor.«

»Ich kenne den Conrad Bader, der ist bei der Handelsgesellschaft für Transporte zuständig. Aus dessen Sippschaft kommt aber bestimmt niemand in Frage.«

Ohne anzuklopfen wurde die Türe aufgerissen.

Eine Frau mittleren Alters kam hereingestürmt und blieb schwer atmend vor dem Tisch des Inquisitors stehen. »Ich muss eine Meldung machen«, stieß sie immer noch atemlos hervor.

»Das ist noch lange kein Grund, sich hier wie eine wild gewordene Kuh aufzuführen«, fuhr sie Gäldrich an.

»War meine Schwägerin schon da?«

»Wer ist Eure Schwägerin?«

»Gerda«, antwortete der Bürgermeister und lachte, »ist die Schwägerin von Mechthild Seidler!«

Wütend sprang Institoris auf. »Hinaus!«, brüllte er mit sich überschlagender Stimme. »Hinaus!«

Wie angewurzelt blieb die Frau stehen und sah ihn fassungslos mit großen Augen an. »Ich will doch nur …«

»Hinaus!«, schrie Institoris nochmals und deutete mit ausgestrecktem Arm zur Tür.

»Es ist besser, Ihr geht jetzt!«, mischte sich Gäldrich ein, fasste sie unsanft am Ellbogen und schob sie zur Tür.

4. KAPITEL

In der Wirtschaft »Zum Schwanen« herrschte eine eigenartige Stimmung. Die Männer steckten die Köpfe zusammen und unterhielten sich nur halblaut. Hans Frauendienst warf seinem Schwager einen Blick zu, als einer am Tisch erzählte, der Inquisitor hätte heute gepredigt, wer die Existenz von Hexen in Frage stelle, laufe selbst Gefahr, als Sympathisant verdächtigt zu werden. Seine Frau sei heute in der Messe gewesen und sie hätte es so erzählt.

»Hexen, die durch die Lüfte fliegen, Ekel erregende Sabbate abhalten, mit grauenhaften Kerlen, die Hörner und Pferdefüße haben, geschlechtlich verkehren – warum sollten sie das tun?« Hans wollte weiterreden, aber sein Schwager stieß ihn in die Seite.

»Bist du blind und taub«, fuhr ihn der Grünwalder wütend an, »da jagt ein Unwetter das andere und sie sind so schlimm, dass es dafür keine vernünftige Erklärung gibt. Die Stadt selbst weiß auch keinen Ausweg mehr und fordert einen Inquisitor an, also einen Fachmann für solche Dinge, der das sogar studiert hat und du, der von überhaupt nichts eine Ahnung hat, glaubst, schlauer zu sein als Salomons Katze und es besser zu wissen?«

Am Nebentisch trank ein großer, schwerer Mann mit einem mächtigen Vollbart seinen Schoppen.

»Da«, der Grünwalder zeigte auf ihn, »der Veit kommt viel herum. So viel wie der haben wir alle zusammen noch nicht gesehen. Komm, Veit, erzähl mal dem siebengescheiten Frauendienst, wie es wirklich aussieht!«

Veit Geßler war seit beinahe zwanzig Jahren Fuhrmann bei der Handelsgesellschaft und fast ebenso lange bediente er die Strecke von hier nach Saragossa in Spanien. Gestern war er wieder nach Ravensburg zurückgekommen in eine Stadt, die ihm plötzlich ganz verändert schien und in der die Angst und das Misstrauen spürbar war. Vor über zwei Monaten war er von hier aufgebrochen. Schon damals hatte eine bedrückende Stimmung geherrscht und er war froh gewesen, dass er wieder von hier weg kam. Aber nun spürte er förmlich, wie etwas Neues dazu gekommen war, das er auch schon in anderen

Gegenden erlebt hatte. Die Menschen fürchteten nun nicht mehr ausschließlich Hexen und Unholde, sondern trauten sich auch untereinander nicht mehr über den Weg. Jede und jeder beobachtete den anderen mit Argwohn und wartete auf ein verräterisches Zeichen oder ein falsches Wort.

Veit wandte sich um und rückte seinen Stuhl zurecht und sah einen nach dem anderen an. »Also«, fing er bedächtig an, »ich war jetzt gerade fünfunddreißig Tage von Saragossa bis hierher unterwegs. Das ist zwar nicht mitten in Spanien, aber man bekommt doch einiges mit. In Spanien habe ich noch kaum etwas oder gar nichts von Hexen gehört, so wie man sich das hier vorstellt!«

»Vorstellt?«, schrie der Grünwalder, »vorstellt? Habt ihr das gehört? Sie sind da! Sie sind überall! Oben in Memmingen kostete der Malter Roggen vor vier Jahren um Michaeli schon über eineinhalb Pfund, vor drei Jahren zur gleichen Zeit zwei Pfund, weil es das ganze Jahr nur geschüttet hat, das nächste Jahr war es noch schlimmer, zu Weihnachten kostete der Malter bereits dreieinhalb Pfund und dann sogar sechs Pfund. Den Leuten wuchsen Würmer aus dem Kopf und –« Seine Augen funkelten.

»Lass den Veit ausreden!«, riefen einige der Umsitzenden.

Wenn alle so werden wie der, kann es hier ja noch lustig werden, dachte der Fuhrmann bei sich.

Er kannte den Grünwalder schon lange und bisher hatte er ihn wenn auch gelegentlich aufbrausend, so doch im Großen und Ganzen als besonnenen Menschen erlebt. Nun aber war er wie ausgewechselt. Am liebsten wäre er aufgestanden und gegangen.

»Vorstellt. Sagt der doch vorstellt«, murmelte der Grünwalder noch immer fassungslos.

»Du kannst dich auf den Kopf stellen, aber ich habe dort noch nichts davon gehört. Ja, von Prozessen gegen die islamischen Mauren und gegen die Juden, die sich haben taufen lassen, aber weiter angeblich ihren alten Bräuchen nachhängen sollen, das ja! Gerade jetzt wütet in Spanien die Inquisition gegen diese Abtrünnigen und der Großinquisitor, Tomás de Torquemada heißt er, bringt sie reihenweise auf den Scheiterhaufen oder lässt sie in den Kerker werfen. Isabella und Ferdinand von Spanien sollen sich dabei eine ganz gute Einnahmequelle erschlossen haben, munkelt man und auch das Kloster des Inquisitors soll dabei nicht zu kurz kommen. Mauren und Juden, ja, aber Hexen – nein!«, schüttelte der Fuhrmann den Kopf.

»Und wie sieht es woanders aus?«, wollte ein anderer wissen.

»Das ist ganz verschieden. Es gibt auch in Frankreich weite Gegenden, wo das Hexenwesen scheinbar unbekannt ist. Aufgefallen ist mir jedoch Folgendes: Je näher du dem alemannischen Sprachraum kommst, desto schlimmer scheint es zu werden. Ganz arg ist es inzwischen in der Konstanzer Diözese, hier gibt es, wo du hinkommst, bald kein anderes Gespräch mehr. Meistens ist es Wetter- oder Schadenszauber, der ihnen zur Last gelegt wird. Aber man muss zugeben, in den letzten Jahren hatten wir auch mehr Unwetter und Missernten als früher.«

»So ein Blödsinn«, schrie der Grünwalder, »nur, weil man in Spanien noch nichts von dem Gesindel weiß, heißt das noch lange nicht, dass es keine Hexen gibt!«

»Habe ich etwas anderes behauptet?«, erwiderte der Veit ruhig. »Du hast mich etwas gefragt und ich habe dir darauf geantwortet, so gut ich es weiß!« Der Fuhrmann erhob sich und warf eine Münze auf den Tisch. »Ich gehe jetzt heim, muss wieder einmal ausschlafen!«

»Was hältst denn du davon?«, wollte Hans auf dem Nachhauseweg von seinem Schwager wissen.

»Ich weiß es nicht. Irgendetwas wird schon an der Sache dran sein. Es gibt kaum jemanden, der nicht daran glaubt. Die weltliche Obrigkeit fordert Untersuchungen, weil die Leute danach schreien und auch der Papst selbst scheint seinen Segen dazu gegeben zu haben. Ich denke, so viele studierte Leute mitsammen unserer Obrigkeit können nicht irren und haben bestimmt alles genau bedacht.«

»Weißt du, was das noch gibt?«, fragte Hans nach einer Weile in die Dämmerung. Er erwartete aber keine Antwort. »Hast du den Grünwalder beobachtet? Er war nicht der Einzige, der dieses sonderbare Irrlichtern in den Augen hatte. Bis jetzt habe ich geglaubt, der Grünwalder sei ein eigentlich ganz passabler Kerl. Mein lieber Schwager, hüte dich vor solchen Leuten. Wenn sie von etwas überzeugt sind, kannst du reden, was du willst, sie werden nur ihre eigene Meinung gelten lassen, die nicht einmal ihre eigene ist, denn dafür sind sie zu dumm. Wenn solche wie der Grünwalder glauben, ihre eigene Frau oder Mutter seien Hexen, werden sie nicht eher ruhen, bis sie auf dem Scheiterhaufen sind. Mit ihrem verbohrten Fanatismus stecken sie andere an, weil sie endlich eine Erklärung für alles Elend der Welt gefunden haben, und das ist das eigentlich Gefährliche. Ich bin zwar nur ein einfacher Handwerker und kenne neben den Zehn Geboten kaum Gesetze, aber was dieser Inquisitor von der Kanzel verkündet, ist eine einzige große Sünde!«

Auch Els Frauendienst hielt mit ihrer Meinung nicht hinter dem Berg und meinte, wenn sich eine Frau mit einem so abscheulichen Gesellen einlassen würde, müsste sie es schon arg nötig haben und sie möchte die Mutter sehen, die ihr eigenes Kind auskochen und zu einer Salbe verarbeiten würde. Anders als ihrem Mann entgingen ihr dabei die misstrauischen Blicke und dass niemand darauf antwortete, wertete sie als Zustimmung.

5. KAPITEL

Nach zwei Wochen war Institoris so weit. Es lagen nun eine Reihe von Verdachtsanzeigen vor. Am liebsten hätte er gleich ein abschreckendes Exempel statuiert. Aber er war sich noch nicht schlüssig, wie er genau vorgehen sollte und beschloss mit der Person zu beginnen, bei der die meisten Anzeigen vorlagen. Und das war Agnes Bader. Sie war Magd in der nicht besonders gut beleumundeten Badestube eines Verwandten, und man sagte ihr nach, sie verstünde mehr als nur Haareschneiden und Rasieren. Persönlich hatte er sie bisher noch nicht kennen gelernt, aber er war sich sicher, hier auf der richtigen Spur zu sein.

Bruder Heinrich bückte sich nach seiner Tasche neben seinem Stuhl und legte sie auf den Tisch. Seit er mitten in einem Verfahren im Elsass einen neugierigen Ratsherren dabei ertappt hatte, wie dieser in den Papieren herumwühlte, ließ er seine Aufzeichnungen und Notizen nicht mehr unbeaufsichtigt herumliegen. Das Risiko war einfach zu groß, dass Verdächtige gewarnt werden könnten und zu entwischen versuchten.

Nachdem er gestern Abend im Turm die Leiter in seine Kammer gezogen hatte, war er noch lange im Schein einer Kerze mit der säuberlichen Auflistung der Anschuldigungen gegen sie beschäftigt, und er legte sich erst ins Bett, als diese herab gebrannt und der Weinkrug leer war. Zufrieden überflog er nun im Rathaus das Blatt Papier vor ihm und ein selbstgefälliges Lächeln huschte über sein Gesicht. »Die entkommt mir nicht, die gehört mir«, murmelte er, »das ist so sicher wie das Amen in der Kirche!«

»Agnes Bader«, las er, »Alter: vierundvierzig Jahre, Badermagd, unverheiratet. Ihr Auftreten ist eher dem Wesen eines Mannes denn dem einer Frau zuzuordnen. Hat ein loses Mundwerk und macht öfters geheimnisvolle Andeutungen. «

Er überflog seine weiteren Anmerkungen und blieb dann bei den einzelnen Zeugenangaben hängen, die er durchnummeriert hatte:

»1.Gertraud Holberin: Sie hat den bösen Blick, mir hat sie im Streit immer auf den Bauch gestarrt, drei Tage später erlitt ich eine Fehlgeburt.

2. Herrman Guldiner: Ihm hat ein junges Mädchen die Geschlechtsteile weggehext. Er war mit ihr verbandelt, wollte sich aber von ihr trennen. Erst als er sie würgte und sie schon blau im Gesicht war, fuhr sie ihm mit der Hand zwischen die Beine und plötzlich war sein Geschlecht auf wundersame Weise wieder da. Er behauptet, das Wissen dazu könne nur von der Baderin stammen.

3. Martin Holzhus: Ihm hat sie einen Blitz in die Scheune geleitet. Während eines Gewitters ist sie an seinem Haus vorbeigegangen und im gleichen Augenblick hat es eingeschlagen.

4. Friederich Freyberger: Er sagt dasselbe aus, nur hat bei ihm der Blitz das Haus getroffen.

5. Agath Wieserin: Sie hat beobachtet, wie sie während eines Gewitters unter der großen Buche auf der Kuppelnau gestanden habe. Rundherum habe es geschüttet, aber rund um den Baum und ein paar Fuß weiter sei kein einziger Tropfen auf den Boden gekommen.

6. Hubert Wagenseil: Er hat sie öfters des Nachts beobachtet, wie sie in den Wäldern herum gestrichen sei. Das zu Zeiten, in denen normale Christenmenschen im Bett liegen. Er gibt auch an, einmal

einen Mann mit einer langen Feder am Hut mit ihr gesehen zu haben. Als er näher kam, verschwand der Mann auf geheimnisvolle Weise, als ob er sich in Luft aufgelöst habe. Gleich darauf sei ein Wetter aufgezogen. Er ist sicher, dass es der Teufel war und die beiden ihre Wut ausließen, weil sie fleischliche Unzucht treiben wollten und gestört worden seien.

7. Margaret Seif: Sie selbst sei mit schweren Krämpfen im Hüftbereich im Bett gelegen und man habe die Agnes Bader geholt. Die habe ihr einen Tee gemacht, aber nicht gesagt, aus welchen Zutaten sie ihn gebraut habe. Die Krämpfe seien aber nicht schwächer, sondern im Gegenteil so heftig geworden, dass sie geglaubt habe, sterben zu müssen. Erst nachdem sie auf Anraten einer Nachbarin einen Becher Wasser mit viel geweihtem Salz getrunken habe, wollte der Teufel nicht mehr in ihrem Körper bleiben. Sie hätte sich übergeben und ihn damit ausgespuckt und gleich darauf sei ihr besser geworden.

8. Katharin Hinang: Nachbarin, bestätigt dies.

9. Elsa Köpfle: Ebenfalls Nachbarin, bestätigt ebenfalls. Hat es von den beiden erfahren.«

Institoris hielt einen Moment inne, überlegte kurz und griff dann zum Federkiel. Geht niemanden etwas an, jedenfalls vorläufig, woher sie das weiß, dachte er bei sich und strich den letzten Satz.

»10. Andreas Kuntzer: Besucher der Baderstube. Sagt, sie habe junge Burschen verhext, mit ihr zu schlafen. Freiwillig hätte das niemand gemacht. Auch er sei plötzlich bei ihr im Bett gelegen und wüsste nicht, wie er da hinein gekommen sei.

11. Bartholomäus Dopfer, Heinrich Schlohmaser, Georg Nachtmann bestätigen dasselbe.

12. Mathild Hellengerst, Gertraud Römelin: Beide haben sie auf der Kuppelnau gesehen, wie sie am Boden gehockt sei und mit etwas herum gerührt habe. Gleich darauf sei ein Gewitter aufgezogen.

13. Borromäus Steitling: Hat sie ebenfalls mehrfach auf der Kuppelnau unter der Buche gesehen.«

Institoris zog ein zweites Blatt aus dem Stapel.

»Anna Mindelheimer«, las er, »ledig, haust in einem Verschlag in der Unterstadt. Lebt von Gelegenheitsarbeiten. Alter: um die sechzig. Bezahlt vier Schilling Miete jährlich. Steueraufkommen: Drei Schilling.«

Punkt für Punkt ging er die einzelnen Anzeigen durch und verglich sie mit denen gegen die Baderin. Wo er Übereinstimmungen fand, zeichnete er auf beiden Blättern unter die jeweilige Nummerierung einen dicken Strich. Nach einer Weile lehnte er sich zufrieden zurück. Auch die Mindelheimerin wurde von fünf Zeugen auf der Kuppelnau gesehen.

6. KAPITEL

An der verschlossenen Türe knallte laut und wuchtig der mit einem kleinen Eisenring eingefasste Schlegel auf das Holz, wo er schon durch den häufigen Gebrauch eine tiefe, zerfranste Delle hinterlassen hatte.

»Es ist noch zu, wir machen erst am späten Nachmittag auf!«, kam es unwillig von innen.

»Sollen wir hier im Regen ersaufen?«, fragte eine Männerstimme von draußen.

»Ich habe gesagt, wir haben noch geschlossen! Hörst du schlecht?« Agnes Bader war gerade dabei, in der Badestube die Asche aus dem mächtigen Ofen zu räumen und frisches Holz aufzuschlichten. Sie hörte, wie vor der Türe halblaut getuschelt wurde.

»Mit der ist nicht gut Kirschen essen«, flüsterte der eine der beiden Männer, »die hat Haare auf den Zähnen. Wir müssen schauen, dass sie keinen Verdacht schöpft. Notfalls verprügelt die uns beide!«

»Wieso kommen wir dann nur zu zweit hierher?«, fragte der andere.

»Der Ammann Sunthain hat uns keinen dritten Mann zugestanden und gemeint, wir würden doch zu zweit mit einem Weib fertig werden. Ich habe ihm gesagt, mit wem wir es zu tun haben und dass die Baderin selbst den stämmigsten Kerl auf die Straße hinaus wirft, wenn er besoffen oder sonst wie lästig ist. Aber er hat nur den Kopf geschüttelt und mich angefahren, wir seien alle zusammen nichts als

Waschlappen! Ich konnte ihm wenigstens noch den Vorschlag des Inquisitors ausreden, der gefordert hatte, sie auf unseren Schulten zu tragen oder in einen Korb zu stecken!«

»Wieso denn das?«

»Solange eine Hexe noch ein Bein auf die Erde bekommt, soll sie angeblich noch über Zauberkraft verfügen. Aber der Sunthain hat dann doch eine Weile überlegt und ihm dann entgegengehalten, er selbst habe gesagt, Zauberer hätten in der Gewalt der öffentlichen Ordnung keine Macht mehr.«

»Steht ihr immer noch da herum? Schaut, dass ihr verschwindet!«, kam es resolut von innen, während ein paar Holzscheite dumpf auf den Boden polterten.

»Wir machen es nicht dienstlich«, flüsterte der größere der beiden.

»Agnes, mach auf! Ich bin es, der Josef.«

»Welcher Josef?«, kam es mürrisch zurück.

Die Stimme kam ihr bekannt vor, aber sie konnte sie niemandem zuordnen und Josefs kannte sie weiß Gott wie viele.

»Der Josef Elger.«

»Was, der Stadtbüttel?«, fragte sie erstaunt und die beiden hörten ihre schweren Schritte zur Türe hin.

Der Riegel fuhr zurück und vor ihnen stand Agnes Bader, die die beiden misstrauisch musterte. »Ihr kommt gleich zu zweit? Was habe ich denn verbrochen?«

Jetzt nur ganz ruhig bleiben, dachte der Elger, sie darf keinen Argwohn schöpfen, weil wenn sie nicht freiwillig mitkommt, haben wir ein Problem! »Das ist mein Mitarbeiter, der Arnold Wilheim«, sagte er und versuchte dabei ein freundliches Lächeln, das aber in einem verzerrten Grinsen hängen blieb.

Wilheim sah erschrocken auf die massige Gestalt, die sich vor ihnen aufbaute: Die Bademagd war ein vierschrötiges Weib mit einem fast rechteckigen Schädel, der durch den mit zu einem Kranz geflochtenen Haar und dem Kopftuch eher noch größer wirkte, als er wohl in Wirklichkeit war. Er schätzte, dass es drei Männerhände brauchen würde, um einen ihrer Oberarme zu umfassen und jeder ihrer Oberschenkel musste sicher die Ausmaße eines mittleren Baumstammes haben.

Während sie ihre gewaltigen Pranken an der Schürze abwischte, begannen ihre Augen angriffslustig zu funkeln. »Also, raus mit der Sprache! Was wollt ihr von mir?«

»Nichts Besonderes. Nur der Ammann Sunthain möchte dich kurz sprechen«, antwortete Elger unsicher.

»Was will denn der von mir?« Ihre Augen wurden ganz schmal.

»Ich weiß es nicht genau, aber soviel ich mitbekommen habe, handelt es sich um eine Anzeige von einem Kunden, den du auf die Straße gesetzt hast und der behauptet, seine Kleidung sei dabei kaputtgegangen«, log der Büttel aufs Geratewohl.

»Ach so«, sagte Agnes erleichtert, »das wird wohl der Michael, ich weiß nicht, wie der noch heißt, gewesen sein. Dem traue ich das zu. Aber der soll sich noch einmal hierher wagen, der kann dann was erleben. Dann ist mehr als sein Gewand kaputt!«

Die beiden Büttel lachten und atmeten erleichtert auf. »Ja, ja, ich glaube auch, der ist es«, beeilte sich Josef Elger zu versichern.

»Dann schaue ich am Nachmittag vorbei«, sagte Agnes und wollte wieder in die Badestube verschwinden.

»Nein, nein, das geht nicht«, fuhr aufgeregt der Wilheim dazwischen, »wir haben den Befehl, du sollst jetzt sofort mit uns mitkommen!«

»Der Sunthain ist am Nachmittag gar nicht da!«, setzte sein Vorgesetzter eilig nach.

»Glaubt ihr wirklich im Ernst, ich laufe in Begleitung von zwei Bütteln durch die halbe Stadt? So weit kommt es noch, dass sich alle das Maul über mich zerreißen. Ihr könnt euch alle beide auf den Kopf stellen, aber das mache ich nicht!«

Der Elger begann zu schwitzen und dachte lieber nicht daran, was das für ein hämisches Gerede geben würde, wenn sie ohne die Baderin zurückkommen sollten.

»Hahaha, nicht einmal mit einen Weib werden unsere Stadtbüttel fertig«, hörte er sie schon hinter seinem Rücken tuscheln und die anzügliche Fragerei würde kein Ende nehmen.

Er überlegte einen Moment. »Sicher, Agnes, das wollen wir ja auch nicht«, sagte er dann, trat einen Schritt vor und machte mit beiden Händen eine beschwichtigende Geste, »da finden wir schon eine Lösung. Wir gehen voraus und du folgst uns ein Stück weit hinten nach. Bist du damit einverstanden? Es ist einfach so, dass der Sunthain am Nachmittag nicht da ist!«

»Wenn es so ist, dann möchte ich euch keine unnötigen Scherereien machen. Ich sperre nur kurz zu. Wartet einen Augenblick, ich bin gleich fertig!«

Zwar wunderte sich Agnes, dass sie nicht in das Zimmer des Ammanns, sondern in den kleinen Sitzungssaal des Rathauses geführt wurde, aber sie dachte sich nichts Besonderes dabei.

»Warte hier!«, befahl Josef Elger. »Wir holen den Herrn Sunthain.« Mit dem Kopf bedeutete er dem Wilheim, den Ammann über die Ankunft zu benachrichtigen. Auch er selbst verließ dann den Raum, blieb aber vor der Türe stehen.

Agnes war gelassen, schließlich war es nicht die erste Anzeige. Aber eigentlich kam es eher selten vor, da sich die meisten Männer schämten, von einer Frau auf die Straße geworfen zu werden und dies auch noch mehr oder weniger öffentlich kundzutun. Neugierig betrachtete sie den kunstvollen Ofen mit den Figuren auf der rechten Seite und war gerade dabei, sich die Bilder in den Butzenscheiben genauer anzusehen, als der Ammann zusammen mit dem Bürgermeister eintrat.

Während sich die Türe öffnete, erhaschte sie einen winzigen Blick nach draußen und sah, dass sich dort plötzlich vier Büttel postiert hatten.

»Was soll das bedeuten?«, schrie sie die beiden Männer an.

»Beruhige dich«, antwortete Konrad Gäldrich, »wir haben nur ein paar Fragen!«

»Was, wegen ein paar zerrissenen Kleidern kommt sogar der Bürgermeister und lässt den Raum bewachen, als ob er es mit einem Schwerverbrecher zu tun hätte?«

Sunthain und Gäldrich sahen sich verständnislos an. »Zerrissene Kleider?«

»Der Elger hat gesagt, es liege eine Anzeige wegen zerrissener Kleidung von einem gewissen Michael vor!«

In diesem Moment ging die Türe abermals auf und herein trat ein Dominikanermönch mit einem Packen Papieren unter dem Arm. Er blieb kurz vor ihr stehen und sah sie mit stechenden Augen an, sprach aber kein Wort.

Agnes hielt seinem Blick stand. Mit einem Male wurde ihr schwindlig und alles begann sich um sie zu drehen. Jetzt erst erkannte sie ihn wieder. Es war der Prediger von Liebfrauen! Aus ihrem Gesicht war alle Farbe gewichen, zitternd stand sie mit geschlossenen Augen im Raum und sie spürte es förmlich, wie sie von den Männern angestarrt wurde. Sie hörte das Raunen, konnte aber in ihrer Aufregung nichts verstehen.

»Wo ist der Notar?«, schnarrte Institoris, während er seine Papiere auf den Tisch legte und säuberlich zurechtrückte.

»Er ist schon unterwegs«, antwortete der Ammann.

»Ihr habt mich hereingelegt!«, fing Agnes zu schreien an, die nun wieder langsam einen klaren Gedanken fassen konnte. Das Blut schoss ihr in den Kopf und aus ihren großen Händen wurden gewaltige Fäuste.

So leicht kriegt ihr mich nicht, dachte sie, drehte sich langsam um und fixierte aus den Augenwinkeln die Saaltüre. Mit dem Mut der Verzweiflung nahm sie einen Anlauf, kam aber kaum drei Schritte weit.

»Packt sie!«, rief der Bürgermeister aufgeregt den Bütteln zu.

Zwei der Männer stürzten sich auf die Magd und versuchten sich an ihren Armen festzuklammern. Agnes riss ihren linken Ellbogen in die Höhe und stieß ihn einem der Büttel unter das Kinn, der darauf mit einem Schmerzensschrei von ihr abließ. Geschickt nutzte sie den Vorteil und stieß den anderen hinüber zum Ofen. Der größte von ihnen sprang von hinten auf ihren Rücken, klammerte sich mit beiden Armen um ihren Hals und versuchte seine Beine um ihre Oberschenkel zu schlingen.

Keuchend wollte sie ihn über den Kopf hinweg auf den Boden schleudern, aber der Büttel hing wie eine Zecke an ihr. Agnes holte tief Luft und ließ sich nach hinten fallen und begrub ihn unter ihrem bulligen Körper, während der Vierte unentschlossen mit einem Seil um sie herum sprang. Der Wilheim wollte sich auf sie werfen, sie aber zog blitzschnell ihre Beine an und trat ihm in den Bauch, worauf dieser im hohen Bogen rückwärts flog und auf dem Hosenboden durch den Saal schlitterte.

»Vier Männer werden doch mit einem Weib fertig werden!«, schrie Gäldrich in den Tumult, während sich die Büttel wieder gesammelt hatten und sich erneut mit Geschrei auf sie warfen.

Johannes Gremper öffnete die Türe nur einen Spalt weit und zog sie aber gleich wieder zu, als er das Durcheinander sah. Erst als es drinnen wieder ruhiger wurde, spähte er wieder hinein, wartete dann aber vorsichtshalber noch eine Weile, bevor er den Saal betrat.

Inzwischen stand Agnes Bader schwer atmend und an Händen und Füßen gefesselt vor dem U-förmigen Richtertisch.

Josef Elger wischte sich das Blut von der Nase, während Institoris, Gäldrich, Gremper und Sunthain auf den Stühlen Platz nahmen.

»Ihr könnt jetzt die Anna Mindelheim verhaften«, wies flüsternd der Bürgermeister den Oberbüttel an, »mit der werdet ihr wohl eher fertig. Richtet auch gleich die Zellen im Turm her!«

»Achtet darauf, dass die Frauen nichts voneinander wissen, keinen Kontakt miteinander haben und sich nicht gegenseitig absprechen können. Schaut also, dass sie im Turm weit genug auseinander liegen!«, befahl der Notar.

Anna Mindelheim brachte zuerst keinen Ton heraus, als Josef Elger und Arnold Wilheim gebückt durch den Eingang zu ihrem Verschlag traten und sie im Namen des Gesetzes zum Mitkommen aufforderten.

Noch nie in ihrem Leben hatte sie mit der Obrigkeit etwas zu schaffen gehabt. Sie war ein altes, schrumpeliges Weiblein mit einer großen, gebogenen Nase, die dem kleinen Gesicht etwas Raubvogelhaftes verlieh. Ihre Kleidung bestand mehr oder weniger aus aneinander genähten Flicken und aus dem linken ausgelatschten Schuh lugten die Zehen heraus.

»Wieso soll ich mitkommen?«, fragte sie nach einer Weile mit angstzitternder Stimme.

»Du sollst einem Fuhrmann die Rösser verhext und Wetterzauber verübt haben«, antwortete der Elger, »aber das werden dir die Herren schon genauer sagen.«

»Fessle sie!«, befahl er dann seinem Gehilfen.

Bereitwillig hielt die Mindelheimerin dem Büttel die Hände hin, der sie mit einem Strick zusammenband und dann das Seil verknotete.

»Stimmt es, dass du zaubern kannst?«, wollte der Wilheim von ihr wissen, während sie durch den Dreck der noch vom letzten Regen aufgeweichten Straße dem Grünen Turm zugingen.

Anna schüttelte wortlos den Kopf.

Überall kamen die Leute aus den Häusern und Hütten, einige starrten die alte Frau böse an, andere tuschelten miteinander, eine besonders Neugierige wollte gerade aus dem Obergeschoss ihren Nachttopf auf die Straße leeren, setzte diesen aber auf dem Fenstersims ab und kam die Treppe heruntergerannt, um sich die Unholdin möglichst aus allernächster Nähe anzusehen.

In Windeseile sprach es sich herum, dass die Mindelheimerin als Hexe enttarnt worden sei und nun ins Gefängnis geworfen würde.

»Ich habe es immer schon gewusst«, flüsterte eine der Nachbarinnen.

»Auch ich habe es schon lange vermutet«, antwortete die andere.

Ein Hund jagte ein paar Hühner um ein Hauseck, aber niemand hatte einen Blick dafür übrig.

»Kennst du die Geschichte von der Katze?«, fing die eine Frau wieder an, wartete aber keine Antwort ab, sondern sprach gleich in verschwörerischem Ton weiter. »Das soll so gewesen sein: Die Stärin hatte einen Topf mit Milch auf dem Tisch stehen, als eine schwarze Katze zur Tür hereinkam, auf den Tisch sprang und sich über die Milch hermachte. Die Stärin wollte sie verscheuchen, aber die Katze sah sie nur ganz frech an. Sie hat dann ihren Schuh genommen und nach ihr geworfen, erst dann ist die Katze fauchend vom Tisch gesprungen, aber als sie sich wieder umdrehte, war das Tier schon wieder oben bei der Milch. Die Stärin ist darauf ganz wütend geworden und hat nach dem Besen gelangt und mit dem Stil auf die Katze eingeschlagen und sie auch am Kopf erwischt. Diese hat sie aber mit glühenden Augen angesehen und ist mit lautem Fauchen zur Türe hinaus. Fast im gleichen Augenblick ist aber die Mindelheimerin schreiend aus ihrer Hütte gesprungen, an ihren Armen und Händen hatte sie blaue Flecken und am Kopf ein paar große Beulen. Sie hat dann behauptet, die Holzbeige sei umgefallen. In Wirklichkeit aber hat sie sich in eine Katze verwandelt und wollte in deren Gestalt Milch stehlen, weil sie selber nichts mehr zu essen gehabt hat. Aber um sich wieder in menschliche Gestalt zu verwandeln, musste sie wieder in ihre Hütte zurück, auf der Straße konnte sie es ja nicht machen, das hätte womöglich jemand gesehen!«

Anna Mindelheimer wäre am liebsten im Boden versunken. Es tat weh, in die Augen von Leuten sehen zu müssen, mit denen sie noch vor kurzem arglos geplaudert hatte und in denen nun der blanke Hass stand.

»Stimmt das mit den Pferden?«, fragte der Wilheim neugierig, aber Anna hörte ihn nicht.

Wer sie wohl angezeigt haben mochte?

Ihr fiel nur der Ambros Güttelin ein. Der war Fuhrmann und ihm waren nacheinander dreiundzwanzig Pferde eingegangen. Als er mit seinem letzten Geld das vierundzwanzigste kaufte, hatte er zu ihr gesagt, wenn sie ihm auch noch dieses verhexe, würde er sie mit seinen eigenen Händen umbringen.

Sie selbst hatte es schon längst aufgegeben, ihn davon zu überzeugen, dass sie keine Hexe sei und ging ihm so gut es ging aus dem Wege. Als sie einmal zu ihm sagte, vielleicht solle er einfach seine Pferde besser behandeln, wäre er handgreiflich geworden, wenn sie nicht schleunigst das Weite gesucht hätte.

Aber wer soll sie wegen Wetterzauber angezeigt haben? So sehr sie auch nachdachte, ihr fiel niemand ein.

Anna empfand es beinahe als Erleichterung, als sie beim Gefängnisturm angelangt waren und der Wärter die dunkle, muffig riechende Zelle aufsperrte. »Könnt ihr mir …?« Beinahe flehend hielt sie dem Elger ihre Fesseln entgegen.

Dieser nickte und deutete dem Wilheim, ihr die Stricke abzunehmen. Die Zelle war frisch mit Stroh eingestreut, in der Ecke stand ein Kübel für die Notdurft, an der Wand war ein schwerer Eisenring eingelassen und hoch oben fiel ein wenig Licht durch ein winziges Fenster. Schwer schlug die Türe zu und polternd wurde der Riegel vorgeschoben.

Anna kauerte sich in eine Ecke und versuchte, über ihre Lage nachzudenken. Sie musste sich dazu zwingen, in ihre wirr durcheinander flirrenden Gedanken eine gewisse Ordnung zu bringen: Wie kommen die nur auf mich? Wer hat mich angeschwärzt? Und warum?, hämmerte und pochte es in ihrem Kopf. Mit einem Seufzer lehnte sie sich zurück an die kalte Wand und starrte nach oben in die graue Dämmerung. Wäre sie nur nicht in diese Stadt gekommen.

Ach was, dachte sie dann, woanders hätte es dir genau so ergehen können. Oder vielleicht noch schlimmer.

Als junges Mädchen hatte sie die Bekanntschaft eines fahrenden Händlers gemacht, der ihr gesagt hatte, er würde in Ravensburg einen alten Mann kennen, der allein stehend sei und dringend eine Magd suche. Das wäre doch bestimmt etwas für sie und allemal besser, als hier auf dem Land zu versauern. Es schilderte ihr das Stadtleben in schillernden Farben und bereits ein paar Tage später wurde sie bei dem Mann vorstellig. Es war ein vornehmes Haus, jedenfalls schien ihr das so, sicher aber war es kein Vergleich zu der alten und halbverfallenen Hütte ihrer Mutter.

Was sie erst später erfuhr, war, dass der Händler für die Vermittlung Geld bekam.

Sie wurde auch nicht stutzig, als sie der Mann, der sich als Gebhard Grüler vorstellte, lauernd ansah und fragte, ob sie hier in der Stadt nähere Verwandtschaft oder Bekannte habe. Als sie verneinte, meinte er, sie könne sofort bei ihm anfangen. Der Haushalt war verwahrlost und es hatte einige Tage Arbeit gebraucht, bis die Behausung wieder halbwegs bewohnbar aussah. Gebhard Grüler war immer schlecht gelaunt und je länger sie bei ihm war, desto mürrischer und heimtückischer wurde er. Zum Einkaufen zählte er das Geld Münze für Münze ab und es geschah mehr als einmal, dass es nicht reichte und er sie dann beschimpfte, sie sei eine Betrügerin und würde das Geld heimlich auf die Seite schaffen. Auf dem Markt wurde sie unverhohlen gefragt, wie lange sie es beim Grüler aushalten würde.

»Länger als drei Monate war noch keine bei dem«, lachte eine Frau und warf der Marketenderin einen anzüglichen Blick zu. Nach ein paar Wochen begann er aufdringlich zu werden und versuchte bei jeder Gelegenheit, sie mit seinen gichtigen Fingern zu begrapschen.

Auch legte er sich ins Bett, zog die Decke bis unter sein Kinn und rief nach ihr, er habe Bauchschmerzen. Als sie nach ihm sehen wollte, schlug er die Zudecke zurück und lag splitterfasernackt da. Nur mit Mühe konnte sie sich seinem Griff entwinden. In ihrer Kammer stellte sie einen Stuhl vor die Türe und als dieser einmal nachts umfiel, griff sie nach dem bereit liegenden Haselnussstecken und schlug blindlings in die Dunkelheit, worauf er mit einem lauten Aufschrei aus der Kammer verschwand. Mit heimlicher Genugtuung sah sie am Morgen die Beule an seinem Kopf und den riesigen blauen Fleck an seiner rechten Hand. Um seinen Geschlechtstrieb zu dämpfen, sorgte sie dafür, dass er genügend Weidenrindentee zu sich nahm, und erklärte ihm, dass dieser Sud schon den Anfang einer Krankheit bekämpfen würde und wenn die Leute vor zwei Jahren genügend getrunken hätten, wären sie auch von der Pest verschont geblieben. Nach einiger Zeit fing er an zu maulen, der Tee würde ihm zum Halse heraushängen, worauf sie nach und nach den Samen des Bilsenkrautes dazu mischte. Davon konnte er dann nicht genug bekommen. Tagelang saß er nun neben seinem Krug und stierte mit glasigen Augen vor sich hin. Hie und da gab er ihr ein paar Münzen als Lohn, aber am Geld war ihr nicht sonderlich gelegen, für sie war die Hauptsache, genügend zu essen zu haben. Als der alte Grüler eines Morgens tot im Bett lag, weinte sie ihm keine Träne nach. Seine Erben verkauften das Haus und als sie die Wohnung nach Wertsachen absuchten, fanden sie kein einziges Geldstück, das etwas Wert besaß. Sie wollte ihren ausstehenden Lohn geltend machen, erhielt aber zur Antwort, sie habe wahrscheinlich schon genug gestohlen und sie solle verschwinden, solange sie es sich nicht noch anders überlegten. Ihre ersparte Barschaft reichte gerade, um sich in der Unterstadt in einem Verschlag einquartieren zu können, in dem sie bis heute noch hauste. Insgeheim träumte sie von einem Mann und sie wäre sicher nicht wählerisch gewesen und hätte sich anfangs auch mit einem armen Handwerker, später sogar mit einem Abdecker zufrieden gegeben. Als sie auf die Mitte dreißig zuging und immer noch Jungfrau war, gab sie die Hoffnung auf. Ihren Lebensunterhalt bestritt sie mit Gelegenheitsarbeiten, hie und da fiel auch etwas für sie ab, wenn sie eine Verbrühung besprach, Warzen weg betete oder bei Menstruationsschmerzen mit einem Sud aus Frauenmantel, Gänsefinger- und Johanniskraut half.

Jetzt lag sie hier in diesem finsteren Loch und wusste eigentlich nicht einmal genau, warum.

Draußen auf dem Gang wurde offensichtlich jemand in seine Zelle geführt. Männerstimmen fluchten durcheinander und eine weibliche Stimme schrie aus Leibeskräften, sie sei unschuldig und wolle da nicht hinein.

»Sie hat mich in die Hand gebissen!«, schrie einer auf.

Dann fiel die Zellentüre krachend zu und der Riegel wurde vorgeschoben.

Sie hörte, wie dann die Schritte näher zu ihr her kamen und Annas Herz begann wie rasend zu schlagen.

»Komm mit«, sagte der Elger, »du bist dran!«

7. KAPITEL

Schwer stampften die beiden Büttel die lehmige Straße herauf. Thonius wollte gerade mit dem Bierkrug zur Türe hinaus und zurück in die Werkstatt seines Großvaters, als er die Männer sah, die auf das Haus zu hielten. Ängstlich trat er wieder zurück. »Großmutter, da kommen zwei Männer«, rief er nach hinten.

»Wer ist es denn?«

»Ich weiß es nicht. Aber sie schauen böse!«

Gleich darauf klopfte es und ohne eine Antwort abzuwarten traten die Büttel über die Schwelle. »Seid Ihr Elisabeth Frauendienst?«, fragte der Größere.

Els nickte verdutzt und sah die beiden mit großen Augen an.

»Wir müssen Euch verhaften«, sagte der Elger.

»Mich verhaften? Wieso? Warum? Was habe ich denn getan?«, stotterte sie.

Thonius hatte den Krug auf dem Boden abgestellt und war zur Türe hinaus gewischt. »Großvater, Großvater«, schrie er aufgeregt, »sie wollen die Großmutter mitnehmen!«

Hans ließ den Hammer sinken und sah den Knirps über den Amboss hinweg an. »Wer will die Großmutter mitnehmen?«

»Ich weiß es nicht. Zwei Männer sind da! Komm, aber schnell!«

Hans warf das glühende Eisenstück in den Wasserkübel und rannte, den Hammer noch in der Hand, hinter seinem Enkel her. In der Küche saß seine Frau auf einem Schemel, während einer der Büttel damit beschäftigt war, ihre Hände zu fesseln. Els' Schultern bebten und als er die Tränen in ihrem Gesicht sah, verlor er die Beherrschung und er hob drohend den Hammer.

Der Elger war an die Wand zurückgewichen und war kalkbleich, der Wilheim sprang auf und streckte abwehrend die Hände aus. »Wir tun nur unsere Pflicht! Überleg dir, was du tust«, rief der Elger und der Wilheim nickte ängstlich.

»Hans, er hat Recht!«, rief Els schluchzend.

Hans ließ den Hammer zu Boden, kniete vor ihr nieder und nahm sie fest in die Arme. »Els, Els«, flüsterte er, »ich schwöre dir, ich hole dich da raus. So wahr ich Hans Frauendienst heiße, wenn sie dir auch nur ein Haar krümmen«, seine Stimme wurde nun etwas lauter, »dann lernen sie mich kennen!« Er strich ihr hilflos mit dem Handrücken über das Gesicht und erhob sich. »Eigenhändig bringe ich euch beide, den Inquisitor, den Gäldrich und den Sunthain um. Weswegen sie abgeführt wird, brauche ich wohl nicht zu fragen. Der Teufel soll diesen verdammten Institoris holen und ihn im letzten Winkel der Hölle einsperren. Den sollte man totschlagen wie einen tollwütigen Hund!«

»Mäßigt Euch, sonst müssen wir Euch auch noch festnehmen!«, rief der Wilheim, wich aber zurück, als der Schmied wieder nach seinem Hammer langte.

»Wir haben nichts gehört, nicht wahr, Wilheim?«, warf der Elger dann besänftigend dazwischen.

Sein Helfer nickte.

»Ich gehe mit!«, sagte Hans, der sich seiner Tränen nicht schämte, die glitzernde Streifen über seine rußgeschwärzten Wangen zogen.

»Nein!« Els schüttelte energisch den Kopf, »ich glaube, du hast jetzt Wichtigeres zu tun!«

Sie sah ihn mit tränenverschleiertem Blick an. »Rede mal mit dem Ofenloch, ich meine dem Schwertfeger Hans Sunthain, der ist ja auch in eurer Zunft und er gehört ja auch zur Verwandtschaft. Dem und unserem Buben, dem Sebastian, hat es der Gäldrich ja auch mit zu verdanken, dass er damals den Unterlandvogt gefangen nehmen und einsperren konnte!«

Els beugte sich nach vorne und stemmte sich in die Höhe. »Gehen wir!«, befahl sie den Bütteln.

Hans trat zu ihr und fasste nach ihren gefesselten Händen. Dabei versuchte er, sie unverzagt anzulächeln, was aber misslang.

Draußen auf der Straße standen die Gaffer bereits in Reihen. Elisabeth sah weder nach links noch rechts, sondern hielt den Blick stur auf den Boden gerichtet. Sie wollte auch gar nicht sehen, wer sich da alles an ihrem Unglück weidete und manche von denen waren vielleicht später ganz froh, dass sie sich nicht mehr an sie oder ihn erinnerte, sollte sie unbeschadet aus der Sache herauskommen. Obwohl – und das hatte sie in den letzten Tagen mehrfach gehört – wenn jemand diesem Institoris in die Hände fiel, dessen Leben war kaum mehr einen Pfifferling wert. Alles in ihrem Inneren klumpte sich bei dem Gedanken an den finsteren Mönch zusammen.

Die beiden Büttel behandelten sie höflich und der Elger fragte mehrfach, ob ihr der Schritt angenehm sei, sonst würden sie langsamer gehen.

Oben im kleinen Sitzungssaal hatten die Schöffen an dem großen Tisch Platz genommen und sahen mit teilnahmslosen Mienen zu ihr herüber, während der Ammann die Anklageschrift verlas. Institoris tat so, als ob er aufmerksam seine Papiere studieren würde, sie bemerkte aber, wie er sie unter den Augenlidern immer wieder verstohlen musterte.

Als Klaus Sunthain fertig war, erhob sich der Inquisitor.

»Meine liebe Tochter«, begann er salbungsvoll, »du hast gehört, was gegen dich vorgebracht wird und welche schändlichen Taten dir zur Last gelegt werden.«

»Ich bin nicht deine liebe Tochter …«, hätte Els ihm am liebsten ins Gesicht geschrien, beherrschte sich aber und sah ihn gerade an.

»Der Schaden, den du mit deiner Zauberei angerichtet hast, über den wird das weltliche Gericht urteilen. Ich, Doktor Heinrich Institoris, bin nur beauftragt, herauszufinden, ob du eine Ketzerin bist.

Früher war es so, dass Ketzer einen falschen Glauben verkündeten, der nicht mit der Wahrheit der Mutter Kirche übereinstimmte. Seit einiger Zeit aber sind viele Gelehrte zu der Ansicht und Überzeugung gekommen, dass auch der Unglaube bei einem Getauften Ketzerei genannt werden muss. Wer aber mit Satan im Bunde steht, ist also nicht nur vom Glauben abgefallen, sondern er bekämpft ihn auch noch. Eigentlich ...«, er hielt einen Moment inne, um seinen Worten Nachdruck zu verleihen, »... eigentlich ist also so ein verdorbener Mensch noch schlimmer als ein Ketzer!« Er war nun ganz nahe an sie heran getreten und sie roch seinen fauligen Atem. »Gibst du also zu, mit Satan im Bunde zu stehen und Wetterzauber verübt zu haben?«

»Nein!«, antwortete sie mit fester Stimme.

»Es ist verständlich«, sagte der Mönch und wandte sich wieder an die Schöffen und den Bürgermeister, »das ist immer so. Ich habe noch keinen Fall erlebt, dass sie gleich zu Anfang reuig und geständig gewesen wären. Im Gegenteil, sie lügen das Blaue vom Himmel herunter und verstricken sich dabei in immer mehr Widersprüche und die Wahrheit kann erst unter der peinlichen Befragung ans Licht gebracht werden. Johannes Gremper, der ja beider Rechte, sowohl des kirchlichen als auch des weltlichen, kundig ist und hier als Notar bestellt ist, kann das sicher bestätigen.«

Er lächelte süffisant zu Gremper hinüber, der geschmeichelt nickte.

»Ich frage dich also noch einmal, diesmal noch ohne unangenehme Befragung: Gibst du zu, über zauberische Kräfte zu verfügen und mit den Dämonen im Bunde zu sein?«

Els schüttelte den Kopf.

»Bitte gewöhne dir an, hier vor Gericht mit Ja oder Nein zu antworten«, fuhr Institoris mit sanfter Stimme fort und es klang fast wie das Gurren eines Täuberichs, »weil wir sonst dich alle immer im Auge behalten müssen. Das aber kann zu Missverständnissen führen, und das wollen wir doch alle nicht?«

Am liebsten hätte sie ihm ins Gesicht gespuckt, wie er da vor ihr stand und sie mit kalten Augen hochmütig anlächelte.

»Ich habe keine weiteren Fragen mehr«, wandte er sich an den Richter Sunthain.

»Elisabeth Frauendienst«, der Ammann erhob sich, »du bist also nicht freiwillig geständig. Das ist dein gutes Recht. Unser Recht ist es aber auch, dich peinlich zu befragen. Wir werden also den Scharfrichter bitten, dir einmal die Folterwerkzeuge zu zeigen und zu erklären, damit du weißt, was auf dich zukommen kann. Führt sie nach draußen!«

Im Vorraum wartete der Scharfrichter, der eigentlich nicht einmal so Furcht erregend aussah, wie sie sich einen Henker vorstellte. Genauer gesagt, sie hatte auch gar keine Ahnung, wie so ein Vollstrecker aussehen könnte und obwohl es genug öffentliche Hinrichtungen in den letzten Jahren gegeben hatte, war sie noch nie bei einer solchen selbst dabei gewesen.

Es gab Leute, die von weit her kamen und sich kein einziges solches Spektakel entgehen ließen und die Wirtin vom »Wilden Stier« hatte einmal gesagt, so eine Hinrichtung sei besser als drei Primizen zusammen.

Els lief es eiskalt den Rücken hinunter bei dem Gedanken, dass ihr Tod Anlass zu einer riesigen Volksbelustigung sein könnte und sie schauderte bei der Vorstellung, wie sie unter Höllenqualen ins Jenseits befördert würde und sich die Leute auch noch daran ergötzten.

Beim Öffnen der schweren Türe zur Folterkammer schlug ihnen ein schauriger Gestank entgegen. In der Luft hing ein Gemisch aus saurem Schweiß, Fackelrauch, Urin, abgebrannten Holzkohlen und Erbrochenem.

»Das hier«, hörte sie wie durch einen Nebel den Mann neben ihr sagen, »ist meistens die erste Stufe.« Er deutete auf zwei senkrecht nebeneinander stehende Balken, die an ihrem oberen Ende mit einer dicken, runden Holzstange verbunden war. »Hier werdet Ihr mit einem Strick aufgezogen und dann ausgepeitscht. Wenn Ihr zu sehr strampelt und Euch wehren wollt, können auch unten die Beine festgebunden werden.«

An der Wand stand ein großer, mit Längsrillen einfach verzierter viereckiger Holzblock.

»Das ist die zweite Stufe«, hörte sie die Stimme, »das sind Daumenschrauben. Und falls die nichts nützen«, deutete er auf zwei flache Bretter, die innen mit eisernen Kappen bestückt waren und links und rechts ein Gewinde hatten, »das sind Spanische Stiefel, die sind auch sehr wirkungsvoll.«

Er zeigte auf einen eingelassenen Holzpflock auf der Außenseite. »Eine Erfindung von mir!«, sagte er stolz. »Weil wenn man mit dem Hammer auf das Brett selbst schlägt, geht es zu schnell kaputt. Außerdem ist es so schmerzhafter, da sich der Druck gleichmäßiger verteilt!«

»Hört auf!«, schrie Els. »Das ist ja entsetzlich!«

»Das hier ist eine Expansionsbank, die ist zum Strecken«, fuhr der Scharfrichter ungerührt weiter, »und das da«, er deutete auf eine große Rolle oben an der Wand, »das ist ein Elevator. Der dient zum Aufziehen. Meistens mit den Händen auf dem Rücken. Ist sehr unangenehm!«

Von einem Sims hob er eine Schlinge hoch. »Das da ist ein Capistrum. Das wird Euch umgebunden, wenn Ihr zu laut schreit und damit könnt Ihr auch den Knebel nicht mehr ausspucken! Wie Ihr seht, haben wir für alle Geräte vornehme Bezeichnungen!«

Els konnte nicht anders. Sie blieb stehen und sah dem Scharfrichter ins Gesicht. »Wie könnt Ihr einen solchen Beruf ausüben? Könnt Ihr nachts überhaupt schlafen?«

Der Henker blickte sie verständnislos an. »Wieso? Der eine ist Gerber, der andere Weber oder Metzger und ich bin eben Scharfrichter.«

Hans Frauendienst war in der Zeit nicht untätig geblieben. Seinem Enkel trug er auf, nach Hause zu laufen und seinem Vater aufzutragen, er solle so schnell wie möglich zu ihm kommen und er solle auch sofort seine Brüder benachrichtigen.

Kaum eine Stunde später saß er mit seinen Söhnen Sebastian, Matthias und Hans sowie seinen Schwiegersöhnen Heinrich Sunthain, Konrad Romayer und Caspar Licht in der Stube seines Hauses. Alle redeten durcheinander und Matthias hieb wütend auf den Tisch.

»Ruhe!«, rief der alte Hans, »wir müssen jetzt kühlen Kopf bewahren. Ich war gerade beim Ofenloch, der hat gemeint, wir bekommen die Mutter nur mit einer Bürgschaft frei.«

»Der Ofenloch, also mein Vater, ist doch der Bruder von Otto, der wiederum Pfarrer in Liebfrauen ist. Er ist schon zu ihm unterwegs und kommt dann auch hierher. Er hat gesagt, ich solle euch das ausrichten!«, warf Heinrich ein.

»Meinen Vater brauche ich gar nicht erst zu fragen«, sagte Caspar, »der ist ebenfalls mit dabei!«

Hans nickte und sah stolz auf seine eigenen Kinder und seine Schwiegersöhne. »Vergelte es euch Gott!«, sagte er leise.

»Das ist doch selbstverständlich«, antwortete Caspar, »wozu hat man schließlich Familie!«

Noch am späten Abend kam auch der Pfarrer Sunthain. »Ihr könnt auch mit mir als Bürgen rechnen. Ich will nicht unbescheiden sein, aber ein Kleriker gibt in diesem Fall ein besonderes Gewicht. Wir dürfen nur keine Zeit verlieren, weil ich gehört habe, dass Institoris plant, den Prozess so rasch wie möglich abzuschließen. Ich gehe gleich auf dem Rückweg beim Ammann vorbei und weihe ihn ein, dass wir morgen im Gerichtssaal auftauchen und eine Bürgschaft übernehmen. Zum Gäldrich sage ich lieber nichts, der rennt sofort aus Angst vor der Exkommunikation zum Inquisitor und erzählt ihm alles brühwarm. Das Ganze muss überraschend kommen, sowohl für Institoris als auch für den Bürgermeister.«

»Was hältst du von dem Inquisitor?«, wollte der Ofenloch von seinem Bruder wissen.

Der Stadtpfarrer verzog angewidert das Gesicht. »Er ist ein intellektueller Idiot, aber durch seine Tätigkeit verfügt er über weitreichende Verbindungen zu vielen einflussreichen Leuten und zu hohen und höchsten Stellen. Wir dürfen uns morgen auf keine langen Diskussionen mit ihm einlassen – seine Taktik ist die Verwirrung. Er wird versuchen, uns jedes Wort im Mund umzudrehen und in seinem Sinne auszulegen!«

Els lag tränenlos in ihrem Verlies und konnte keinen Schlaf finden. Irgendwo schrie ein Käuzchen, das Getrappel von Pferdehufen drang durch das Fenster, verhallte dann leiser werdend in der Ferne und vor der Tür fiepste eine Maus. Fröstelnd zog sie den Umhang über ihre Schultern, während sie unentwegt still ihre Lippen bewegte. Sie zählte nicht mehr, der wievielte Rosenkranz es nun schon war, aber

Beten war das einzige, was ihr noch Halt und Trost zu geben vermochte. Els wusste nichts von Anna Mindelheimer und Agnes Bader, die ein paar Zellen entfernt ebenfalls ihre stummen Gebete verzweifelt in die Dunkelheit schickten.

Eine fahle Herbstsonne kämpfte sich durch die Wolken und alle waren sie nun pünktlich an dem vereinbarten Treffpunkt beim Frauentor erschienen. »Der Ammann geht als Letzter in das Rathaus und gibt uns damit ein Zeichen, dass alle da sind und wir kommen können. Der Conrad soll vorgehen und uns dann Bescheid geben. Es muss niemand die halbe Verwandtschaft auf einem Haufen sehen. Wir warten besser hier!«, sagte der Geistliche.

Ein schriller Pfiff gellte kurz darauf zwischen den Häuserwänden.

»Packen wir's!«, knurrte Sebastian grimmig. »Die werden schauen, wenn wir mit zehn Mann herein schneien!«

»Melde uns an!«, fuhr Heinrich einen der beiden Büttel vor dem Saaleingang an.

Dieser nickte eingeschüchtert und huschte durch die Tür.

»Da ist ein Haufen Männer draußen. Ich soll sie anmelden!«

»Wer sind sie denn?«, fragte der Inquisitor misstrauisch.

»Der Pfarrer Sunthain ist dabei, auch der Ofenloch und der junge und alte Licht ...«

»Wir bereiten gerade eine Verhandlung vor, sie sollen später kommen und sich rechtzeitig und ordnungsgemäß anmelden!«, rief Institoris befehlend.

Das konnte nur mit einer der drei Frauen zusammenhängen und mit welcher war ihm eigentlich auch klar. Er war nicht gewillt, sich wegen eines Weibsbildes seinen Prozess kaputtmachen zu lassen und protestierte heftig. Erst als der Ammann ihn nicht weiter beachtete und dem Büttel befahl, die Männer hereinzulassen, setzte er sich wieder und warf dem Gäldrich und dem Notar verschwörerische Blicke zu.

»Wo ist meine Frau?«, wollte Hans Frauendienst von Klaus Sunthain wissen.

»Sie wird gerade vom Turm herübergebracht. Wir haben ihren Fall vorgezogen«, antwortete der Ammann. »Was wollt ihr denn alle eigentlich hier?«

»Wir beantragen eine Bürgschaft für Elisabeth Frauendienst und sind auch bereit, diese zu übernehmen!«

Der Richter tat überrascht.

Der Pfarrer war aus der Gruppe heraus getreten und stand nun im Halbrund zwischen den Tischen.

So ein Mist!, dachte Institoris wütend und überlegte fieberhaft, wie er weiter vorgehen sollte. Den Pfarrer direkt angreifen? Nein, der war hier vom Ort, jeder kannte ihn und er war als Seelsorger beliebt. Damit würde er nur Sympathien bei den Schöffen einbüßen und auch der Bürgermeister, der ja auch gleichzeitig Kirchenpfleger war, müsste sich zwischen zwei Stühle setzen. Auf die sanfte Art? Er kannte die Beisitzer noch zu wenig, um jeden einzelnen einschätzen zu können.

Langsam erhob er sich und sah alle der Reihe nach scharf an. »Hier handelt es sich nicht um einen Eierdiebstahl oder eine andere Bagatelle. Es liegen mehrere Denunziationen vor, die auf Wetterzauber und sogar Teufelsbuhlschaft hindeuten. Sollte dies so sein, wäre das ein Kapitalverbrechen. Wir können Euch versichern, wir haben die Anzeigen sorgfältig auf ihre Wahrscheinlichkeit hin überprüft. Die Angelegenheit ist sehr ernst, sodass sich leichtsinniges Vorgehen von selbst verbietet.«

»Wer hat sie denn denunziert?«, schrie Hans Frauendienst.

Der Inquisitor blickte ihn mit gespieltem Mitleid an und schlug dann einen Ton an, als ob er ein kleines Kind belehren wollte. »Guter Mann, wart Ihr bei einer meiner Predigten in der Kirche?«

Hans nickte überrascht, weil er nicht wusste, worauf er hinauswollte.

»Es ist schon ein Jammer mit dem Volk. Da predigt man sich die Seele aus dem Leib, sie aber sitzen da unten und hören gar nicht zu, sondern sinnieren ihrem Geld oder ihrer nächsten Spitzbüberei nach. Sonst wüsstet Ihr, was ich gesagt habe, nämlich, dass jeder, der zu mir kommt, nicht befürchten muss, namentlich vor Gericht genannt zu werden!«

»Das ist doch eine Schweinerei!«, brüllte Matthias, worauf ihn der Ammann ermahnte, er solle sich der Würde des Ortes entsprechend benehmen und wenn das noch einmal vorkomme, lasse er ihn des Saales verweisen und mit einer Strafe belegen.

Institoris wandte sich an das Gericht: »Im Übrigen gilt es auch, die Macht der Angeklagten zu berücksichtigen. Es gibt die Macht der Abstammung, des Geldes und die Macht der Bosheit. Es ist daher gefährlich, die Namen der Zeugen bekannt zu geben. Womöglich hat der nicht sonderlich begüterte oder gar völlig mittellose Angeklagte Komplizen im Bösen, Gesindel und Mörder, die außer dem Leben nichts zu verlieren haben. Ein Vornehmer und Reicher hat aber auch noch sein Vermögen zu verlieren! Auch den Beisitzern ist es bei Androhung der Exkommunikation verboten, die Namen von Zeugen weiterzugeben!«

Hinter ihnen ging die Türe auf und Elisabeth wurde mit gefesselten Händen hereingeführt.

Institoris war nicht entgangen, dass einige der Schöffen bei ihrem Eintreten offensichtlich mit einem schlechten Gewissen zu kämpfen hatten.

Als Hans seiner Frau ansichtig wurde, hielt ihn nichts mehr. Mit großen Schritten rannte er ihr entgegen und blickte in ihre verweinten Augen. »Haben sie dir etwas angetan?«

»Nein, noch nicht!«, schüttelte sie müde den Kopf und blickte ihn zaghaft an.

Kochende Wut kroch langsam in ihm hoch, als er den Menschen, mit dem er nun schon weit über die Hälfte seines Lebens gemeinsam verbracht hatte und der ein Teil von ihm selbst geworden war, wie einen Schwerverbrecher gefesselt, entwürdigt und gedemütigt vor sich stehen sah. Hans schluckte ein paar Mal und wandte sich dann beherrscht an den Ammann: »Könnt Ihr meiner Frau wenigstens die Stricke abnehmen?«

Der Richter nickte. »Was habt Ihr zur Entlastung von Frau Elisabeth Frauendienst vorzutragen?«

Hochwürden Sunthain ergriff wieder das Wort. »Els Frauendienst ist einigen hier im Raum keine Unbekannte. Ihr Mann Hans ist ein wohl angesehenes Mitglied der hiesigen Schlosser- und Schmiedezunft. Elisabeth hat sechs Kinder in Gottesfurcht groß gezogen, drei Söhne und drei Töchter, die wiederum drei prächtige Schwiegersöhne als Männer haben. Ihr werdet hier in Ravensburg kaum einen Menschen finden, der es verstehen wird, wie eine sechsfache Mutter und fürsorgliche Ehegattin der Wetterzauberei und der Teufelsbuhlschaft angeklagt werden soll. Vor allem jene, die Els Frauendienst mit ihrer gelegentlich derben, aber trotzdem warmen Art kennen, können darüber nur den Kopf schütteln. Wir alle, die wir hier stehen und ihre Liebe und Zuneigung erfahren durften, verwahren uns auf das Schärfste gegen diese unsinnige Anschuldigung …«

»Drei. Drei! Es liegen drei verschiedene Aussagen vor!«, fuhr Institoris zornig auf.

»Lasst ihn gefälligst ausreden!«, bellte ihn der Richter an.

Der Pfarrer warf ihm einen dankbaren Blick zu und fuhr dann fort: »Wer sich hier im Saal hinter diese Anklage stellt, sollte sich bewusst sein, dass er sich in der ganzen Stadt der Lächerlichkeit preisgibt und …«

»Das ist eine Einschüchterung des Gerichtes!«, rief der Notar Gremper dazwischen.

Hochwürden Sunthain sah ihn gelassen an. »Das ist keine Einschüchterung, mein lieber Mitbruder, sondern eine Klarstellung der Tatsachen. Ihr seid noch nicht solange hier, sonst wüsstet Ihr es besser. An jedem – ich sage es noch einmal –, der für eine Weiterführung des Prozesses gegen diese arme Frau stimmt, wird etwas hängen bleiben. Es wird sein wie ein Pechfleck auf einem weißen Hemd: Man kann das Hemd waschen, so oft man will – aber der Fleck wird nie mehr ganz verschwinden!« Mit den Augen des erfahrenen Predigers sah er, dass seine Worte Eindruck hinterlassen hatten und Sunthain trat zurück zu den anderen.

Institoris hatte nur darauf gewartet. Wie von einer Hornisse gestochen fuhr er in die Höhe. »Was ist das hier?«, donnerte er in den Saal, »zuerst holt ihr mich hierher und jetzt behindert ihr aus Gefühlsduselei und falscher Rücksichtnahme meine Arbeit? Sechsundvierzig Hexen habe ich allein hier in der Diözese Konstanz überführt und es war kein einziger – ich wiederhole, kein einziger Fall dabei, in dem ich mich geirrt hätte. Ich denke, schon dieser Umstand für sich genommen, spricht für die Gründlichkeit und Gewissenhaftigkeit meiner Voruntersuchungen. Nicht umsonst«, Bruder Heinrich warf sich stolz in die Brust, seine Stimme begann zu dröhnen und seine Augen zu glühen, »wurde ich vom Papst höchstpersönlich zum Inquisitor für die gesamte Provinz Alemania bestellt. Das hat er nicht meiner Augenfarbe wegen gemacht, sondern weil ihm Gott selbst eingegeben hat, ich sei der Geeignetste für eine solch verantwortungsvolle Aufgabe. Und jetzt stehe ich hier in Ravensburg und ein paar Handwerker, die einen geistlichen Mitbruder vorgeschoben haben, wollen mich belehren und mir schlampige Arbeit unterstellen?«

Bruder Heinrich kochte, sein »R« rollte schwer über die Köpfe hinweg und der Notar nickte immer wieder bestätigend. War er es doch gewesen, der dem Rat der Stadt den Inquisitor vorgeschlagen hatte.

Mit hochrotem Kopf blieb er abrupt vor Els stehen. »Wie kommt es, dass drei Frauen exakt dasselbe über dich aussagen? Wie kommt es, dass das auch prompt eintritt?«

»Ich habe keine Ahnung, wovon Ihr sprecht!«, antwortete sie verdattert.

»Ha, wie war das denn beispielsweise mit dem Regen vor ungefähr zwei Wochen, genau an dem Tag, als ich in die Stadt kam?«

Institoris starrte sie so lange an, bis sie die Augen niederschlug.

Ihr fiel dazu immer noch nichts ein.

»Na, was war denn da? Habt Ihr nicht gesagt, als die Wolkenwand kam, es würde noch schlimmer kommen? Und kaum habt Ihr es ausgesprochen, kam es wirklich noch ärger?«

Bruder Heinrich sah sie jetzt lauernd an.

Sie wollte antworten, aber der Pfarrer Sunthain unterbrach sie.

»Habt Ihr Euch noch niemals im Wetter geirrt?«, fragte er lächelnd.

»Wer hat sich geirrt?«

»Na, offenbar die Denunzianten. Els Frauendienst hat es richtig gesehen!«

»Es liegen drei ...«

»Ich weiß. Aber ich glaube kaum, dass hier ein Einziger im Saal ist, der nicht schon mehr als dreimal eine Wetterwand richtig gedeutet hat. Ich beantrage damit, gegen uns alle Anklage wegen Wetterzaubers oder Wahrsagerei zu erheben!«, gab Pfarrer Sunthain zurück.

Fast alle im Saal lachten.

»Hat noch jemand eine Frage?«, wollte der Richter wissen, nachdem das Gelächter abgeklungen war.

Niemand meldete sich.

»Nun denn, wer ist für eine Bürgschaft durch die hier anwesenden Herren?«

»Wer ist dagegen?«

»Keine Gegenstimme, drei Enthaltungen. Damit wird dem Ansuchen stattgegeben. Die Bürgschaft wird auf zweihundertfünfzig Mark festgesetzt, zahlbar durch die hier anwesenden Bürgen. Elisabeth Frauendienst wird verpflichtet, die Urfehde zu leisten und zu versprechen, sich an keiner der hier anwesenden oder in dem Verfahren beteiligten Personen zu rächen, Schadensersatzforderungen zu stellen oder Schmerzensgeld zu fordern!«

Institoris saß mit finsterer Miene auf seinem Stuhl und sah dem Paar nach, das Hand in Hand zusammen mit den Bürgen den Gerichtssaal verließ. Diese Fehler würde er nicht noch einmal machen, schwor er sich. »Eine Bürgschaft ist kein Freispruch«, rief er hinterher.

8. KAPITEL

Aus dem Fenster des Turmzimmers drang schwacher Kerzenschein. Bruder Heinrich hatte die Leiter in die Kammer gezogen und aufrecht an die Wand gestellt. Nun lehnte er sich zufrieden zurück, langte nach dem gefüllten Weinbecher und nahm genüsslich einen tiefen Schluck. Mit dem Notar Gremper war er noch zum Essen gewesen und hatte die weitere Vorgehensweise besprochen, wobei sie im Laufe des fortgeschrittenen Abends in das vertraulichere »Du« übergewechselt hatten.

Gleich nach der Freilassung hatten sie die Agnes Bader in den Saal geführt, die aber wieder wie schon am Tag zuvor alles abgestritten hatte. Auch ihr sowie der Mindelheimerin hatte der Scharfrichter die Folterinstrumente gezeigt und erklärt, aber das schien auf sie keinen Eindruck gemacht zu haben. Er hatte die Anklage vorerst lediglich auf Schadenszauber beschränkt, aber das wuchtige Weib hatte nur da gestanden und ihre Haltung hatte Ähnlichkeit mit der eines angriffslustigen Büffels gehabt. Die Bademagd schien sich überhaupt nicht zu fürchten und wenn sie eine Frage nicht beantworten wollte, war trotz allen Zuredens nichts aus ihr herauszubekommen. Institoris erklärte, der Dämon würde sie nicht nur am Reden hindern, sondern ihr auch noch Stolz und Hochmut eingeben. Er hatte dann vorgeschlagen, sie am Nachmittag der peinlichen Befragung auszusetzen und anscheinend besorgt hinzugefügt, die Folter nicht strenger anzuwenden, als unbedingt notwendig sei. In Wahrheit aber hatte er gedacht, der Scharfrichter würde schon wissen, was er zu tun habe. Auch die anschließend verhörte Mindelheimerin blieb verstockt. Zwar jammerte sie und rief alle Heiligen als Zeugen an und war in keinem Punkt bereit, auch nur das Kleinste einzugestehen. Alles Schreien, Brüllen und Zureden war umsonst. Er empfahl daher, auch die Mindelheimerin peinlich befragen zu lassen.

»Bedenkt aber dabei: Es gibt nicht für alle Krankheiten dieselbe Medizin, sondern für unterschiedliche und einzigartige ebenso unterschiedliche und einzigartige Mittel. Es genügt also nicht, sie alle nach der gleichen Vorgehensweise zu befragen, sondern gemäß der Sekten und der Person vorzugehen. Ein kluger Richter ist wie ein guter Arzt«, wandte er sich an den Ammann und den Bürgermeister und fuhr dann fort: »Ein schweres Hindernis kann der Schutz der Hexen durch den Schweigezauber sein. Nach glaubwürdiger Überlieferung und aus meiner eigenen Erfahrung ist das sicherste Zeichen dafür, wenn sie auch unter Beschwörungen keine Träne vergießen kann. Sie kann nur weinerliche Laute von sich geben und versuchen, Wangen und Augen mit Speichel zu benetzen. Die Anwesenden müssen also genau aufpassen. Um herauszufinden, ob es wahre Tränen sind oder ob sie falsche Tränen weint, kann ihr von einem Priester oder dem Richter die Hand aufgelegt werden, wozu ein Spruch aufgesagt wird. Der Notar kennt ihn auch.«

Gremper nickte.

»Aber die Erfahrung hat uns gelehrt, je mehr und heftiger sie besprochen werden, desto weniger können sie oftmals weinen, so sehr sie sich auch bemühen. Trotzdem ist es aber möglich, dass sie außerhalb des Ortes und der Zeit der Tortur zu weinen imstande sind.

Wieso das so ist, hat schon Bernhard von Clairvaux beantwortet, indem er sagt, eine demütige Träne würde zum Himmel steigen, was aber dem Teufel wiederum sicherlich missfiele!«

Institoris hielt einen Augenblick inne und wandte sich dann wieder an die Geschworenen. »Ich sage das, da außer dem Notar hier niemand anwesend ist, der sich mit solchen Dingen auskennt. Eine wichtige Vorsichtsmaßnahme ist auch, darauf zu achten, die Hexe nicht körperlich zu berühren, besonders nicht an den nackten Hautstellen wie Händen oder Armen!«

»Aber Ihr habt doch selbst gesagt, eine Hexe habe in den Händen der Obrigkeit keine Macht mehr!«, wandte einer der Schöffen ängstlich ein.

Bruder Heinrich sah ihn herablassend an. »Das stimmt auch. Das ist eine reine zusätzliche Vorsichtsmaßnahme. Bewährt haben sich geweihtes Salz und geweihte Kräuter, die in geweihtem Wachs um den Hals getragen werden. Es geht auch darum, das Herz zu beschützen. Wir kennen Fälle, in denen die Hexen baten, bei der Ankunft der Gerichtsherren den ersten Blick auf den Richter werfen zu dürfen. Infolgedessen wurden die Richter, aber auch Gerichtsherren in ihren Herzen so entfremdet, dass sie allen Unwillen gegen sie verloren und sie gar nicht mehr erst einer peinlichen Befragung aussetzten, sondern sie frei ziehen ließen!«

Er machte wieder eine Pause und genoss den Eindruck seiner Worte. »Als weitere Vorsichtsmaßregel ist das Ausziehen der Kleider zu benennen und dass die Haare von jedem Körperteil entfernt werden. Ich wiederhole nochmals: von jedem Körperteil! Warum? Die Antwort ist einfach: Hexen haben oftmals für den Schweigezauber irgendwelche Amulette bei sich, die sie in den Kleidern, in den Haaren und bisweilen an nicht zu benennenden geheimen Orten ihres Körpers verstecken!«

Einige der Schöffen blickten erschrocken und tuschelten miteinander.

»Das kann auch im Notfall von sittsamen Frauen mit einem guten Ruf gemacht werden«, meinte Institoris dann beschwichtigend, als er die ablehnenden Gesichter sah. »Bei einem solchen Amulett handelt es sich oft um das Glied eines ungetauften Knaben, den sie so der ewigen Seligkeit berauben wollen!«, versuchte er sie dann nochmals umzustimmen.

Nach dem Mittagessen, das er zusammen mit dem Notar in einer Wirtschaft einnahm, begaben sie sich hinüber zum Grünen Turm, wo die Gerichtsherren schon auf sie warteten. Der Scharfrichter mit seinen zwei Gehilfen war damit beschäftigt, die Gerätschaften zu überprüfen und zu ordnen.

Als Agnes Bader hereingeführt wurde, trat der Ammann vor und sagte, sie würden die Delinquentin nicht ausziehen und rasieren, sondern sie wollten es erst auf andere Weise versuchen.

Ärgerlich protestierte er zuerst dagegen, gab aber schlussendlich nach.

Die erneute Befragung brachte kein anderes Ergebnis als gestern und heute Vormittag, auch die fromme und eindringliche Zusprache des Bürgermeisters Gäldrich konnte sie nicht erweichen, worauf der Richter befahl, sie auszupeitschen. Mit zusammengebissenen Zähnen wurde sie an den Handgelenken aufgehängt, aber kein Laut kam über ihre Lippen und auch in ihren Augen zeigte sich keine Träne. Das Verhör hatte der Notar übernommen und während ihre Finger noch in den Daumenschrauben steckten, fiel ihr Blick auf den Henkergehilfen, der bereits die Spanischen Stiefel vorbereitet hatte. Mit einem Mal und selbst für Gremper unerwartet, brach sie zusammen und gestand, nachdem sie aus den Zwingen befreit worden war. Noch einfacher war es mit der Anna Mindelheim gewesen. Der Scharfrichter hatte vorgeschlagen, das dürre Weiblein mit dem Elevator hoch zu ziehen und kaum war sie eine Handbreit über dem Boden geschwebt, hatte sie zu quieken begonnen und mit spitzer Stimme geschrien, sie würde alles zugeben.

Bruder Heinrich trank seinen letzten Schluck Wein aus und begab sich dann zur Ruhe.

Als er am nächsten Morgen aufstand, war er noch etwas benommen, aber trotzdem guter Dinge. Gestern Nacht hatte er noch die einzelnen Anklagepunkte niedergeschrieben, wobei ihm seine Akte über

Els Frauendienst in die Hände gekommen war, die er dann in Fetzen gerissen und wütend zerknüllt hatte.

»Du musst jetzt zusehen, dass es schnell zu einem Urteil kommt, bevor wieder irgendjemand mit einer Finte kommt. Auch kommt hinzu, dass die beiden Weiber fast mittellos sind und die Kosten des Verfahrens weitgehend an der Stadt hängen bleiben werden, und das sorgt für Unmut«, redete er halblaut mit sich selbst, während er die Stufen zum Saal hinaufschritt.

Bevor er diesen betrat, blieb er noch einen Augenblick stehen, feuchtete mit Speichel seine Finger an und strich seine schwarzen Augenbrauen nach oben, da er wusste, dass er so einen noch finstereren Eindruck machte.

Mit geschwellter Brust trat er ein. »Gelobet sei der Herr!«

»In Ewigkeit, Amen!«, kam es zurück.

Er trat zum Tisch und breitete sorgfältig umständlich seine Papiere aus, sah in die Runde und hüstelte dann leicht. »Wir haben jetzt von beiden Frauen ein Geständnis unter Folter, jetzt brauchen wir aber noch freiwillige Aussagen. Daher ist es wichtig, Euch über die weitere und übliche Vorgehensweise in einem solchen außergewöhnlichen Falle zu instruieren. Ich habe beide Frauen gestern noch im Gefängnis aufgesucht und versprochen, dass Gnade möglich ist. Wohlgemerkt, ich habe nicht gesagt, welche Gnade und dass sie auch vom Gericht gewährt wird. Manch einer wird sagen: Darf man das, ist das recht? Halten wir fest: Die beiden haben abscheuliche und heimtückische Verbrechen gestanden, die wir nun in den Einzelheiten aufklären müssen. Dazu stellt sich die Frage: Ist das Gericht gezwungen, sich an seine Zusagen zu halten? Es gibt hier verschiedene Ansichten. Eine sagt, wenn die Beschuldigte übel beleumundet ist und die Indizien gegen sie sprechen, kann man ihr das restliche Leben im Kerker bei Wasser und Brot versprechen, wenn sie bereit ist, ihre Komplizen und Lehrmeisterinnen zu benennen. Das, obwohl das Verbrechen todeswürdig ist. Andere sagen, man brauche nicht ausdrücklich lebenslänglich zusichern, so könne man sie zuerst einsperren und dann zu einem späteren Zeitpunkt einäschern. Die Erfahrung hat gezeigt, dass viele die Wahrheit gestehen, wenn sie nicht aus Angst vor dem Tod davon abgehalten werden. Es ist also nicht verwerflich, ihnen das Leben zuzusichern, wenn es Erfolg versprechend ist!«

Die Baderin wurde hereingeführt und war kaum wieder zu erkennen. Jeder Stolz war aus ihr gewichen. Unterwürfig suchte sie den Blick des Inquisitors, der sie aber nur wortlos aus seinen kalten grauen Augen ansah.

Betont langsam schritt Institoris durch den Raum und baute sich dann vor der ihn um Haupteslänge überragenden Magd auf: »Agnes Bader, du gestehst also, eine Hexe zu sein?«

»Ja«, flüsterte sie.

»Du gestehst auch, Schadenszauber an Mensch und Tier verübt zu haben?«

»Ja!«

»Wie hast du den Schadenszauber verübt? Hast du irgendetwas vergraben oder unter eine Schwelle gelegt?

»Ich habe es unter die Schwelle gelegt.«

»Was war das? Eine Eidechse, Knochen oder etwas anderes?«

»Knochen.«

»Von welchen Tieren?«

Ihr fiel momentan nichts ein. »Von verschiedenen Tieren«, antwortete sie.

»Du hast ja gestern gestanden, mit Satan im Bunde zu sein. In wessen Namen hast du es getan?«

»Im Namen des Teufels.«

»Nur im Namen des Teufels?«

»Nein, auch im Namen aller anderer Dämonen.«

»Gestehst du, dich einem Incubus hingegeben zu haben?«

»Incubus? Was ist das?«, fragte sie unsicher.

»Du bestreitest also, mit einem männlichen Dämonen fleischlich verkehrt zu haben?«

»Nein, nein!«, beeilte sie zu versichern.

»Kennst du eine Anna Mindelheimer?«, wollte der Inquisitor unvermittelt wissen.

»Ja. Sie hat hie und da in der Küche in der Badestube ausgeholfen.«

»Wie lange hast du schon das Verhältnis mit dem Dämonen?«

»Ich weiß es nicht!«

»Komm, du wirst doch wissen, ob es erst ein paar Wochen oder Jahre oder gar Jahrzehnte sind?«

Agnes wollte ja möglichst alles richtig machen, hatte doch der Inquisitor gestern zu ihr gesagt, sie könne auf Gnade hoffen, wenn sie ein reuiges Geständnis ablegen würde.

»Achtzehn Jahre lang«, sagte sie aufs Geratewohl.

»Achtzehn Jahre – das ist eine lange Zeit!«

Die Baderin nickte.

»Glaubst du, die Mindelheimerin kann auch zaubern?«, fragte er dann und sah sie durchdringend an.

Agnes zögerte, er aber ließ sie nicht aus den Augen.

»Ja oder nein? Glaubst du es oder glaubst du es nicht?« Institoris spürte, dass sie noch etwas Zeit brauchte, aber er würde schon die Antwort bekommen, die er wollte. »Wie hast du das mit dem Wetterzauber gemacht? Ich meine, das Hagelwetter im Schussental und hier in der Gegend? Etwa gleich, wie es sich in Kestenholz bei Schlettstadt im Elsass zugetragen hat?«

»Davon weiß ich nichts!«

»Gut, ich erkläre es dir und dem Gericht! Dort hat eine Zauberin in einer Schüssel Wasser mit dem Finger umgerührt und dabei bestimmte Worte ausgesprochen. Gleich darauf erfüllte ein so großer Hagelsturm den an die Burg Königsstein angrenzenden Wald, wie es schon viele Jahre nicht mehr geschehen war.«

Sie sah ihn fast dankbar an. »Ja, genau so habe ich es auch gemacht!«

»Du? Du meinst doch ihr?«, fuhr er sie schroff an, worauf sie ängstlich zusammenzuckte.

»Und wo? Bestimmt auf der Kuppelnau bei der Wetterbuche?«

Bruder Heinrich verzichtete darauf, sie wegen der Blitzschläge beim Freyberger und Holzhus zu befragen und es besser sei, sie dahin gehend zu bewegen, eine Mitschuld an dem großen Hagelwetter einzugestehen. Womöglich verstrickte sie sich auch noch in Widersprüche, wodurch das ganze Verfahren unnötig in die Länge gezogen werden könnte.

»Ja, es war auf der Kuppelnau!«, bestätigte sie.

»Also, dann erzähle einmal, aber der Reihe nach!«

Agnes konnte sich noch genau an das furchtbare Unwetter erinnern. »Ich … ich … war«, fing sie stockend an, fing sich aber dann gleich wieder, »ich war im Haus, es war um die Mittagszeit. Da kam der Dämon und forderte mich auf, auf die Kuppelnau zu gehen und etwas Wasser mitzunehmen. Als ich ihn fragte, was er denn mit dem Wasser wolle, antwortete er, er wolle Regen hervorbringen. Ich ging zum Frauentor hinaus, da stand der Dämon unter einem Baum.«

»War es unter der Wetterbuche?«, fragte der Ammann dazwischen.

»Nein, es war ein Baum gegenüber des Turmes!«

»Weiter!«, nickte ihr der Richter aufmunternd zu. »Was hast du unter dem Baum getan?«

»Ich selbst saß, während der Dämon stand. Er forderte mich auf, eine kleine Grube zu graben und das Wasser hineinzugießen.«

»Wie hast du denn das Wasser gerührt?«, kam die Stimme des Notars von der Stirnseite her.

»Mit dem Finger links herum und im Namen jenes Teufels und aller anderen Dämonen.«

»Was geschah mit dem Wasser?«, fragte der Richter, der seine Aufregung kaum verbergen konnte.

»Der Teufel führte es hoch in die Luft und es verschwand dann.«

»Aber ein so schweres Unwetter hast du doch nicht alleine bewerkstelligt«, bohrte Institoris nach.

Agnes zögerte.

»Nur heraus damit«, sagte der Inquisitor freundlich.

»Ja, ich hatte eine Komplizin. Sie saß unter einem Baum gegenüber. Ich habe sie aber nicht gleich erkannt und was sie getan hat, weiß ich auch nicht!«

»Aber dann hast du sie doch erkannt? Wer war es denn?«

Die Baderin schluckte und Schweiß trat in dicken Tropfen auf ihre Stirne.

»War es die Anna Mindelheimerin?«

Sie nickte.

»Wann fing dann das Unwetter an?«

»Es begann, als ich in das Haus zurückkam!«

Triumphierend sah sich Institoris um. Damit war ihm auch die andere so gut wie sicher.

Er warf dem Richter einen Blick zu und nickte. »Bringt sie zurück in den Turm und holt gleich die Mindelheimerin. Aber achtet darauf, dass sich die beiden nicht begegnen!«, wies dieser daraufhin leise den Oberbüttel an.

Auch mit dem kleinen, unscheinbaren Weiblein schien eine Veränderung vorgegangen zu sein, allerdings hin zum Negativen, wie der Inquisitor feststellte. Trotzig hielt sie seinem Blick stand und er musste sie mehrere Male daran erinnern, dass das Urteil auch davon abhängen könne, wie stark sie ihre Übeltaten bereue und in welchem Unfange sie bereit sei, an deren Aufklärung mitzuhelfen.

Der Gäldrich erhob sich und kam nach vorne. Mit ausgewählten Worten erklärte er ihr, wie sie sich nicht nur gegen die göttlichen, sondern auch gegen die weltlichen Gesetze vergangen habe und dass er auch ihr Bürgermeister sei und sich deshalb um ihre Seele sorge.

»Wieso muss denn meine arme Seele zusammen mit meinem Körper in einem solchen elenden Verschlag hausen?«, giftete sie.

Der Bürgermeister fing an, vom Jesukind zu erzählen, das auch in einem Stall zur Welt gekommen sei, vom linken Schächer am Kreuz, dem auch vergeben worden sei, von den Versuchungen großer Heiliger und er wäre bestimmt noch lange fortgefahren, wenn ihn nicht der Richter unterbrochen hätte.

»Wir können dich natürlich auch nochmals peinlich befragen. Aber das liegt natürlich an dir!«

Die Mindelheimerin wurde kreidebleich. Nein, nur nicht das noch einmal, und diesmal würde es sicher nicht beim Aufziehen bleiben.

Sie überlegte einen kurzen Augenblick und wandte sich an den Inquisitor. »Ihr habt gesagt, ich könne mit Gnade rechnen?«

»Ja, das habe ich gesagt«, antwortete dieser vieldeutig. »Du gibst also zu, eine Hexe zu sein?«, hakte er gleich nach.

»Das habe ich nicht gesagt!«, gab sie zornig zurück.

»Wieso willst du dann Gnade, wenn du unschuldig bist?« Bruder Heinrich grinste hinterhältig.

»Kennst du die Agnes Bader?«

»Die Bademagd? Ja sicher kenne ich die! Was ist mit der?«, antwortete sie verdutzt.

»Sie hat soeben gestanden, zusammen mit dir das große Hagelwetter mit Hilfe der Dämonen verursacht zu haben!«

Anna sah ihn ungläubig und entsetzt an. Die Gestalt des Inquisitors verschwamm mit der Wand hinter ihm und sie wäre zu Boden gestürzt, wenn sie nicht die Büttel aufgefangen hätten.

Als sie wieder zu sich kam, brauchte es einige Zeit, bis ihr klar wurde, wo sie sich befand. Nein, das war kein böser Traum, das war Wirklichkeit. Ärgerlich schob sie die Hand auf die Seite, die ihr mit einem nassen Tuch über die Stirne wischen wollte.

»Bringt ihr einen Stuhl!«, befahl der Richter, aber Anna schüttelte den Kopf.

»Keinen Stuhl, ich stehe lieber!«

»Wie ihr seht, wollte sie der Dämon durch eine Ohnmacht unserer Befragung entziehen. Dieser Dämon ist so dumm, dass er glaubt, wir würden sein Spiel nicht durchschauen!«, rief Institoris aufgeregt.

Einige der Schöffen hatten da zwar ihre Zweifel, wagten diese aber nicht offen zu äußern. Schließlich war Institoris der bekannteste, erfolgreichste und erfahrenste Hexenjäger in deutschen Landen, so war er ihnen schließlich angepriesen worden.

Der Inquisitor baute sich wieder vor der Mindelheimerin auf. »Ich erzähle dir jetzt, was die Baderin gestanden hat!« Ausführlich schilderte er ihr nun die Aussagen der Bademagd und bat den Notar gelegentlich, seine Angaben zu bestätigen oder zu ergänzen.

Anna Mindelheimer wurde immer kleiner und mutloser und beschloss, es sei wahrscheinlich das Beste, sich der Aussage der Baderin anzuschließen. Kleinlaut bestätigte sie, dass es so gewesen sei und sie klammerte sich mit allen Fasern ihres Herzens an das Gnadenversprechen des Inquisitors. Es war noch ihre einzige Hoffnung.

So, dieses Geständnis hätten wir auch, dachte Institoris zufrieden. »Wie war das mit den dreiundzwanzig verhexten Pferden?«

Die Mindelheimerin versuchte zu erklären, sie hätte damit nichts zu tun gehabt und der Fuhrmann habe ihr das nur andichten wollen.

»Du willst uns weismachen, du könntest zwar mit Hilfe der Dämonen das halbe Schussental verhageln, seiest aber nicht in der Lage, ein paar Pferde zu verhexen?«, lachte der Mönch hämisch. »Komm, gib es zu. Darauf kommt es auch nicht mehr an. Was gegen dich vorliegt, ist ausreichend!«

Anna spürte, dass sie nichts mehr zu verlieren hatte und ließ alle Hoffnung fahren. Wenn sie jetzt leugnete, konnte sie höchstens noch den letzten Rest von Wohlwollen des Gerichtes verderben. »Ich habe eine Grube gemacht und der Dämon hat bestimmte Dinge hineingelegt, die ich aber nicht gekannt habe. Darauf sind die Pferde krepiert, eines nach dem anderen!«

»Wie krepiert? Hast du es mit dem Blick gemacht?«, fragte der Notar.

»Ja, mit dem bösen Blick!« Stoßweise atmend stand sie da wie ein kleiner Spatz, der sich in den Saal verirrt hatte und nun nicht mehr hinaus fand. Hilfesuchend sah sie sich um, aber alle außer dem Inquisitor wichen ihrem Blick aus.

»Ihr seht daran, Satan alleine ist machtlos. Alleine kann er nicht gegen Mensch und Tier wüten, sondern er braucht die Mithilfe von ihm ergebenen Menschen. Die Behexung selbst erfolgt dann durch Berührung oder es genügt, wie wir hier deutlich sehen, auch schon ein Blick, um das Unglück auszulösen!«

Institoris konnte und wollte seine Zufriedenheit und seinen Stolz nicht verbergen. Soeben hatte er auch wahrscheinlich dem letzten Zweifler bewiesen, was ein guter und erfahrener Hexenjäger bewirken konnte. »Aus unserer Sicht besteht kein Zweifel an der Schuld der Angeklagten Anna Mindelheimer. Sie hat ja selbst ihre Schandtaten eingestanden. Ich werde mich jetzt aus dem Verfahren zurückziehen, da die Urteilsfindung nun beim hochlöblichen weltlichen Gericht liegt. Ich bitte aber, Milde walten zu lassen, wo es nur irgend möglich erscheint! Dasselbe gilt auch für den Fall Bader!« Er war sicher, sie würden keinen einzigen Punkt finden, der dies rechtfertigen würde und wenn, dann konnten es nur belanglose Bagatellen sein.

»Führt sie ab!«, befahl Ammann Sunthain. »Die Urteile werden heute Nachmittag verkündet!«

Die Schöffen erhoben sich mit lautem Poltern und Scharren von ihren Stühlen und verließen nacheinander ebenfalls den Saal.

Institoris wartete ab, bis nur noch er und der Notar im Raum waren, trat zum Tisch und schob seine Papiere zu einem Stapel zusammen.

»Lasst uns etwas essen gehen«, schlug er vor.

Gremper nickte und lächelte.

9. KAPITEL

Es war schon später Nachmittag, als die beiden Frauen vom Turm herüber in den Gerichtssaal gebracht wurden. Durch die Fenster des Sitzungssaales drang mühsam das letzte, dämmerige Licht des Tages. Als Erste wurde die Mindelheimerin hereingeführt, Richter und Schöffen erhoben sich schweigend und ernst von ihren Sesseln. Der Notar Gremper verlas noch einmal ihre eingestandenen Untaten und Anna fiel auf, dass alle der Anwesenden überall hin im Saal zu blicken schienen, nur nicht auf sie.

Erst als Gremper fertig war, sah sie der Ammann an. »Anna Mindelheimer, du hast selbst gehört, was dir zur Last gelegt wird und du hast ja deine Untaten selbst zugegeben. Das Gericht hat sich sehr darum bemüht, Gründe zu finden, die für dich sprechen. Aber wir haben nichts gefunden, das deine Verbrechen auch nur annähernd aufwiegen könnte. Was du getan hast, wiegt zu schwer und kann nur auf eine Art gesühnt werden. Das Gericht ist zur einstimmigen Meinung gekommen, dass du dein irdisches Leben verwirkt hast.«

Der Richter trat mit einem schwarzen Holzstab nach vorne, hielt ihn über ihren Kopf und brach ihn in zwei Teile. »Anna Mindelheimer«, seine Stimme zitterte, »hiermit verurteilen wir dich zum Tode durch das Feuer. Das Vermögen fällt zur Abdeckung der Prozesskosten der Stadt anheim. Die Vollstreckung findet morgen Vormittag statt!«

Anna wurde schwarz vor Augen und noch bevor sie die Büttel auch diesmal auffangen konnten, stürzte sie zu Boden. Als sie wieder die Augen aufschlug, sah sie in besorgte Männergesichter, die sich zu ihr hinabbeugten.

Anna begann zu schreien. Sie schrie so, wie sie noch nicht einmal unter der Folter geschrien hatte. Immer noch lag sie am Boden, ihren Körper spürte sie nicht, aber sie fühlte, dass sie gleich den Verstand verlieren würde. Die Büttel stellten sie wieder auf die Beine, aber sie nahm es nicht wahr. Annas Augen waren weit aufgerissen und traten fast aus den Höhlen, während sie gellende unartikulierte Laute ausstieß. Johannes Gremper trat nun neben sie und versuchte, beruhigend auf sie einzureden. Anna hörte ihn jedoch nicht und als er ihr zu nahe kam, warf sie sich mit ihrem schmächtigen Körper auf ihn.

»Ihr Schweine«, schrie sie, »ihr Schweine ... ihr habt mich hereingelegt!« Plötzlich begann sie zu schluchzen und die Tränen liefen über ihre faltigen Wangen. »Was ist mit der Gnade, die ihr versprochen habt?«, schrie sie.

»Die Gnade wird dir auch gewährt. Die Mutter Kirche ist mit offenen Armen bereit, dich wieder in ihrer Mitte aufzunehmen«, antwortete Gremper, »aber das weltliche Gericht hat dir nichts dergleichen versprochen!«

»Bringt sie wieder in den Turm!«, wies der Ammann die beiden Büttel an, »und sorgt dafür, dass sie nicht unbewacht bleibt!«

Auf dem Gang begegnete sie der Baderin, die gefesselt zwischen dem Elger und dem Wilheim stand. Mit einem Aufschrei riss sich Anna für einen Moment los und rammte der Magd ihren kleinen Kopf in den Bauch.

»Verrecken sollst du in der Hölle. Im letzten Loch sollst du schmoren, du Drecksau! Was habe ich dir getan? Wieso hast du mich angegeben?«

Die beiden Büttel hatten sie wieder gepackt und schleppten sie fort, während die Mindelheimerin mit inzwischen heiserer Stimme fürchterliche Verwünschungen ausstieß.

»Vergib mir!«, flüsterte Agnes tonlos, aber die Mindelheimerin war schon zu weit weg, um sie noch hören zu können. Hoffentlich verurteilen sie mich zum Tode!, dachte sie und begann verzweifelt zu beten.

»Herr Christ, bitte mach, dass sie mich zum Tode verurteilen. Ich habe es verdient. Ich kann nicht mehr weiterleben, jeden Tag und jede Stunde werde ich denken müssen, was ich getan habe. Ich bin der Grund, warum die Mindelheimerin auf den Scheiterhaufen muss. Jetzt kann ich nichts mehr für sie tun. Das Mindeste ist, mit ihr den letzten Gang zu gehen. Mutter Maria, bitte sprich für mich bei deinem Sohn!«

Erleichtert vernahm sie, wie der Richter sagte, sie hätten keine Umstände gefunden, die eine Milderung des Urteiles rechtfertigen würde und die Richtigkeit des Geständnisses könne kaum in Zweifel gezogen werden, da sowohl ihre Aussagen als auch die der Mindelheimerin in allen wichtigen Punkten genau übereinstimmen würden. Als der Sunthain über ihr den Stab brach, atmete sie auf. Der Gremper wollte besänftigend auf sie einreden, da er dachte, sie hätte die Tragweite des Urteiles noch nicht ganz begriffen.

Agnes aber sah ihn gerade an und sagte ruhig: »Lasst es gut sein!«

Gemeinsam mit dem Kaplan Gremper betrat Institoris den Gefängnisturm und forderte den vor der Zelle der Mindelheimerin wachhabenden Wärter auf, die Türe zu öffnen.

Mit einem Schrei fuhr sie vom Boden empor, als sie die beiden erkannte. »Hinaus!«, kreischte sie. »Schaut zu, dass ihr hier weg kommt!«

»Wir wollen dir nur helfen und in deinen letzten Stunden Beistand leisten ...«

»Verschwindet!«

»Willst du nicht in den Schoß der Kirche zurückkehren? Willst du nicht bereuen? Soll denn deine Seele der ewigen Verdammnis anheim fallen?«, rief Gremper und hob beide Arme in die Höhe.

»Haut ab! Alle beide!« Sie trat zu Institoris und spuckte ihm ins Gesicht.

»Kommt, gehen wir. Sie hat noch einen Dämonen in sich, der sie nicht loslässt!«, wandte der sich an Gremper. »Wir werden für dich beten, dass du noch rechtzeitig zur Einsicht kommst!«

»Verschwindet!«, schrie die Mindelheimerin wieder.

Agnes kniete in einer Ecke, während die Türe knarzend aufging.

»Bist du bereit, zu bereuen und die Beichte abzulegen, damit ich kraft meines Amtes die Exkommunikation wieder aufheben kann?«

Sie blickte den Inquisitor und Gremper gerade an. »Ja!«, antwortete sie ruhig, »ich möchte beichten. Aber nicht bei einem von euch beiden!«

»Warum nicht?«, fragte Institoris misstrauisch. »Wir haben dir doch geholfen, den Dämon loszuwerden!«

»Ich möchte die Wahrheit beichten und wenn ich das bei einem von euch mache, wird mir keiner von beiden die Absolution erteilen!«

»Du darfst nur die Wahrheit beichten, sonst ist sie ungültig!«, warf Gremper belehrend ein.

»Ebendarum! Ich will einen Priester aus dem Kloster in Weingarten!«, beharrte sie trotzig.

Spät in der Nacht traf dann Pater Odilius ein, der schon öfters einem armen Sünder in seinen letzten irdischen Stunden beigestanden hatte. Das war keine Tätigkeit, um die sich die Seelsorger rissen und jedes Mal sträubte sich alles in ihm, wenn er gebeten wurde, wieder einmal eine Nacht mit einem Todgeweihten zu verbringen.

So etwas sollten die Herren Richter und Schöffen selbst nur ein einziges Mal durchmachen müssen, dann würden sie mit ihren Todesurteilen etwas vorsichtiger sein, dachte er bitter, während er in den mit Fackeln spärlich ausgeleuchteten Gang des Gefängnisturmes trat. Vor der Zellentür der Baderin holte er tief Luft und deutete dem Wärter mit dem Kopf, dass er bereit sei.

Agnes kauerte immer noch bewegungslos in der Ecke und wandte ihr Gesicht bei seinem Eintreten nur kurz um, da sie glaubte, es sei der Wärter, der nach ihr sehen wollte.

»Gelobt sei Jesus Christus!«

Erst jetzt sah sie, dass es ein Mönch war. Sie spürte, wie etwas Schweres von ihrer Seele rutschte und es in ihr leichter wurde, während sie sich erhob. »In Ewigkeit, Amen!«, erwiderte sie leise. »Ich danke Euch, dass Ihr gekommen seid. Gott der Herr möge es Euch vergelten!«

Im Schein der auf die Hälfte heruntergebrannten Fackel wirkte ihre massige Gestalt durch die an den Wänden huschenden Schatten noch wuchtiger, als sie in Wirklichkeit war.

»Ich möchte beichten!«, sagte sie gefasst.

Pater Odilius nickte und zog seine Stola aus der Tasche. Zusammen mit dem Priester ließ sie sich nun mitten in der Zelle auf die Knie nieder und schlug dann mit den gefesselten Händen ein großes Kreuzzeichen. Das eingestreute Stroh hielt die Kälte des Steinbodens nur unzulänglich ab, aber beide spürten nichts davon.

»Im Namen des Vaters und des Sohnes und des heiligen Geistes! Ich bereue alle meine Sünden, die ich in meinem Leben begangen habe ...«

Pater Odilius war zwar auch längeres Knien gewöhnt, aber dann dachte er daran, dass sie noch eine lange Nacht vor sich hätten und rief dem Wärter, er solle zwei Stühle besorgen.

»Das ist gegen die Vorschrift!«, kam es dumpf von draußen.

»Vorschrift hin, Vorschrift her!«, rief der Benediktiner im Befehlston. »Schau, dass zu zwei Stühle bringst. Ansonsten werde ich beim Bürgermeister selbst eine Beschwerde über dich einbringen!«

Das wirkte. Mit mürrischem Gesicht schob der Wärter zwei wackelige Hocker durch die Türe.

»So ist es bequemer und in diesem Falle gilt die Beichte auch im Sitzen!«, lächelte er.

Agnes warf ihm einen dankbaren Blick zu.

Draußen rief der Nachtwächter die zweite Stunde aus und die Magd schilderte ihrem Beichtvater, wie ihr der Inquisitor Gnade in Aussicht gestellt habe und wie er sie dazu gebracht habe, die Anna Mindelheimer als Komplizin anzugeben.

»Ist das die Wahrheit?«

»Wenn man weiß, dass man heute Mittag nicht mehr unter den Lebenden weilt, lügt man nicht!«, gab sie leise zur Antwort.

Pater Odilius überlegte mit im Schoß gefalteten Händen und gesenktem Kopf. Nein, es war aussichtslos. Institoris und Gremper würden darauf verweisen, dass sie um eine möglichst milde Strafe gebeten hätten und das Gericht würde entgegnen, es hätte beim besten Willen und trotz gewissenhaftesten Abwägungen keine mildernden Gründe finden können.

Schwer atmend richtete sich der Priester wieder auf. »Ego te absolvo …«, sprach er dann feierlich und machte das Kreuzzeichen.

»Ich habe noch eine Bitte«, sagte Agnes dann stockend, »würdet Ihr zur Anna Mindelheimer in die Zelle gehen und sie für mich um Verzeihung bitten? Ich würde leichter sterben.«

»Das werde ich tun«, antwortete der Mönch und erhob sich.

Anna Mindelheimer lag zusammengekrümmt auf der Einstreue, ihre Hände waren durch schwere Ketten mit den Eisenringen links und rechts an der Wand verbunden.

»Schon wieder ein Pfaffe!«, heulte sie auf, als sie in ihm den Mönch erkannte, »schau, dass du verschwindest!«

Pater Odilius schien sie nicht zu hören. »Nehmt ihr die Ketten ab!«, befahl er streng.

»Nein! Sie fängt dann sofort wieder an, ihren Kopf an die Türe zu schlagen und ich habe keine Lust, mir bis zum Morgen den Krach anzuhören!«, schimpfte der Wärter.

»Mach sie los, aber sofort! Ansonsten gibt es eine saftige Beschwerde beim Gäldrich!«

Murrend machte sich der Wärter darauf an den Ketten zu schaffen, während die Mindelheimerin den Priester mit flackerndem Blick misstrauisch ansah.

»Sie ist eine verfluchte Hexe«, protestierte der Wärter schwach.

»Trotzdem ist sie auch ein Mensch!«, fuhr ihn Odilius an, »… und hol zwei Hocker!«

»Was willst du hier? Du bist schon der Vierte!«, fauchte sie, respektlos das »Du« gebrauchend.

Den Mönch schien es nicht zu stören. »Ich soll dir etwas ausrichten!«

»Mir? Etwas ausrichten? Von wem?«, fragte sie argwöhnisch.

»Von der Agnes Bader!«

Als sie den Namen hörte, begann sie zu kreischen und schlug mit ihren kleinen Fäusten auf den Priester ein, der sie aber ohne Gegenwehr gewähren ließ. Der Wärter ließ polternd die beiden Hocker zu

Boden fallen, kam in die Zelle gestürzt und wollte sich dazwischen werfen.

»Lass sie und geh hinaus!«, sagte Odilius ruhig.

Verdutzt ließ die Mindelheimerin von ihm ab und wich einen Schritt zurück.

»Wisst Ihr, warum ich hier bin und wer daran mit Schuld hat?«, schrie sie auf.

Der Pater nickte.

»Und, was will sie dann noch von mir?«

»Sie bittet dich um Verzeihung!«

»Um Verzeihung? Ist sie noch ganz bei Trost? Sie hat mich als ihre Komplizin angegeben!«

»Ich weiß. Sie hat bei mir gebeichtet und mich gebeten, es auch dir zu sagen. Auch sie wurde übertölpelt, genau so wie du, schließlich hast auch du sie im Gegenzug belastet!«, entgegnete Odilius.

»Aber sie hat angefangen!«, heulte die Mindelheimerin.

»Weil sie als Erste verhört worden ist. Wenn du als Erste dran gewesen wärest, hättest du eben den Anfang gemacht!«

»Nein! Sicher nicht!«, antwortete sie bestimmt.

»Doch! Einem Heinrich Institoris und seinem Kumpan Johannes Gremper entkommt kaum einer. Außer, er hat Beziehungen wie die Elisabeth Frauendienst!«

Anna stutzte. »Die Frau vom Schlosser Frauendienst?«

»Genau die. Ihre Söhne, Schwiegersöhne und deren Väter sowie der Pfarrer Sunthain, der auch zur Sippschaft gehört, haben für sie gebürgt. Aber was wollt ihr beiden, du und die Agnes Bader? Die Baderin hat keinen einzigen Angehörigen, und du?«

»Eine Großtante«, erwiderte die Mindelheimerin.

»Die vermutlich genau so arm ist wie ihr, von Beziehungen wollen wir gar nicht erst reden!«

Anna nickte stumm.

Die Türe ging auf und der Wärter warf wortlos die beiden Hocker in die Zelle.

Odilius hob sie auf und stellte sie an die Wand. »Komm, setzen wir uns. Es redet sich so leichter!«

Zögernd nahm sie gegenüber dem Priester Platz.

Der Mönch sah ihr fest in die Augen. »Anna, ich bin mir bewusst, ich habe leicht reden. Du hast den schwersten Gang deines Lebens vor dir, ebenso die Baderin. Die Agnes ist so verzweifelt, dich als Komplizin angegeben zu haben, dass sie von sich aus mit dir sterben will. Ihr größter Wunsch ist deine Vergebung und ich glaube, es ist auch für dich eine große Erleichterung, wenn du ihr diese gewährst. Sicher, sie hat dich bezichtigt, aber das Urteil wäre deswegen nicht anders ausgefallen, das kannst du mir glauben! Das eigentliche himmelschreiende Unrecht haben andere zu verantworten!«

Sie begann innerlich zu schwanken, sagte dann aber hart: »Nein! Damit soll sie selber fertig werden!«

»Du machst es dir aber schwer!«, seufzte Odilius und schwieg dann.

Nach einer Weile hob Anna müde den Kopf. »Sagt der Agnes, ich verzeihe ihr!«

Sie schwieg wieder und unvermittelt warf sich die Angst wie ein eisiges Leichentuch über ihre Seele. Morgen um diese Zeit würde von ihr nichts mehr übrig sein als mit Dreck vermischte Asche, die langsam auf der schmutzigbraunen Schussen dem Bodensee zutreiben würde. Der Gedanke trieb ihr Schauer über den Rücken, eine dunkle Hand fasste nach ihrem Herzen und kalter Schweiß stand auf ihrer Stirn. Hilflos begannen ihre Schultern zu zucken und ihre Augen füllten sich mit Tränen. »Helft mir!«, flüsterte sie verzweifelt. »Helft mir!«

Der Mönch legte den Arm um sie und zog sie zu sich heran.

Mit einem Aufschluchzen drängte sie an seine Brust und er spürte, wie ihr kleiner schmächtiger Körper bebte und zitterte wie der eines kleinen, verwundeten Vögelchens.

»Es wird alles gut. Gott wird dir helfen und die Mutter Maria wird dir beistehen!«, sagte er sanft und strich behutsam über ihr verfilztes Haar.

»Kann ich beichten?«, fragte sie irgendwann leise.

Ein frischer, spätherbstlicher Wind strich von Westen her über das Land, hoch am Himmel segelten ein paar Wolken und der lange Schatten der Stadtmauer wurde zunehmend kürzer. Die halbe Stadt war in heller Aufregung und weit aus dem Umland kamen die Leute herangeströmt. Zwei Hexen sollten eingeäschert werden! Sieben Hinrichtungen hatte es in jüngster Vergangenheit gegeben, aber das waren alles Männer gewesen. Diesmal waren es gleich zwei Frauen auf einmal, an so etwas konnten sich selbst steinalte Leute nicht erinnern. Endlich hatte man sie gefasst, diese Unholdinnen, die für das verheerende Hagelwetter verantwortlich waren. Die Nachricht hatte sich wie ein Lauffeuer verbreitet. An eilig zusammen gezimmerten Ständen wurde Wein ausgeschenkt, in der Luft hing der Duft von gebratenen Würsten und Trauben von Menschen starrten erwartungsvoll hin zu dem mit grünen Dachziegeln eingedeckten Turm. Schnapskrüge kreisten, um die Kälte aus den Knochen zu vertreiben und manch einer hatte schon am frühen Morgen einen glasigen Blick.

Bis zum Eschbann hinaus, wo schon die beiden Scheiterhaufen aufgerichtet waren, zog sich schließlich die Menschenkette, als endlich das Turmtor aufgestoßen wurde und der schaurige Zug Aufstellung nahm, während gleichzeitig ein Tuscheln und Raunen durch Menge lief.

Der Richter verkündete noch einmal das Urteil und brach über den beiden Frauen wie schon gestern im Saal einen schwarzen Stab entzwei. Dann setzte sich der Zug in Bewegung.

Voran schritt ein junger Bursche mit einem Kreuz, dahinter folgte eine Abordnung des Stadtrates, dann kam die Baderin, neben ihr Pater Odilius, den sie gestern noch gebeten hatte, sie auf ihrem letzten Gang zu begleiten und ihr beizustehen. In den gefesselten Händen hielt sie ein Kruzifix, ihr Blick war zu Boden gerichtet und leise bewegten sich ihre Lippen. Links und rechts vor ihr hielten zwei der Stadtbüttel die Stricke fest umklammert, aus Angst, die schwere Magd könnte ihnen Schwierigkeiten machen. Hinter ihnen nahm eine Gruppe der Schöffen Aufstellung, dahinter zerrten wiederum zwei Büttel die Mindelheimerin nach vorne, neben der der Kaplan Gremper einherschritt und versuchte, ihr ein Kruzifix in die Hand zu drücken.

Das kleine Weiblein in ihrem dünnen, flickenübersäten Gewand sah ihn verächtlich an und spuckte nach ihm. »Behalte dein Kreuz, du elender Pfaffe! Ich lange nichts an, was du in deinen blutbesudelten Händen gehabt hast!«, schrie sie und einige der Umstehenden lachten.

Institoris folgte mit einigen der Beisitzer zum Schluss.

Zu einer der Gaffergruppen war ein Dominikaner getreten, der das Schauspiel mit angewidertem Gesicht beobachtete. »Was ist denn hier los?«

»Eine Hexenverbrennung, besser gesagt, zwei!«, antwortete einer der Umstehenden, ohne ihn anzusehen.

Niklas wäre gerne von hier verschwunden, musste aber dann einsehen, dass an ein Durchkommen zum Frauentor momentan nicht zu denken war. Der Zug mit den erbarmungswürdigen Gestalten war schon fast an ihm vorübergezogen, als er ihn erblickte. Aber auch Bruder Heinrich hatte ihn schon entdeckt und Niklas gab es einen Stich ins Herz, als sein Mitbruder stolz lächelnd herüber grüßte.

Er kannte diesen machtbesessenen, eitlen und streitsüchtigen Mönch schon länger aus seiner Zeit im Basler Konvent: Überall, wo Institoris auftauchte, gab es Ärger und Zwietracht. Er zählte zu den Konventualen innerhalb des Ordens, die jede Reform ablehnten und ihren fast verlorenen Posten mit Klauen und Zähnen verteidigten. Seine Ernennung vom Papst zum Inquisitor war ihm gewaltig zu Kopf gestiegen und nun suchte er in Ermangelung tatsächlicher Ketzer den Begriff mit theologischen Spitzfindigkeiten und Zitaten angesehener Gelehrten auf Magier, Zauberer und Hexen auszudehnen, um sich damit Ruhm und Ansehen zu verschaffen.

Niklas sah der Menschenmenge nach, sah die Gasse, durch die die Delinquentinnen unter höhnischem Gelächter gezerrt wurden, sah, wie sich die Gasse hinter Institoris schloss und als großer Haufen hinaus zum Eschbann zog.

Mit einem Mal stand er ganz alleine da, nur noch ein paar Händler bauten hastig zusammen mit ihren Kindern und Frauen die Stände ab und schauten möglichst schnell in die Nähe der Richtstätte zu kommen, wo das Geschäft wieder weitergehen konnte.

»Im Grunde genommen sind sie immer noch Heiden, auch wenn

sie getauft sind – und einer ihrer Leithammel ist Bruder Heinrich«, dachte er bitter.

Niklas ließ sich auf die Knie fallen. Er achtete dabei nicht auf den feuchten Dreck, der seine Kutte verklebte. Er schlug ein Kreuzzeichen und bestürmte den Himmel, den beiden geschundenen Frauen wenigstens gnädig einen schnellen Tod zu schenken.

Niklas erhob sich, wischte so gut es ging den Schmutz von seiner Kleidung und betrat durch das Frauentor die Stadt, die halb ausgestorben zu sein schien. Seinem Ordensbruder zu begegnen – darauf konnte er gerne verzichten. Lieber wollte er schauen, dass er heute noch ein gutes Stück nach Augsburg hinauf kam.

10. KAPITEL

Es war schon später Nachmittag, draußen wurde es schon dämmerig und die Wirtin vom »Wilden Stier« stellte im Nebenzimmer ein paar Kerzen auf die Tische und entzündete drei von ihnen mit einem Kienspan. »Können wir noch einen Krug Wein bekommen?«, fragte Bruder Heinrich.

Zusammen mit Johannes Gremper saß er allein in der Stube, die meisten anderen waren schon aufgebrochen, um noch rechtzeitig vor Einbruch der Dunkelheit zu Hause zu sein.

Nur in der großen Gaststube waren noch ein paar Zecher und unterhielten sich lautstark über die Maus, die unter dem lichterloh brennenden Scheiterhaufen der Mindelheimerin heraus geschossen sei.

»Sie hat sich bestimmt in Tiergestalt verwandelt und ist so entkommen«, sagte einer und ein anderer ergänzte, auch der Inquisitor habe gesagt, sie habe nicht dem Teufel abgeschworen und den Dämonen noch im Leib gehabt. Die Wirtin hatte heute mehr Geld eingenommen als in den vergangenen drei Monaten zusammen und Gremper und Institoris eingeladen, auf Kosten des Hauses zu essen und zu trinken. Schließlich wusste sie auch, wem sie diesen unerwarteten Geldsegen mit zu verdanken hatte.

Bruder Heinrich ließ sich so etwas nicht zweimal sagen. »Zwei Hexen weniger«, sagte Institoris und schob seinen Becher zwischen den Fingern hin und her, »das ist sicher ein Erfolg, aber so werden wir auf lange Sicht nicht weiterkommen!«

Der Notar sah ihn verständnislos an.

»Ja, es ist so. Glaubst du, eine Gemeindeverwaltung hat langfristig Interesse daran, ein paar arme Weiber auf den Scheiterhaufen zu schicken, wobei sie unterm Strich auch noch die Prozesskosten zu tragen hat? Nein, mein lieber Johannes, du wirst sehen, wenn sie zu oft draufzahlen, fangen die Leute an zu maulen und jeder Stadtrat will schließlich in gutem Licht dastehen.«

»Aber die zweihundertfünfzig Mark aus der Bürgschaft für die Frauendienst waren doch auch kein schlechtes Geschäft!«, warf Gremper ein.

»Für die Stadt ja, aber für uns war es eine Schande und ich ärgere mich immer noch grün und blau, wenn ich nur daran denke. Nein, die Verwaltungen wollen lieber Prozesse, an denen auch finanziell etwas abfällt. Je mehr, desto besser. Denk an Anne von Zypern!«

»Die Herzogin von Aosta?«

»Genau die. Sie kassierte immer die Hälfte der bei den Ketzerprozessen verhängten Geldstrafen! Bedenke aber: Jede Freilassung durch eine Bürgschaft unterhöhlt unsere Glaubwürdigkeit und den Anspruch auf unsere Kompetenz!«

Er schob immer noch den Becher hin und her. »Ich habe einen verrückten Einfall«, lachte er nach einer Weile.

Gremper sah ihn neugierig an.

»Wir brauchen Reklame! *Reclamare*, verstehst du?«

Der Notar verstand gar nichts. »Wie soll das gehen?«

Institoris sah ihn verschwörerisch an. »Seit ein paar Monaten gibt es einen neuen Papst, Innozenz VIII.«

»Ich weiß. Na und?«

Der Inquisitor beugte sich über den Tisch und senkte seine Stimme zu einem Flüstern ab.

»Ich weiß auch nicht allzu viel über ihn, aber so viel, dass er ein kränklicher, schwacher Oberhirte ist. Jedenfalls hat er bis jetzt nichts Nennenswertes zu Wege gebracht. Wir brauchen eine Belobigung von ihm und ich habe am Heiligen Stuhl genügend Beziehungen!«

Gremper war wieder einmal über die Findigkeit des Dominikaners erstaunt und starrte ihn mit halb offenem Mund an.

»Aber das ist noch nicht alles«, fuhr Heinrich dann fort, »ich möchte mich nicht in den Vordergrund spielen, das musst du erledigen. Ich habe mitbekommen, das hiesige Heilig-Geist-Spital sei zu klein und sie planten einen Neubau, aber dazu fehlte ihnen noch Geld. Du versprichst ihnen, dass wir uns für einen Ablasshandel zu dessen Gunsten beim Heiligen Stuhl bemühen, aber du kannst ihnen diesen eigentlich zusichern. Hundert Tage Nachlass für die Sündenstrafen würde ich sagen für alle, die an noch zu bestimmenden Feiertagen die Spitalkapelle besuchen und ein Almosen spenden. Was meinst du, wie da einige anspringen?« Er lachte spöttisch auf. »Das Ganze hat allerdings einen kleinen Haken.«

»Und der wäre?«, fragte Gremper.

»Du müsstest nach Rom und alles vorbereiten. Für die entsprechenden Leute dort kann ich dir ein Empfehlungsschreiben aufsetzen. Ich würde später nachkommen.«

»Das ist kein Problem. Aber was hat das mit den Prozessen zu tun?«

»Die Belobigung wird unser beider Ansehen fördern und der Ablass deiner Karriere zu einem steilen Aufstieg verhelfen. Ich habe hier noch ein paar weitere Weiber, die im Verdacht der Hexerei stehen. Nur will ich nicht, dass diese auch wieder mit einer fadenscheinigen Bürgschaft davon kommen. Graf Johann von Sonnenberg hat mich angeschrieben und gebeten, zu ihm auf die Waldburg zu kommen. Als ich dort eintraf, war aber der Graf nicht anwesend und man sagte mir, er sei in Wolfegg, was sich aber dann als unrichtig herausstellte. Sein Bruder Otto ist der Bischof von Konstanz. Auch ich muss anschließend dorthin zurück und werde ihm von dort aus meine Vorschläge schriftlich mitteilen. Da ich danach auch nach Rom will, werde ich dem Grafen den Johanniter-Komtur von Überlingen, Rudolf von Baden, vorschlagen. Er ist ein bewährter Fachmann und hat schon im Breisgau einige Hexen erfolgreich verbrennen lassen. Dem Ammann werde ich einige Schriftstücke vorbereiten. Bis jetzt ist die Hexenjagd ein eher mühseliges Unterfangen, auch wenn wir eine Reihe von Erfolgen vorweisen können. Wir haben auch nicht unerhebliche Probleme von Seiten der eigenen Geistlichkeit, die uns, wo es nur geht, Prügel in den Weg wirft. Das geht so weit, dass selbst Inquisitoren das Hexenwesen als Unsinn abtun. Nach meiner Erfahrung sind da die weltlichen Gerichte viel offener, und da müssen wir ansetzen.« Institoris machte eine Pause und starrte düster vor sich hin. »Nimm zum Beispiel den Sprenger!«

»Sprenger? Der Jacobus Sprenger?«, fragte Gremper zurück.

»Ja, genau der! Ist zusammen mit mir seit Jahren als Inquisitor für Deutschland bestellt und für die gesamte Provinz Teutonia zuständig. Weißt du, was er bis jetzt gemacht hat? Nichts! Gar nichts! Irgendwann hat er einmal vor irgendeinem Haufen eine Predigt gehalten und ihnen erzählt, es gebe zwar Ketzer, die Irrlehren verbreiten, aber keine Hexen, die sich fleischlich mit dem Teufel vereinigen und durch die Lüfte fliegen können!« Über Heinrichs Nasenwurzel bildeten sich zwei tiefe senkrechte Furchen und in seinen Augen irrlichterte der pure Hass. »Dieser elende Lump! Anstatt seiner Aufgabe nachzukommen und mich zumindest in meiner Arbeit gegen die allerschlimmste Form der Ketzerei zu unterstützen, verfolgt er mich regelrecht. Er lädt mir alle möglichen Anzeigen an den Hals und droht, für alle reformierten Klöster ein Verbot zu erreichen, mich aufzunehmen! Stell dir das einmal vor! Aber er wird mich noch kennen lernen!« Institoris schlug mit der flachen Hand auf den Tisch.

Als der Notar ihm ins Gesicht sah, wusste er, dass er Bruder Heinrich nicht zum Feinde haben wollte.

Der Mönch brütete eine Zeit lang dumpf vor sich hin und hob dann langsam den Kopf, wobei ein böses Lächeln um seine Lippen spielte. »Genau! Das ist es!« Er warf Gremper einen triumphierenden Blick zu und fing dann dröhnend an zu lachen. »So machen wir es! Das ist genial! Du wirst es sehen!«

Der Notar sah ihn verständnislos an.

»Ich habe zwar sicher schon zwei Krüge Wein intus, aber ich bin deswegen noch lange nicht besoffen. Du gehst nach Rom und bereitest die Geschichte mit dem Ablasshandel und der Belobigung vor.

Ich gehe nach Konstanz und setze eine Schrift auf, mit der uns der Papst selbst und höchstpersönlich bestätigen wird, dass es Hexen gibt, die sich mit Dämonen verbinden und so ihre teuflischen Untaten verrichten. Und uns beide wird er als Spezialisten für solche Fragen empfehlen!«

War Institoris jetzt vollkommen übergeschnappt?

»Nein! Ich meine das ernst!«, erwiderte dieser, als er Grempers Blick bemerkte. »Das Ganze muss zuerst durch die Kommission. Aber glaube mir, ich kenne da genügend Leute, die finanziell immer ein wenig klamm sind und für ein wenig Geld empfänglich sind. Wenn die sich sperren sollten, weiß ich mir aber auch anders zu helfen!«, fügte er mit drohendem Unterton hinzu.

11. KAPITEL

Bei der Kommission war seine Vorlage – wenn auch mit etwas Nachhilfe in Form von Geld – ohne Beanstandung durchgegangen und es hatte nicht allzu viel Redekunst bedurft, um auch das kleine, fahlblasse Männchen zu bewegen, seine Unterschrift unter das Schriftstück zu setzen. Innozenz VIII. war auf dubiose Weise auf den Stuhl Petri gekommen, Manipulation und Durchstechereien sollten im Spiel gewesen sein. Aus seinen ledigen Kindern hatte er nie einen Hehl gemacht und er stand auch zu ihnen. Zu den um ihn brodelnden Gerüchten kam beinahe täglich ein neues dazu. Manche sagten, er sei arm und fromm, andere das Gegenteil. Von seinem Vorgänger Sixtus IV. hatte er nur Schulden übernommen, die so gewaltig waren, dass er zeitweise sogar Mitra und Tiara sowie den päpstlichen Kronschatz verpfänden musste. Nun war er voll damit ausgelastet, den päpstlichen Haushalt wieder in den Griff zu bekommen. Zwar war er erst seit ein paar Monaten auf dem Stuhle Petri, aber dass er seine geplanten Reformen in weite Zukunft verschieben musste, war ihm schon nach wenigen Wochen klar geworden. Wahrscheinlich würde er als einer der Päpste in die Annalen eingehen, die für die Kirche nichts oder kaum etwas bewirkt hatten.

Fra Henricus Institoris, wie er hier genannt wurde, starrte auf die Pergamentrolle, die der Papst vom Tisch nahm und seinem Sekretär reichte.

»Meine geliebten Söhne …« Weiter kam er nicht, da der schmächtige Körper in dem weiten Brokatumhang von einem heftigen Hustenanfall geschüttelt wurde. Nur langsam beruhigte er sich und in sein Gesicht kam wieder ein ganz klein wenig Farbe. »Mein geliebter Sohn Heinrich, es freut mich, dir die Bulle ›Summis desiderantes affectibus‹ gegen …« Er hielt kurz inne und blickte hilfesuchend zu seinem Sekretär.

»… die Hexerei!«, ergänzte dieser, worauf der Papst nickte.

»Ja, gegen die widerliche Hexerei …«, sagte er dann und blickte gleich darauf geistesabwesend und verloren ins Leere, während der Sekretär das Pergament entrollte und mit dem Vorlesen begann.

> »Mit außerordentlicher Betrübnis habe ich deinen Schilderungen entnommen, dass in vielen Gegenden Oberdeutschlands und ebenfalls in den Kircheprovinzen, Städten, Ländern, Orten und Diözesen von Mainz, Köln, Trier, Salzburg und Bremen ziemlich viele Personen beiderlei Geschlechtes, ihr eigenes Seelenheil missachtend und vom christlichen Glauben abweichend, mit Incubus- und Subcubus-Dämonen Unzucht treiben und durch ihre Zaubersprüche, Gesänge und Beschwörungen und durch andere gottlose, abergläubische und wahrsagerische Frevel, Verbrechen und Vergehen die Geburten der Frauen und die Brut der Tiere, die Feldfrüchte, Weintrauben, Baumfrüchte, und noch dazu Männer, Frauen, Lasttiere, Kleinvieh, Haustiere sowie verschiedene andere Tiere, auch die Weinberge, Obstgärten, Wiesen, Weiden und andere Früchte der Erde …«

Incubus- und Subcubus-Dämonen! Auf das kommt es an!, dachte Heinrich stolz und blinzelte kurz dem neben ihm stehenden Gremper zu.

> »… verderben, ersticken und zugrunde richten. Auch bringen sie es fertig, Männer, Frauen, Zugtiere, Lasttiere, Kleinvieh, Haustiere und andere Tiere mit furchtbaren sowohl innerlichen …«,

leierte Institoris still im Kopf mit.

Willst du mir das alles vorlesen?, dachte er dann. Ich weiß doch, was da drin steht. Ich habe es ja selbst verfasst!

»... obwohl die geliebten Söhne Henricus Institoris in den zuvor genannten Teilen Oberdeutschlands, in welche auch Kirchenprovinzen, Städte, Länder, Diözesen und andere solche Örtlichkeiten einbezogen sind, wie auch Jacobus Sprenger aus dem Orden der Predigerbrüder für gewisse Landstriche längs des Rheins, die als Professoren der Theologie durch apostolische Briefe zu Inquisitoren der ketzerischen Verworfenheit berufen worden waren und dies immer noch sind. Jedoch scheuen in jenen Gegenden etliche Kleriker und Laien, die mehr verstehen wollen, als nötig ist, nicht davor zurück ...«

Bei der Erwähnung des Namens Jacobus Sprenger konnte er ein zufriedenes und selbstgefälliges Lächeln nicht unterdrücken.

»... erlauben wir den genannten Inquisitoren, dass sie gemeinsam oder ein jeder für sich unter Zuziehung des geliebten Sohnes Johannes Gremper, eines Klerikers in der Diözese Konstanz und jetzt Magister artium, oder eines anderen beliebigen öffentlichen Notars, der von ihnen beiden oder einem von ihnen auf Zeit beauftragt worden ist, in den genannten Kirchenprovinzen, Diözesen, Ländern und Orten ...«

Auch das passte. Die Person Gremper wurde aufgewertet, er selbst konnte ihn als Notar bestallen – oder auch nicht.

»... die sie der erwähnten Vergehen schuldig finden, zurechtzuweisen, zu inhaftieren und an Leib und Vermögen zu bestrafen, wie sie es verdienen!«

Gleich muss es kommen. Der Bischof Albrecht von Bayern, dieser Hundsfott ...

»Nichtsdestoweniger tragen wir unserem ehrwürdigen Bruder, dem Bischof Albrecht von Straßburg, durch ein apostolisches Schreiben auf ...«

Fra Henricus horchte genau hin und kein Wort entging ihm.

»... wann immer er seitens der beiden Inquisitoren oder von einem von ihnen ... aufgefordert wird ... diejenigen aber, die belästigen, behindern, irgendwie Einspruch erheben ... welcher Würde, Standes, Ranges, Vornehmheit, adeligen Geburt, hohen Stellung oder

Herkunft … durch Urteile, Ahndungen und Strafen der Exkommunikation … über die er selbst befinden mag … zu unterdrücken«,

las der Sekretär mit monotoner Stimme vom Pergament.

Nein, er hatte nichts vergessen und die Kommission hatte das meiste wortwörtlich übernommen und der Papst hatte es auch so unterzeichnet. Er stellte sich das Gesicht des Bischofs vor, wenn dieser von dem päpstlichen Rüffel erfuhr. Diesem Ignoranten würden noch seine abfälligen Spöttereien über ihn vergehen und nun musste er zähneknirschend seinen Anweisungen gehorchen.

»Es soll also überhaupt keinem Menschen erlaubt sein, diese Urkunde … zu entkräften oder sich ihr entgegenzustellen. Gegeben zu Rom zu Sankt Peter, im Jahr der Menschwerdung des Herrn 1484, am 5. Dezember, im ersten Jahr unseres Pontifikats.«

Die Sonne schien grell, ein warmer Wind wehte aus den Abruzzenbergen herüber und Institoris schwitzte unter seiner Kutte, was er aber gar nicht bemerkte. Mit geschwellter Brust und hoch erhobenem Haupt stolzierte er über den Petersplatz.

Gremper schien es, als ob selbst sein Schatten unterwürfig hinter ihm herkriechen würde.

»Mein lieber Johannes, bist du dir bewusst, was der Papst unterschrieben hat?!«

Der Notar zuckte die Schultern und schüttelte den Kopf.

Institoris blieb stehen und schien über sich hinaus zu wachsen. »Seine Heiligkeit hat soeben eine seit dem Konzil von Ancyra und damit seit 314 gültige Lehrmeinung, die auch Grundlage des Canon ist, über den Haufen geworfen. Wir haben es nun schriftlich«, er deutete auf seine Umhängetasche, »es gibt männliche und weibliche Dämonen, Incubi und Subcubi, die sich mit Menschen vereinigen und paktieren und so Unheil über die Welt bringen!« Am liebsten hätte er es laut herausgeschrien. »Wir brauchen uns also nicht mehr mit spitzfindigen und haarspalterischen Auslegungen des *Canon episcopi* herumschlagen. Jetzt haben wir es schwarz auf weiß und vom Papst höchstpersönlich abgezeichnet, dass es Hexen gibt!«

Er machte ein paar Schritte vorwärts, blieb aber dann gleich wieder stehen. »Und? Wer hat das geschafft?!«

Institoris schien noch einmal in die Höhe zu wachsen und auch sein Schatten schien vor Ehrfurcht zu erstarren. »Ich! Jawohl, ich, Heinrich Institoris! Du hast mir das nicht zugetraut! Gib es zu!«

Der Notar sah ihn trotz seines kindischen Gehabes bewundernd an. »Ehrlich gestanden, so ganz war ich nicht überzeugt, dass du das schaffst! Aber wieso hast du eigentlich den Jakob Sprenger mit hinein genommen? Weiß er überhaupt etwas davon?«

Heinrichs Auflachen war nicht fröhlich, sondern klang boshaft und gehässig.

»Der Sprenger? Nein, der hat keine Ahnung. Aber seine Nennung hat mehrere Gründe. Erstens ist es einmal meine ganz persönliche Rache für seine Schikanen gegen mich. Zweitens ist er schon Inquisitor für die Provinz Teutonia und manch einer hätte sich bestimmt gewundert, wenn jemand anderer vorgeschlagen worden wäre. So aber sieht es aus, als ob auch er hinter der Sache stünde, was natürlich wiederum meinem Vorschlag mehr Gewicht gegeben hat. Drittens hat er den Ruf, ein untadeliger und frommer Mönch zu sein, er ist überall beliebt und die von ihm gegründete Rosenkranzbruderschaft hat inzwischen sehr viele honorige Mitglieder. Viertens ist seinen Tätigkeit nur auf ›gewisse Gegenden entlang des Rheines‹ beschränkt. Wo aber genau liegen diese gewissen Gegenden? Ich müsste doch verrückt sein, unter diesen Umständen den lieben Mitbruder Jacobus abseits stehen zu lassen!«

»Was ist, wenn er es erfährt?«

Institoris lachte hämisch. »Was soll er machen? Ich habe alle Trümpfe in der Hand. Er kann hierher nach Rom rennen und sich beschweren, aber er wird es als papsttreuer Reformator nicht wagen, den Inhalt der Bulle anzuzweifeln. Falls er sich darüber aufregt, weil seine Person mit der Bulle in Zusammenhang steht, kann ich argumentieren, er sei ja schon Inquisitor und daher sei seine Benennung mehr als naheliegend. Wenn er meint, ich hätte das eigenmächtig angezettelt, werde ich behaupten, ich hätte das nur gemacht, um ihn anzuspornen und an seine lasche Wahrnehmung der inquisitorischen Pflichten zu erinnern. Das würde aber wiederum Nachfragen geben und als Inquisitor hat er überhaupt nichts vorzuweisen, als dass er allgemein gegen den Aberglauben predigt. Ach ja, einmal hat er irgendeinen Sterndeuter verhört, aber das ist auch schon alles. Er wird also sein Maul halten. Ich denke, auch hier ist alles wasserdicht wie in der gesamten Bulle.«

»Nicht ganz!«, warf der Notar ein.

Institoris sah ihn überrascht an. »Was? Was soll nicht wasserdicht sein?«

»Na ja, es ist eine Frage der Auslegung«, druckste Gremper herum, »die Bulle ist eine Gunstbezeugung!«

»Rede doch keinen Blödsinn! Wo steht das?« Bruder Heinrich wurde mit einem Mal etwas kleinlaut, als er in das Gesicht seines Begleiters blickte.

»Ich glaube, im vorletzten Absatz. Mir als Notar ist es schon in Fleisch und Blut übergegangen, auf solche scheinbaren Nebensächlichkeiten zu achten.«

Aufgeregt wühlte Institoris in seiner Tasche und zog das Pergament heraus. »*Desgleichen ... welchen Inhalts ... Gänze etwas ... Vollziehung*«, überflog er hastig die Zeilen.

Tatsächlich, hier stand es – und dieser Satz stammte so nicht von ihm!

»*... in Gänze etwas entgegengesetzt wird, was die Vollziehung dieser*« – und so stand es da wörtlich – »*Gunstbezeugung verhindert.*«

Er brauchte eine Zeit lang, bis er sich wieder gefasst hatte. »Welcher verdorbene Sauhund hat das Wort eingeflickt?«

Gremper hob die Schultern und bedeutete mit einer Geste, dass er es auch nur vermuten könne. »Vielleicht hat es irgendeiner in der Kommission oder sogar Innozenz selber veranlasst. Sie haben es neu geschrieben, weil das Latein deiner Eingabe grauenhaft gewesen sei.«

Institoris überhörte den letzten Satz geflissentlich. »Und? Was kann das für Konsequenzen haben?«, fuhr er wütend den Notar an.

Nachdenklich wiegte Gremper den Kopf. »Langsam, langsam, ich kann schließlich nichts dafür.«

Er kannte Institoris nun schon lange genug und seine unkontrollierten Wutausbrüche waren für ihn nichts Neues.

»Ich denke, das sieht nach einem Notar aus. Es ist so, dass die Bulle ausdrücklich uns drei, also Sprenger, dich und mich, betrifft. Sie bezieht sich nur auf uns und hat also für niemanden anderen einen direkten Wert. Irgendjemand hat da ein Hintertürchen eingebaut. Wenn etwas schief gehen sollte, kann sich der Papst immer noch darauf berufen, es sei eine personenbezogene Gefälligkeit gewesen.«

»Was bedeutet das für die Praxis?«, fragte Bruder Heinrich immer noch zornentbrannt darüber, dass offensichtlich jemand versucht hatte, die Bedeutung der päpstlichen Urkunde einzuschränken.

Gremper kratzte sich mit dem Zeigefinger hinter dem rechten Ohr. »Sprenger wird nichts machen. Ich bin abhängig von dir. Du bist also der Einzige, der direkt davon profitiert: Für dich ist der Weg frei! Du kannst zufrieden sein. Die Konkurrenz hält es dir in dieser Form auch vom Hals. Jedenfalls vorläufig«, setzte er nach einer Weile nach.

»Wie sieht es mit dem Ablass für das Spital aus?«, wollte Institoris wissen, der sich nun langsam wieder beruhigte.

»Der wurde vor ungefähr zehn Tagen, also am 26. November, erteilt. Er wurde genau so abgezeichnet, wie ich es vorgetragen habe. Wie du es vorgeschlagen hast, habe ich mich nicht direkt an den Papst, sondern dessen Bevollmächtigten, den Bischof von Ostia, gewandt, der ihn dann gemeinsam mit anderen Bischöfen und Kardinälen ausgestellt hat.«

Fra Henricus nickte zufrieden.

»Aber das ist noch nicht alles. Am nächsten Tag, also am 27. November, hat auch die Pfarrkirche von Sankt Jodok einen Ablass für die Donnerstage im Quatember bekommen! Für Liebfrauen und die Mühlbruggkapelle liegen ebenfalls bereits Anträge vor!«

»Wer hat diese eingegeben?«

Gremper verzog sein Gesicht, hob die Schultern und grinste unschuldig.

»Deinem Weg nach oben wird das sicher nicht schaden!«, grinste

Bruder Heinrich zurück. »Was ist mit der Belobigung für die Stadt Ravensburg?«

Der Notar sah ihn verschmitzt an. »Ich denke, wir haben für den Augenblick genug erreicht. Ich habe …«

»Willst du sagen, du hast nichts in dieser Richtung unternommen?«, unterbrach ihn Institoris.

»Lass mich gefälligst zu Ende reden!«, fuhr ihn der Notar seinerseits an. »Selbstverständlich bekommen sie die Belobigung, aber nicht hier und jetzt, sondern erst im Laufe des kommenden Jahres. Ein wenig Augenmaß sollte man sich auch im Erfolg bewahren, mein lieber Heinrich!« Gremper konnte es sich nicht verkneifen, diesem aufgeblasenen Mönch, dem er sicher auch selbst einiges zu verdanken hatte, auch einmal einen Dämpfer zu verpassen.

Institoris murmelte darauf etwas Unverständliches und hielt auf eine Taverne zu, in deren Schatten ein paar Tische und Stühle im Freien standen. »Komm, das alles müssen wir feiern!«, meinte er dann versöhnlich.

Institoris setzte sich mit dem Rücken zur Hauswand, ein Umstand, den Gremper anfänglich als Marotte abgetan hatte. Inzwischen glaubte er es aber besser zu wissen. Immer dann, wenn sich Bruder Heinrich unbeobachtet glaubte, stierte er den Frauen hinterher. Der Notar war sich jedoch sicher, dass Heinrich in seinem Leben noch nie ein weibliches Wesen angelangt hatte und es auch bis an sein Lebensende nicht tun würde. Einerseits faszinierten ihn die Frauen, andererseits empfand er offensichtlich nichts als Ekel vor diesen halbfertigen und unreinen Geschöpfen. Hinzu kam, dass jedes Weib eine unentdeckte Hexe sein konnte, die nach seinem Verderben trachtete.

Mit gelindem Schaudern dachte Gremper an das Erlebnis, von dem ihm Institoris in seinem Turm in Ravensburg erzählt hatte: Dort waren Fenster zu seiner Kammer so weit vom Boden entfernt, dass sie von außen nur mit sehr langen Leitern erreicht werden konnten. Im Traum sah er, wie lange Nadeln von den Fenstern her auf seinen Kopf hin abgeschossen wurden, die sich aber sofort in männliche Glieder verwandelten. Plötzlich erschien ihm seine Mutter, um ihn auf die Gefahr aufmerksam zu machen. Als er erschrocken hochfuhr, steckten eiserne Nägel in der Zudecke, mit der er sich instinktiv gegen den Angriff geschützt hatte. Schon allein deswegen konnte der Notar verstehen, wieso der Inquisitor dem weiblichen Geschlecht mit äußerstem Misstrauen begegnete.

12. KAPITEL

Leise taumelten große, grauweiße Schneeflocken vor dem Fenster des Dominikanerklosters in Bozen im Wind hin und her, ehe sie langsam und gemächlich zu Boden schwebten. Im Bibliotheksaal war es trotz des großen gemauerten und mit Kugelkacheln verzierten Ofens unangenehm kalt. Laurentius de Santa Agatha erhob sich fröstelnd und trat hinaus in den Gang und Bruder Heinrich hörte, wie er einen schweren Holzklotz in die Glut warf.

Gestern Abend war er hundemüde hier angekommen, der Weg herauf von Trient war mühsam gewesen und kurz vor Bozen hatte es so zu stürmen begonnen, dass es den Schnee waagrecht durch die Luft geblasen hatte. Schon in Verona hatte er von Bruder Laurentius gehört, der Inquisitor aus Como hätte allein in ein paar Monaten schon an die zwanzig Hexen überführt. Ohne lange zu überlegen, beschloss er daraufhin, Fra Laurentius am Comersee aufzusuchen, erfuhr aber in Mailand, dass dieser im Trienter Konvent weilte, was ihm aber eher gelegen kam, da er sich so einen riesigen Umweg ersparen konnte. In den Sommermonaten wäre er über das Val Tellina weitergezogen, im Winter aber waren nun sowohl der Umbrail als auch der Reschen und Jaufenpass unpassierbar und somit ein Durchkommen nach Norden unmöglich. Auch der Weg über den Tonalepass wäre versperrt gewesen, was ein Ausweichen über Bergamo und Brescia zurück nach Verona bedeutet hätte. Im Trienter Konvent hieß es dann, nein, der Bruder Laurentius sei nicht mehr hier, sondern hinauf nach Bozen, da es dort ein Exemplar irgendeines Buches gäbe.

Hier lag nun eine neu gedruckte Version des »*Directorium Inquisitorum*« von Nicolaus Eymericus vor ihm auf dem Schreibpult. Geschrieben hatte dieser sein Handbuch für Inquisitoren schon 1376 und darin die vielfältigen Aspekte sowohl aus theologischer wie auch aus rechtlicher Sicht zusammengefasst. Eine nicht komplette Abschrift hatte er zwar schon in Augsburg in der Hand gehabt, aber durch den Ärger mit den überfrommen Beterinnen und dem Stiftspfarrer Molitor war er nicht dazu gekommen, sie genauer zu studieren. Und nun hatte er hier Gelegenheit, mit einem Kollegen, der beinahe so viel Erfahrung wie er selbst hatte und auch noch von Juristerei etwas verstand, ausgiebig darüber zu diskutieren.

»Ja, mein lieber Fra Henricus, auch ich hatte bei meinen Prozessen einige Unsicherheiten und ich wollte einmal bei Eymericus nachlesen, was er zu einigen Punkten meint«, sagte der Inquisitor von Como, während er wieder eintrat und sich die kalten Hände rieb. »Eure Hexenbulle stellt natürlich einen enormen Fortschritt dar, besonders die päpstliche Anerkennung des realen Teufelspaktes und tatsächliche fleischliche Vereinigung von Menschen und Dämonen. Zwar bezieht sich das Schreiben hauptsächlich auf Eure persönliche Tätigkeit, aber der Satz mit den Incubi und Subcubi hat allgemeine Bedeutung. Für uns bedeutet das, wir brauchen die Anklagen nicht mehr über den Umweg Ketzerei und die Auslegung des *Canon episcopi* erheben, sondern können nun einen direkten Weg einschlagen. Das heißt, damit werden auch die Prozesse kürzer und einfacher zu führen sein!«

Fra Laurentius trat zum Fenster und sah in das nunmehr wirbelnde graue Schneegestöber. »Schon Eymericus hat eine Lockerung der Römischen Rechtsregeln gefordert, aber er stand mit seinen Vorschlägen innerkirchlich auf verlorenem Posten. Vielen Klerikern fehlt auch heute noch einfach die Härte, notwendige Maßnahmen mit aller Konsequenz durchzuführen. Man muss sie förmlich dazu zwingen, der Wahrheit ins Auge zu sehen.«

»Da habt Ihr Recht!«, bestätigte Institoris. »Bei uns weigern sich sogar Inquisitoren wie Sprenger, ihren Aufgaben nachzukommen!«

»Wieso steht er denn dann ausdrücklich in der Bulle?«, fragte der Italiener verwundert.

Bruder Heinrich kniff die Lippen zusammen. Du mit deinem vorschnellen Mundwerk …, dachte er und gab zur Antwort, Sprenger habe ihn darum gebeten und das sei etwas, was er seinem deutschen Inquisitoren-Kollegen wohl nur schwerlich hätte absagen können. »Wie war denn das in Bormio?«, versuchte Institoris abzulenken, bevor er noch weiter über sein Verhältnis zu Sprenger ausgefragt wurde.

Fra Laurentius wandte sich um und machte ein besorgtes Gesicht. »War? Das ist noch nicht ausgestanden. Da warten noch einige auf ihren Prozess, aber durch den hohen Schnee ist das Gebiet von der Außenwelt abgeschnitten. Im Herbst sind mir noch beim Einsetzen der ersten Schneefälle einige Verdächtige nach Tirol in die Herrschaft des Erzherzogs Sigmund entwischt und ich werde versuchen, im Frühjahr rechtzeitig in Bormio zu sein, um weiteren Verdächtigen keine Gelegenheit zur Flucht zu geben!«

Er hielt einen Moment inne und blickte nachdenklich zu Boden. »Wie das angefangen hat, wollt Ihr wissen? Hmm, ich bin da nicht von mir selbst aus tätig geworden, sondern ich wurde von den dortigen Bürgern genau so wie Ihr in Ravensburg darum gebeten. Ein kleines Kind war aus seiner Wiege verschwunden und als der Vater der Sache nachging, sah er nächtens eine Versammlung von Frauen, die den Knaben töteten und sein Blut schlürften. Danach verspeisten sie ihn. Ja, das war der Anfang. Über die Hebamme, auf die mein erster Verdacht fiel und die dann auch gestand, kam ich auch nach und nach den anderen Frauen auf die Schliche! An die zwanzig von ihnen sitzen noch im Kerker! Es wären alle schon abgeurteilt, wenn die Beweisführung einfacher wäre!«

»Was meint denn Eymericus dazu?«, fragte Institoris.

Fra Laurentius stieß einen tiefen Seufzer aus. »Er hat schon damals erkannt, dass es sich bei der Ketzerei um einen ungewöhnlichen Tatbestand handelt, genau so, wie wir es nun bei den Hexereidelikten zu tun haben. Ungewöhnliche Verbrechen fordern ungewöhnliche Maßnahmen. Genau darauf zielt er auch ab. Er sagt, eine Denunziation eines einzelnen Beamten oder einer einzelnen Privatperson reichen aus, um eine Untersuchung einzuleiten. Es brauchte nicht mehr ein durch mehrere Zeugen bestätigtes Gerücht. Dazu kommt, dass von nun an auch unglaubwürdige Personen wie Verbrecher, Meineidige und Bettler als Zeugen aussagen können. Weiters ist er der Ansicht, der im Römischen Recht verlangte und in der Bulle ›*Qualiter et quando*‹ festgeschriebene konkrete Beweis könne entfallen, ein bloßer Verdacht reiche zur Aburteilung aus und Aussagen unter Folter gälten stattdessen als Beweise.«

»Ich bin sowieso der Meinung, die Richter sollten mehr eigenen Ermessungsspielraum haben und nicht nur Urteile nach juristischen Spitzfindigkeiten, sondern aus ihrer eigenen Überzeugung heraus fällen können!«, unterbrach ihn Institoris, worauf ihn sein Mitbruder ansah und bestätigend nickte.

»Aber das ist noch nicht alles«, fuhr der Italiener fort. »Moment, ich habe es gleich.« Er blätterte eine Zeit lang im Buch, bis er die entsprechende Stelle gefunden hatte.

»Da, da ist es: Auch Bestimmungen von ›*inquisitionis negotium*‹ sollen aufgehoben werden. Dem Angeklagten werden die Namen aus Gründen des Zeugenschutzes der gegen ihn aussagenden Zeugen nicht mehr genannt und dem Angeklagten werden auch nur noch die zusammengefassten Aussagen verlesen …«

»Was natürlich erheblichen Spielraum offen lässt«, warf Bruder Heinrich stolz ein. »Da habe ich bereits meine eigenen Erfahrungen. So ähnlich wurde es auch in Ravensburg gehandhabt!«

»Ferner gibt es keinen Zeugen ›*pro reo*‹, also für den Angeklagten, da sich ein solcher sofort als Mittäter verdächtig machen würde.«

Institoris wiegte bedenklich den Kopf. »So ganz ist das wahrscheinlich nicht durchsetzbar. Ich höre schon die Rechtsverdreher wie getretene Hunde aufheulen, weil sie um ihren Mammon zittern.«

»Na gut«, entgegnete Fra Laurentius, »man müsste es so hindrehen, dass sich kaum ein Verteidiger getraut, einen solchen Fall zu übernehmen, weil er Angst haben muss, selber als Sympathisant oder gar Mitverschworener verdächtigt zu werden.«

»Das ist eher praktikabel«, stimmte Institoris zu.

»Was wollt Ihr nun mit Eurer Bulle machen?«, wollte de Santa Agatha nach einiger Zeit wissen.

»Ich weiß es noch nicht genau. In Ravensburg laufen noch Verfahren und der Notar Gremper ist schon vor einigen Tagen hier durchgekommen, hat man mir gesagt. Ein Abschrift der Bulle hat er dabei und ich hoffe, das sie entsprechenden Eindruck macht. Im Übrigen möchte ich noch einige Zeit hier bleiben, es sind noch einige Dinge, die ich nachlesen möchte, im *Decretum Gratiani* zum Beispiel und noch ein paar andere Schriften, die ich hier gefunden habe: Augustinus, Thomas von Aquin, Aristoteles, Tullius, Publius Syrius ...«

»*Decretum Gratiani*?« Fra Laurentius warf ihm einen erstaunten Blick zu. »Das war doch auch mit einer der Grundlagen zur Stützung des *Canon episcopi*? Was wollt Ihr noch damit, wenn Ihr es nun schriftlich habt, dass es Hexen tatsächlich und nicht nur in der Einbildung gibt?«

Institoris sah ihn überheblich an. »Ebendrum. Es werden einige kommen und mit dem Canon argumentieren, auch wenn ausdrücklich in der Bulle steht, dass sie mir eigentlich nicht widersprechen dürfen. Man muss sie mit ihren eigenen Waffen schlagen und ich bin mir sicher, viele von ihnen wissen gar nicht genau, was da alles drinnen steht!« Man muss sie über den Haufen reden!, dachte er bei sich, behielt diese Weisheit aber für sich.

»Ihr müsst sie drucken lassen!«

»Was? Was drucken?«, fragte Bruder Heinrich, der mit seinen Gedanken ganz woanders war.

»Die Bulle. Ihr müsst sie drucken lassen!«

»Wieso drucken? Wie kommt Ihr darauf?«

»Nein, nicht ein paar Exemplare abschreiben lassen und dann an ein paar Stellen anschlagen. Wenn Ihr schon so etwas in der Hand habt, müssen es die Leute in den betreffenden Gebieten auch erfahren – und zwar so schnell wie möglich. Dazu kommt der Eindruck, den so etwas machen wird – eine Empfehlung, nein, nicht Empfehlung – ein Befehl vom Papst persönlich. An jeder Kirchen- und Gasthaustüre, an jedem Baum und jedem Heustadel muss das hängen! Damit gibt es keine Zweideutigkeiten mehr, niemand kann sich damit herausreden, er hätte nichts gewusst oder er habe es falsch verstanden!«

»Aber die meisten können doch gar nicht lesen!«, erwiderte Institoris.

»Na und? Dann sollen sie es sich vorlesen lassen! Glaubt mir, so etwas müsst Ihr nutzen, das muss unter dem Volk verbreitet werden! Und Gedrucktes macht mehr Eindruck als das gesprochene Wort!«

Bruder Heinrich sah ihn zweifelnd an und plötzlich schoss ihm einer seiner verrückten Einfälle durch den Kopf.

»Ihr habt gesagt, einige der Verdächtigen in Bormio seien nach Tirol entkommen. Wie viele Hexen wurden dort denn schon ihrer Untaten überführt?«

Der Italiener sah ihn überrascht an. »In Tirol? Meines Wissens bis dato noch keine einzige!«

»Und? Woran liegt das? Es gibt bestimmt auch in Tirol Hexen! Aber wenn man nicht sucht, findet man auch keine!«

»Nikolaus von Kues!«, antwortete Fra Laurentius unsicher. »Er war bis vor ungefähr zwanzig Jahren Bischof von Brixen.«

»Wer? Cusanus?«, fragte Institoris verblüfft.

»Habt Ihr das nicht gewusst? Er musste zwar wegen der Streitereien mit dem Herzog Sigmund nach Rom flüchten, seine Stelle als Bischof hat er aber bis zu seinem Tode beibehalten. Wegen seiner Frömmigkeit war er beim Volk zwar angesehen, aber wegen seiner rigorosen Verbote nicht sonderlich beliebt. Er hat öffentlich von der Kanzel verkündet, die Hexerei sei nichts als reiner Aberglaube und hat auch die Priester dazu angehalten, dasselbe zu predigen!«

»Auch ein großer Gelehrter, der er zweifelsohne war, kann sich irren!«, brummte Bruder Heinrich unwillig.

»Sein Nachfolger ist Georg Golser. Die beiden waren zwar verfeindet, was aber Golser nicht abhält, in dieser Sache ins gleiche Horn zu blasen. Auch er ist ein starrsinniger Ignorant und behauptet ebenfalls wie sein Vorgänger, es gebe gar keine Hexen!«

13. KAPITEL

Gedämpft fiel das Licht durch die Seitenfenster in das in drei Kirchenschiffe eingeteilte Gotteshaus. Hoch strebten die auf oktagonalen Säulen aufliegenden gotischen Spitzbögen himmelwärts und schienen mit der nach oben zunehmenden Dämmerung zu verschmelzen. Heinrich Institoris erhob sich von der harten Kirchenbank und ging hinüber zur Johanneskapelle, wo er sich noch einmal die im Stile Giottos gemalten Fresken ansehen wollte. Die Arbeiten übten eine eigenartige Faszination auf ihn aus und unterschieden sich von den flach und reliefartig gemalten Bildern der byzantinischen Schule, wie sie in den meisten Kirchen vorherrschend waren. Die Fresken wirkten eigentümlich lebendig und wie immer kostete es ihn besondere Überwindung, sich von dem Zyklus »Triumph des Todes« loszureißen.

Komm, du musst weiter!, befahl er sich selber und trat hinaus in den bereits nach Frühling riechenden Morgen. Die Bergzacken des Rosengartens trugen noch hohe Schneehauben, die sich im Schein der aufgehenden Sonne in dunkles Purpur verfärbten, dann blasser wurden und danach in grell leuchtendes Weiß übergingen.

Sechs Wochen war er nun hier im Konvent gewesen. Der Comoer Inquisitor war nur ein paar Tage geblieben und beide hatten vereinbart, miteinander in Verbindung zu bleiben. Seit Laurentius de Santa Agatha nicht mehr da war, hatte er das Gefühl, es nur mit Dummköpfen zu tun zu haben und war froh, endlich von hier verschwinden zu können. Mehr als einmal war er mit dem Prior aneinander geraten und dieser hätte ihm bestimmt eine nicht geringe Ordensstrafe auferlegt, wenn er nur gekonnt hätte. Aber es hätte dem Ansehen der Bruderschaft nicht unerheblichen Schaden zugefügt, wenn er einen Mitbruder, der selbst noch Klostervorstand war, aus dem Konvent geworfen hätte. Das war auch der einzige Grund, weshalb der Prior gegenüber den anderen Confratres den Anschein von Einvernehmen zu erhalten bemüht war. Institoris spürte, wie ihn auch die anderen Mitbrüder zu meiden begannen und selbst diejenigen, die sein überhebliches Auftreten dem Prior gegenüber mit heimlicher Genugtuung beobachteten, weil sie selbst noch irgendeine Rechnung offen hatten, machten nach und nach einen Bogen um ihn.

Mit großen Schritten hielt er nordwärts auf die rötlichen Porphyrhügel zu, ein leichter Wind beugte die schlanken Pinien und säuselte durch die noch blattlosen Äste der Mandelbäume. Auf der schon von den Römern angelegten Straße, die noch durch liebliche Weinberge führte, herrschte bald lebhafter Verkehr: Hunderte von Fuhrwerken, Lastwagen, leichtere Gefährte, zweirädrige Karren und Reiter zogen dem kalten Norden oder dem wärmeren Süden zu. Laut drang das

Tosen der Eisack herauf, deren gewaltige Schmelzwasser riesige Felsblöcke unter dumpfem Poltern im Bachbett spielerisch wie riesige Murmeln hin und her schoben.

Am späten Nachmittag kam er durch Klausen mit seinen engen, verwinkelten Gassen und geduckten Häusern, über denen auf einem Felsen die Seebner Bischofsburg wie ein Adlerhorst thronte und wo er in einem der vielen Wirtshäuser eine Rast einlegte. Bruder Heinrich hielt sich aber dort nicht lange auf, da er noch am gleichen Tage zu den Augustiner Chorherren im Kloster Neustift wollte, wo er zu übernachten gedachte. Er war aber noch nicht weit gekommen, als auf der Straße eine aufgeregte Unruhe entstand. Wagen fuhren zur Seite, wobei manche im Morast stecken blieben, Kutscher fluchten, Pferde schnaubten aufgeregt wiehernd, eine ungeduldig klingende Fanfare war schon von weitem zu hören, das Hufgetrappel einer Reitergruppe kam näher und vor einer prächtigen Kutsche ritten acht Männer in silbern glänzenden Rüstungen.

»Herzog Sigmund von Tirol mit seiner Frau«, sagte einer der Umstehenden und deutete ehrfürchtig auf das prachtvolle Wappen an der Kutschentür, »wahrscheinlich ist er unterwegs auf seine Burg Sigmundskron!«

»Armer Herzog!«, murmelte eine stämmige Frau, die ihre mit leinenen Stoffballen beladene Rückentrage neben der Straße abgestellt hatte.

»Wieso arm?«, erwiderte ein anderer. »Er hat doch den Beinamen der Münzreiche?«

»Ich meine nicht das Geld. Zwei Frauen sind ihm schon gestorben und Kinder hat er auch keine. Seine jetzige Gemahlin Katharina von Sachsen hat er letztes Jahr geheiratet, sie ist gerade mal erst siebzehn Jahre alt und er ist achtundfünfzig. Das wird wahrscheinlich auch nichts mehr.«

»Um den brauchst du dir in dieser Hinsicht keine Gedanken zu machen«, kam ein dreckiges Lachen von hinten, »dafür hat er mindestens fünfzig ledige Bälger!«

»Eher sechzig, wenn es reicht«, verbesserte ein anderer, »allein an die fünfzig hat er selbst anerkannt!«

Der Vorhang der Kutsche war zur Seite geschoben. Im Inneren saß ein Mann mit schulterlangen, gelockten Haaren, die schon ergraut waren. Er schien von eher kleiner Gestalt zu sein, sein Blick war kühl, aber trotzdem nicht unfreundlich. Ihm gegenüber kuschelte sich ein junges Mädchen in die Kissen, das einen gelangweilten Eindruck machte und die Umgebung gar nicht zu beachten schien.

Sechzig ledige Kinder …, dachte Institoris und wandte sich angewidert ab.

In Brixen machte er noch einen Abstecher zum Amtssitz des Bischofs, wo er aber erfuhr, dass dieser selbst nicht anwesend sei, und übergab dann ein wenig enttäuscht eine Abschrift der Bulle einem Kaplan, nicht ohne diesen darauf hinzuweisen, das Schriftstück sei von eminenter Wichtigkeit und er bestehe darauf, dass der Inhalt in der Diözese bekannt gemacht würde.

Zunehmend steiler werdend zog sich am kommenden Tag die Straße in die Höhe, die Schneewände links und rechts bildeten eine Gasse, die immer wieder von den nachrutschenden Massen freigeschaufelt werden musste. Gasthäuser und Fuhrmannsherbergen säumten den Weg, Schmiede, Wagner und Rädermacher hatten alle Hände voll zu tun, aus den Weinstuben drang das Geschrei und Gezänk der Vorsetzknechte, die für ihre Zusatzpferde auf eine neue Fuhre in die Gegenrichtung warteten und derweil ihren Lohn versoffen. Aus den Seitentälern schleppten dürre, verschundene Bauern auf kleinen Schlitten mageres Heu von den sauren Wiesen herbei, das unten in den Tälern höchstens als Einstreue Verwendung gefunden hätte, hier aber gutes Geld brachte. Von Norden her schob sich eine dunkle Wolkenwand heran, die aber nicht über den Bergkamm näher kam, während über ihnen auf der Südseite eine stechende Sonne herab brannte. Immer wieder blickten die Fuhrleute besorgt nach oben und auch Bruder Heinrich sah immer wieder nach den Düsteres verheißenden und vorwärts drängenden Gebilden, die wie von einer mächtigen unsichtbaren Hand zurückgehalten wurden.

Kurz vor der Passhöhe fing es zuerst leise an zu graupeln, dann aber kam ein immer stärkerer Wind auf, der zu einem Sturm anwuchs, während er sich dem Ort Gries näherte. Mit einem Mal war es auch empfindlich kalt geworden, der anfänglich noch feuchte Schnee wurde nun unangenehm hart und bohrte sich wie mit Nadeln in die Haut. Institoris hielt mit beiden Händen die Kapuze über dem Kopf fest, während er sich dem Dorf zu stemmte, und fragte in der erstbesten Wirtschaft nach einem Quartier.

»Nein, wir sind schon voll«, hieß es auch in der nächsten Herberge und erst in der Ortsmitte bekam er einen Platz.

Er saß noch nicht lange in der überfüllten Gaststube zwischen Kaufleuten, Knechten, Reisenden und Pilgern, als sich die Türe öffnete und zwei schneeverkrustete Dominikaner eintraten.

Niklas wäre am liebsten auf der Stelle nach draußen verschwunden – aber da war es schon zu spät.

»Bruder Niklas! Welche Freude, Euch zu sehen!«, dröhnte es durch den Lärm.

Niklas stieß seinen Gefährten in die Seite und zischte diesem mit scheinbar unbewegtem Mund zu: »Sei still und lass mich reden!«

»Kommt her und setzt euch!«, rief Bruder Heinrich, während er die Leute an seinem Tisch aufforderte, etwas enger zusammen zu rücken.

»Wenn wir Pfaffen brauchen, gehen wir in die Kirche!«, maulte einer unwillig, wobei ihn aber Institoris so scharf ansah, dass dieser sogleich schweigend den Kopf zwischen die Schultern einzog.

»Das ist Bruder Martin aus dem Mainzer Konvent«, stellte Niklas seinen Begleiter vor, »und das ist Bruder Heinrich Institoris, Doktor der Theologie und Inquisitor für die Provinz Süddeutschland.«

»Und seit neuestem päpstlicher Beauftragter für das Hexenwesen!«, konnte dieser nicht an sich halten.

»Ich habe davon gehört«, antwortete Niklas nicht besonders freundlich.

»Soso, es spricht sich also herum«, lächelte Institoris selbstzufrieden. »Ja, wir werden jetzt mit diesem durch und durch verdorbenem Gesindel aufräumen!«

»Wir können nicht lange bleiben, wir suchen noch eine Unterkunft!«, sagte Niklas vorsorglich, als Bruder Heinrich einen Krug Wein bestellte.

»Wo wollt ihr denn hin?«

»Nach Bozen. Bruder Martin war einige Zeit im Basler Konvent und will dann für einige Zeit nach Venedig.«

»Ich komme gerade aus Bozen. Ich habe einige Zeit dort verbracht, sie haben eine gute Bibliothek. Aber auch das nützt nichts, wenn die Mönche dumm sind«, antwortete Institoris hochmütig und kramte in seiner Tasche.

»Da, lest selbst!«, sagte er und hielt Niklas eine Pergamentrolle hin, »*Summis desiderantes affectibus*, vom Papst höchstpersönlich unterzeichnet!«

Niklas drehte das Schriftstück gegen die Fackel an der Wand und begann zu lesen. Bei »Jacobus Sprenger« stutzte er, sagte aber nichts.

Wortlos reichte er es an Bruder Martin weiter, der an derselben Stelle für einen Moment innehielt und es dann schweigend an Institoris zurückgab.

»Und? Was sagt Ihr?«, fragte dieser mit stolz geschwellter Brust und sah die beiden mit funkelnden Augen an.

»Diese Urkunde ist schärfer als ein Schwert ...«, antwortete Niklas zweideutig.

»Schon im Alten Testament steht es: Zauberinnen sollt ihr nicht leben lassen! Aber was sind schon die alttestamentarischen Zauberer gegen die Hexen, die sich mit Satan verbünden und sogar fleischlich vereinigen?«

In der Gaststube war es inzwischen still geworden und alle lauschten dem Dominikaner, dessen Stimme immer lauter geworden war und dessen »R« zunehmend drohender rollte.

»Das ist alles Blödsinn. Es gibt keine Hexen!«, wagte ein Fuhrmann einzuwerfen.

»Woher willst du das wissen?«, fuhr ihn Institoris an.

»Unsere Priester sagen, das sei nichts als Aberglaube. Schon der Bischof Cusanus, der zwar nicht sonderlich beliebt war, hat dasselbe verkündet und der Bischof Golser predigt auch so!«

»Du bist ein ungebildeter Mann aus dem Volk und du willst mich belehren?«, sagte Bruder Heinrich mit gefährlichem Unterton.

»Ich bestimmt nicht. Aber von Cusanus sagt man, er sei einer der klügsten Köpfe dieses Jahrhunderts gewesen und auch der Golser ist bestimmt kein Dummkopf!«, gab der Mann unbeeindruckt zurück.

»Sei vorsichtig, was du da sagst!«, fauchte der Mönch böse.

»Komm, wir müssen gehen«, forderte Niklas Bruder Martin auf, während er den Stuhl zurück schob, »wir brauchen noch ein Dach über dem Kopf!« Er wandte sich an Institoris. »Wir haben noch gar nicht gefragt, wo Ihr hinwollt.«

»Zuerst nach Konstanz und von dort weiter nach Schlettstadt!«

»Also denn: Gelobt sei Jesus Christus!«

»In Ewigkeit, Amen«, brummte Bruder Heinrich, »und gute Reise!«

Draußen vor der Türe pfiff immer noch der Wind durch die Gassen und trieb die Schneeflocken vor sich her. Die beiden Mönche blieben noch einen Moment im Hauseingang stehen und sahen sich an und beide dachten dasselbe.

»Sprenger weiß nichts davon, da bin ich mir sicher. Ich war zwei Jahre im Kölner Konvent, dem er als Prior vorsteht und er vertritt eigentlich das genaue Gegenteil dessen, was in der Bulle steht!«, fing Bruder Martin entrüstet an.

»Ich kann es mir auch nicht vorstellen«, antwortete Niklas, »ich habe die beiden auf dem Provinzialkapitel in Colmar erlebt. Da standen sich zwei Männer gegenüber, die kaum gegensätzlicher hätten sein können. Es ging dabei um die strikte Observanz und die Mehrheit der Konvente stimmte mit Sprenger überein, nur eine Minderheit wehrte sich gegen die Reformen, wollte alles beim Alten belassen und ihr Anführer war Institoris. Hier der fromme, demütige Mönch Jakob und dort der aufbrausende und herrschsüchtige Bruder Heinrich. Sprenger hat ihm vorgeworfen, er würde sich zum Wanderinquisitor entwickeln und Menschen vernichten, anstatt seinen seelsorgerischen Pflichten nachzukommen. Er hat ihm sogar gedroht, er solle es ja nicht wagen, sich in seiner Provinz Teutonia blicken zu lassen. Nein, das geht nicht zusammen!«

»Wieso macht er denn so etwas?«, fragte Bruder Martin ratlos.

»Überlege einmal, was Institoris für einen Ruf hat. Überall, wo er hinkommt, ist in kürzester Zeit der Teufel los. Du hast es ja gerade selbst gesehen, selbst in einer Wirtschaft kann er nicht ruhig sitzen und wenn es irgendwo friedlich zugeht, sorgt er schon dafür, dass das nicht lange so bleibt. Für den Orden hat er eigentlich nicht viel erreicht und wenn ja, sorgt er schon dafür, dass in erster Linie für ihn selbst ein Vorteil herausspringt. Zwar hat er überall hin Beziehungen und versteht es, die Leute gegeneinander auszuspielen, aber mit nur seinem Namen in der Bulle hätte er diese nicht bekommen. Dafür hat er den Mitbruder Sprenger benutzt.«

Als Institoris erwachte, schwamm er in einem Meer voll Blut. Alles rund um ihn herum war rot und in seinem Mund spürte er einen salzigen Geschmack. Er fuhr über sein Gesicht und in seinen Händen sammelte sich blutgetränkter Schnee, an seinem Kopf ertastete er eine riesige Beule und sein rechter Oberarm schmerzte, als er sich aufrichten wollte. Irgendwo wieherten angstvoll zwei Pferde und eine Männerstimme fluchte gotteslästerlich. Stöhnend zog er sich an einem Ast in die Höhe und sah sich fassungslos um. So weit er sehen konnte, war der Schnee rot durchtränkt, neben ihm lag ein zerbrochenes Wagenrad, ein Stück weiter vorne ragte das Stück einer abgebrochenen Deichsel wie eine zersplitterte Fahnenstange in den Nebel und ein sonderbarer süßlicher Geruch lag in der Luft. Institoris brauchte eine Zeit lang, um sich klar zu werden, wo er sich befand und was passiert war. »Reintner, bist du noch da?«, schrie er in die Richtung, aus der das Fluchen und das Wiehern kam.

»Wo soll ich denn sonst sein?«, kam es wütend zurück. »Kommt lieber her und helft mir. Das ganze Fuhrwerk ist hin!«

Ächzend zog er erst sein rechtes und dann sein linkes Bein aus dem verpressten Schnee, auch sein linker Fuß schmerzte.

Wahrscheinlich verdreht, dachte er und versuchte vorsichtig seinen Körper zu bewegen und schleppte sich, nachdem er keine größere Verletzung festgestellt hatte, zum Fuhrmann hinüber.

Heute am Morgen waren sie in Gries aufgebrochen, obwohl sie alle vor der Lawinengefahr hinunter durch das steile Silltal gewarnt hatten. Gestern hatte er sich noch mit einigen dieser einfältigen Leute angelegt und ein stämmiger Kutscher hatte ihm angedroht, dass er ihm eine aufs Maul haue, wenn er nicht sofort Ruhe gebe und es ginge ihm am Arsch vorbei, dass er ein Geistlicher sei. Heute früh hatten sie ihn feindselig angestarrt und er wäre keinen Augenblick länger geblieben, als es unbedingt notwendig gewesen wäre. Da kam es ihm gerade recht, wie ein Frächter jammerte, er müsse unbedingt hinunter nach Innsbruck, weil er eine Ladung Wein dabei habe und er sowieso schon einen ganzen Tag in Verzug sei. Aber alle schüttelten nur den Kopf und es half auch nichts, dass er immer wieder darauf hinwies, er sei nun schon seit über zwanzig Jahren auf dieser Strecke unterwegs und kenne sie wie seine Hosentasche.

»Ebendarum, Justin«, bekam er zur Antwort, »dann müsstest du es ja wissen. Es gibt nur zwei Möglichkeiten: Entweder kommst du durch oder nicht. Aber die Wahrscheinlichkeit für die erstere ist eher klein, das brauchen wir dir ja nicht zu sagen!«

»Ich würde mitgehen«, erbot sich Institoris sofort, »zu zweit wäre es ja gelacht, wenn wir da mit dem kleinen Wagen nicht hinunter kommen!«

Niemand sagte etwas und er spürte, wie der Fuhrmann unsicher wurde.

»Wir sind in Gottes Hand! Glaubt mir, wir kommen da schon durch! Es ist für mich auch nicht das erste Mal da hinunter!«, redete er auf den Mann ein.

»Gottes Hand ...«, lachte jemand, »dafür hat er dir ein Gehirn gegeben. Sonst kannst du ja gleich auf einem Baumstamm auf der Sill die Schlucht hinunter!«

Bruder Heinrich warf ihm einen wütenden Blick zu. Das hätte ihm noch gefehlt, womöglich einen ganzen Tag hier verbringen zu müssen und er war erleichtert, als ihm der Frächter, wenn auch immer noch zögernd, zunickte.

Es war auch tatsächlich keine besonders schwere Fuhre und der Wagen war nur ein Zweiräder. Gelegentlich drohte er auf den wasserüberlaufenen Stellen abzurutschen, die nunmehr zu Eis gefroren und mit einer handhohen, verblasenen Schneeauflage überzogen waren. Nur mit vereinten Kräften konnten sie dann das Fahrzeug auf dem Wege halten und der Fuhrmann hätte am liebsten auf der Stelle kehrtgemacht, musste aber einsehen, dass sie nun in der Falle saßen. Wieder hinauf zum Brenner hätten es die Pferde nicht geschafft, die einzige Möglichkeit war der Weg nach unten durch das Wipptal.

Sie waren bestimmt nun schon gut drei Stunden unterwegs, als sie zwischen dem Schnauben der Rösser einen dumpfen Knall hörten und sich der Hang über ihnen zuerst langsam, dann immer schneller werdend in Bewegung setzte.

Der Fuhrmann schlug wie verrückt auf die Pferde ein, die mit Schaum vor dem Mund vorwärts preschten, während der Mönch hinterher hastete.

»Eine Lawine! Lauft zurück! Zurück!«, brüllte der Frächter, aber Institoris rannte weiter und als er ihn verstand, war es zu spät.

Wie von unsichtbarer Hand wurden ihm die Beine weggerissen, um ihn herum war ein Tosen und Rauschen, sein Körper verschwand in den Schneemassen, wurde herumgewirbelt, bis er nicht mehr wusste, wo oben und unten war und sein Kreuz wurde so durchgebogen, dass er das Gefühl hatte, gleich in zwei Hälften zu brechen.

Irgendetwas knallte auf seinen Kopf und dann wurde es dunkel.

Der Kutscher hatte beinahe das Ende der Lawinenbahn erreicht und es hätte eigentlich nur noch eine Fuhrwerkslänge gefehlt, um dem Unheil zu entkommen. Die Pferde stampften mit panischem Wiehern durch die sich übereinander schiebenden Schneemassen, während der Fuhrmann immer noch auf sie eindrosch und mit sich überschlagender Stimme auf die Tiere einbrüllte. Erst als er einsehen musste, dass die Fuhre nicht mehr zu retten war, ließ er die Zügel los, während noch im gleichen Augenblick der sich auftürmende Schnee den Karren erfasste, von der Straße hinab nach rechts in den steilen Abhang schob und die Pferde mit sich riss. Die festgezurrten Weinfässer rutschten aus den Seilen, eines davon zerschellte gleich an einem Wagenholm, zwei andere krachten gegen Felsbrocken und splitternd flogen die Dauben auseinander.

»Mein Wein, mein Wein …«, stammelte der Frächter mit fassungslosem Gesicht, während sich rundherum der Schnee rot färbte. Mit ein paar riesigen Schritten war er gerade noch entronnen. Nun stand er oben auf der Straße und sah seinen beiden Rössern zu, wie sie gegen die Gewalten kämpften, wie der Karren an einem Baum hängen blieb, worauf die Deichsel zerbarst, die Pferde sich überschlugen und die Deichsel zum Himmel zeigend im Schnee stecken blieb. Mehr aus den Augenwinkeln beobachtete er auch den Mönch, sah, wie dieser verschluckt wurde, dann wieder auftauchte und schlussendlich von der nunmehr langsamer werdenden Lawine ausgespuckt wurde und an der Oberfläche liegen blieb. Justin Reintner stapfte durch den verpressten Schnee, in den er immer wieder bis zur Hüfte einsank und als er sah, dass der Dominikaner noch lebte, wühlte er sich zu seinen Rössern hinüber. Beruhigend redete er auf die angstzitternden Tiere ein, denen offensichtlich nichts Ernsteres passiert war. Nur eines hatte eine kleinere Wunde an der Brust, die aber wahrscheinlich von selbst verheilen würde.

»Hätte ich bloß nicht auf Euch gehört! Mindestens ein halbes Jahr Arbeit war umsonst!«, schrie der Frächter und fuhr Institoris an, er solle auf der Stelle seinen Mund halten, als dieser jammernd seinen Kopf in den Händen haltend zu ihm herüberwankte.

Im Prämonstratenser-Stift Wilten staunten sie nicht schlecht, als am späten Abend ein humpelnder Dominikaner an die Pforte klopfte, der so etwas Ähnliches wie einen Turban trug, wie man ihn auf den Bildern von den türkischen Kriegern und Sultanen sehen konnte.

Aber am nächsten Tag war Institoris schon wieder ganz der Alte. Stolz zeigte er seine Bulle herum und meinte, auch in Tirol würde es genügend Hexen geben, wenn man sie nur finden wollte. Als er die skeptischen Blicke bemerkte und daraufhin mit seinen Erfolgen in Ravensburg zu prahlen begann, erhielt er zur Antwort, dass sich das schon bis Innsbruck durchgesprochen habe.

»Seht ihr …«, wollte er sich gerade in die Brust werfen, als ihn Bruder Josephus unterbrach.

»Erzherzog Sigmund selbst hat einen Bericht darüber angefordert.«

»Und? Ravensburg ist ja österreichische Bündnisstadt, das ist sein gutes Recht!«, gab Institoris zurück.

Bruder Josephus wiegte den Kopf. »Das ist es sicher. Der Herzog ist zwar ein Wohltäter der Kirche, aber er hat trotzdem ein gewisses Misstrauen gegenüber Teilen der Kurie. Er selbst hatte mit Cusanus erheblichen Ärger und auch die Geschichte mit seinem Vater hat er bestimmt nicht vergessen!«

Sigmunds Vater war Herzog Friedrich IV., den man »Friedel mit der leeren Tasche« nannte. Er begleitete Johannes XXIII. zum Konstanzer Konzil, wo dieser dann abgesetzt wurde und ihm der Herzog trotz Warnung des Kaisers zur Flucht verhalf, worauf er selbst für ein Jahr in Konstanz gefangen gehalten wurde, dann aber flüchten konnte. Der Kaiser ließ ihn ächten, verhängte über seine Helfer den Bann und über das Gebiet das Interdikt. Keine Glocke durfte mehr geläutet und keine Messe mehr gelesen werden, es gab keine Taufe und keine Trauung, Kreuze und Bilder wurden abgehängt, lediglich den Sterbenden wurden die letzten Sakramente gewährt.

»Sein Sohn Sigmund hat die Geschichte bestimmt oft genug gehört und auch, dass das ohne Unterstützung gewisser klerikaler Kreise nicht möglich gewesen wäre!«, sagte dann Bruder Joseph.

Institoris lächelte versonnen. Das ist es, was ich brauche, dachte er, einen Fürsten, der sich auch getraut, sich mit dem Klerus anzulegen, einen Bischof, der das Hexenwesen leugnet und ein Volk, dem von der Kanzel verkündet wird, dass das alles nur Unfug und Aberglauben sei. Wo anders als hier kann meine Bulle bestätigen, was und wie viel sie wert ist! Hier wird sie sich den nötigen Respekt verschaffen und niemand wird es danach noch wagen, meine päpstliche Vollmacht in irgendeiner Form in Zweifel zu ziehen!

14. KAPITEL

Vor über zweihundert Jahren kam Albertus von Lauingen, den man »Magnus den Großen« nannte, von Paris nach Köln und brachte ein Kreuz als königliches Geschenk mit. Er regte nicht nur die Erweiterung der spätromanischen Kirche in der Stolkgasse durch einen frühgotischen Hochchor an, sondern stellte hierfür auch fast sein ganzes Vermögen aus seiner bischöflichen Tätigkeit zur Verfügung. Noch im Jahr 1248 gründete Albertus eine Universität für die philosophischen und theologischen Fächer nach dem Pariser Muster. Hier lehrte Albertus nun Theologie und die Auslegung der Philosophie des Aristoteles aus christlicher Sicht, hier beschäftigte er sich mit allen Bereichen der Naturwissenschaft, hier saß zu seinen Füßen Thomas von Aquin, den sie später den »Fürsten der Scholastik« nannten. Hier wirkten die Mystiker Meister Eckhart, Johannes Tauler und

Heinrich Seuse und im Hochchor der Kirche ruhten nun die sterblichen Überreste des großen Albertus.

Seit dreizehn Jahren war Jakob Sprenger bereits Prior des Kölner Dominikanerkonvents, obwohl er noch bis 1478 immer noch dem Basler Kloster angehörte, in dessen Nähe er auch geboren war. Ein Jahr darauf wurde er vom Papst zum Inquisitor für die Erzbistümer Köln, Mainz und Trier bestellt. Darüber hinaus war er Generalvikar seines Ordens für das Gebiet Rhein- und Maasland und daneben noch Dekan der Theologischen Fakultät. Das Amt als Inquisitor hatte er nur deshalb angenommen, da es eigentlich kaum mehr Bedeutung hatte und daher keine aufwendige Reisetätigkeit und lange Abwesenheit erforderte.

Als Sprenger nach Köln kam, gab es über einhundert Laiengemeinschaften, die als Bruderschaften vornehmlich mit dem Erlebnis des Todes und der Frage danach verbunden waren. Wenigstens einmal monatlich trafen sich die Brüder und Schwestern zu einer Messe meist an ihrem Bruderschaftsaltar, wobei der Toten gedacht, aber auch für das Seelenheil der Lebenden gebetet wurde. Diese Zusammentreffen wurden mit einem oftmals üppigen Mahl beendet. Hinzu kamen die Aufnahmegebühren und die geforderten regelmäßig wiederkehrenden Beiträge. Manche Stände gründeten eigene Bruderschaften, die Schneider waren in der Heilig-Kreuz-Bruderschaft zusammengeschlossen, die Brauer in der von St. Peter von Mailand, in Neuss trafen sich die Kaufleute in der Nikolaus-Bruderschaft und die Santiago-Pilger in der des Jakobus des Älteren.

Jakob Sprenger hörte das unzufriedene Murren nicht nur bei den ausgeschlossenen armen Leuten, sondern auch in Teilen der Priesterschaft und griff einen Vorschlag seines verstorbenen Mitbruders Alanus de Rupe aus Douai auf. Mit der Stiftung einer Rosenkranzbruderschaft 1474 schuf er etwas Neues, das es so nicht nur nicht in Köln, sondern auch in den übrigen Städten Deutschlands bis dahin nicht gegeben hatte. Die Gemeinschaft verzichtete auf jede feste Organisation, auf Meister und andere Funktionsträger und verlangte weder Eintrittsgebühren noch Beiträge. Es gab weder üppiges Essen noch regelmäßige Zusammenkünfte der Mitglieder. Wer der Bruderschaft beitreten wollte, musste sich lediglich in ein Buch eintragen lassen, das bei Dominikanerpatres hinterlegt war. Aber auch die Patres leiteten die Bruderschaft nicht, sondern hüteten nur die Bücher mit den aufgelisteten Mitgliedern. Verlangt wurde nur das Gebet des Rosenkranzes, das jedes Mitglied möglichst regelmäßig sprechen sollte. Wer es versäumte, brauchte dies auch nicht zu beichten. Die Ausrichtung besonders auf Arme und Mittellose zog viele Frauen an, weil sie keine Gebühren oder Beiträge zu entrichten hatten und daher unabhängig von ihren Männern über einen Beitritt entscheiden konnten. Nach ein paar Monaten waren es bereits 5000 Brüder und Schwestern, sechs Jahre später über 100 000. Auch Kaiser Friedrich III. mit mehreren Kurfürsten, seiner Gattin, seinem Sohn Maximilian, ja selbst der Papst sowie viele hochgestellte Persönlichkeiten ließen sich in die Rosenkranzbruderschaft aufnehmen.

Unwillkürlich ging Niklas ein Vergleich durch den Kopf, während er durch die engen Gassen dem stattlichen Kloster zuschritt. Irgendwie waren sie sich ähnlich und doch wieder waren sie grundverschieden, sein Mentor Nider und der Jakob Sprenger. Beide waren demütig und bezogen ihre Bescheidenheit aus ihrer tiefen Gläubigkeit, beide besaßen trotzdem Durchsetzungsvermögen und den dazu in schwierigen Situationen nötigen eisenharten Willen. Beide waren bei ihren Schülern beliebt, aber doch jeder auf eine andere Weise.

Nider war mehr ein intellektueller Kopfmensch, mit Schwärmerei konnte er nichts anfangen und mit Mystik tat er sich eher schwer. Das hatte er ihm selbst einmal gesagt.

Sprenger dagegen war ein großer Verehrer der Mutter Gottes und trotz seiner ernsten charismatischen Ausstrahlung besaß er jede Menge feinsinnigen Humor.

Hier in Köln hatte Niklas bei ihm Theologie studiert, hier hatte er seinen rhetorischen Feinschliff erhalten, hier aber war er auch für sich selbst an die Grenzen der hochgelehrten scholastischen Dispute gestoßen. Er konnte es sich einfach nicht vorstellen, dass Gott den Menschen solche Spitzfindigkeiten in den Weg gelegt haben sollte: wie viele Engel auf einer Nadelspitze Platz haben, ob Engel weinen können oder ob sie Griechisch oder Hebräisch sprachen. Diese Art von Glauben und Glaubensauslegung war seiner Meinung nach für einen Normalsterblichen nicht mehr nachvollziehbar und sollte das gottgewollt sein, hätte es ihn doch sehr verwundert.

Als er über den Marktplatz schritt, ging es wie immer lebhaft zu, aber es schienen ihm heute weniger Leute an den Ständen und bei den Händlern zu sein als sonst üblich. Eine große Menschentraube drängte sich an einer Häuserwand, aus deren Mitte das rhythmische Schlagen einer Laute und der stampfende Ton einer Trommel klang, die beide vom Bellen und Heulen eines Hundes begleitet wurden.

Neugierig trat Niklas hinzu und konnte zuerst nichts Besonderes entdecken, da ihm die Sicht durch die vielen Körper versperrt war. Aber dann sah er viele entsetzte Gesichter, manche der Schaulustigen bekreuzigten sich, konnten aber ihren Blick trotzdem nicht abwenden. Nur mühsam gelang es ihm, sich nach vorne zu schieben und als er endlich in der ersten Reihe stand, hörte die Musik abrupt auf zu spielen. Was er sah, war lediglich ein leicht torkelnder Straßenköter, der offensichtlich Gleichgewichtsstörungen hatte und auf dessen Rücken ein viereckiger Lederfleck geschnallt war. Eine dunkelhäutige Frau mit langen schwarzen Haaren ging herum und sammelte die Münzen ein, die die Zuschauer in den entgegengestreckten Hut warfen.

Zigeuner, dachte Niklas und konnte sich eines gewissen Misstrauens nicht erwehren. Manche sagten, sie seien Juden, andere behaupteten, sie stammten von den Ägyptern ab. An der Verbreitung der Pest sollten sie schuld sein, als Hexer mit dem Teufel im Bunde stehen, für die Türken spionieren und kleine Kinder rauben.

Niklas ärgerte sich selbst über den in ihm aufkeimenden Argwohn und darüber, dass er menschliche Wesen, die genau so wir er sein Leben dem allmächtigen Schöpfer zu verdanken hatten, so leichtfertig nur auf Grund ihrer Andersartigkeit und seiner Unwissenheit über deren Lebensweise abzuurteilen versucht war.

Der Mann mit einem abenteuerlich aussehenden Hut, der sein verwegenes Aussehen noch betonte, warf den beiden Hunden je einen halb abgenagten Knochen hin und goss aus einem Krug etwas Wasser in einen Napf. Seine Arme waren über und über mit Tätowierungen übersät und an den Ohren der Frau glänzten große, schwere Ohrringe aus purem Gold.

»Signoras, Signores, wohlgeschätzte Damen und Herren, wir ...« – er machte eine Verbeugung hin zu der Frau, die einen eingespielten glutäugigen Blick in die Menge warf – »... wir zeigen hier die größte Abrichtung von Hunden im ganzen Occidente, im ganzen Abendland. Sehen, staunen Sie, wie diese zwei ungewöhnlichen und außerordentlichen Kreatures singen und tanzen.« Mit einer Handbewegung deutete er auf die beiden Hunde. »Sie werden vielleicht glauben, es sei Magie oder Zauberei. No, no, das ist keine magische Practica, einzig viele harte Arbeit von uns und die Viecher«, beeilte er sich zu versichern, als er die furchtsamen Blicke sah und einige der Leute nach hinten zurückwichen, währenddessen die Hunde Aufstellung nahmen.

»No timore, keine Angst«, sagte er beschwichtigend und griff nach der Trommel.

Die Frau stimmte mit ein paar Griffen die Laute nach, der kleinere Hund setzte sich mit aufgerichtetem Vorderkörper neben sie und der mit dem Lederfleck wartete mit aufmerksamen Augen und hechelnder Zunge auf seinen Einsatz.

Was jetzt kam, war unglaublich und selbst Niklas, der weiß Gott schon viel herum gekommen war, hatte so etwas noch nie gesehen. Der Mann begann zu trommeln, die Frau griff in die Saiten und das kleinere der Tiere jaulte, bellte und kläffte im Takt mit.

»Hepp!«

Der größere Hund machte ein Männchen, ließ sich auf die Vorderpfoten fallen, lief ein paar Schritte nur auf den Vorderpfoten vorwärts, knickte das linke Bein waagrecht ein und begann sich langsam, dann zunehmend schneller mit hoch erhobenem Hinterteil um die eigene Achse zu drehen.

»Hopp!«

Aus der Drehung heraus warf er sich auf den Rücken, wo er auf dem Lederfleck zu liegen kam und in Rhythmus der Musik konvulsivisch zu zucken anfing.

»Er krepiert!«, schrien ein paar Leute. »Er ist besessen!«, kreischten andere und schlugen entsetzt ein Kreuz.

Kaum sichtbar fing der Hund an, sich abwechselnd auf beide Schulten zu rollen, seine Beine hielt er noch immer zuckend abgestreckt in die Luft, während sein Körper zuerst kaum merkbar, dann wieder immer schneller und zum Schluss in rasender Geschwindigkeit am Boden auf der Stelle im Kreis herum wirbelte.

Die Laute setzte aus, das Trommeln wurde leiser, das Tier sprang auf, knickte kurz mit dem Hinterteil ein, die Frau schlug einen schrillen Akkord und der Mann schrie »Salto!«

Wie ein Pfeil von einem gespannten Bogen schoss der Hund in die Höhe, rollte sich in der Luft zusammen, kam auf die Vorderpfoten, stieß sich wieder ab, sauste unter Ausnutzung des Schwunges wieder wie eine Kugel rückwärts, landete dann sicher auf allen vieren und plumpste dann auf sein Hinterteil. Leicht benommen schwankte sein Oberkörper hin und her.

Niklas fing sich als Erster und begann zu klatschen und nach und nach stimmten die Umstehenden erst zögerlich, dann immer lauter werdend mit ein. Wenn schon ein Mönch hier anscheinend nichts Böses erkennen konnte …

»Wir müssen warten, Hund ist schwindelig!«, rief der Mann in seinem fremdartig klingenden Akzent, während die Frau mit dem Hut herumging.

Achtlos warf Niklas eine Münze in die Kopfbedeckung und trat dann zu dem Zigeuner. »So etwas habe ich noch nie erlebt. Habt Ihr mit Eurer Aufführung keine Probleme? Ich kann mir vorstellen, dass viele an Hexerei glauben, wenn sie das sehen.« Unwillkürlich hatte er an Bruder Heinrich denken müssen, der die beiden Leutchen bestimmt auch noch zusammen mit ihren Tieren auf den Scheiterhaufen gebracht hätte.

»Na ja«, druckste der Mann herum, »ganz einfach ist es nicht überall. Bulgarien, wo wir herkommen, no. Auch weite Teile in Italien oder Ungarn – nema problema. Auch haben wir Schutzbrief von Kaiser Sigmund, aber wir trotzdem schon vorher fragen und erkundigen. Vorsicht immer besser sein. Sprichwort sagen: Für Zigeuner immer gesünder, auf Wegen zu gehen, wo kein Hahn krähen oder Hund bellt.«

»Was macht ihr, wenn ihr Schwierigkeiten bekommt?«

»Wir müssen erklären, wie geht es. Dann Leute sehen, ist aber nicht gut für Geschäft, wenn wir zeigen unser Geheimnis. Aber ist keine Zauberei, schwöre bei Madonna!«

»Wo müsst ihr besonders aufpassen?«

Der Bulgare sah ihn misstrauisch an. »Süddeutschland und Schweiz. Nix gut. Viele Menschen glauben an Striga … ich weiß nicht, wie sagt man …«

»Hexe«, sagte Niklas und der Mann nickte. »Muss weitermachen, muss Geld verdienen. Frau und Hunde wollen essen!«, wandte er sich um und musterte die neu herbeigeströmten Leute.

»Gott befohlen!«, antwortete Niklas und drängte sich durch die Menge zurück auf den freien Platz.

Im Kloster schlüpfte er durch die Pforte und ließ sich umgehend beim Pater Prior melden. Während er auf die Rückkehr des Novizen wartete, nahm er auf einer Bank im Vestibül Platz. Trotz des geschäftigen Treibens vor den Klostermauern drang kein Laut nach innen, lediglich das unvermittelte Summen einer Fliege unterbrach die Stille.

Hallend kamen die Schritte des Burschen wieder. »Pater Prior erwartet Euch!«

Schmunzelnd blickte Niklas in das bartlose Jungengesicht. »Du bist auch noch nicht lange im Kloster?«

»Nein. Warum?«, fragte dieser verwundert.

»Man hört das an deiner Gangart. Du machst einen Krach wie ein Brauereigaul«, lachte Niklas und der Novize errötete und stotterte verlegen eine Entschuldigung.

»Ist nicht so schlimm. So bemerkt man dich wenigstens rechtzeitig, aber du wirst es schon noch lernen. Mir ist es auch nicht anders ergangen«, grinste der Ältere und erhob sich. »Ich weiß schon, wo sein Arbeitszimmer ist«, wehrte Niklas ab, als der Novize Anstalten machte, ihm den Weg zu zeigen.

Bruder Jacobus erhob sich und kam mit federndem Schritt hinter seinem Arbeitstisch hervor. Er war etwas jünger als Niklas, sein Tonsurkranz war schon ergraut und aus seinem markanten Gesicht blickten zwei sanfte, aber nichtsdestoweniger hellwache blaue Augen.

»In Ewigkeit, Amen«, antwortete er auf den Gruß, »schön, Euch wieder zu sehen, Bruder Niklas. Was bringt Euch nach Köln?«

»Predigertätigkeit. Ich habe es halt noch nicht so weit gebracht wie Ihr«, lächelte dieser, »man sagt mir nach, mir fehle für Führungsaufgaben trotz meines Alters immer noch die geistige Reife!«

»Seid froh darüber. Hie und da ist es leichter, einen Sack voller Flöhe zu hüten, als einen Konvent zusammenzuhalten. Hinzu kommt noch meine Arbeit an der Universität. Wenn Ihr allwissend werden und auf jede Frage eine Antwort haben wollt, müsst Ihr nicht nur Theologie studieren, sondern auch unterrichten! Ja, man wird bei alldem ernster, vielleicht mehr, als es der Schöpfer will und es der Seele gut tut«, sagte Sprenger und fuhr dann ernst weiter: »Willst du den Inhalt erforschen, verlierst du dich und du selbst gehst verloren. Der Name des Vaters sei dir Grenze, überschreite sie nicht, um seine Natur zu ergründen. Geschrieben steht die Wahrheit in kurzen Worten. Mach nicht endlose Untersuchungen, sondern rette dich ins Schweigen, du Ohnmächtiger! Ja, Ephrem von Syrien hat schon Recht, die Gefahr ist groß: Der Weise wird klein und demütig, der Dumme aber überheblich und blind!« Der Prior sah in das sonnenverbrannte Gesicht seines Mitbruders. »Hie und da würde ich viel darum geben, wie Ihr unterwegs zu sein. Ihr habt den Ruf, ein vorzüglicher Prediger zu sein, der die Menschen aus ihrem Gleichmut aufrütteln kann und der es versteht, das Wort Gottes in einfachen und verständlichen Worten zu verkünden. Es soll sogar so sein, dass man sich Eure Predigten weitererzählt ...«

»Weniger die Predigten selbst, sondern eher die lustigen Beispiele«, wehrte Niklas bescheiden ab, »ich versuche nur, in der einfachen Sprache der Leute zu reden!«

»Von wo kommt Ihr nun her?«, wollte Sprenger wissen.

Niklas berichtete von seiner Reise nach Bozen und wie er am Brennerpass den Bruder Heinrich Institoris getroffen habe und sah, wie sich dabei das Gesicht seines Mitbruders verfinsterte.

»Er soll sich beim Papst eine Bulle gegen die Hexen erschlichen haben«, unterbrach ihn Sprenger.

»Ja, ich habe sie gelesen. Mit *Summis desiderantes affectibus* beginnt sie. Auch Euer Name steht darin.«

»Stimmt es also doch«, murmelte der Prior düster.

»Bruder Heinrich konnte es gar nicht erwarten, sie mir mitten in einem Gasthaus unter die Nase zu halten.«

Jakob Sprenger begann unruhig mit den Händen auf dem Rücken im Arbeitszimmer hin und her zu gehen. »Ich sei als oberster Hexenjäger für die Provinz Teutonia berufen worden, so geht das Gerücht?«

Niklas schüttelte den Kopf. »Nein, nicht für die ganze Provinz, sondern nur für gewisse Gegenden längs des Rheins. Wo diese Gegenden nun aber genau liegen, geht aus der Bulle nicht hervor. Das Ansinnen scheint offensichtlich. In Wirklichkeit beansprucht er den gesamten deutschen Sprachraum!«

»Bruder Heinrich«, sagte Sprenger mehr zu sich selbst, »Bruder Heinrich. Alles, was du anfasst, beruht auf undurchsichtigen Machenschaften, Lügen und Betrug.« Abrupt blieb er stehen. »Wie ich gehört habe, hat er schon bei Papst Sixtus eine Bulle gegen die Hexen beantragt, aber dieser hat sein Gesuch nicht einmal beantwortet. Er ist ein schändlicher Mönch. Er war eingesperrt, weil er den Kaiser Friedrich beleidigt hat, indem er behauptet hat, dieser sei nicht Kaiser von Gottes Gnaden, sondern lediglich ein Minister des Papstes. In Augsburg wurde gegen ihn ein Haftbefehl wegen Unterschlagung von Ablassgeldern ausgestellt und seine eigenen Mitbrüder in Schlettstadt haben ihn wegen Diebstahl und Verleumdung angezeigt. Aber Ihr habt ihn ja auch selber in Colmar erlebt und kennt ihn auch aus Basel her. Um größeres Unheil zu verhindern, werde ich nun endgültig anordnen, dass ihn die mir unterstellten Klöster nicht aufnehmen dürfen und wenn ja, dann sollen sie ihn in eine Zelle wegsperren. Ihr könnt Euch darauf verlassen – er wird nichts unversucht lassen, die Bulle mit allen ihm zur Verfügung stehenden Mitteln für seine Ziele einzusetzen. Was das bedeutet, brauche ich nicht weiter zu erläutern. Sicher, die Frauen sind das schwache Geschlecht und auch per se anfällig für Aberglauben und zauberische Praktiken. Institoris misstraut aber zutiefst jedem weiblichen Wesen, da es eine potenzielle Hexe sein könnte und die einzige Frau, für die er Achtung empfindet, ist die Gottesmutter. Sein Hexenglaube und sein Sendungsbewusstsein sind schon krankhaft. Während ich versuche, gegen diese heidnischen Relikte zu predigen und den Menschen die Augen zu öffnen, kann er nicht genug auf dem Scheiterhaufen sehen, weil er der Meinung ist, eine solch verdorbene Seele könne nur durch das Feuer gereinigt und so vor der ewigen Verdammnis bewahrt werden.«

Niklas nickte zustimmend: »In Basel habe ich ihn einmal darauf angesprochen und ihm gesagt, dass ich von meinem hochverehrten Gönner und Mitbruder Johannes Nider weiß, dass der Hexenglaube erst vor etwa hundert Jahren angefangen hat. Aber da ist er richtig böse geworden und hat mich einen einfältigen Narren geheißen und mich angefahren, es hieße noch lange nicht, wenn man nicht daran glaube, dass es das deswegen auch nicht gäbe.«

Niklas sah Institoris vor sich, wie er zornbebend mit hochrotem Kopf vor ihm stand und sein »R« rollen ließ. »Ich habe ihm geantwortet: Seht, mir kommt das so vor, wie wenn ein Mann mit verbunden Augen in einem großen, fensterlosen Saal steht und versucht, eine schwarze Katze zu fangen, die sich angeblich in diesem Raum aufhalten soll.« Er machte ein Pause und kratzte sich am Kinn.

»Und dann?«

Niklas lachte hart auf. »Das hätte ich besser nicht gesagt. Er hat einen Tobsuchtsanfall bekommen und geschrien, alle Welt glaube nicht nur, sondern wisse, dass es Hexen und Satansbünde gebe und wer das leugne, sei verdächtig, selbst mit diesen Teufelsbündlern zumindest zu sympathisieren, wenn ihnen nicht gar anzugehören. Auch wer einem geistlichen Stand angehöre, sei nicht vor den Dämonen gefeit, sondern manche seien dadurch besonderen Versuchungen – besonders fleischlichen – ausgesetzt. Er fing dann mit Aristoteles an, kam über Hieronymus zu Augustinus und hörte mit Thomas von Aquin auf.«

Sprenger war an seinen Arbeitsplatz zurückgekehrt und saß nun mit in dem Kopf gestützten Händen hinter dem Tisch. »Was mache ich mit der Bulle? Was meint Ihr?«, fragte er ratlos.

»Hmm«, machte Niklas und wiegte den Kopf. »Ich denke, es wirbelt nur noch mehr Staub auf, wenn Ihr Euch dagegen wehrt. Vielleicht wartet er aber auch nur darauf, um Euch in Rom anzuschwärzen. Schließlich habt Ihr Euch bisher weder als besonders scharfer

Inquisitor in Glaubensfragen noch als Ketzerverfolger hervorgetan.«

Der Prior sah nachdenklich geradeaus und nickte. »Ich glaube auch, das ist das Beste!«, sagte er nach einer Weile bestimmt.

»Übrigens: Habt Ihr schon das Gauklerpärchen auf dem Marktplatz gesehen? Ich meine die beiden mit den beiden Hunden?«, fragte Niklas unvermittelt.

»Ja, es ist unglaublich. Ich habe es mir schon zweimal angesehen. Wenn Bruder Heinrich –«, Sprenger sprach nicht weiter, sondern sah nur seinen Confratrer an.

Niklas erwiderte den Blick und nickte ein weiters Mal.

15.KAPITEL

Institoris war schon seit seiner Rückkehr aus Rom außerordentlich schlecht gelaunt. Wenn er nicht selber im Land und höchstpersönlich vor Ort war, schien hier alles einzuschlafen oder nur sehr zögerlich voranzukommen. Aus Ravensburg hatte ihm Gremper berichtet, es seien zwar weitere Untersuchungen geplant, aber bis zu einer Anklage würde es noch einige Zeit dauern. Wütend erfuhr er von einem Gottesurteil in einem Hexenprozess gegen eine gewisse Anna Henni aus Rötenbach im Schwarzwald, den Graf Heinrich von Fürstenberg angestrengt hatte. Solche Urteile waren seit dem Laterankonzil von 1215 kirchlicherseits verboten, aber diese Einfaltspinsel hatten die Feuerprobe angeordnet und die Verdächtige hatte es tatsächlich geschafft, das glühende Eisen beinahe unbeschadet über die festgesetzte Strecke zu tragen und musste daher freigesprochen werden. Diese Narren wussten anscheinend nicht, dass die Hexe dabei von den Dämonen beschützt worden war. Unter der Folter hätte sie bestimmt die Wahrheit eingestanden, so aber war sie nun frei und konnte nicht nochmals wegen desselben Vergehens belangt werden. Nein, alles musste er selber machen. So war er auch selbst nach Mainz gezogen, um seine Bulle bei Peter Schöffer mit der neuen Drucktechnik vervielfältigen zu lassen. Die Kosten dafür waren erheblich niedriger ausgefallen, als er ursprünglich vermutet hatte.

Vom Rheintal aus war er nun vor ein paar Tagen weiter von Alberschwende über den Lorenapass nach Schwarzenberg gezogen, war weiter dem Tal der Bregenzerach gefolgt und am Tannberg hatte er bei verlausten und verflohten Bauern übernachtet, die ihm ausgeboten hatten, in ihrer gemeinsamen Familienschlafstatt zusammen zu rücken, was er aber entsetzt abgelehnt hatte. Die Nacht verbrachte er mehr kauernd als liegend in einer Ecke der scharf nach Ziegenmist stinkenden Hütte und die angebotene Milch hatte er nur mit äußerster Willensanstrengung in kleinen Schlucken und mit geschlossenen Augen hinab gewürgt. Institoris spürte den Schmutz nicht nur auf seinem Körper, sondern er fühlte, wie er auch auf seine Seele übergegangen und diese mit einem grauen, klebrigen Schleier belegt hatte.

Kaum war er aus dem Blickfeld der Siedlung verschwunden, riss er sich die Kutte vom Leib, setzte sich splitternackt in den nächstbesten Gebirgsbach und blieb so lange in dem eiskalten Wasser sitzen, bis seine Zähne klappernd aufeinander schlugen. Am ganzen Körper schlotternd schlüpfte er wieder in sein nach Ziegen stinkendes Ordensgewand und machte sich auf den Weiterweg, aber der Schmutz lastete immer noch auf ihm. Vor Mittag überfiel ihn ein beinahe unerträgliches Jucken, offensichtlich hatte er sich auch noch einige Flöhe eingefangen. Auch das mehrmalige Ausschütteln der Kutte brachte keine Abhilfe und so suchte er nochmals einen Gumpen auf, obwohl es ihm klar war, dass dies nun wahrscheinlich nicht mehr ohne gesundheitliche Folgen abgehen würde. Wenige Stunden später stieg er mit rot geränderten Augen und triefender Nase hinab ins Lechtal und der steile Anstieg hinauf zum Hahntennjoch forderte alle seine Kräfte. Immer wieder blieb er stehen und zog japsend die Luft in seine Lungen. Mit fiebriger Stirne kam er in Pfafflar an, wo er schon wieder gezwungen war, bei einfachen Almhirten Unterschlupf zu finden. Der hellgrüne Absud, dessen Zusammensetzung ihm die Leute nicht verraten wollten, schmeckte streng und roch etwas sonderlich. Wenn er gewusst hätte, um was es sich bei dem aufgekochten und eigenartig riechenden Gebräu handelte, wäre sicher kein Tropfen über seine Lippen gekommen. So aber ging es ihm nach zwei Tagen so weit besser, dass er daran denken konnte, den Weg über das Hahntennjoch hinab nach Imst in Angriff zu nehmen. Es kostete ihn einige Überwindung, den immer wieder aufsteigenden Waschzwang zu unterdrücken. Seine Stimmung wurde erst heller, als er am nächsten Tag auf Innsbruck zuschritt.

Hier würde er es nun allen zeigen, diesen uneinsichtigen, überheblichen und verbohrten Nichtswissern und Holzköpfen, gleichgültig, ob sie nun kirchliche oder weltliche Macht ausübten. Hier würde er nun beweisen, dass es auch hier Hexen gab und hier würde er mit seiner Bulle ein Exempel statuieren, das sich bestimmt in Windeseile in der ganzen Provinz und weit darüber hinaus herumsprechen würde. Bei diesem Gedanken strich Bruder Heinrich fast liebevoll über die seitliche Umhängetasche, in der sich ein ganzer Packen der gedruckten Abschriften befanden.

Bereits in Imst hatte er begonnen, die Pfarrhäuser aufzusuchen, und dort erfahren, dass der Inhalt der Bulle bereits vom Bischof bekannt gemacht worden war. Auch machte er in den Gasthäusern Halt, wo er nach einem Schoppen Wein fragte und dort wie beiläufig von seinem Vorhaben erzählte. Manch anderer hätte kleinlaut und verzagt wieder kehrtgemacht, wenn er die ablehnenden und finsteren Blicke gesehen oder die stumme Zurückhaltung zur Kenntnis genommen hätte. Für Institoris war diese allgemeine Verstocktheit aber nur ein Zeichen dafür, auf dem richtigen Weg zu sein und es erfüllte ihn mit selbstzufriedener Genugtuung, wie sie offensichtlich vom schlechten Gewissen geplagt es nicht wagten, ihm gerade in die Augen zu sehen. Wichtig war – und das hatte er schon bei einigen anderer Verfahren gelernt –, schon im Vorfeld Angst und Schrecken zu verbreiten. Das Ganze sprach sich bestimmt wie ein Lauffeuer herum und auch der Bischof würde von seinem Eintreffen Kenntnis erhalten, noch bevor er selbst vorstellig werden würde. In Innsbruck hatte er daher keine Eile, das Pfarrhaus aufzusuchen, sondern setzte sich in eine Gaststätte, wo er sich unbemerkt in eine Ecke zurückzog und zufrieden dem aufgeregten Getuschel und ängstlichen Raunen der Leute lauschte.

Heißhungrig tauchte er seinen Holzlöffel in die erbettelte Gerstensuppe, die ihm der Wirt mit verkniffenem Gesicht auf den Tisch gestellt hatte. Zwar hätte er auch in jedem Pfarrhaus nach einer Wegzehrung fragen können, aber er wollte sich nicht durch womöglich stundenlange Debatten aufhalten lassen.

»Der Herr wird es Euch danken!«, sagte er dann und schob den Teller über den Tisch. »Die Suppe war vorzüglich und sehr gut gewürzt, das macht durstig. Ich hoffe, dass ich Eure mildtätige Barmherzigkeit nicht überfordere, wenn ich noch um einen Becher Wein bitte?«

Er sah das kurze Aufblitzen in den Augen des Mannes und spürte zufrieden, dass er ihn eigentlich zum Teufel wünschte, aber dies nicht auszusprechen wagte. Institoris trank in großen Schlucken, nestelte an seiner Tasche und zog dann ein bedrucktes Blatt Papier hervor, erhob sich und trat in die Mitte der Gaststube, in der alle Gespräche schlagartig verstummten. Prüfend sah er sich um und schritt dann entschlossen auf die dem Eingang gegenüberliegende Wand zu.

»Kann ich das hier anschlagen oder habt Ihr einen besseren Platz?«

»Was ist das?«, fragte der Wirt misstrauisch.

»Eine Bulle. Vom Papst persönlich!«, antwortete der Mönch herrisch.

»Wer hierher kommt, kann nicht lesen und schon gar kein Latein!«, warf einer der Gäste zaghaft ein.

»Ich werde es euch vorlesen und übersetzen«, entgegnete Institoris.

»Dann braucht Ihr es ja nicht anzuschlagen«, wandte der Wirt ein.

»Nichts da! Das Papier kommt an die Wand, und zwar jetzt gleich!«

»Das kommt gar nicht in Frage, behaltet Euren Fetzen!«, fuhr der Besitzer auf. Die Augen des Mönches verengten sich und seine Stimme klang mit einem Mal gefährlich leise. Er hielt die Bulle in die Höhe und deutete mit dem Zeigefinger auf das untere Ende des Schriftstückes.

»Wisst Ihr, was da steht? Nein? Hier steht es schwarz auf weiß: Niemand – ich betone: Niemand, weder ein Fürst noch ein Bischof, darf sich meinen Anordnungen entgegenstellen! Jedem, der mich nicht unterstützt, droht die Exkommunikation! Wir werden auch hier dem Hexenunwesen ein Ende bereiten und Ihr könnt es mir glauben – auch in Innsbruck wimmelt es nur so von verdorbenen Menschen, die sich mit dem Fürsten der Hölle verbündet haben. Es sind verkommene Geschöpfe, deren Sinn nur danach steht, Gottes Ordnung zu zerstören und Unheil und Verderbnis über Lebewesen und Früchte zu bringen!« Institoris sah zufrieden, wie die Leute die Köpfe einzogen und einander verwirrte Blicke zuwarfen.

»Unsere Geistlichkeit sagt aber, das mit den Hexen sei nichts als Aberglaube und Einbildung und wer daran glaube, versündige sich …«, wollte ein kleiner Mann mit einem Lederschurz einwerfen, an dessen schwarzer Verfärbung Bruder Heinrich in ihm einen Handwerker zu erkennen glaubte, der mit Eisen zu tun hatte.

»Willst du als ungebildeter Schlosser dem Papst selbst widersprechen?«, schnitt er ihm das Wort ab. »Was steht hier?« Er suchte scheinbar nach der entsprechenden Stelle in der Bulle, obwohl er deren Inhalt inzwischen auswendig kannte.

»Hier ist es: ›… viele Personen beiderlei Geschlechtes, ihr eigenes Seelenheil missachtend und vom christlichen Glauben abweichend, mit Incubus- und Subcubus-Dämonen Unzucht treiben und durch ihre Zaubersprüche, Gesänge und Beschwörungen und durch andere gottlose, abergläubische und wahrsagerische Frevel, Verbrechen und Vergehen …‹« Institoris machte eine Pause und sah sich triumphierend um.

»Was sind In … Inco … Incub …?«, kam eine schüchterne Stimme aus dem Hintergrund.

»Incubus und Subcubus?«, griff er sofort die Frage auf. »Ein Incubus ist ein Dämon in Männergestalt, dem verdorbene Weiber ihre Seele anvertraut haben und mit dem sie sich auch in ihrer Lüsternheit fleischlich vereinigen. Incubus kommt von ›incubando‹, also übersetzt von darauf liegen und sub bedeutet darunter liegen. Ein Subcubus ist daher ein Dämon in der Gestalt eines Weibes, der Männer zur Unzucht verführt und ihren Samen raubt. Derselbe Dämon, der beim Mann als Subcubus den Samen stiehlt, kann sich auch in einen scheinbaren Mann verwandeln und als Incubus mit einer Frau dann Kinder zeugen. Das Kind ist aber nicht das eines Dämonen, sondern selbstverständlich das des Mannes, mit dessen Samen es gezeugt wurde. Wehe aber diesen Kindern, sie sind für ihr ganzes Leben durch die Bosheit des Teufels verdorben! Ich will es bei dieser kurzen Erklärung belassen, denn auch große Theologen wie Augustinus oder Thomas von Aquin hatten alle Mühe, dieses Netzwerk Satans zu durchschauen. Aber schon Aristoteles und Platon, das waren vor über tausend Jahren Philosophen in Griechenland, erkannten – obwohl sie Heiden waren – das verheerende Wirken der Dämonen. Und nun hat es auch der Papst in seiner erleuchteten Weisheit bestätigt und mich als unwürdigen Diener des Herrn damit beauftragt, diesem Unheil nachzugehen und die Schuldigen unschädlich zu machen. Ich werde in den nächsten Tagen in den Kirchen darüber predigen. Kann ich also meinen Anschlag aufhängen?!« Ohne eine Antwort abzuwarten, schritt er auf die Wand zu, worauf die Leute links und rechts ehrfürchtig Platz machten.

»Wir haben aber keine Nägel im Haus«, warf der Wirt ein, der immer noch nicht wusste, was er von der ganzen Sache halten solle.

»Ich weiß«, antwortete Institoris, »ich habe selber welche dabei.« Damit zog er vier kleine Eisenstifte aus seiner Kutte. »Aber einen Hammer oder etwas Ähnliches werdet Ihr wohl auftreiben können!«

Der Gastwirt verschwand durch die Türe und kam dann mit einem Beil zurück. »Hammer habe ich keinen gefunden, aber ich denke, das tut es auch.«

Es bedurfte keiner sonderlichen Anstrengung, die Nägel in das bereits halbmorsche Holz zu treiben. Institoris hielt das Beil noch immer in der Hand, als er zu übersetzen begann: »Bischof Innocentius, Knecht der Knechte Gottes …«

Als er geendet hatte, machte er eine lange Pause und blickte jedem, der es wagte, ihn anzusehen, so lange ohne einen Wimpernschlag in die Augen, bis dieser ihm nicht mehr standhalten konnte und seine Augen niederschlug.

»Wer diesen Anschlag entfernt, hat mit einer Anzeige zu rechnen, da er damit beweist, dass er mit diesen Unholden zumindest sympathisiert, wenn nicht gar selbst Mitglied einer dieser Hexensekten zu sein!« Wie ein Donnerschlag krachte es in die Stille, als er das Beil auf einen Tisch fallen ließ und nach seiner Umhängetasche langte. »Gelobt sei Jesus Christus!«, belferte er unter der Türe in den Gastraum zurück.

»In Ewigkeit, Amen!«, antworteten die Anwesenden verdattert.

16. KAPITEL

Dicht und dunkel drängten sich die Wolken an die felsigen Wände des Karwendelgebirges und über dem runden Rücken des Patscherkofels lag der Nebel wie ein weißes Leintuch. Gestern noch, spät in der Nacht, war der päpstliche Notar Johann Kanter aus Utrecht in Innsbruck eingetroffen, mit dem Institoris nun auf die herzögliche Residenz an der östlichen Stadtmauer zuschritt. Gremper hatte in einem Schreiben anfangs noch beleidigt protestiert, dann aber eingesehen, dass es der Sache dienlicher sei, wenn sie nun nicht schon zum dritten Mal zusammen in einem Prozess auftraten. Gerade im Norden war bis dato nur kaum eine dieser Unholdinnen zur Rechenschaft gezogen worden und es war sicher kein Fehler, wenn es auch in diesen Gebieten Leute gab, die aus eigener Anschauung glaubwürdig von den Untaten dieses Gesindels berichten konnten.

Unter den paar Tausend Einwohnern von Innsbruck war wohl kaum noch jemand, der inzwischen nicht von der Ankunft des Hexenjägers gewusst hätte. Institoris merkte es daran, dass die Entgegenkommenden ängstlich auf die andere Straßenseite wechselten. Auch in der Hofburg, die Herzog Sigmund als seine neue Residenz hatte erbauen lassen, flüsterten und tuschelten die Höflinge und Schranzen und nicht wenige überlegten wohl bereits heimlich, wie sie für sich selbst daraus einen Vorteil schlagen konnten. Niemand war daher sonderlich erstaunt, als nun der Mönch mit seinem Begleiter in der Hofburg erschien und den Erzherzog persönlich zu sprechen wünschte.

»Seine Gnaden sind beschäftigt!«, wurde ihnen beschieden, aber Institoris ließ nicht locker.

»Ich bin Doctor Henricus Institoris und päpstlicher Inquisitor! Der Graf weiß von mir!«, fuhr er schließlich den Bediensteten an, der sich daraufhin wieder mit einem unterwürfigen Bückling davon machte.

Gremper hatte in Rom gut gearbeitet. Neben der Belobigung von Seiten des Papstes für die Stadt Ravensburg, die an den Weingartner Abt gerichtet war, hatte er dafür gesorgt, dass auch der Herzog ein im Juni abgefasstes Schreiben erhielt, in dem ihm der Dank für die

Unterstützung der Ravensburger Verfolgung ausgesprochen wurde. Dabei hatte der Notar auch nicht vergessen, den Namen »Jacobus Sprenger« zu erwähnen und um weitere Hilfe zu bitten. Der Einfall dazu war Institoris gekommen, als er im Kloster Wilten von der Anforderung eines Berichtes durch den Fürsten über den Ravensburger Prozess erfuhr. Sicher war auch ein Erzherzog geschmeichelt, wenn er eine persönliche Belobigung vom Heiligen Vater in Rom in Händen hielt – selbst dann, wenn ihm klar war, dass er in der ganzen Angelegenheit keinen müden Finger gerührt hatte.

Der Diener kam zurück und forderte sie auf, ihm zu folgen.

»Na, seht Ihr!«, flüsterte Heinrich dem Notar Kanter aufmunternd zu.

Leise schwangen die beiden Flügeltüren auf, in dem schwachen, von außen einfallenden Gegenlicht war nur die Silhouette einer großgewachsenen Gestalt in einem weiten Umhang zu erkennen, die sich bei ihrem Eintreten langsam umwandte.

»Gelobt sei Jesus Christus!«

»In Ewigkeit, Amen!«, erwiderten die beiden Besucher.

Noch mitten in der Antwort blieb Institoris so abrupt stehen, als ob er gegen eine unsichtbare Wand gelaufen wäre. Vor sich erkannte er Ulrich Molitoris, Doktor des kanonischen Rechtes und Prokurator der bischöflichen Kurie in Konstanz. »Ihr … hier?«, stotterte Bruder Heinrich überrascht.

Molitoris musterte ihn eisig und nickte. »Ja, ich hier!«, antwortete er lakonisch.

Institoris brauchte eine Weile, bis er seine Fassung wieder fand. In Konstanz hatte er vor längerer Zeit Hexen verfolgen und foltern lassen, wobei sich Molitoris nicht sonderlich kooperativ gezeigt hatte. Er bestritt zwar nicht geradeheraus, dass es Hexen gab, aber er ließ immer wieder durchblicken, dass er gegen die Folterung von Verdächtigen war. Dieser aalglatte Hund ließ sich einfach nicht fangen und in jeder Diskussion mit ihm hatte Heinrich selbst bei spitzfindigster Auslegung seiner Worte den Kürzeren gezogen. Erst stellte Molitoris das verderbliche Tun der Hexen in Abrede und meinte spöttisch, warum denn in Kriegen überhaupt noch Heere und Soldaten benötigt würden, wenn ein paar alte Weiber dasselbe zu verrichten imstande wären und die Länder der Feinde mit Hagel, Blitz und Ungewittern nachhaltiger verwüsten könnten, als es die wildeste Soldateska je vermochte. Im gleichen Atemzug meinte er aber dann wieder, die Hexen müssten trotzdem vom weltlichen Gericht abgeurteilt werden, da sie ja den wahren Glauben verleugneten.

»Was macht Ihr hier am Hof in Innsbruck, ich habe geglaubt, Ihr seid in Konstanz?«

»Ich bin öfters hier am Hofe des Fürsten Sigmund«, antwortete Molitoris kurz angebunden. »Und was treibt Euch hierher?«

Bruder Heinrich nestelte an seiner Tasche und zog einen Druck seiner Bulle heraus, die er dem Prokurator entgegenhielt.

»Ich weiß. Wir haben es schon von einem Rundschreiben der Diözese erfahren«, sagte Molitoris mit auf dem Rücken verschränkten Händen und machte keine Anstalten, das Papier entgegenzunehmen.

Hilfesuchend sah sich der Mönch um und drückte das Papier dann mit mühsamer Beherrschung dem Notar in die Hand, der es dann auf einem kleinen Seitentischchen ablegte. »Ich möchte den Erzherzog sprechen!«

Der Prokurator schüttelte scheinbar betrübt den Kopf. »Seine Gnaden haben angeordnet, Ihr sollt mit mir vorlieb nehmen, da er mit wichtigen Regierungsdingen beschäftigt ist!« Molitoris verschwieg, dass er von sich aus dem Fürsten angeboten hatte, den Inquisitor zu empfangen, da er um die Leichtgläubigkeit des Herzogs wusste, der zwar nicht unbedingt an teufelsbündlerische Hexen, so aber doch an in Holunderbüschen wohnende Perchten, Menschen aussaugende Trutten und schwere Träume verursachende Alpen glaubte.

Institoris bemühte sich, seine Verärgerung nicht allzu offen zu zeigen.

»Wieso kommt Ihr ausgerechnet hierher?«

»Der Inquisitor von Como hat mir berichtet, dass ihm einige Hexen aus Bormio in die Grafschaft Tirol entwischt sind. Darüber hinaus wurde die Suche nach den Unholdinnen hier in beinahe schon sträflicher Weise vernachlässigt oder gar ganz unterlassen.«

»Woher will denn der gute Mann wissen, dass sie tatsächlich Hexen sind, wenn er ihrer gar nicht habhaft wurde?«

»Ebendarum. Schon allein, dass sie sich durch Flucht einer Vernehmung entzogen haben, ist doch Beweis genug!«, entgegnete Institoris finster.

»Die Leute hier sind genau so abergläubisch wie überall – aber sie glauben weder wirklich an kinderschlachtende Hexen noch an mit Dämonen Unzucht und andere wüste Dinge treibende Menschen, nein. Ich denke, Ihr werdet es schwer haben, die Leute davon zu überzeugen, dass es so etwas geben soll …«

»Nicht geben soll, sondern gibt! So steht es in der Bulle!«, unterbrach ihn Institoris.

»Das meine ich ja«, beeilte sich der Prokurator zu versichern. »Hat man in Utrecht auch schon davon gehört?«, wandte sich Molitoris nun an Kanter.

Der Notar schüttelte den Kopf und wollte zu einer Antwort ansetzen, aber Institoris ließ ihn nicht dazu kommen.

»Es ist wahrscheinlich wie hier. Gehört haben sie alle schon davon, aber sie sind der Meinung, das gäbe es zwar woanders, aber nicht bei ihnen. Man muss ihnen zuerst die Augen öffnen, damit sie erkennen, welcher Schmutz und welche abgrundtiefe Verdorbenheit sie umgibt!« Institoris öffnete seine Tasche und zog ein sorgsam gefaltetes Stück Papier hervor, das mit einem roten Siegel verschlossen war. »Ich habe unser Anliegen für Seine Gnaden schriftlich zusammengefasst. Wir benötigen die Unterstützung der weltlichen Obrigkeit und bitten deshalb untertänigst, uns nicht all zu lange auf eine Antwort warten zu lassen!« Er trat einen Schritt nach vorne und überreichte dem Prokurator sein Schreiben, das dieser nun mit unbewegter Miene entgegennahm.

Für Kanter war es seine erste Tätigkeit als Notar bei einem Hexenprozess und der Inquisitor hatte ihm in den schillerndsten Farben ausgemalt, wie insbesondere die weltlichen Herrscher im Süden des Reiches förmlich danach drängen würden, ihre Hoheitsgebiete von dieser Plage zu befreien. Nun aber stand er hier und musste enttäuscht feststellen, dass der Herzog nicht einmal bereit war, sie zu empfangen und stattdessen einen zufällig anwesenden Gast beauftragt hatte, sie mehr oder weniger abzuwimmeln.

»Besonders willkommen scheinen wir hier aber nicht zu sein!«, wandte er sich an Institoris, als sie wieder auf die vom Nieselregen feuchte Straße vor der Hofburg traten.

»Dieser Molitoris! Ich kenne ihn schon länger. Es würde mich nicht wundern, wenn er selbst mit Satan im Bunde wäre und ihn dieser als Verteidiger seiner Machenschaften benutzen würde!«, fauchte Bruder Heinrich zurück.

Oben im Arbeitszimmer der Residenz stand in der gleichen Zeit Ulrich Molitoris neben dem mit Schriftstücken überladenen Schreibtisch des Regenten.

Langsam ließ dieser das Papier sinken und sah den Prokurator an. »Was haltet Ihr von der Sache?«

Molitoris zuckte die Schultern. »Ihr werdet nicht umhin kommen, ihm seine Unterstützung zuzusagen. Schadenszauber – um das wird es im Wesentlichen gehen, fällt nun einmal unter die weltliche Rechtsprechung. Er wird natürlich versuchen, die Komponente mit der Teufelsbuhlschaft mit einzubringen und damit seiner Bulle mehr Anerkennung zu verschaffen.«

Herzog Sigmund lehnte sich zurück und strich sich nachdenklich mit beiden Händen durch das wallende Haupthaar. »Ich denke, das Beste ist, ich schicke eine Abschrift an den Bischof Golser nach Brixen. Ich möchte seine Ansicht dazu hören. Was denkt Ihr?«

Molitoris nickte bestätigend.

17. KAPITEL

Georg Golser war ein Mann von hünenhafter Gestalt, dem trotz seines vornehmen Habits immer noch seine ländliche Herkunft anzumerken war. Geboren war er in der kleinen Gemeinde Gols im Salzburgischen als Kind einfacher Bauern und schon früh hatte sich in ihm der Wunsch geregt, die Nachfolge des Herrn als Priester anzutreten. Der Dorfpfarrer hatte den aufgeweckten Buben schon lange im Auge und vermittelte ihm eine schulische Ausbildung in Salzburg, was seinen Eltern auch nicht ganz ungelegen kam, hatten sie doch damit einen Esser weniger am Tisch. Georg war von tiefer Frömmigkeit beseelt, was aber nicht ausschloss, seine Umgebung mit wachem Verstand kritisch zu hinterfragen. Schon als Heranwachsender begriff er, dass unter dem Mantel des Glaubens Dinge getrieben wurden, die der Lehre Christi Hohn sprachen, denen er aber machtlos gegenüber stand. Er begriff schon früh, dass Habgier, Missgunst, Neid und Eitelkeit ein unausrottbarer Teil der menschlichen Natur waren und es viele gab, die sich hinter der Maske der Religiosität versteckten, um so ihre eigenen billigen Zwecke zu verfolgen.

»Herr, gib mir die Kraft, die Dinge zu tun, die ich tun soll,
sowie den Mut, die Dinge zu ändern, die ich ändern kann.
Gib mir auch die Gelassenheit, die Dinge zu lassen,
die ich nicht ändern kann
und gib mir vor allem die Weisheit, das eine vom anderen
unterscheiden zu können.«

Mit diesem Gebet schloss er jeden Morgen seine Frühandacht und versuchte auch, den Tag danach zu leben. Seine Oberen beeindruckte er mit seiner ausgeglichenen Art und wie er selbst im größten Streit einen ruhigen Kopf behielt. Als er 1464 zum Bischof von Brixen gewählt wurde, trat er als Nachfolger des großen Cusanus ein schweres Erbe an. Dessen Problem war gewesen, dass er trotz oder sogar wegen seiner Gelehrtheit die Bewohner der Bergtäler nicht verstand. Diese achteten zwar seine Frömmigkeit, konnten aber seinen Bemühungen, Tirol wieder unter die kirchliche Herrschaft zu bringen, nichts abgewinnen. Mit dem Herzog Sigmund stritt er sich um die Herrschaftsrechte, in der Folge floh er dann nach Rom, ohne bis zu seinem Tod den Anspruch als Bischof aufzugeben. Das gesamte Domkapitel mit einem großen Teil der Bevölkerung war gegen ihn und über die Diözese wurde der Kirchenbann verhängt. Auch Golser hatte sich gegen ihn gestellt, schon allein deswegen, weil er noch nicht vergessen hatte, wie Armut schmeckt. Viele der Fürstbischöfe, die auch weltliche Macht ausübten und Recht sprachen, kamen durch Bestechung oder offenen Handel mit dem Heiligen Stuhl auf ihre Posten und pressten auf Grund ihrer Machtfülle oftmals die Leute weit mehr aus, als es die weltlichen Herrscher taten. Ein weltlicher Fürst konnte eher davon gejagt werden als ein Bischof, der auch noch für das Seelenheil zuständig war. Mit Cusanus verband ihn nur der Kampf gegen den Aberglauben. Dieser war sogar so weit gegangen, in einen Prozess einzugreifen, der gegen zwei Frauen wegen behaupteter nächtlicher Flüge mit einer Göttin Richella geführt wurde und denen deswegen die Verurteilung zum Tode durch das Gericht drohte. In einer scharfen Predigt geißelte er diese Vorstellungen als Aberglauben und Hirngespinste, aber das nützte auch nicht viel. Zwar bekam er die Frauen frei, das gemeine Volk aber rannte weiterhin wie auch die gebildeten Schichten den Wahrsagerinnen hinterher, glaubte unbeirrt an fahrende Nachtheere, die Göttin Diana mit ihrem Gefolge, an die böse Erodia, an die wie Kinder wimmernden verzweifelten Geister der Schratteln, sich in Tiergestalten verwandelnde Unholdinnen und verderbende Zauberer.

Golser kannte auch das Gedicht »Die Blumen der Tugend« des Bozener Dichters Hans Vintler, der schon vor über achtzig Jahren darin angedeutet hatte, dass es nun auch Leute gebe, die nicht nur mit Diana, sondern sogar mit dem Teufel selbst auf Kälbern, Ziegenböcken und Stöcken nächtens durch die dunklen Lüfte fuhren.

Die Kerze auf Golsers Arbeitstisch war schon fast zur Hälfte herabgebrannt, als er das Schreiben des Herzogs wieder zurücklegte und gedankenverloren mit dem Handrücken darüber strich. Schon den ganzen Tag über hatte er überlegt, was er ihm raten sollte, und ihm war klar, dass die Lage besonderer Umsicht bedurfte. Das Verhältnis zwischen ihm und dem Herzog Sigmund war seit seiner Einsetzung als Bischof nach und nach vertrauter geworden und mit der Zeit wurde aus Vertrauen Freundschaft. Beide schätzten einander und der Fürst wusste, dass Golser zu den wenigen Menschen gehörte, deren Rat ehrlich und ohne selbstsüchtige Nebengedanken war.

Nach einiger Zeit atmete er tief ein und rief nach seinem Sekretär. »An Herzog Sigmund«, befahl er, während sein Schreiber an einem Nebentisch eine Kerze entzündete und die Feder in das Tintenfass tauchte.

»Durchläuchtiger, hochgeborener Fürst, gnädiger Herr!

Aus Gehorsam gegen den Papst und gemäß dem kirchlichen Recht zum Schutze des Glaubens habe ich die Verpflichtung, dem Inquisitor Schutz und Hilfe zu ge-

währen. Auch bin ich verpflichtet, ihn die ihm in der Bulle zugestandene bischöfliche Gewalt ausüben zu lassen. Auch die weltliche Herrschaft und Obrigkeit ist angehalten, dem Inquisitor Hilfe und Förderung angedeihen zu lassen, damit solche Übel und Sünden bestraft werden. Bitte bewegt ihn jedoch dazu, nicht gegen alle Schuldigen die volle Strenge des Gesetzes einzufordern.«

Der Bischof hielt einen Moment inne und überlegte. Er konnte Sigmund nicht empfehlen zu versuchen, das ganze Verfahren von vorneherein zu beenden, da dieser selbst für abergläubische Dinge empfänglich war. Auch der Mönch würde sich nicht so leicht abfertigen lassen und sich umgehend nach Rom wenden. Besser war es sicher, wenn er schon im Vorfeld einige Kriterien anführen würde.

»Schreibt weiter!«, murmelte er dann hinüber zum Sekretär.

»Streng bestraft werden sollen nur jene, die zur Unehre und zur Lästerung Gottes heilige Bilder mit Geißeln und Nadeln verletzen oder durch Zauberei Leute um das Leben gebracht haben. Minder belastete Angeklagte sollen mit Geld- oder Kirchenbußen belegt werden. Aber sollte der Inquisitor nicht bereit sein, diesem Rat zu folgen, so müssen Euer Gnaden ihm trotzdem Schirm und Hilfe gewähren, damit die großen Sünden und unchristlichen Werke Gott zu Lob und Ehren gestraft werden. Ich werde ihm mit dem gleichen Boten noch einen Brief senden und verlangen, er solle sich strikt an das bestehende Recht halten.

Gegeben zu Brixen an Sankt Mathäus anno Domini 1485.

Georg, von Gottes Gnaden Bischof von Brixen.«

Golser lehnte sich zurück, knetete die seit Tagen heftig schmerzende Schulter und wartete, bis der Sekretär mit dem Schreiben fertig war.

»So, nun an den Inquisitor«, fuhr er dann fort.

»Lieber Bruder in Christo, Doctor Henricus Institoris!
Den Inhalt Eurer päpstlichen Bulle habe ich wunschgemäß bereits am 23. Juli im Bistum zur Bekanntmachung bestimmt. Leider bin ich derzeit krankheitshalber verhindert, selbst nach Innsbruck zu kommen und übertrage Euch hiermit jene Gewalt, die mir als Bischof bei diesem Amte zustünde. Wie mir berichtet wurde, ist Euer bisheriges Betragen zu loben, was ich nun auch selbst zum Ausdruck bringen möchte. Gleichzeitig möchte ich Euch zu einem bedächtigen und besonnenen Vorgehen ermahnen und daran erinnern, dass die Vorschriften des alten und des neuen Rechtes betreffend die Inquisition genau zu beachten sind. Auch was anonyme Denunzia-

tionen angebt, verweise ich auf die Bestimmung von Papst Bonifaz, die solche verbietet, außer, es besteht für den Anzeigenden Gefahr für Leib und Leben. Den Beschuldigten sind also die Namen derjenigen zu nennen, die sie belasten. Ebenso sollt Ihr erfahrene weltliche Räte hinzu ziehen, die Erzherzog Sigmund benennen wird. Über den Fortschritt der Sache möchten wir regelmäßig unterrichtet werden und ausdrücklich betonen, dass das bestehende Recht strikt einzuhalten ist.

Gegeben zu Brixen an Sankt Mathäus anno Domini 1485.

Georg, von Gottes Gnaden Bischof von Brixen.«

Als der berittene Bote in Innsbruck von seinem Pferd stieg und die Türe zum Gasthaus Rümler öffnete, das Institoris in Ermangelung eines Dominikanerklosters in Innsbruck als Unterkunft ausgesucht hatte, saßen in dem großen Gasthaus ausschließlich Mönche. Auf Grund ihres Habits waren sie unschwer den Dominikanern zuzuordnen, aber auch einen Franziskaner konnte er ausmachen.

Sein Eintreten schien niemand bemerkt zu haben, alle lauschten gespannt einem schon älteren Mönch, der wortgewaltig auf sie einsprach und dessen »R« bedrohlich rollte.

Institoris hatte vorgesorgt und Verstärkung angefordert. Seine Mitbrüder sollten ihn nicht nur bei den Predigten unterstützen, sondern auch in der Praxis die Tätigkeit eines Hexenjägers aus der Nähe kennen lernen.

Wolfgang von Basel war sein Beichtvater, Bruder Caspar war aus Freiburg gekommen, der Magister Johann von Rösburg saß da ebenso wie Wilhelm Beringer und Heinrich Hoffmann und auch Peter Caal Schirrmeister war soeben eingetroffen. Bei dem Franziskaner handelte es sich um Johann Rosenbart, der hier in Innsbruck eine Zeit lang der Kaplan des Erzherzogs Sigmund gewesen war.

Noch wichtiger als ihre Hilfe – aber das behielt er lieber für sich – war die Verbreitung der Nachricht bei ihren Predigten und Reisen über das Land. Stolz würden sie überall erzählen, dass sie selbst dabei gewesen seien, wie durch den kristallklaren Verstand und die messerscharfe Logik der Inquisitor Institoris ganze Hexennester aufgespürt und die Schuldigen der gerechten Bestrafung zugeführt habe. Innerhalb der Geistlichkeit würde sich die Diskussion wieder von selbst entzünden und die besserwisserischen Kleriker, von denen es jede Menge gab, eines anderen belehren.

Schon zweimal hatte der Bote leicht gehüstelt, aber niemand schien ihn wahrzunehmen.

Erst als er laut rief: »Ich habe einen Brief für den Inquisitor Doktor Institoris!«, fuhr dieser ärgerlich herum. »Kannst du nicht warten, bis ich fertig bin?«

Ohne ein weiteres Wort nahm er das Schreiben entgegen, brach das Siegel auf und bedeutete dem Überbringer mit einer herrischen Handbewegung, dass er hier nicht weiter erwünscht sei.

Seine Miene wurde immer finsterer, je länger er auf das Papier starrte.

»Ist es etwas Unangenehmes?«, wollte der Utrechter Notar von einem Seitentisch her wissen.

»Vom Bischof. Nein, es ist alles in Ordnung. Er spricht uns sogar ein Lob für unser bisheriges Vorgehen aus und überträgt mir wie vorgesehen seine bischöflichen Vollmachten!«

Noch bevor Kanter auf den Gedanken kommen konnte, das Schreiben selbst in Augenschein nehmen zu wollen, faltete er es hastig wieder zusammen und ließ es in seinem Ärmel verschwinden.

Golser, du wirst mir nicht ins Handwerk pfuschen und deine Ratschläge kannst du dir auch sparen. Und auch der Herzog mag zwar einer der mächtigsten Männer des Abendlandes sein, aber er wird es nicht wagen, mich zu behindern. Ansonsten werde ich Mittel und Wege finden …

Er blickte hinüber zum Kaplan Rosenbart und ein schmales Lächeln zuckte kurz um seine Lippen.

Der ehemalige Beichtvater des Fürsten hatte immer noch genügend Beziehungen zum Hofe und bei dem vergnügungssüchtigen und ausschweifenden Lebenswandel des Herzogs war sicher etwas zu finden, mit dem man ihn notfalls in die Hand bekommen würde.

Institoris baute sich wieder vor den Mönchen auf, warf sich in die Brust und deutete auf seinen Ärmel:

»Hier haben wir die Vollmacht des Bischofs. Wir werden in allen Kirchen predigen und überall die Bulle anschlagen. Den Leuten, die einen verdächtigen Hexer oder eine Hexe melden, wird ein Erlass der zeitlichen Sündenstrafe von vierzig Tagen zugesagt. Ich denke, das mit dem Anzeigen fällt leichter, wenn es hier im Gasthof Rümler geschieht und wir können auch hier gleich die ersten Verhöre durchführen.«

Das würde zwar weder dem Bischof noch dem Herzog passen, aber auch in Ravensburg hatte er die Voruntersuchungen ohne die weltlichen Behörden durchgeführt und so würde er es auch hier handhaben. Fürst hin, Bischof her …

18. KAPITEL

Anfang September lagen nun an die fünfzig Anschuldigungen vor, aber Bruder Heinrich lief trotzdem mit einem griesgrämigen Gesicht herum und seine Mitbrüder wichen ihm aus, wo sie nur konnten. Insgeheim hatte er ein Mehrfaches, aber zumindest das Doppelte erwartet. Und nicht nur das – die meisten zur Anzeige gebrachten Personen waren fast durchwegs Habenichtse und viele davon auch noch übel beleumundet. Streitsüchtige Weiber, Huren, Mägde, Landstreicherinnen … Zwar waren es dann letztendlich in der Überzahl doch Frauen, die beschuldigt wurden, aber auch zwei Männer waren dabei und das schien ihm nach seiner Erfahrung als Anteil zu hoch. Auch Laurentius de Santa Agatha, der Inquisitor von Como, hatte ihm gerade berichtet, dass er in Bormio nochmals über zwanzig Hexen aufgestöbert und damit in nur einem einzigen Jahr geholfen habe, einundvierzig dieser verdorbenen Weiber der Gerechtigkeit zu übergeben. Aber es sei ihnen nicht gelungen, auch nur einen einzigen Mann zu überführen und er sei der Ansicht, die Gefahr, die von Hexern ausgehe, sei weitaus geringer einzuschätzen als die von teufelsbündnischeren Frauen.

Ja, er ist ein wirklicher Spezialist, dachte Institoris bewundernd, einundvierzig Hexen in dieser kurzen Zeit!

Ein wenig neidisch war er schon auf Bruder Laurentius, der nicht nur die volle Unterstützung der dortigen Behörden genoss, sondern auch den größten Teil der Bevölkerung hinter sich hatte. Offensichtlich waren die dortigen Räte auch klug genug, schon fast überführte Übeltäterinnen nicht durch rechtliche Spitzfindigkeiten wie beispielsweise Bürgschaften dem Scheiterhaufen entkommen zu lassen. Bestimmt war auch der Gemeinde selbst aus den konfiszierten Vermögen einiges in die Tasche geflossen. Ganz anders sah es hier aus, da war unter den Angeschuldigten kein Dutzend Weiber dabei, bei denen nach Abzug der Prozesskosten etwas für die Stadt übrig blieb. Als er Anfang Oktober seine Voruntersuchungen abgeschlossen hatte, waren es gerade sieben Frauenpersonen, bei denen er ganz sicher war, dass es sich bei ihnen um Hexen handelte – und das, obwohl er den Denunzianten entgegen der bischöflichen Anweisung und dem geltenden Recht versprochen hatte, den Angeschuldigten ihre Namen nicht preiszugeben.

Am Abend saß er stundenlang zurückgezogen in einer Ecke der Gaststube vor einem Krug Wein, der sauer schmeckte und offensichtlich aus der Nähe stammte. Entgegen seiner sonstigen Gewohnheit nahm er ihn nur in kleinen Schlucken zu sich. Er verglich Aussage gegen Aussage, suchte Übereinstimmungen, machte hin und wieder Notizen – aber mehr als sieben Erfolg versprechende Fälle bekam er einfach nicht zusammen.

Als die Magd an ihm vorbeihuschen wollte, schrie er sie an, sie solle sofort seine Kammer herrichten und alle Möbel nochmals säuberlich abwischen, da er heute früh schon zum zweiten Mal eine Staubschicht auf dem Tisch gefunden habe.

»Das kommt von der Straße …«, wollte das Mädchen schüchtern einwenden.

»Von der Straße? Mir ist das vollkommen gleichgültig, wo der Dreck herkommt. Wer den äußeren Schmutz erträgt, den stört auch der innere nicht. Keine Widerrede! Und jetzt verschwinde!«

Der Gastwirt Rümler hätte ihn schon längst liebend gerne vor die Türe gesetzt, aber neben dem Inquisitor logierten auch die anderen Mönche bei ihm und brachten nicht viel, aber doch etwas Geld, das er in diesen lausigen Zeiten gut gebrauchen konnte. Der Mönch versuchte jeden, der ihm in die Quere kam, herumzukommandieren und ging mit seinem penetranten Reinlichkeitsfimmel nicht nur ihm und den Bediensteten, sondern auch seinen Mitbrüdern auf die Nerven. Der Rümler war gewiss kein besonders zart besaiteter Mensch, aber selbst er konnte das Geschrei nur noch schwer ertragen, wenn der Inquisitor im Nebenzimmer wieder eine Angeschuldigte einzuschüchtern versuchte und er war heilfroh, als dieser ihm sagte, dass er nun die Voruntersuchungen abgeschlossen habe.

Institoris konnte es am nächsten Morgen kaum erwarten, bis sich alle Mitbrüder und auch der Notar Kanter in der Gaststube eingefunden hatten. »Wir haben hier in Innsbruck sieben Weibspersonen entdeckt, die offensichtlich mit dem Satan im Bunde stehen. Die Namen sind ...«, er entfaltete umständlich ein Blatt Papier, »Barbara Hüfeysen, Barbara Selachin, Barbara Röslin und ihre Tochter Rosina Hochwartin, Barbara Phlueglin, Helena Scheuberin und die Witwe Agnes Schneiderin.« Triumphierend sah er einen nach dem anderen an. »Was wir hier haben, ist nur ein Anfang, ihr werdet es schon noch sehen! Die Brüder Caspar und Wilhelm bringen diese Liste unverzüglich zum Magistrat und veranlassen die sofortigen Verhaftungen. Ich will morgen mit den Verhören im Rathaus beginnen!«

Als Herzog Sigmund davon erfuhr, war er zwar über das eigenmächtige Vorgehen des Inquisitors verärgert, beschloss aber letztendlich auf den Rat seines Landesstatthalters Ulrich von Matsch zu hören und noch etwas abzuwarten.

»Bis jetzt ist ja noch niemand zu Schaden gekommen!«, wandte einer der Höflinge ein, worauf die anderen zustimmend nickten.

»Trotzdem, ich will, dass jemand seine Vorgehensweise beobachtet und mir Bericht erstattet!« Nach drei Tagen erfuhr Graf Sigmund, der Inquisitor lehne es ab, Räte oder Beobachter zuzulassen und er wolle die Prozesse alleine durchführen.

»Richtet Euer Gnaden aus, dass er kraft der päpstlichen Bulle sich nicht gegen mich stellen darf und verpflichtet ist, mich ohne Vorbehalte zu unterstützen. Und wenn ich sage, es hat sich hier niemand einzumischen, so gilt das auch für ihn, und wenn er der Fürst ist!«, gab Institoris wütend dem Gesandten zurück.

Trotz seines nach außen hin entschlossen wirkenden Auftretens war Sigmund ein eher vorsichtiger und zögernder Mann und ihm war bewusst, dass dieser Umstand von nicht wenigen seiner Räte am Hofe weidlich ausgenutzt wurde. Es gab eine Reihe Ratgeber, denen er nicht über den Weg traute, es sich ihnen gegenüber aber nicht anmerken ließ. Gerüchteweise hatte er mitbekommen, der Inquisitor habe zwecks Einflussnahme seine Fühler auch schon bereits hier an den Hof ausgestreckt.

Entsprechend vorsichtig formulierte er denn auch den Brief, den er seinem Sekretär an den Bischof in Brixen diktierte.

»*Ehrwürdiger, lieber Freund!*

Der Inquisitor hat hier sieben Frauen gefangen nehmen lassen und damit er nach Ordnung und Recht handeln möge, bitten wir, einen Kommissar, der sich mit der Sache auskennt, nach Innsbruck zu senden oder einen Gelehrten zu beauftragen, der ihm beratend zur Seite steht. Ihr tätet uns damit einen großen Gefallen.

Gegeben zu Innsbruck am Freitag vor Sankt Dyonis anno Domini 1485.

Sigmund von Gottes Gnaden

Erzherzog zu Österreich etc.«

Sein Freund Georg würde auch zwischen den Zeilen lesen können.

Erleichtert entnahm er wenige Tage später dem Antwortschreiben, dass der Bischof den weit über die Grenzen Tirols hinaus bekannten Humanisten Johann Fuxmagen benachrichtigt und gebeten hatte, sich um die Angelegenheit zu kümmern. Umso größer war seine Enttäuschung, als dieser knapp mitteilte, er sei verhindert und könne leider der Bitte nicht nachkommen – aber der Pfarrer von Axams, Sigmund Samer, sei bestimmt auch ein geeigneter Mann.

Institoris fühlte sich derweil als Sieger auf der ganzen Linie und war fest davon überzeugt, das lange Schweigen seitens des Bischofs und des Grafen sei einfach dadurch erklärbar, dass es keiner von beiden wagte, sich mit ihm anzulegen und damit seine Autorität in Zweifel zu ziehen. Letztendlich hätte dies einen Streit mit dem Papst selbst bedeutet und das würden sie sich wohl wegen einer solchen Lappalie nicht getrauen. Dahin gehend legte er auch den Brief von Golser aus, der ihm schrieb, ihm würde zwar die Art und Weise der Hexenverfolgung missfallen, da es so etwas bisher in Tirol in dieser Form noch nicht gegeben habe, aber er denke, er, Institoris, sei ein gelehrter Mann und wisse sicher, was er täte.

Was Heinrich zunehmend Sorgen machte, war, dass auch keine der angeklagten Frauen eingestand, mit dem Teufel im Bunde zu stehen. Sicher, sie alle hatten wenn auch erst nach Androhung peinlicher Befragung zugegeben, zaubern zu können, aber vehement bestritten, dafür die Hilfe Satans zu benötigen. Auch hatten alle strikt abgeleugnet, mit Dämonen fleischlich zu verkehren.

Erschrocken zuckte er zusammen, als jemand kurz und hart an das Fenster der Gaststube neben seinem Tisch pochte. Schemenhaft nahm er eine dunkle Gestalt wahr, die ihm mit einem energischen Wink bedeutete, ins Freie zu kommen und dann sofort wieder verschwand. Als er die Türe öffnete und in die Schwärze spähte, war niemand auszumachen. Gerade wollte er wieder zurück, als eine Stimme leise zischte.

»Pst, hier!«

Sich vorsichtig umsehend trat der Inquisitor auf die Straße. Herab von den Karwendelbergen wehte ein frischer Nachtwind und ließ den sich in den Pfützen spiegelnden bleichen Mond erzittern. Besonders in der Dunkelheit war er immer äußerst wachsam – er wäre nicht der erste Inquisitor gewesen, den sie erschlagen oder abgestochen hätten.

»Wer seid Ihr?«, flüsterte er.

»Das tut nichts zur Sache!«, sagte die Gestalt und trat einen Schritt nach vorne.

Der Mann trug einen langen, einfachen Mantel, eine – soweit es in der Dunkelheit erkennbar war – ebenso einfache Kappe und sein Gesicht war bis unter die Augen mit einem schwarzen Schal verhüllt.

Institoris stellte sich misstrauisch mit dem Rücken zur Hauswand, während der Unbekannte hastig auf ihn einsprach.

»Und das ist alles wahr?«, fragte Institoris fassungslos.

»So wahr ich hier stehe!«, antwortete die Gestalt und entschwand in der Dunkelheit.

19. KAPITEL

Es war einer jener Männerabende, die Fürst Sigmund einerseits liebte, aber andererseits auch manchmal verabscheute. Sein Hof war im ganzen Abendland für seine Offenheit berühmt, hier trafen sich Philosophen, Astrologen, Astronomen, Theologen, Dichter und

Musiker. Das hatte sich auch nach dem Tode seiner zweiten Frau nicht geändert, obwohl seine jetzige Gemahlin mit dem Treiben nicht viel anfangen konnte und meist einen Vorwand suchte, sich möglichst früh in ihre Gemächer zurückzuziehen.

»In diesem Alter hatten wir auch andere Interessen«, verteidigte sie dann Sigmund nachsichtig.

Katharina von Sachsen war in der Hofburg nicht sonderlich beliebt und wusste das auch. Sie gab sich auch keine sonderliche Mühe, ihre Abneigung gegenüber den unterwürfigen und schleimenden Hofschranzen zu verbergen. Gerade achtzehn Jahre alt war sie nun geworden, lebte in einem goldenen Käfig und war mit einem Mann verheiratet, der beinahe schon ihr Großvater hätte sein können. Ihren ehelichen Pflichten versuchte sie sich zu entziehen, so gut es ging und die zahllosen Bettgeschichten ihres Gemahls, die ihr zugetragen wurden, waren ihr gleichgültig. Nein, wenn sie ehrlich war, war sie sogar froh darüber. Sigmund ließ es ihr an nichts fehlen und auf ihre Art hatte sie ihn auch gern, aber eben eher so, wie eine Tochter ihren Vater mochte. In seinen Gesellschaften fühlte sie sich unwohl, da es fast immer um Dinge ging, die sie keinen Deut interessierten, und widerlich empfand sie es, obwohl sie es von Kindesbeinen an schon gewöhnt war, wie manche seiner Höflinge und Berater schmeichlerische Reden führten und ihm um den Bart gingen. Auch vor ihr machten sie Bücklinge und am tiefsten verbeugte sich immer Ulrich von Latsch, der ihr bis in den letzten Winkel ihrer noch jungen Seele zuwider war. Sein Lächeln war kalt und berechnend und ihre Zofe, die einer der wenigen Menschen war, zu der sie Vertrauen hatte, sagte, er sei der größte Intrigant hier in der Hofburg. Beim Grafen hatte er sich schon mehrmals überschwänglich über seine gute Wahl geäußert, aber dann gleich darauf angemerkt, es sei halt schade, dass sie noch so jung und unerfahren sei.

Heute war wieder einer dieser Abende, wie sie auch der Fürst nicht mochte. Schon bald hatte sich Katharina verabschiedet und fast körperlich gespürt, wie ihr der Landesstatthalter Ulrich mit seinen kalten Froschaugen nachstarrte. Die Gespräche drehten sich nun um Alltägliches, um Pferde, Steuern, die Ergiebigkeit des Silberabbaus in Hall, die Erträge aus der Münzprägung und die Fortschritte des

Ausbaus der Burg Sigmundskron drunten in Südtirol. Kaum jemand sprach vom Hexenprozess. Gerade kam eine der Mägde mit zwei neuen Karaffen Wein in den Saal, als aus dem rückwärtigen Teil des Raumes ein schweres, gequältes Seufzen zu hören war, das dann in ein klagendes Wimmern überging und gleichzeitig mit dem Verstummen der Gespräche am Tisch zunehmend leiser wurde.

Alle im Raum erstarrten auf ihren Stühlen. »Aus dem Ofen! Es kommt aus dem Ofen!«, flüsterte einer.

Aus dem riesigen Kachelofen drangen mit einem Mal wieder Geräusche und es klang so, als ob sich mehrere Körper keuchend in ihm herumwälzen würden. Einem gellenden Aufschrei folgte das verzweifelte Heulen mehrerer Frauenstimmen, während sich nun allen Anwesenden die Haare sträubten.

»Das sind Schratteln!«, sagte einer entsetzt.

Als Erster fasste sich Ulrich von Latsch wieder. Entschlossen stand er auf und schritt furchtlos auf den Ofen zu. »Wer ist da drinnen?«, schrie er mit fester Stimme.

»Wir sind gebannte Dämonen ...«, kam es dumpf zurück.

»Halt's Maul!«, keifte es schrill, dann fing es an zu poltern und rumoren, offensichtlich flogen Holzscheite herum, schwer klang das keuchende Atmen der Kämpfenden, unterbrochen von spitzen Schreien.

Auch der Herzog war aufgesprungen und bekreuzigte sich.

»Wir müssen es sagen ... wir sind dazu verurteilt!«, meldete sich wieder die erste Stimme wimmernd und nach Luft ringend.

»Was müsst ihr sagen?«, herrschte sie Ulrich von Latsch an.

»Wir ...«, es klang nun zaghaft, »... wir sind ausgetriebene Dämonen und wir wurden beauftragt, Euch zu melden, dass hier am Hofe Unheil droht.«

Aus dem Ofen drang nun ein schauerliches Aufheulen, das allen in Mark und Bein fuhr und nur den Landesstatthalter nicht zu beeindrucken schien. »Wer hat euch beauftragt?«

»Das dürfen wir nicht sagen. Aber wir sollen ausrichten, es seien einige Leute hier am Hofe, die nichts Gutes im Schilde führen und nur auf den eigenen Vorteil bedacht sind. Der Verwalter der Münzprägung hat lange Finger bekommen und steht mit den Mächten der

Finsternis im Bunde, ebenso der Rat Knotter, der Bedienstete Ludwig Wagenstaller, dessen Frau, Barbara Hüfeysen, vom Inquisitor wegen Wahrsagerei vernommen wird sowie noch einige andere, deren Namen Ihr von den Genannten erfahren werdet.«

Sigmund sah sich um, aber keiner der Angeschuldigten war heute anwesend.

»Ein großes Unheil droht auch dem Fürsten. Seine eigene Frau versucht ihn mit Gift zu ermorden. Sicher habt Ihr es schon gespürt, dass Eure Kräfte gerade in letzter Zeit nachgelassen haben!«

Der Graf merkte, wie ihm der kalte Schweiß auf die Stirne trat. Tatsächlich – war ihm in den letzten Wochen nicht mehrmals schwindlig geworden? Musste er beim Treppensteigen nicht auch öfters innehalten als noch vor kurzem? Hatte er nicht vor ein paar Tagen nach dem Essen furchtbare Bauchschmerzen bekommen? Mit zitternden Fingern öffnete er die beiden obersten Knöpfe seines Hemdes und fühlte sich mit einem Mal ausgebrannt und leer. Im Hallengang wurde krachend die eiserne Feuertüre des Ofens aufgestoßen, es war noch ein kurzes Raunen zu hören und dann herrschte atemlose Stille.

Einige der Männer hatten sich gefasst und rannten nach draußen, was aber einige Zeit in Anspruch nahm, da sie dazu zuerst den ganzen Saal durchqueren mussten, und als sie zurückkamen, meldeten sie, rund um die Feuertüre sei Asche verstreut und lediglich ein paar staubige Fußabdrücke seien auf dem Gang zu sehen.

Einer der Diener hatte zwei Jagdhunde geholt, die zwar versuchten, die Spur aufzunehmen, aber dann schon nach wenigen Schritten niesend stehen blieben und sich mit den Pfoten über die Schnauzen wischten.

Immer noch benommen erhob sich Sigmund und taumelte mehr als er ging hinauf zu den Schlafgemächern seiner Gemahlin, die er so lange schüttelte, bis sie unwillig grienend die Augen aufschlug. Als er ihr immer noch vom Entsetzen gepackt sein Erlebnis und die damit verbundene Anschuldigung gegen sie erzählte und sie das Misstrauen in seinen Augen sah, saß sie plötzlich hellwach kerzengerade im Bett.

»Glaubst du das? Glaubst du das wirklich?«, fragte sie ihn mit großen Augen. »Wie soll ich dich denn vergiften? Koche ich etwa?

Schenke ich dir deinen Wein ein? Wie um alles in der Welt soll ich denn an Gift kommen? Ich kann ja keinen Schritt tun, bei dem mir nicht eine Zofe oder Gesellschaftsdame an den Fersen klebt! Wenn du mich fragst, versucht mich hier jemand loszuwerden und mit mir noch ein paar andere, weil wir hier im Wege sind!« Ihre Augen füllten sich mit Tränen, sie ließ ihren Oberkörper nach vorne fallen, stützte sich auf den Ellbogen auf und begann hemmungslos zu weinen. Ihr schmaler Körper wurde wie von Krämpfen geschüttelt und schluchzend rief sie immer wieder: »Was habe ich denn denen getan? Was denn?«

Als Sigmund sie so sah, schalt er sich selbst einen unverbesserlichen Narren. Nein, niemals würde sie so etwas tun, dazu war ihr im Grunde sanftes Gemüt trotz des Hoflebens immer noch nicht verdorben genug. Behutsam wischte er mit einem Zipfel der Bettdecke ein wenig unbeholfen über das Gesicht.

Zögernd nahm er ihren Kopf in seine Hände, blickte in ihre verschleierten Augen und küsste sie dann auf die Lippen. »Es ist schon ein Elend, mit so einem alten Knaben verheiratet zu sein«, murmelte er dann. »Kann ich bei dir schlafen?«

Wortlos rückte sie zur Seite, worauf sie gemeinsam unter die Zudecke schlüpften und sie ihren Kopf schutzsuchend in seine Armbeuge kuschelte. »Du hast es sicher auch nicht leicht mit mir!«, flüsterte sie in die Dunkelheit.

Langsam strich er mit den Fingern durch Katharinas offenes Haar und zum ersten Mal, seit sie verheiratet war, überkam sie ein Gefühl von Liebe und Geborgenheit.

Zeitig in der Früh schob sich Sigmund behutsam aus dem Bett, um Katharina nicht zu wecken. Aber auch sie hatte kein Auge zugetan, zu schwer lastete die Anschuldigung auf ihrer Seele. Noch in der Nacht hatte er beschlossen, gleich am Morgen nach Sigmundskron aufzubrechen, wobei die Arbeiten an der Burg nur ein Vorwand waren. Wichtiger war ihm ein Besuch und der Rat von seinem bischöflichen Freund Golser in Brixen. »Willst du mich wirklich nicht begleiten?«

Katharina schüttelte nur stumm den Kopf. »Nein. Ich bleibe hier. Gerade zum Trotz!« Sie lächelte ihm zu, gab ihm einen Kuss auf die

Wange und hielt seine Hand so lange fest, bis er sich hin zur Türe bewegte.

Einen berittenen Boten hatte er vorausgeschickt, der dem Bischof seine Ankunft melden sollte. Nun saßen sie zusammen im lichtdurchfluteten Arbeitszimmer des Bischofs, er, ein schon von Kindesbeinen an auf Herrschen und Regieren wie ein Hund abgerichteter Fürst, und der Bauernbub Golser, der seinen Beruf aus freien Stücken gewählt hatte. Wie oft hatte dieser ihn schon um dessen Kindheit beneidet: »keine höfischen Sitten, kein verschlagenes Taktieren, keine unterwürfigen Verbeugungen vor wildfremden Menschen – sondern einfach in den Wiesen herumtollen, auf Bäume klettern, in den Wäldern herum streunen …«

»… und Hunger leiden!«, ergänzte Golser dann jedes Mal lächelnd.

So war es auch heute wieder und Sigmund meinte, er sei eigentlich ganz froh darüber, nur ledige und keine ehelichen Nachkommen zu haben.

»Was treibt der Inquisitor?«, fragte dann der Bischof unvermittelt.

»Deswegen bin ich auch da. Aber vorab muss ich Euch noch eine andere Begebenheit erzählen!«

Golser hörte ihm aufmerksam zu und sagte dann langsam: »Haben Euer Gnaden schon einmal gehört, dass Dämonen als geistige Wesen aus einem Ofen kriechen, die Asche verstreuen, um eine Verfolgung mit Hunden zu verhindern und auch noch Fußspuren hinterlassen? So führen sie sich ja selbst absurdum! Die Glaubwürdigkeit würde ja gerade dadurch erhöht, dass keine Spuren feststellbar sind! Wisst Ihr was? Jemand hat ein paar Weiber gedungen und ihnen ein paar Münzen in die Hand gedrückt, damit sie Euch dieses Theater vorspielen! Ich will keine voreiligen Schlüsse ziehen – aber auf Euren Landesstatthalter würde ich einmal ein Auge werfen. Vor Eurer Frau hat er Angst, da er weiß, dass sie ihn nicht leiden kann und sie ist auch noch – entschuldigt bitte – noch so unklug, ihn dies auch spüren zu lassen. Sie ist zwar ein junges Ding, aber sie wird auch älter und gereifter und darin sieht er wie auch wahrscheinlich mancher andere eine mögliche Gefährdung, der es rechtzeitig zu begegnen gilt. Die Gelegenheit dazu wäre momentan nicht ungünstig!«

Der Bischof hielt einen Augenblick inne und sah seinen Freund fest an. »Seid vorsichtig – Eure Frau schwebt in großer Gefahr. Noch ist lediglich das ausgestreute Gerücht mit dem Vergiften im Umlauf. Aber es bedarf nur eines kleinen Anstoßes und plötzlich wird es genügend Leute geben, die behaupten werden, sie sei eine Zauberin oder gar mit Satan im Bunde, wie es der Inquisitor neuerdings verkündet. Noch getrauen sie sich nur noch nicht, so offen vorzugehen.« Golser erhob sich und stapfte mit derben Schritten zum Fenster. »Wie ich höre, hat Institoris jetzt wenigstens Beobachter zugelassen?«

»Ja, den Axamer Pfarrer Samer und ein paar von meinen Leuten, die ich abwechselnd schicke. Aber es scheint keinen großen Eindruck auf ihn zu machen. Er straft sie mit Nichtbeachtung oder wird ausfallend und beleidigend und versucht sie auf diese Weise loszuwerden.«

Der Bischof nickte. »Pfarrer Samer hat mir dasselbe berichtet. Auch sagt er, Institoris beabsichtige seiner Ansicht nach den Prozess nach einem Stufenplan aufzubauen. Die Reihenfolge der Verhöre richtet sich nach der Schwere der Anschuldigungen: Als Erste hat er sich die Selachin vorgenommen, die eigentlich die leichtesten Untaten begangen haben und zwei Nachbarinnen verflucht haben soll. Offensichtlich will er die Stimmung entsprechend aufheizen und so die Bereitschaft zu einer Verurteilung schon im Vorfeld erhöhen. Als Nächste war die Hüfeysen dran, die einer Frau, die in ihrem Hause wohnte, Blindheit und Lahmheit angewünscht habe, dann folgten Tochter und Mutter Röslin und so weiter und zum Schluss nahm er die Scheuberin in die Zange, der er die schwersten Verbrechen von allen sieben Angeklagten vorwirft.«

»Mir wurde berichtet, er sei schon so fest von der Verurteilung der Frauen überzeugt, dass er sich schon über die Verwendung des konfiszierten Vermögens der Hexen Gedanken mache. Wie mir gesagt wurde, verfügen alle Frauen oder wenigstens deren Ehemänner über zwar auch nicht viel, so aber doch über etwas Vermögen«, antwortete Sigmund.

»Ja, ja, er wird sein Prozessgeld kassieren und versuchen, darauf Einfluss zu nehmen, dass die restlichen Gelder an Stellen kommen, bei denen willfährige Helfer sitzen, die ihm bei weiteren Verfolgungen behilflich sind!«, knurrte der Bischof.

»Wie sollen wir weiter vorgehen? Seine Methoden sind einfach unerhört!«

Golser warf Sigmund einen verschmitzten Blick zu. »Bis jetzt hat er zwar von allen Frauen ein Geständnis wegen Schadenszauber, aber noch kein einziges wegen sündhafter Verbindung mit dem Höllengeiste und der damit verbundenen abscheulichen Verbrechen, wie es ja in seiner Bulle steht. Er wird also mit allen ihm zur Verfügung stehenden Mitteln versuchen, solche Aussagen zu bekommen, da ansonsten sein Schriftstück nichts als ein Stück wertloses Papier ist. Ich denke, wenn wir ihm schon jetzt Einhalt gebieten, wird er vorsichtig. Nein, er soll unbekümmert noch ein paar Tage weitermachen wie bisher.«

»Klingt einleuchtend, mein Freund«, erwiderte der Herzog spürbar erleichtert.

»Wir werden schon im Vorfeld eine Kommission zusammenstellen. Ich mache mir dazu ein paar Gedanken und werde mit einigen Leuten Kontakt aufnehmen. Vielleicht könnt Ihr auf dem Rückweg von Sigmundskron nochmals hier vorbeischauen, damit wir noch die Einzelheiten besprechen können?«

20. KAPITEL

Sigmund Samer wusste nun wieder einmal nicht mehr, wer nun mehr eingeschüchtert war – die Angeklagte oder die Beisitzer. Die anwesenden Mönche machten einen eher bedrückten Eindruck und selbst der Utrechter Notar wagte keinen Einwurf mehr.

Der Inquisitor stand mitten im Raum und schrie auf Rosina Hochwartin, die Tochter von Barbara Röslin, ein. »Gestehst du endlich, mit Hilfe von Dämonen Früchte und Menschen zu verderben und fleischliche Unzucht zu treiben?«

Rosina schüttelte den Kopf.

Institoris ging zu einem Seitentisch und nahm dort gegen seine zunehmende Heiserkeit einen großen Schluck Salbeitee aus einem Becher. »Du hast aber zugegeben, Schadenszauber verübt zu haben. Es gibt genügend Leute, die das bezeugen können!«

»Die Ihr aber nicht nennen könnt! Im Übrigen habe ich das nur unter Androhung der Folter gestanden!«

»Werde nicht frech! Das Gericht ist nicht verpflichtet, dir die Namen zu nennen!«, bellte der Mönch heiser.

»Das stimmt nicht! Dazu gibt es eine Anordnung von ...«, wollte der höfische Beobachter einwenden, aber Institoris schnitt ihm das Wort ab.

»Ihr seid nur Beobachter! Den Prozess führe ich, verstanden?« Wie ein hungriger Wolf umkreiste er dann die Angeklagte und baute sich dann drohend vor ihr auf. »Du leugnest also weiterhin? Mit dem Teufel hast du also auch noch nie geschlechtlich verkehrt?«

Die Hochwartin schüttelte wieder den Kopf.

»Kannst du nicht sprechen? Ja oder nein?«

»Nein!«, antwortete die Frau verängstigt.

Die Augen des Inquisitors wurden lauernd wie die eines Raubtieres, das sich seiner Beute sicher war, und er beschloss, nun zum vernichtenden Schlag auszuholen. »Du bist verheiratet?«

»Ja!«

»Ist eure Ehe glücklich – sofern es so etwas überhaupt gibt?«

»Ja!«

»Was macht dein Mann, ich meine, womit verdient er sein Geld?«

»Das wisst Ihr ja. Er verkauft Wetzsteine und andere Sachen bis hinüber ins Lothringische.«

»So weit?«, tat Institoris erstaunt. »Dann ist er wohl nicht oft zu Hause?«

»Nein.«

»Habt ihr Kinder?«

»Ja, einen Buben!«

»Wie lange seid ihr schon verheiratet?«

Rosina überlegte. »Ich glaube, vier Jahre!«

»Soso! Vier Jahre! Und da haben sie erst ein Kind?«, wandte sich Institoris höhnisch an die Beisitzer.

»Was soll das werden?«, brauste der Pfarrer Samer auf, aber Institoris schien ihn gar nicht zu bemerken.

»Dein Mann scheint also wirklich nicht oft daheim oder aber nicht sonderlich potent zu sein. Wie oft verkehrt ihr denn miteinander?«

»Das gehört nicht hierher!«, protestierte jetzt auch der päpstliche Notar aus Utrecht.

Institoris tat wieder so, als ob er ihn nicht beachtete und nahm wieder einen Schluck Tee.

Er stellte sich mitten in den Raum und sah alle der Reihe nach an. »Wieso ich das wissen muss? Denkt mal nach! Die fleischliche Begierde der Frauen ist unersättlich und darum sind sie auch nicht abgeneigt, mit Dämonen zu schlafen, um ihre Lust zu stillen. Eine Frau, die so lange Zeiträume alleine ist und deren geheimsten Wünsche unerfüllt bleiben, ist leicht anfällig für die Buhlschaft des Teufels. Deshalb ist es auch kein Wunder, dass es mehr Hexen als Hexer gibt, selbst fromme Frauen verfallen seinen Versuchungen. Wie hoch ist also die Gefahr bei einem geistig schwachen und unbefriedigten Weib wie der Hochwartin?«

»Das ist aber gar nicht erwiesen ...«, rief einer der Mönche dazwischen, was ein anderer Ordensbruder mit einem beifälligen Ausruf quittierte.

»Ihr seid hier, um zu lernen, Bruder Wilhelm! Unterlasst also solche abschätzigen Äußerungen!« Er wandte sich wieder der Angeklagten zu. »Also, wie viele Male hattest du in diesem Jahr Verkehr mit deinem Mann? Bist du auch bei anderen Männern gelegen?«

Mit hochrotem Kopf sprang der Axamer Pfarrer in die Höhe und begann zu brüllen: »Was sollen diese Fragen? Das gehört nicht hierher und hat mit der ursprünglichen Anklage nicht das Geringste zu tun. Wahrscheinlich erregt es Euch, weil sie ein hübsches Ding ist – an ihrer Mutter Röslin hattet Ihr in dieser Hinsicht bedeutend weniger Interesse! Dieser Prozess ist nichts als Mumpitz, eine einzige Narretei voll unbewiesener Anschuldigungen und Wortverdrehereien! Bisher haben wir Euch Eure unflätigen Fragen durchgehen lassen, aber jetzt reicht es!«

Institoris versuchte die Stimmung im Saal abzuschätzen, kam aber dann zu der Überzeugung, dass sie eher gegen ihn umgeschlagen hatte. »In Ordnung. Ich beuge mich. Wir machen am Nachmittag weiter, und zwar mit der Barbara Phlueglin und danach mit der Witwe Schneiderin.«

Institoris wusste, dass der Pfarrer um diese Zeit anderen Amtsgeschäften nachgehen und daher verhindert sein würde. Auch am nächsten Morgen erschien er nicht im Gerichtssaal, was ihm nicht ungelegen kam – war heute doch die Scheuberin an der Reihe. Sie war seine Hauptverdächtige, neben anderen eher harmlosen Delikten wurde ihr vorgeworfen, einen Ritter und seine Frau zu Tode gehext zu haben.

Als Institoris den Saal betrat, schien er außer sich. »Ich habe eine Zeugenaussage zu machen!«, schrie er wild gestikulierend und schoss auf die bereits anwesende Angeklagte zu.

»Das geht nicht! Ihr führt hier eine Untersuchung und könnt nicht gleichzeitig als Zeuge auftreten!«, wagte der Notar Kanter einzuwerfen.

Mit einer Handbewegung brachte Institoris ihn zum Schweigen. »Ich war gestern Abend noch bei der Scheuberin im Gefängnis. Schreibt es auf: ›Ich wünsche dir das fallende Übel an deinen grauen Schädel!‹, das hat sie wortwörtlich gesagt. Stimmt es oder willst du das ableugnen?«

Helena Scheuberin sah ihn ruhig an. »Ja, das stimmt!«

»Sag auch, warum!«, zischte der Mönch.

»Weil Ihr nur dummes Zeug über Hexen predigt!«

»Sie dachte sicher, sie könne mir mit ihrem Fluch Schaden zufügen«, rief er nun und sah sich triumphierend um, »aber sie weiß wohl nicht, dass Zauberer und Hexen über Inquisitoren und Gerichtspersonen keine Macht haben! Hast du das gewusst?«

»Nein … nein …davon habe ich noch nichts gehört!«, stotterte sie.

»Seht ihr, wie überrascht sie nun ist? Sie war der festen Überzeugung, ihr Wunsch werde unverzüglich mit Satans Hilfe in Erfüllung gehen! Jetzt wird sie gleich behaupten, es gebe gar keine Hexen und sie kommt sich dabei sicher auch noch besonders schlau vor, obwohl sie sich mit ihrer stotternden Antwort selbst verraten hat. Ich habe schon zur Genüge solche Fälle gehabt und es widert mich mit der Zeit an. Es ist eine alte Masche und einfältige Schutzbehauptung dieses Gesindels und sie glauben, uns alle – euch wie mich – für dumm verkaufen zu können.«

»Das ist aber ziemlich dünn ...«, murmelte einer der Mitbrüder, worauf ihn Institoris scharf fixierte.

»Dünn? Dünn?«, äffte er dann, »gleich werdet ihr anders darüber denken!« Er begann mit auf dem Rücken verschränkten Armen auf und ab zu gehen. »Helena Scheuberin, du bist die frühere Geliebte des Ritters Jörg Spieß aus Bayern. Als er dich verstoßen hat und eine andere zu seiner Frau genommen hat, hast du noch während des Hochzeitsmahls hier in Innsbruck vor Zeugen zu seiner frisch angetrauten Gemahlin gesagt: Du wirst mit deinem Gatten nicht lange Freude haben! Bereits am nächsten Tag wurde sie krank und starb nach wenigen Tagen. Sie selbst hat dich auf dem Totenbett als ihre Verderberin genannt! Bestreitest du das?«

»Ich leugne nicht ab, das gesagt zu haben. Gemeint habe ich es aber anders, nämlich dass der Jörg ein ziemlicher Hallodri ist, weil er hinter jedem Weiberrock herjagt und sie daher noch genügend Kummer mit ihm haben würde.«

»Und der Ritter Jörg ist nun auch tot. In diesem Frühjahr einfach umgefallen, während eines Faschingsfestes, herausgerissen mitten aus dieser Welt, mitten aus dem blühenden Leben. Auch er hat immer behauptet, aus verschmähter Liebe von dir verhext worden zu sein. Das ist doch sonderbar: Seine Frau stirbt gleich darauf und er ...«

»Sie ist 1479 gestorben und er 1485. Da sind dazwischen fünf oder sechs Jahre!«, schrie die Scheuberin ihn zornig an. »Und ich bin nun schon selbst seit acht Jahren, also schon seit vor der Hochzeit des Jörg, mit meinem Mann Sebastian verheiratet!«

»Ha, so dumm wirst du doch nun auch wieder nicht sein, alle beide umzubringen, ohne dazwischen eine angemessene Frist verstreichen zu lassen – und das mit deiner Ehe ist auch kein Argument für jemanden, der die angeborene Verderbtheit der Weiber kennt!«

Institoris machte eine nachdenkliche Pause. »Du und die Hüfeysen – ihr habt doch Umgang miteinander. Sie ist ja auch angeklagt. Hat sie dir das Hexen beigebracht?«

»Nein! Lasst mich in Ruhe!«, schrie Helena nun gequält auf.

»Nein? Du gibst also zu, hexen zu können?«

Helena Scheuberin sah ihn erschrocken an. Was hatte sie jetzt schon wieder Falsches gesagt?

»Du hast gerade zugegeben, dass du hexen kannst. Du hast nicht abgeleugnet, es zu können, sondern nur, es nicht von der Hüfeysen gelernt zu haben.«

»Ich bin keine Hexe, ich kann nicht hexen und kenne auch keine Hexen und will auch keine Hexen kennen lernen! Ist das genug?«, fuhr sie ihn an.

Bruder Heinrich hatte schon seit gestern das Gefühl, dass einiges aus dem Ruder lief. Bis jetzt hatte er kein einziges Geständnis, das auch nur ansatzweise auf eine Teufelsbuhlschaft hinauslief, und je mehr er ihnen beizubringen versuchte, dass sie es auch hier nun mit einer neuen, bisher unbekannten Art der Zauberei zu tun hatten, desto verstockter schienen sie zu werden. Und nun stand er da mit der Scheuberin, die wohl die größte Übeltäterin von allen war, und er kam trotzdem keinen Schritt vorwärts.

Wie es derzeit aussah, war er von seinem großen Ziel noch meilenweit entfernt, die Herzogin Katharina selbst der Hexerei zu überführen und auf den Scheiterhaufen zu bringen.

Die nächtliche, geheimnisvolle Gestalt hatte sich inzwischen als Ulrich von Latsch zu erkennen gegeben und Heinrich seiner stillschweigenden Unterstützung versichert. Auch ein paar andere Höflinge waren wie zufällig meist spät abends im Gasthof Rümler aufgetaucht und hatten sich wie beiläufig mit verschwörerischer Stimme über die Fürstin ausgelassen.

Nein, nein, Hexe sei sie keine. Vermutlich jedenfalls nicht. Aber andererseits – es wäre durchaus möglich. Sicher habe er auch schon von der Geschichte mit den Dämonen im Ofen gehört, aber das sei ja nur eine Warnung an den Fürsten gewesen. Wenn sie etwas erfahren würden, was den Verdacht verstärkt – selbstverständlich …

Aber bevor er es wagen konnte, sich mit dem Landesfürsten anzulegen, brauchte er einen durchschlagenden Erfolg, der auch hier unumstößlich bewies, dass sich der Inquisitor Doctor Henricus Institoris in solchen Dingen niemals irrte. Er würde seine Taktik ändern und sie zuerst dem jeweiligen Schadenszauber gegenüberstellen, den sie schon unter Androhung der Folter zugestanden hatten und dann unter peinlicher Befragung die Wahrheit herausquetschen. »Der Nachrichter soll mit seinen Gehilfen noch heute im Keller alles vorbereiten. Wir machen morgen weiter!« Dabei sah er zufrieden in das erbleichende Gesicht der Scheuberin und sein Mund verzog sich zu einem kalten Lächeln.

Zusammen mit seinen Mitbrüdern begab er sich am nächsten Tag schon zeitig in der Frühe ins Rathaus und stieg dort unverzüglich über die schmale Treppe hinab in den Folterkeller, wo schon der Scharfrichter mit seine Gehilfen anwesend war.

»Macht die Fenster auf und lasst erst einmal frische Luft herein. Der Gestank ist ja widerlich!«, befahl er schroff, während er an einem Tisch Platz nahm und sich in die Akte der Barbara Selachin vertiefte.

Angezeigt hatte sie Gertrud Roetin, die schon seit sechsundzwanzig Jahren ihre Nachbarin war. »Als ich eines Tages bemerkte, dass man aus dem Garten der Selachin nicht zu meinem Gemüsebeet herübergehen konnte, ohne jedes Mal einen Schaden feststellen zu müssen«, las er und fuhr mit sich nur still bewegenden Lippen weiter, »...und als ich sie zur Rede stellte, fragte sie mich geradeheraus, ob ich sie im Verdacht hätte. Wegen ihres schlechten Rufes fürchtete ich mich vor ihr und sagte nur, die Schritte im Gras seien deutlich zu sehen. Sie lief dann empört davon und murmelte etwas Unverständliches. Nach wenigen Tagen befiel mich eine schwere Krankheit und es war so, als ob mit zwei Schwertern oder Messern in die Brust hinein gestochen würde. Meine Nachbarn hörten Tag und Nacht meine Schreie und unter denen, die mich zu trösten kamen, war auch ein Töpfer, der die Selachin ehebrecherisch zur Geliebten hatte. Der Töpfer hatte Mitleid mit mir und sagte, er wolle herausfinden, ob ein Schadenszauber vorliege und wenn ja, wolle er mich wieder heilen. Am nächsten Tag kochte er Blei, bis es flüssig war und goss es in eine Schüssel voll Wasser, die auf meinem Körper stand. Nachdem aus dem erstarrten Blei ein Bildnis und Figuren entstanden waren, bestätigte er, dass es sich um Schadenszauber handle.«

Einem der Gehilfen entglitt eine schwere Kette, die dröhnend auf einer Eisenplatte aufschlug. Der Inquisitor fuhr erschrocken hoch und schrie, ob sie denn nicht etwas leiser sein könnten, schließlich müsse er sich konzentrieren.

Er brauchte einen Moment, bis er die Stelle wieder fand, an der er unterbrochen worden war.

»... um Schadenszauber handle. Unterhalb der Schwelle der Haustüre sind die Mittel des Schadenszaubers verborgen«, las er weiter, »und so ging mein Mann gleich mit ihm hin und nachdem der Töpfer die Schwelle herausgebrochen hatte, hieß er ihn, mit der Hand aus der Grube zu holen, was er dort auch immer finden würde. Zuerst kam ein handflächengroßes Wachsbild zum Vorschein, das überall durchbohrt war und in deren gegenüberliegenden Seiten Nadeln steckten. Es waren dieselben Stellen, an denen auch ich die Schmerzen verspürte. Dann zog er verschiedene Lumpenstücke heraus, in die mehrere Gegenstände eingewickelt waren, aber auch Körner, Samen und Knochen. Nachdem diese ins Feuer geworfen wurden, ging es mir zwar besser, aber ich war noch nicht ganz gesund. Als ich dem Töpfer keine Ruhe gab, wieso das denn so sei, gab er zur Antwort, es seien noch andere Dinge versteckt, die er aber nicht finden könne. Aber ich gab nicht nach, weil ich wissen wollte, wie er denn die Werkzeuge unter der Schwelle gefunden habe und er gestand, dass er das nur aus Freundschaft zu meinem Mann gemacht habe. Da war mir natürlich sofort klar, wer dahinter steckte und mir tat der arme Töpfer Leid, der bestimmt lange mit sich gerungen haben musste, ehe er seine Geliebte verriet.«

Bisher hatte die Selachin nur zugegeben, der Roetin unter Flüchen das Beet zertrampelt und ihr die Krätze an den Hals gewünscht zu haben. Aber das würde sich jetzt bald ändern.

»Holt die Selachin herein!«, befahl er, während er die Blätter der Akte säuberlich bündelte.

Die Angeklagte war wegen ihrer scharfen Zunge und ihrer Streitsüchtigkeit bei allen Nachbarn gefürchtet, das wurde ihm rundum bestätigt, und es gab nicht wenige, die unverhohlen meinten, es sei ganz recht, dass sie endlich auch wegen Zauberei vor Gericht gestellt werde. Die Geschichte mit der Roetin kannte ja schließlich jeder ...

Nun aber stand ein verängstigtes und zitterndes Frauenzimmer im Befragungskeller und der bullige Nachrichter musterte sie ohne Anzeichen einer menschlichen Regung von oben bis unten. Ebenso gut hätte er ein Stück Vieh oder einen Klafter Holz taxieren können.

Institoris trat neben ihn.

»Die hält nicht allzu viel aus. Ich denke, wir fangen mit Auspeitschen an. Was denkt Ihr?«

Institoris zuckte die Schultern. »Ihr seid der Fachmann, nicht ich. Wenn Ihr meint, beginnt Ihr damit!«

Die beiden Knechte zogen sie an den Händen über den Querbalken des Gerüstes auf und banden vorsichtshalber ihre Beine an den seitlichen Pfosten fest.

»Fangt an!«, gab Institoris das Zeichen.

Nach einer halben Stunde hatte er zwar das Geständnis, sie habe der Nachbarin mit Schadenszauber übel mitgespielt – aber einen Pakt mit dem Teufel zu haben und mit ihm geschlechtlich zu verkehren war sie trotz allen Schreiens und Wimmerns nicht zu gestehen bereit.

Auch mit der Hüfeysen sowie Mutter und Tochter Röslin kam er in dieser Hinsicht nicht weiter. Sie gaben nun zwar alles Mögliche zu, selbst Dinge, auf die er selbst gar nicht gekommen wäre. Irgendwann wurde es auch den beiden Gehilfen des Nachrichters zu viel und sie baten um eine Pause, da sie fast keine Kraft mehr in den Armen hätten.

Eigentlich wollte er am Nachmittag mit der Schneiderin, Phlueglin und Scheuberin weitermachen, aber in Anbetracht der bisherigen Ergebnisse war es sicher ratsam, seine weitere Vorgehensweise nochmals zu überdenken. Alles in ihm sagte, dass die sieben Weiber nicht nur Zauberinnen, sondern weitaus gefährlichere Hexen waren. Mit seinem Beichtvater Wolfgang von Basel saß er unruhig im »Rümler« und trommelte nervös mit den Fingern auf der Tischplatte. »Sie sind in der Macht der Dämonen, alle sieben. Keine der vier hatte heute Vormittag trotz härtester Schläge auch nur die kleinste Träne in den Augen. Man müsste ihnen alle – und zwar wirklich alle – Haare abscheren, wie es auch Laurentius de Santa Agatha gemacht hat. Bei dem haben schließlich alle gestanden. Ich habe das schon mehrere Male vorgeschlagen, aber diese einfältigen Strohköpfe …«

Als Institoris am nächsten Morgen mit seinen Confratres den Gerichtssaal betrat, traute er seinen Augen nicht. Vor dem Rathaus war ihm nichts aufgefallen, niemand hatte ihm ein Wort gesagt oder wenigstens heimlich ein Zeichen gegeben. Mit allem hatte er gerechnet – nur nicht damit: Im Saal warteten Herzog Sigmund, Bischof Golser mit Sigmund Samer und Christian Turner, dem Generalkommissar der Diözese Brixen. Die anderen beiden Männer waren ihm unbekannt.

»Was verschafft dem Gericht die hohe Ehre?«, fragte er und versuchte dabei sich den aufsteigenden Ärger über die Überrumpelung nicht anmerken zu lassen.

»Den Generalkommissar kennt Ihr ja. Das hier sind Bartholomäus Hagen, öffentlicher Notar zu Innsbruck, und Magister Paulus Wann, Domherr zu Passau«, stellte ihm der Bischof anstatt einer Antwort die beiden Männer vor. »Machen wir es kurz: Dieser Prozess ist unsäglich. Ihr habt Euch über fast alle unsere Anordnungen hinweggesetzt …«

»Das stimmt nicht! Ich habe Beobachter zugelassen …«, unterbrach ihn der Inquisitor, aber Golser brachte ihn mit einer knappen Handbewegung zum Schweigen.

»Ebendarum. Diese sagen, das Verfahren spotte jeder Beschreibung. Wir und Seine Gnaden haben daher beschlossen, eine Kommission zu bilden. Sie wird zusammengesetzt aus den hier anwesenden Herren Samer, Hagen, Turner und Wann sowie aus Euch, Notar Kanter und drei Eurer Ordensbrüder, die Ihr selbst bestimmen könnt. Ihr werdet wie bisher die Anklage vertreten. Wie wir gehört haben, ist die Helena Scheuberin diejenige, auf die der schwerste Verdacht fällt. Wir schlagen deshalb vor, diese als Erste zu verhören. Seine Gnaden und wir bestehen darauf, laufend über den Fortgang des Verfahrens unterrichtet zu werden.«

Der Bischof und der Fürst blickten einander an, erhoben sich und verließen grußlos den Saal.

Institoris wusste anfangs nicht, wie er sich nun verhalten sollte, beschloss aber dann, auf Angriff zu gehen. »So viele hochgelehrte Herren!«, lachte er höhnisch. »Und alle kommen wegen ein paar verdorbener Weiber hierher nach Innsbruck! Die Herren wollen sicher alle Fälle, an denen ich schon seit Wochen arbeite, in wenigen Stunden aufklären.«

»Wer weiß, vielleicht gelingt das sogar. Ich bin nun schon seit ein paar Tagen in der Stadt und was sich die Leute schon auf der Straße erzählen, ist haarsträubend!«, antwortete der greise Domherr Wann trocken.

»Die Leute draußen? Woher sollen sie etwas wissen? Alle Beteiligten sind zum Stillschweigen verpflichtet!«, brauste Institoris auf.

»Das mag schon sein. Wenn man nichts erfährt, entstehen eben Gerüchte – und vielleicht sind es ja nur Gerüchte«, antwortete der Notar Hagen ruhig.

»Ihr schleicht Euch da alle wie Diebe hier herein und wollt uns nun auch noch vor vollendete Tatsachen stellen. Das ist ein Komplott und die Kommission dient nur als Vorwand! Über einhundert Männer – ich betone, über einhundert Männer, nicht Frauen – haben bestätigt, dass alle sieben Angeklagten zumindest Schadenszaubereien verübt haben, wenn sie nicht gar mit dem Teufel selbst im Bunde stehen!«, schrie der Inquisitor mit hochrotem Kopf zurück.

»Mäßigt Euch. Der Herzog hat es nicht gerne, als Dieb bezeichnet zu werden!«, fuhr ihn der Notar scharf an.

Institoris versuchte, sich der Unterstützung seiner Mitbrüder zu versichern, die aber seinem Blick auswichen und betreten auf den Boden starrten.

»Wäret Ihr so gütig und würdet die Helena Scheuberin holen lassen, damit wir endlich anfangen können?«, mischte sich nun der Generalkommissar Turner ein.

Institoris zeterte aber weiter und fauchte, so etwas sei ihm noch nie vorgekommen und würde noch ein Nachspiel haben, da er sich direkt beim Papst über jeden Einzelnen beschweren würde, den Fürsten und den Bischof mit eingeschlossen. »Also gut, wenn es die Herren nicht anders wollen – ich beuge mich, wenn auch nur unter Protest! Holt die Scheuberin!«

»Kann ich Einsicht in die Protokolle nehmen?«, begehrte Bartholomäus Hagen, worauf Institoris wieder aufbrausen wollte, aber von Kanter verwiesen wurde, das sei schließlich sein Recht und ihm den Packen Papier über den Tisch zuschob.

Hagen hob nur flüchtig den Blick, als die Angeklagte hereingeführt wurde. Helena Scheuberin war eine dürre, hagere Gestalt, an der das vermutlich ehemals passende Gewand nun wie am Gerüst einer Vogelscheuche hing. Ihre ursprünglich zu einem Kranz geflochtenen Haare waren zerzaust, klebten an ihrem Kopf und waren mit Heuresten und Stroh von der Zelleneinstreue durchmischt. Trotz ihres zerlumpten Äußeren und der tiefen Ringe unter den verweinten Augen war ihr immer noch anzusehen, dass sie früher einmal eine schöne, rassige Frau gewesen sein musste.

Entsetzt hatte sie gestern mitbekommen, wie sie die übel zugerichtete Selachin wieder zurückgebracht, danach die wimmernde Hüfeysen in die Zelle geschleppt hatten und auch Mutter und Tochter Röslin waren so zerschunden gewesen, dass sie aus eigener Kraft nicht mehr gehen konnte und getragen werden mussten. Nun stand sie selbst hier mitten in dem großen Saal, sah, wie sie alle anstarrten, als ob sie nackt sei, und versuchte mit ihren gefesselten Händen ihr löcheriges und zerrissenes Kleid zusammenzuraffen, um ihre vermeintliche Blöße zu bedecken. Es waren eine Reihe neuer Gesichter hier, die alle sehr ernst und gelehrt drein sahen, aber nur das des Innsbrucker Notars kannte sie flüchtig und sie wusste nicht, ob das alles Gutes oder Schlechtes zu bedeuten hatte.

»Nehmt der Frau die Fesseln ab!«, befahl Turner, worauf Institoris heftig widersprach und meinte, es sei allgemein bekannt, dass Hexen fast immer zauberische Gegenstände mit sich führten und der Scheuberin damit nur Gelegenheit gegeben werde, diese besser zu verstecken oder gar ganz verschwinden zu lassen.

Auch Bruder Wilhelm äußerte Bedenken und auch Wolfgang von Basel schloss sich an, aber erst, als der Inquisitor seinem Beichtvater einen strengen ermahnenden Blick zugeworfen hatte.

Die beiden Gehilfen standen ratlos da und wussten nicht, wem sie jetzt gehorchen sollten.

Erst als der greise Paul Wann sie leise, aber bestimmt anfuhr, lösten sie die Knoten.

Institoris lief derweil immer empörter auf und ab, verwies wieder und wieder auf seine Bulle, schimpfte auf seine Mitbrüder ein, sie sollen auch einmal etwas sagen, anstatt wie Statuen dazusitzen, blaffte den Innsbrucker Notar an, einer von ihnen würde wohl reichen, worauf dieser zurückgab, der Kanter sei päpstlicher und kein öffentlicher Notar, dann schrie er, er beantrage eine Verlegung auf morgen, um gleich darauf den Pfarrer Samer als intriganten Wortverdreher und Verleumder zu beschimpfen, der womöglich selbst mit diesen Weibern unter einer Decke stecke.

Als er merkte, dass sein Geschrei und die ausgestoßenen Drohungen keine Wirkung zeigten, hielt er einen Moment inne – anscheinend hatte er es hier nicht mit Leuten zu tun, die sich so einfach einschüchtern ließen. Mit einem Male wurde seine Stimme ruhiger und versöhnlich. »Entschuldigt bitte, ich habe mich in Rage geredet. Aber ich hoffe, Ihr versteht mich, da ich weiß, was auf dem Spiel steht und wir nur noch eine Handbreit vom Abgrund entfernt sind. Solche wie diese Weiber« – er deutete mit der Hand auf die Scheuberin – »sie tragen keine Form der Frömmigkeit mehr in sich, was sich deutlich zeigt, wenn man ihre Werke betrachtet. Sie vergießen das Blut Unschuldiger, offenbaren Geheimnisse durch teuflische Unterweisungen, sie schonen weder Lebende noch Tote, wenn sie die Seelen mit den Körpern töten. Sie benutzen Träume, um die Eingebungen böser Geister zu erforschen. Ich meine dabei nicht die Traumdeutung in einer Art, wie sie von Thomas von Aquin oder Aristoteles beschrieben ist und wie jene Träume und Visionen nur Zeichen, aber keine Ursachen sind. Nein, hier ist es anders! Wenn sie nicht körperlich ausfahren, sondern nur erfahren wollen, was ihre Hexengenossen treiben, so legen sie sich in Teufels Namen und aller Dämonen im Schlaf auf die linke Seite und was die Wahrsagerei angeht, kann man es ja im *Praeceptorium* bei Johannes Nider nachlesen, wenn es –«

»Genug, genug!«, unterbrach ihn der Kommissar ärgerlich, »wir sind hier nicht in einer Diskussionsrunde an der Universität, sondern in einem Gerichtssaal!«

Als der Inquisitor einfach weitersprach, befahl ihm Turner barsch, endlich den Mund zu halten. Das hatte schon lange niemand mehr gewagt und Institoris war darüber so fassungslos, dass es ihm glatt die Sprache verschlug.

Christian Turner nutzte die entstandene Stille und wandte sich an Helena Scheuberin. »Wir hier«, machte er eine Handbewegung in die Runde, » sind eine Kommission, die den Prozess und dessen Führung untersuchen sollen. Ihr seid also die Angeklagte Helena Scheuberin?«

Helena nickte beklommen und sah ängstlich hinüber zum Inquisitor.

»Ihr braucht keine Angst zu haben!«, ermunterte sie Turner freundlich, der ihren Blick bemerkt hatte. »Schwörst du bei Gott und deiner unsterblichen Seele, alle an dich gerichteten Fragen wahrheitsgemäß zu beantworten?«

Helena nickte, legte ihre linke Hand auf die Bibel auf dem Tisch vor ihr und hob zitternd die Rechte: »Ich schwöre!«

»Ich übergebe die Leitung des Verhöres an den Inquisitor Doktor Heinrich Institoris!«, sagte Turner und setzte sich wieder.

Institoris hüstelte leicht und überlegte, wie er anfangen sollte. »Wo bist du geboren?«

»Das habe ich ja schon gesagt. Hier in Innsbruck!«

»Beantworte meine Fragen und unterlasse deine Kommentare«, zischte er. »Wo bist du aufgewachsen?«

»Hier in Innsbruck!«

Institoris fragte sie nochmals ihre persönlichen Daten ab, während der Notar Hagen scheinbar konzentriert in den Prozessakten blätterte. »Du bist also verheiratet?«

»Ja, seit acht Jahren mit Sebastian Scheubner«, antwortete sie.

»Soso«, sagte darauf Institoris mit einem hintergründigen Ton in der Stimme. »Aber vor deinem Mann gab es schon einen anderen?«

»Ja, den Junker Jörg Spieß!«

»Warst du mit dem verheiratet?«

»Nein. Wir sind nur miteinander gegangen!«

»Wie lange?«

»Schon einige Zeit. Genau kann ich das auch nicht mehr sagen.«

»Aber Jörg Spieß ist tot, genau so wie seine Frau!«

»Ja!«

»Seine Frau war bei der Hochzeit noch gesund?«

»Soweit ich das beurteilen kann – ja!«

»Würdet Ihr bitte der Reihe nach fragen?«, warf Paul Wann ärgerlich dazwischen. »Keiner von uns versteht hier eine Logik!«

Institoris sah ihn ausdruckslos an und fuhr dann fort: »War der Spieß dein erster Mann? Ich meine, mit dem du das Bett geteilt hast?«

Helena errötete und gab darauf keine Antwort, aber der Inquisitor ließ nicht locker. »Was ich meine – hast du vor ihm schon einmal mit einem Mann verkehrt oder gar mit mehreren?«

»Was soll diese Frage? Sie gehört nicht hierher und hat mit der Sache nichts zu tun!«, schoss Christian Turner in die Höhe.

»Konkret gefragt: Hat dich Jörg Spieß entjungfert oder war es jemand anderer?«, fuhr Institoris ungerührt fort.

»Jetzt reicht es!«, schrie ihn der Kommissar empört an, »nochmals eine solche ungeheuerliche Frage, und ich verlasse sofort den Gerichtssaal!«

»Schon gut«, versuchte der Inquisitor zu beschwichtigen und wandte sich wieder der Angeklagten zu. »Du willst also nicht gestehen, für den Tod von Jörg Spieß verantwortlich zu sein?«

»Nein!«

»Ebenfalls nicht, mit Satan im Bunde zu stehen und mit ihm auch geschlechtlich zu verkehren?«

Sie wollte gerade mit »Nein« antworten, als sich Paul Wann wieder einmischte. »Ich habe Euch schon einmal gebeten, eine gewisse logische Reihenfolge in den Fragestellungen einzuhalten!«

Auch Bartholomäus Hagen meldete sich nun zu Wort. »Nach nur oberflächlicher Durchsicht der Protokolle scheint das seine Taktik zu sein. Er fragt völlig zusammenhanglos kreuz und quer, stellt spitzfindige Fragen, macht Andeutungen und scheint dann alles nach seinem Gutdünken wiederum so zusammenzufügen, bis sie ein ihm genehmes Ganzes ergeben …«

»Wenn ich anders vorgehen würde, bekäme ich kaum etwas in die Hand. Satan würde ihnen schon einflüstern, was …«, schrie Institoris, wurde aber von Hagen unterbrochen.

»Eure Gründe in Ehren – aber wir versuchen hier, einen ordentlichen Prozess nach Recht und Gesetz zu führen. Aber was hier vorliegt, ist meilenweit davon entfernt! Ich würde vorschlagen, wir geben Euch bis elf Uhr Zeit, Euren Fragenkatalog neu zu ordnen. Seid Ihr damit einverstanden?«

Institoris wollte aufbegehren, aber auch der päpstliche Notar bedeutete ihm, es sei besser, sich zu fügen.

Kurz nach elf Uhr geschah etwas wieder Sonderbares, wovon man sich noch jahrzehntelang nicht nur in Innsbruck, sondern in der ganzen Grafschaft Tirol und noch weit darüber hinaus erzählen sollte. Es gab nicht wenige, die später gar von einem Wunder sprachen und das Ereignis der Vorsehung zuschrieben. Zwar war alles ganz anders, aber manche Leute wurden richtiggehend böse, wenn ihnen jemand erzählen wollte, dass die Geschichte abgekartet gewesen war und auch der Bischof selbst seine Finger mit im Spiel hatte.

Institoris hatte nun also seine Fragen murrend und schimpfend während der ihm zugestandenen Frist in eine – soweit es die kurze Zeit erlaubte – logische Reihenfolge gebracht und war gerade dabei, das Verhör nochmals zu beginnen, als sich die große Saaltüre lautlos öffnete. Noch immer wütend über die erlittene Demütigung blätterte er mit heftigen Bewegungen in seinen Papieren vor und zurück und als er aufsah, stand plötzlich ein hochgewachsener Mann vor ihm, von dem er nicht wusste, woher er kam und den er noch nie gesehen hatte.

»Mein Name ist Johann Merwais von Wendingen, Doktor der Medizin und Rechtsanwalt!«, verbeugte sich der Mann und lächelte.

Der Inquisitor sah ihn überrascht an. »Und?«, bellte er dann knapp, als er sich wieder gefangen hatte.

»Ich möchte die angeklagten Frauen verteidigen!«

Institoris sah ihn einen Moment lang fassungslos an. »Was wollt Ihr? Wer hat Euch darum gebeten?«, fragte er dann giftig.

»Der Pfarrer Samer, der Kommissar Turner und der Notar Hagen«, antwortete der Anwalt, faltete sorgfältig seinen Umhang über die Armbeuge und legte ihn dann, ohne den Inquisitor weiter zu beachten, über die Lehne eines frei stehenden Stuhles.

»Verteidiger sind hier nicht vorgesehen«, schrie Institoris mit hochrotem Kopf, »verlasst sofort und auf der Stelle den Gerichtssaal!«

»Einen Moment!«, ging nun der Kommissar Turner dazwischen. »Es gab eine klare Anweisung, Räte des Herzogs oder andere sachverständige Leute hinzuzuziehen. Eine Anweisung, um die Ihr Euch keinen Deut geschert habt!«

»Meine Bulle …«

»Eure Bulle, Eure Bulle …«, knurrte Turner genervt, »verlasst Euch darauf, wir werden uns an Eure Bulle halten, und zwar in allen Punkten, soweit sie irgendein Recht betreffen!«

Der Notar Hagen erhob sich und hielt Institoris ein bedrucktes Blatt Papier unter die Nase: »Da, so habt Ihr es selbst an fast jedem Heustadel anschlagen lassen: ›dass sie gemeinsam oder ein jeder für sich unter Zuziehung des geliebten Sohnes Johannes Gremper … oder eines anderen beliebigen öffentlichen Notars, der von ihnen beiden oder einem von ihnen auf Zeit beauftragt worden ist‹ …«

»In Ravensburg …«, kam nun Institoris ins Stottern.

»In Ravensburg«, sagte Hagen kalt, »hattet Ihr den Johannes Gremper, der Notar sowohl des kaiserlichen als auch des kirchlichen Rechts ist. Hier aber ist der Notar Kanter, der nur für das kanonische Recht zuständig ist! Seht Ihr, Ihr haltet Euch ja nicht einmal an das, was in Eurer eigenen Bulle steht! Jetzt fehlt zu einem ordentlichen Verfahren nur noch ein Verteidiger, den uns nun in Herrn Merwais der Himmel geschickt hat!«

»Was soll das? Wollt Ihr etwa das Ganze noch einmal von vorne aufrollen? Wer soll das bezahlen?«, fauchte Institoris.

»Wenn es sein muss – ja. Aber nach allem, was ich in den letzten zwei Stunden erfahren habe, denke ich, das wird nicht nötig sein! Was die Kosten angeht, hättet Ihr Euch vielleicht früher Gedanken machen sollen!«, antwortete Merwais. Ohne sich weiter um die Einwände des Inquisitors zu kümmern, wandte er sich an Helena Scheuberin, die zwar den ganzen Disput verfolgt, aber davon kein Wort begriffen hatte. »Wärest du damit einverstanden, wenn ich deine Verteidigung übernehme?«

Unsicher sah sie hinüber zum Kommissar und als auch Paul Wann und der Axamer Pfarrer nickten, stimmte sie zögernd zu.

»Dann benötigen wir eine schriftliche Vollmacht. Die kann aber der Herr Notar Bartholomäus Hagen sofort hier an Ort und Stelle ausstellen!«

Hagen nickte und griff nach einem leeren Papierblatt, das er mit »Vollmacht« überschrieb.

Merwais war inzwischen zu Turner getreten, mit dem er sich im Flüsterton unterhielt, was aber Institoris wiederum zum Kochen brachte.

»Hier wird nicht getuschelt und gemauschelt!«, schrie Institoris und fasste den Rechtsanwalt am Ärmel, der die Hand aber lediglich wie einen lästigen Käfer abschüttelte.

»Wir schlagen für alle Angeklagten eine Sammelvollmacht vor«, übertönte dann der Kommissar den immer noch protestierenden Inquisitor, »also lasst alle Frauen unverzüglich in den Gerichtssaal bringen!«

»Das sind nur unnötige Kosten, die dadurch entstehen! Aber Geld scheint plötzlich hier wohl keine Rolle mehr zu spielen!« Institoris rannte mir Riesenschritten quer durch den Saal und blieb vor seinen Mitbrüdern stehen. »Was ist mit euch? Auf welcher Seite steht ihr? Warum sagt keiner auch nur einen Ton?«

»Es geht hier um die Belange des weltlichen Rechts ...«, wollte der Utrechter Notar einwenden, aber der Inquisitor fuhr ihm über den Mund.

»Ihr, ausgerechnet Ihr ...warum habe ich Euch eigentlich hierher geholt? Nichts als Stroh habt Ihr in Eurem Kopf!«, schäumte er.

Aber auch die anderen saßen nur stumm und abwartend da und wichen seinen Blicken aus.

Es war ein erbarmenswürdiger Anblick, der sich Merwais bot, als die übrigen sechs Frauen im Gerichtssaal erschienen. Die Mutter Röslin war immer noch so zerschlagen, dass sie hereingetragen werden musste, ihre Tochter Rosina Hochwartin und Barbara Selachin mussten gestützt werden, nur Barbara Hüfeysen konnte sich mit Mühe selbst auf den Beinen halten. Zwar war die Kerkerhaft auch an der Phlueglin und der Witwe Schneiderin nicht ohne Spuren vorbeigegangen, aber durch den Umstand der entgangenen Folter, wie sie ursprünglich für den gestrigen Nachmittag vorgesehen gewesen war, machten sie dennoch einen halbwegs passablen Eindruck.

Institoris stürzte sofort auf die Frauen zu und begann auf sie einzubrüllen, sie würden ihrer gerechten Strafe nicht entkommen, dafür würde er schon sorgen, drehte sich dann um und schrie auf Merwais ein, sein Auftreten hier als Verteidiger sei nicht rechtmäßig, da er nicht als Rechtsanwalt bestellt sei und sich nur an einem laufenden Verfahren bereichern wolle.

»Nun seid endlich still!«, wurde es selbst dem alten und geduldigen Paul Wann zu viel.

Johann Merwais stellte sich kurz den Frauen vor, sagte, er sei Anwalt der Rechte und Doktor der Medizin und winkte ab, als ein paar auf die wimmernde Röslin deuteten.

»Ich kümmere mich heute Abend um die Wunden, zuerst kommt der gerichtliche Teil, so hart es klingen mag. Die Helena Scheuberin hat mir zu ihrer Vertretung die Vollmacht erteilt. Ich biete euch an, auch euch alle mit zu verteidigen, aber dazu brauche ich das Einverständnis jeder Einzelnen. Der Herr Notar Hagen hat bereits alles vorbereitet, ihr braucht nur noch zu unterschreiben.«

»Ich kann nicht schreiben«, kam es zaghaft aus dem Haufen.

»Das macht nichts, dann macht drei Kreuzchen oder sonst ein Zeichen!«, antwortete Merwais. »Ich mache euch aber darauf aufmerksam, das Ganze ist nicht ungefährlich. Wenn wir den Prozess verlieren, wird der Inquisitor Doktor Institoris alles daransetzen, euch ausnahmslos auf den Scheiterhaufen zu bringen! Also, überlegt es euch, aber überlegt nicht zu lange!«

Die Frauen steckten die Köpfe zusammen und tuschelten, einige machten bedenkliche Gesichter und sahen hilfesuchend umher.

»Ihr könnt Doktor Merwais schon vertrauen. Er ist ein kundiger Anwalt und wird um euch kämpfen, als ob es um sein eigenes Leben geht, das kann ich euch versprechen!«, ermunterte Kommissar Turner die verunsicherten Frauen.

»Also gut, ich unterschreibe!«, sagte die Witwe entschlossen.

»Ich auch«, krächzte die Selachin.

»Ich mache auch mit und meine Mutter ebenfalls«, flüsterte die Hochwartin.

Auch die anderen Frauen unterzeichneten nun nacheinander das Schriftstück und der Anwalt schärfte währenddessen jeder Einzelnen flüsternd ein, dem Inquisitor mit keinem Wort zu antworten, was auch immer er fragen möge. Kaum waren sie fertig, meldete sich unverzüglich Institoris zu Wort.

»Ich beantrage eine Vertagung des Verfahrens!«, schrie er wutschäumend.

»Ja, eine kurze Pause wäre nicht schlecht. Ich möchte mir die Akten nochmals in Ruhe durchsehen!«, lächelte Merwais hinüber zu Turner.

»Wie lange braucht Ihr?«

»Ich denke, höchstens eine Stunde!«

»Benötigen wir die Angeklagten noch?«, wollte Wann wissen, der die zerschundenen Frauen in den Zellen besser aufgehoben wusste, wo sie sich wenigstens hinlegen konnten.

»Nein, ich glaube nicht«, antwortete der Anwalt.

»Also gut. Wir unterbrechen für eine Stunde!«, rief der Kommissar, worauf der Inquisitor unter wüsten Beschimpfungen seiner Mitbrüder und insbesondere des Utrechter Notars den Saal verließ.

»Wir haben zwar schon am Vormittag das meiste besprochen, ich möchte mich aber doch noch vergewissern, dass wir nichts übersehen haben!«, wandte sich Merwais fast entschuldigend an Turner und Wann. Er überflog die Akten und machte von Zeit zu Zeit auf einem separaten Blatt ein paar Notizen. Dann lehnte er sich zurück und sog scharf die Luft durch seine geblähten Nasenflügel.

»Ist das alles?«, fragte der Axamer Pfarrer enttäuscht, als er die wenigen Zeilen auf dem Papier sah.

»Ich denke, das reicht«, schmunzelte Merwais, »von mir aus können wir weitermachen!«

Institoris schwante nichts Gutes, als er mit seinen Confratres in den Gerichtssaal zurückkehrte. Der Anwalt machte einen selbstzufriedenen und siegessicheren Eindruck, aber auch der Pfarrer, der Kommissar und der Domherr schienen sich der Sache sicher zu sein.

Merwais saß ruhig in seinem Stuhl und spielte mit dem Gänsekiel, dessen Schaft er zwischen Daumen und Zeigefinger hin und her rollen ließ. Er wartete, bis die Stille zum Zerreißen gespannt war, hüstelte dann leicht und erhob sich umständlich. Dann schob er wie in

Gedanken verloren den Aktenstapel zur Seite und zog das einzelne Blatt zu sich her.

Langsam hob er den Kopf, sein Blick war anfangs noch verschwommen, aber seine Augen bekamen in dem Moment eine bohrende Schärfe, in dem er den Inquisitor zu fixieren begann. »Wir beantragen, alle Anklagen für null und nichtig zu erklären!« Es entging ihm nicht, wie Institoris erbleichte. »Wir werden diese Nullitätsbeschwerde auch begründen und uns dabei ausdrücklich an Eure Bulle halten.« Seine Stimme bekam nun einen metallischen Klang. »Erstens: Wie in der Bulle vorgesehen, wurde kein öffentlicher Notar beigezogen, der vom Bischof beeidet und mit der Prozessaufzeichnung beauftragt gewesen wäre. Zweitens: Es wurden Fragen gestellt, die nicht in der Kompetenz des Inquisitors liegen und für die es auch in der Bulle keinen Anhalt gibt. Drittens: Als Richter hättet Ihr die Pflicht gehabt, die Angeklagten nach den Aussagen der Zeugen zu verhören. Dies ist aber nicht geschehen, stattdessen wurde eigenen Phantasien nachgegangen. Viertens: Ihr habt die sieben Frauen einkerkern lassen, noch bevor das Prozessverfahren eingeleitet war. Auch das ist eine klare Überschreitung der Kompetenz. Fünftens: Alle Aufzeichnungen der Akten wurden lediglich von einem kirchlichen Notar ohne Beiziehung eines öffentlichen Notars vorgenommen!«

Die letzten Sätze fetzten wie Peitschenhiebe durch den Raum und selbst Institoris zog unwillkürlich den Kopf ein.

Merwais machte eine kurze Pause und ließ seinen Blick durch den Saal gleiten. »Es sind dies nur fünf Punkte. Aber es sind entscheidende Punkte, die klaren Einblick in die suspekte und auf Verwirrung ausgelegte Führung des Prozesses geben. Vorsätzlich wurde darauf verzichtet, Fachleute hinzuzuziehen, wohl aus Angst, diese könnten das wohl bereits schon zu Anfang feststehende Endurteil ins Wanken bringen. Deshalb wurde auch alles getan, möglichst wenig nach außen dringen zu lassen. Es geht hier um nicht weniger als sieben Menschen, an denen mit Hilfe der Bulle so etwas wie ein Versuch durchgeführt werden sollte. Ich beantrage auf Grund der ungeheuerlichen Vorgangsweise die sofortige Entbindung von Doktor Institoris aus diesem Falle und schlage an seiner Stelle den Bischof von Freising sowie dessen Dekan und Generalvikar als Ankläger und Richter vor!«

Mit hervorquellenden Augen schoss der Inquisitor in die Höhe. »Das ist eine Ungeheuerlichkeit, gegen die ich mich schärfstens verwehre. Noch heute werde ich …«

»Nichts werdet Ihr – außer Euch wieder setzen. Ich bin noch nicht fertig!«, blaffte Merwais und wandte sich nun an den Kommissar. »Ferner beantrage ich, den Inquisitor Heinrich Institoris zu verhaften und in Gewahrsam zu nehmen …«

Wieder sprang dieser in die Höhe, sein Gesicht war nun aschfahl und vor Wut und Hass zu einer Fratze verzerrt. In seinen Mundwinkeln sammelte sich weißer Speichel, seine rechte Faust stieß er drohend in die Luft und Merwais war darauf gefasst, dass er sich jeden Moment auf ihn stürzen würde. Auch bei einem Teil seiner Mitbrüder schien sich nun Unmut zu regen, das Stimmengewirr wurde immer lauter und heftiger.

»Ruhe!«, brüllte er nun. »Ruhe!«, aber erst als auch Samer und Turner mit einstimmten, wurde es wieder leiser. »Ich bin immer noch nicht fertig!«, rief er. »Ferner beantrage ich die sofortige Freilassung der angeklagten Frauen!«

Der Tumult schwoll wieder an, alle redeten aufeinander ein und gestikulierten wild umher.

Merwais setzte sich, schlug die Beine übereinander und beobachtete fast heiter das Durcheinander.

Der Kommissar Turner kam zu ihm herüber und beugte sich zu ihm herab. »Das mit der Verhaftung kriegen wir niemals durch! Das wäre ein Affront gegen den Papst selber!«

»Ich weiß«, lachte der Anwalt, »aber es hat ihm einen gehörigen Schrecken eingejagt. Aber wie ich ihn einschätze, hält das nicht lange an. Seht selbst!«

Tatsächlich war Institoris schon wieder ganz der Alte. Zuerst machte er seine Mitbrüder wegen mangelnder Unterstützung herab, dann ging er auf den Notar Kanter los und bezeichnete ihn als Waschlappen und nichtsnutzigen Buchstabenklauber.

Die sofortige Haftentlassung hatte Merwais zwar nicht durchsetzen können, ebensowenig wie die Verhaftung des Inquisitors. Erreicht aber wurde wenigstens eine Hafterleichterung mit ausreichendem Essen und ein Zellenaufenthalt ohne Fesseln. Zwei Tage waren seit der Auseinandersetzung im Gerichtssaal vergangen und man schrieb nun den 31. Oktober. Institoris hatte nicht geruht und hatte alle ihm zur Verfügung stehenden Mittel und Beziehungen genutzt und beharrte weiter auf der Weiterführung des Prozesses und auf seiner Position als Richter.

»Seid vorsichtig«, warnte Samer den Anwalt, »er hat anscheinend einige Leute am Hof in der Hand. Gemunkelt wird auch, dass er mit Ulrich von Latsch zusammen stecken soll. Sogar gegen die Fürstin selbst sollen inzwischen schon Zeugenaussagen vorliegen!«

»Keine Bange, ich werde ihn mit seinen eigenen Waffen schlagen«, entgegnete Merwais.

Die Parteien hatten beschlossen, sich an einem neutralen Ort zu treffen und der Bürger Conrad Gunther hatte sich bereit erklärt, dafür sein Haus zur Verfügung zu stellen. Neben allen Anwesenden von vorgestern waren nun noch der Kooperator Johan Blankenhayn und Johan Puchler, Kaplan in Innsbruck sowie Priester der Diözesen Naumburg und Chur gekommen.

»Wir können nun weiterdiskutieren, aber an den Tatsachen ändert sich nichts«, begann Merwais, »der Prozess wurde nicht nach dem Gesetz geführt und ist daher null und nichtig! Wir fordern daher die sofortige Freilassung der Frauen!«

»Deren Unschuld ist aber deshalb noch lange nicht erwiesen!«, schrie Institoris wütend.

»Gut – dann werden sie eben gegen Stellung von Bürgschaften entlassen, aber sie werden entlassen!«, fuhr der Kommissar dazwischen.

Institoris war inzwischen selbst so weit, dass er keinen Ausweg mehr sah. Ihm ging es nur noch darum, möglichst unbeschadet aus dem ganzen Schlamassel herauszukommen. »Wer trägt die aufgelaufenen Kosten?«

»Ja, wer wohl? Doch diejenige Partei, die den Prozess angestrengt und verloren hat! Also Ihr!«, antwortete Turner.

»Ich habe nicht verloren!«, schrie Institoris. »Und im Übrigen ist ihre Unschuld ja nicht erwiesen, da sie ja nur gegen Bürgschaft freigelassen werden sollen. Wenn sie schon ohne Unschuldsbeweis freikommen, dann ist es doch wohl mehr als recht und billig, dass sie auch die entstandenen Kosten zu tragen haben!«

Fast alle Anwesenden brachen in schallendes Gelächter aus.

»Ihr hört es selbst«, schmunzelte der Anwalt, »ich glaube nicht, dass ihr zu diesem Vorschlag eine Stimmenmehrheit bekommt.« Merwais wurde wieder ernst. »Damit Ihr auch darüber informiert seid: Wir werden in Rom am Heiligen Stuhl den Antrag stellen, die Bulle einzuziehen und sie ebenfalls für null und nichtig erklären zu lassen!«

Institoris begann daraufhin wie von Sinnen zu schreien und zu toben und als Turner auch noch bestätigte, dies sei auch im Sinne des Bischofs Golser, dachten alle, er sei nun kurz davor, seinen Verstand zu verlieren.

Auch alles Zureden seiner Mitbrüder half nichts, der Inquisitor ließ sich nicht beruhigen.

»Was nun? Einkerkerung, Bewachung, Prozessführung – wer kommt für die Kosten auf?«, fing Institoris dann wieder mit sich überschlagender Stimme an.

»Ihr selbst! Und wenn Ihr nicht so viel Geld habt, muss eben Euer Heimatkonvent dafür geradestehen!«, antwortete Turner kalt. »Seid Ihr so weit?«, wandte er sich nun an den Innsbrucker Notar.

Hagen nickte und blies behutsam den Sand von dem beschriebenen Blatt Papier.

»Urteilsverkündung«, sagte der Kommissar und las weiter: »*Der Prozess gegen die sieben angeklagten Frauen wurde nicht nach den Rechtsnormen geführt und ist daher null und nichtig. Die eingekerkerten Weiber sind deshalb in Freiheit zu setzen, sie haben jedoch Bürgschaft zu leisten und müssen sich zu weiteren Untersuchungen oder zur Leistung der canonischen Reinigung zur Verfügung halten, so sie dazu aufgefordert werden sollten!*«

Nach zwei Tagen wurde von den Familien und Verwandten die festgesetzten Kautionssummen hinterlegt, wobei sich Turner und Hagen dafür aussprachen, dass diese möglichst niedrig gehalten wurden.

»Wenn ich diesen Dreckskerl erwische, erschlage ich ihn eigenhändig!«, sagte Sebastian Scheubner finster, als er an einem grau verhangenen Morgen vor dem Rathaus seine Frau in die Arme schloss, und auch der Hochwarth murmelte etwas Unverständliches, was seiner Miene nach zu schließen nichts Gutes zu bedeuten hatte.

Aber auch in der Hofburg waren nicht alle gut gelaunt. Besonders Ulrich von Latsch war um Schadensbegrenzung bemüht, hatte er sich doch gerade noch bis vor ein paar Tagen ausgemalt, wie er mit Hilfe des Inquisitors eine Reihe von Leuten ausschalten würde, die seinen Interessen im Wege standen. Für die Geschichte mit dem Ofen hätte er sich nun selbst am liebsten in den Hintern gebissen und auch dem Mönch hatte er wahrscheinlich in seiner Blauäugigkeit viel zu viel erzählt. Nicht auszudenken, wenn dieser nun versuchen würde, daraus für sich Kapital zu schlagen. Das Beste wäre sicher, wenn der Inquisitor unverzüglich von hier verschwände. Das Haupthindernis war aber dessen pekuniäre Lage. Sofort nach der Urteilsverkündung war dieser bei ihm vorstellig geworden und hatte ihm vorgejammert, dass er die geforderte Summe nicht aufbringen könne und auch der Konvent bestimmt nicht bereit sei, hier einzuspringen. Die Sache mit dem Ofen hatte er nun so hingebogen, indem er sich mit seinen Mitverschworenen dahin gehend abgesprochen hatte, die Spießbin aus Hall habe mit ein paar Kumpaninnen das Spektakel selbst ausgeheckt und sie seien erst jetzt durch puren Zufall darauf gekommen. Unverzüglich hatte er auch den Herzog aufgesucht und Sigmund nahe gelegt, die Kosten zu übernehmen und damit die Forderung zu verknüpfen, dass der Hexenjäger umgehend aus Innsbruck zu verschwinden habe.

Auch der Bischof Golser war mit dem gleichen Ansinnen schon bei Sigmund vorstellig geworden, wovon aber Ulrich von Latsch nichts wusste.

»Jeder versucht mir in die Tasche zu langen«, knurrte der Fürst darauf unwillig, »aber es scheint wirklich keine andere Möglichkeit zu geben, diesen Störenfried schnell loszuwerden. Also gut – wir befehlen das gesamte Gericht noch heute am Spätnachmittag vollständig hier an den Hof!«

Institoris war etwas mulmig zu Mute, als er mit seinen Mitbrüdern den großen Saal betrat, in dem schon der Fürst und der Bischof warteten, aber auch Turner, Samer, Hagen und Wann waren schon da. Mit einer Verbeugung trat er vor Sigmund, würdigte aber die anderen mit keinem Blick.

»Ihr habt da ein gewaltiges Schlamassel hinterlassen«, fuhr ihn Sigmund ungnädig an, »und wir sollen das nun wohl oder übel ausbaden! Was habt Ihr dazu zu sagen?«

»Nun ja, es ist eben einiges daneben gegangen, obwohl ich grundsätzlich – ich betone: grundsätzlich – im Recht war und immer noch bin!«

»Ihr wagt es?«, donnerte Golser und sein gewaltiger Brustkorb wölbte sich, während er tief Luft holte. »Die Bevölkerung ist verstört und aufgebracht und es gibt nicht wenige, die Euch am liebsten am nächsten Baum sehen würden!«

»Aber das ist nicht alles. Ihr habt der Heiligen Kirche unsäglichen Schaden zugefügt, sie beschmutzt und für Eure einfältigen Zwecke benutzt. Die Menschen sind dermaßen verunsichert, dass wir nur noch die Möglichkeit sehen, in allen Kirchen landauf und landab gegen den von Euch verbreiteten Unsinn zu predigen!«, warf Wann finster ein.

»Ja, das wird einige Zeit dauern, aber trotzdem wird immer eine Spur von Zweifel in den Köpfen hängen bleiben!«, ergänzte der Bischof.

»Ihr wollt dem Papst selbst widersprechen?«, fauchte Institoris streitlustig.

Golser wusste, dass er jetzt vorsichtig sein musste. »Nein! Wir widersprechen nicht dem Papst, sondern wehren uns dagegen, wie Ihr seine Bulle eigenmächtig auslegt. Daher überlegen wir uns ernsthaft, den Heiligen Vater zu bitten, sie für ungültig erklären zu lassen, um weiteres Unheil durch Euch zu vermeiden!«

Institoris sah, wie sich das Gesicht des Fürsten zunehmend verfinsterte und beschloss, den Mund zu halten, so schwer ihm das auch fiel. »Ich gebe zu, ich habe Fehler gemacht!«, sagte er dann scheinbar zerknirscht und machte dabei eine demütige Verbeugung.

»Also gut«, sagte Sigmund bestimmt und sah Institoris in die Augen, »wir übernehmen die aufgelaufenen Prozesskosten und werden auch Eure Tätigkeit mit einer angemessenen Abfindung bedenken. Allerdings setzen wir voraus, dass Ihr Euch unverzüglich aus Innsbruck entfernt!«

Bruder Heinrich spürte, wie ihm eine riesige Last vom Herzen fiel und hätte in diesem Augenblick wohl alles versprochen, was auch immer Herzog Sigmund von ihm fordern sollte.

21. KAPITEL

Ein Stein löste sich polternd, schlug dumpf auf einem Grasband auf, sprang mehrmals in immer kleiner werdenden Sätzen in die Höhe, verschwand dann in der Tiefe, zog klackernd eine staubende Spur unten im Geröllfeld und blieb dann ruhig liegen. Über den wilden Zacken der Nordkette ballten sich trotz der bereits fortgeschrittenen Jahreszeit hohe Haufenwolken immer dichter und bedrohlicher zusammen. Wohl noch heute Nachmittag würden sie sich in einem gewaltigen Gewitter entladen. Der junge Novize lag im Gras der Bergwiese und kaute an einem Grashalm. Niklas sah lächelnd auf das mit Sommersprossen übersäte Gesicht des Burschen, den ihm in Köln der Prior Jakob Sprenger anvertraut hatte, in dessen Kloster er vor etwa einem Jahr auf seinen Wunsch hin transfiliiert worden war.

»Er ist ein ungeschliffener Edelstein«, hatte er ihn beim Abschied ermahnt, »passt gut auf ihn auf und macht etwas aus ihm!«

Leonhard war der zweitälteste Sohn einer Kaufmannsfamilie aus Aachen und er wurde nicht lange gefragt, ob er Lust hatte, Mönch zu werden.

»Der erste Sohn für die Familie, der zweite für die Kirche!«, hatte sein Vater in einem Ton bestimmt, der keinen Widerspruch duldete.

Von Slowenischen waren sie mit einem Abstecher zur Abtei Friesach in Kärnten über das Gailtal weiter nach Lienz und von dort nach Brixen gezogen und Leonhard schwärmte noch immer von dem Essen, das es zur Kircheneinweihung in Tröpolach gegeben hatte. Sie war seinem Namenspatron geweiht und die Bevölkerung, die wohl zum ersten Mal einen leibhaftigen Bischof sah, ließ es an nichts fehlen. Die Hälfte der bischöflichen Begleiter wurde zwar von Koliken und Durchfall geplagt, aber Leonhard hatte das beim Festmahl mit seinem Appetit leicht wieder wettgemacht.

Es gab Kuttelfleck vom Kalb in Wein, dann Hühner mit einem Stück Rindfleisch in Wasser gekocht, es folgten riesige Forellen aus dem Weißensee, danach Kraut mit einem Stück Speck sowie ein Kranz Brathühner um einen Lammsrücken, als sechster Gang kamen auf besonderen Befehl des Tafelleiters weitere Forellen, angerichtet mit Eisstückchen von den hohen Gletscherbergen, mit Mandelkernen, Weinbeeren und Gewürz überstreut, als Nachtisch gab es noch Strauben mit Honigseim gewürzt sowie süße Birnen, weiße und zarte Äpfel und als Abschluss wurden frische, süße Trauben von der Lese aus Italien gereicht.

Leonhard schwärmte immer und immer wieder davon und auch jetzt fing er wieder von den knusprigen Hühnern und dem saftigen Lammbraten an, worauf ihn Niklas ärgerlich zurechtwies. »Hör endlich damit auf. Glaubst du, mir schmeckt das trockene Stück Graubrot und der harte und zähe Speck besser, wenn du mich bei jeder Mahlzeit daran erinnerst? Auch scheinst du schon vergessen zu haben, wie schlecht dir danach war!«

»Aber das kam nur vom letzten Huhn und ich habe es auch nur deshalb gegessen, weil Ihr selbst gesagt habt, wir müssten über hohe Berge, auf denen es um diese Jahreszeit schon empfindlich kalt sei. Die beste Vorbeugung und das beste Mittel gegen eine Erkältung sei Hühnersuppe, das hat schon meine Großmutter väterlicherseits immer gesagt«, antwortete der Novize und tat ein wenig beleidigt.

»Suppe ja – aber nicht gleich zwei ausgewachsene Hennen. Von den Fischen und dem Hammel reden wir lieber nicht!«

»Wir hatten ja über den halben Tag Zeit dazu. Hätte ich vielleicht dasitzen und den anderen zusehen sollen?«, verteidigte sich Leonhard.

Eine schwarze Dohle schoss aus dem Blau über ihnen herab und watschelte mit ihren kurzen Beinen auf Niklas zu, wobei sie ihn aber nicht aus den Augen ließ. Der Mönch riss ein Bröckchen Brot ab und warf es ihr zu. Geschickt fing sie es mit ihrem gelbglänzenden Schnabel auf und flog davon, um gleich nur Augenblicke später wieder bettelnd um die beiden herum zu trappeln.

Im Nu stürzten mindestens ein Dutzend dieser schwarzen Vögel lautlos auf sie zu, einige hatten dabei die Flügel eng an ihre Körper angelegt. Leonhard hatte sich immer noch nicht daran gewöhnt und erschrak jedes Mal aufs Neue, da sie so kaum von einem fallenden Stein zu unterscheiden waren, sogar im Pfeifen der Luft hörte man kaum einen Unterschied.

»Was steht denn eigentlich in dem Brief, den Euch der Bischof Golser in Brixen mitgegeben hat?«, fragte Leonhard unvermittelt, während er wieder ein Stück Brot in die Höhe warf.

»Es hat mit Heinrich Institoris zu tun.«

»Dem Hexenjäger?«, fragte der Novize beinahe ehrfürchtig.

»Ja, genau dem!«, knurrte Niklas unwirsch.

»Wieso werdet Ihr immer so verschlossen, wenn die Rede auf ihn kommt? Der Prior Sprenger reagiert genauso, wenn ihn jemand auf ihn anspricht. Ich habe aber mitbekommen, dass Ihr den Inquisitor persönlich kennt!«

»Er ist weder für die Kirche noch für den Orden eine Zierde!«

»Wieso nicht?«

Niklas murmelte etwas Unverständliches und starrte in die Ferne.

»Irgendwie und irgendwann erfahre ich es dann doch. Aber mir wäre es lieber, wenn Ihr es mir sagen würdet. Was ist er für ein Mensch?«, ließ Leonhard nicht locker.

»Du bist eine richtige Plage, aber ich war in meiner Jugend vielleicht genau so. Armer Johannes Nider, erst jetzt kann ich verstehen, was er mit mir durchgemacht hat!«

»Aber wenn Ihr nicht wissbegierig gewesen wäret …«

»Wissbegier und einfältige Neugierde sind zwei verschiedene Schuhe!«, antwortete Niklas.

»Ja, ein linker und ein rechter. Und wer vorwärts kommen will, braucht beide, weil einer allein eher ein Hindernis ist!«, gab der Novize schlagfertig zurück.

Der Mönch schaute auf seinen Schüler und so etwas wie väterlicher Stolz überkam ihn. »Also dann«, seufzte er resigniert, »ich erzähle dir jetzt ein paar Dinge. Aber du wirst ihn ja noch heute selbst kennen lernen. Es ist schon einige Jahre her. Wie du weißt, wurden und werden von der Kirche große Geldmengen benötigt. Sei es, um die Türkenkriege zu finanzieren oder sei es, um den Bau von Kirchen und Spitälern zu bewerkstelligen. Dafür werden Ablassbriefe verkauft, mit denen den Gläubigen ein Teil ihrer Buße für ihre Sünden erlassen wird.

»Und weiter?«, fragte Leonhard ungeduldig.

»Bruder Heinrich nahm es mit der Ablieferung der Gelder nicht immer so genau. Ein Teil davon verschwand immer in seiner eigenen Tasche, das er dann wieder nach seinem eigenen Gutdünken verwendete, wie zum Beispiel für den Kauf seines Doktortitels.«

»Wie bitte?« Leonhard sah Niklas ungläubig an.

»Ja, du hast richtig gehört, aber behalte das vorläufig für dich, wenn du dir Scherereien ersparen willst. Irgendwann wird es sicher ans Licht kommen. Da ihm das Studium zu lang und mühsam erschien, hat er einen Teil des abgezweigten Geldes dafür verwendet, ein paar Professoren zu bestechen. Da das mit den Ablassgeldern bis jetzt schon so reibungslos gelaufen war, wurde er immer übermütiger und sorgloser und er machte sich auch nicht mehr die Mühe, die nicht unbeträchtlichen Summen, die er mit sich führte, geheim zu halten. Johannes Molitor, der Pfarrer in Augsburg und ein Freund von Sprenger war und dem er wegen übertriebener Frömmigkeit einiger Frauen einen Inquisitionsprozess an den Hals hängte, den er aber verlor, ging dann zum Gegenangriff über und verklagte nun Bruder Heinrich sowohl beim Ordensgeneral als auch beim Papst. Der Papst höchstpersönlich erwirkte gegen ihn einen Haftbefehl wegen Unterschlagung, aber Bruder Heinrich schaffte es auch hier über seine Beziehungen, die ganze Geschichte irgendwann im Sande versickern zu lassen.«

Niklas überlegte einen Augenblick und fuhr dann fort: »Auch seine Bestallung zum Inquisitor war so eine Sache. Die Bischöfe haben das Recht, regionale Glaubenswächter zu bestimmen, aber das weißt du ja. Bruder Heinrich aber war das zu wenig. Wennschon, dennschon, dachte er sich. Wieder zog er seine Fäden und Papst Sixtus ernannte ihn im März 1478 ohne Zustimmung sowohl des Ordensmeisters als auch der Heimatprovinz zum Inquisitor *heraetice pravitatis* – gegen die häretische Schlechtigkeit, für ganz Oberdeutschland. Auch diesen Titel hat er sich also erschlichen!«

»Aber was hat das alles mit dem Brief vom Bischof zu tun?«, bohrte der Novize weiter.

»Ich wollte damit nur sagen, dass gerade Wege für Bruder Heinrich ein Gräuel sind. So hat er auch hier in Innsbruck einen Hexenprozess angezettelt und ihn dann mit Pauken und Trompeten verloren. Fürst Sigmund und der Bischof haben ihn aufgefordert, unverzüglich die Stadt zu verlassen, aber er macht dazu anscheinend keine Anstalten. Ich habe nun die unangenehme Aufgabe, ihm das Schreiben zu überbringen und auf ihn einzuwirken, dass er aus Innsbruck verschwindet. Golser hat anscheinend gedacht, wenn es ein Ordensbruder überbringt, hat es vielleicht mehr Gewicht.«

Niklas hatte sich nicht getäuscht, was das Gewitter anbelangte. »Komm, wir müssen uns beeilen!«, sagte er zu Leonhard und beschleunigte seinen Schritt.

Zum Gasthaus Rümler mussten sie sich durchfragen und kaum bogen sie in die enge Gasse ein, platschten auch schon die ersten schweren Tropfen auf das grob behauene Steinpflaster. Einige Fuhrleute hatten ihre Tiere und Karren unter dem breiten Vordach untergestellt, drei kleine gedrungene Saumpferde drängten sich ängstlich wiehernd zusammen, während das Grollen des Donners immer näher kam.

Die Gaststube war fast bis auf den letzten Platz besetzt und Niklas brauchte eine Weile, bis er seinen Mitbruder am letzten Tisch hinten am Fenster ausmachen konnte. Über achtlos am Boden abgelegte Bündel stieg er zwischen grölenden, nach Pferden und scharfem Schweiß stinkenden Männern nach hinten. Neben Institoris erkannte er dessen Beichtvater Wolfgang aus dem Basler Konvent. Der Novize stolperte hinter ihm her.

Institoris bemerkte die beiden erst, als sie direkt vor ihm standen. Er war zwar überrascht, aber nicht unfreundlich.

»Das ist der Novize Leonhard aus Aachen«, stellte Niklas seinen Begleiter vor, aber Institoris warf ihm nur einen flüchtigen Blick zu.

»Was führt Euch nach Innsbruck? Seid Ihr auf der Durchreise?«, wollte er dann wissen.

»Ja, das auch. Aber ich habe ein Schreiben, das ich Euch persönlich übergeben soll!«

»Soso. Von wem denn?«, tat Bruder Heinrich überrascht.

»Vom Bischof Golser aus Brixen!«, antwortete Niklas und nestelte das Schreiben aus seiner Tasche.

Er sah, wie sich die Miene seines Gegenübers verfinsterte, als er ihm das versiegelte Stück Papier überreichte.

Institoris brach es auf und trat damit zum Fenster, da inzwischen die dunklen Gewitterwolken auch das Innere des Wirtshauses mit düsterer Dämmerung ausfüllte.

»Ehrwürdiger Vater! Da ich gehört habe, dass einige Gemüter gegen Euch erbost sind, scheint es nötig, Euch zu ermahnen, dass Ihr fortgeht, und zwar je eher, desto besser. Es gibt Leute, die sind Eurer hier überdrüssig geworden. Ich ermahne Euch daher als derjenige, der verpflichtet ist, solche Skandale und Gefahren weitmöglichst abzuwenden, dass Ihr Euch wieder in Euer Heimatkloster zurückziehen sollt. Seid versichert, ich weiß, was ich schreibe. Mögt Ihr mein Schreiben gutwillig aufnehmen; ich wünsche Euch jedenfalls alles Gute.

Brixen, in Eile. Georg, Bischof zu Brixen.«

»Etwas Unangenehmes?«, meldete sich Bruder Wolfgang vom Tisch her.

»Was kann man schon vom Bischof Golser erwarten!«, knurrte Institoris zurück. »Er scheint es ja ziemlich eilig zu haben, mich hier loszuwerden. Aber er hat anscheinend noch nicht begriffen, dass er mir in dieser Angelegenheit gar nichts zu befehlen hat!«, fuhr er dann Niklas wütend an, der unwillkürlich einen Schritt zurück trat.

»Ich soll Euch ausrichten, dass eine Abschrift dieses Schreibens auch an den Pfarrer Niclas vom Stift Wilten geht. Ferner soll ich Euch sagen, es sei auch deshalb am besten, weil hier niemand mehr für Eure Sicherheit garantieren kann!« Niklas hatte versucht, seiner Stimme einen sachlichen und unbeteiligten Ton zu geben, aber das schien auf seinen Mitbruder überhaupt keine Wirkung zu haben.

»Ich lasse mich weder vom Fürsten noch vom Bischof hier hinauswerfen«, fing er zu brüllen an, »und Ihr, Bruder Niklas, solltet Euch schämen, Euch für solche Botendienste herzugeben.«

Auch seinem Beichtvater gelang es nicht, ihn zu beruhigen.

Der Lärm in der Gaststube war mit einem Schlag verstummt und nur noch verhaltenes Tuscheln war zu hören. Ein Dutzend Augenpaare starrten zu ihnen herüber und in manch einem glitzerte die pure Mordlust.

Ein riesiger Mann erhob sich und kam drohend näher. »Ihr seid also der Hexenjäger?«, fragte er gefährlich leise.

»Wer seid Ihr? Wagt es ja nicht, mich anzulangen!«, bellte Institoris.

»Ich bin ein Verwandter der Barbara Selachin. Man sollte Euch auch zuerst zurichten so wie sie und Euch dann ganz langsam wie einen Mastochsen auf offenem Feuer rösten!«

Durch den Raum ging ein zustimmendes Gemurmel und Leonhard dachte, es sei besser, sich möglichst nahe bei seinem Lehrer zu halten.

Ein paar andere Männer hatten polternd ihre Stühle zurück geschoben und drängten nun ebenfalls nach vorne. »Sollen wir dir helfen, Mattl? Wir sind auf deiner Seite!«, schrie ein Mann, der bereits einen Schemel in den Händen hielt und nur noch auf eine zustimmende Antwort wartete, um damit auf den Mönch loszugehen.

»Nein, nein«, wehrte der so Angesprochene ab, »mit dem werde ich schon alleine fertig!«

Niklas spürte, wie sich die Lage immer mehr zuspitzte und Institoris mit seiner hochtrabenden Art die Leute immer noch mehr gegen sich aufbrachte. Entschlossen stellte er sich vor den Inquisitor und sah dem Rädelsführer scharf in die Augen.

»Ruhe!«, brüllte er dann aus Leibeskräften, »Ruhe!«

Auch Institoris hieß er leise, aber bestimmt, endlich still zu sein. »Was wollt ihr denn? Die Untersuchung wurde wegen Unrechtmäßigkeit abgebrochen, niemand ist Dank der Umsicht des Grafen Sigmund und des Bischofs Golser ernsthaft zu Schaden gekommen.«

»Und was ist, wenn er oder ein anderer wieder anfängt?«, rief einer dazwischen.

»Dann packt euch selber an der Nase«, antwortete Niklas. »Wer hat sich denn selbst gegenseitig angezeigt und bezichtigt?«

Betreten senkten sich die Köpfe.

»Wollt auch Ihr leugnen, dass es Hexen gibt?«, zischte Institoris von hinten, aber sein Mitbruder schien ihn nicht gehört zu haben.

Inzwischen war auch der Wirt aus der Küche dazu gekommen. »Jetzt reicht es mir aber, ich habe endgültig die Nase voll mit dem ganzen Ärger und dem Streit, den ihr mir hierher schleppt. Noch heute packt ihr beide eure Sachen und sucht euch eine neue Bleibe oder verschwindet gleich besser ganz aus der Stadt, damit hier endlich wieder Friede einkehrt!«

22. KAPITEL

Schon wochenlang hatte er sich den Kopf zermartert, wie er die Schlappe in Tirol wieder wettmachen könnte. Es fraß, nagte und bohrte Tag und Nacht in ihm – eine solche Blamage hatte er in seinem ganzen bisherigen Leben noch nie hinnehmen müssen. Zwar hatte er Innsbruck irgendwann im Spätherbst verlassen und hatte versucht, an anderen Orten Tirols Hexenprozesse vorzubereiten, wobei er besonderen Wert darauf gelegt hatte, dabei möglichst unauffällig vorzugehen und kein großes Aufsehen zu erregen. Aber irgendwie war dann doch bis nach Brixen durchgesickert, der Inquisitor sei immer noch im Lande und lasse sich nicht von seinem Vorhaben abbringen, auch die Innsbrucker Frauen erneut anzuklagen. Der Pfarrer Niclas aus dem Wiltener Stift hatte ihn anfangs Februar höchstpersönlich ausfindig gemacht und ihm den Brief des Bischofs vorgelesen.

»*Lieber Bruder Niclas!*«, stand da. »*Mich verdrießt die Tätigkeit des Mönches im Bistum. Ich habe ihm zwar schon geraten, er solle zurück in sein Kloster und auch dort bleiben. Aber anscheinend will er noch immer in der Frauensache etwas unternehmen. Ich werde das auf Grund der schlechten Erfahrung im letzten Prozess nicht mehr zulassen und die Angelegenheit notfalls selbst in die Hand nehmen sowie nichts ohne den Fürsten entscheiden. Er mag vielleicht schon einigen Päpsten als Inquisitor gedient haben, aber mir scheint, er ist nun mit fortgeschrittenem Alter ganz kindisch geworden. Seine Dummheit zeigte sich in der Praxis, da er vieles einfach nur unterstellt hat, was überhaupt nicht erwiesen war und versucht hat, dies als Tatsache hinzustellen.*«

Gleichzeitig hatte er ihm ein an ihn selbst gerichtetes Schreiben ausgehändigt, wobei er seine Schadenfreude nur schwer verbergen konnte.

»*Ich wundere mich sehr*«, las Institoris, »*dass Ihr immer noch in meiner Diözese seid und an einem dem Hofe so nahen Orte, wo es zu den Zwistigkeiten, um nicht zu sagen Skandalen gekommen ist. Der gnädigste Erzherzog hat Euch freigebig beschenkt, damit Ihr endlich in Frieden von dannen ziehet. Die Sache mit den Frauen geht Euch nichts an, sondern sie steht mir zu. Auch werde ich mit dem Fürsten sprechen und ihn darauf aufmerksam machen, dass ohne die Unterstützung durch seine Excellenz nichts geschehen kann. Außerdem ist zu befürchten, dass sich die Ehemänner und Freunde der Frauen an Euch vergreifen. Ich brauche Eure Anwesenheit nicht, da sie mehr behindert als nützt. Wie ich Euch schon geraten habe, sollt Ihr Euch in Euer Heimatkloster zurückziehen, wo Ihr nicht anderen lästig fallt. Schon mehrfach habe ich Euch gesagt, dass Ihr hier in der Diözese nichts mehr zu tun habt und deswegen verschwinden sollt. Daher habe ich geglaubt, Ihr wäret schon längst abgereist.*

Brixen, am Aschermittwoch 1486.

Diesem Bischof und auch dem Fürsten würde er noch zeigen, was es hieß, ihn so zu behandeln. Hinausgeschmissen hatten sie ihn und der Bischof hatte ihn gar noch als einen Kindskopf bezeichnet. Dieser tolpatschige Bauerntölpel mischte sich da in Dinge ein, in denen er kein Fachmann war. Ausbildung des Klerus nennt er das, wenn er seine Geistlichen anhält, gegen den Aberglauben zu predigen und so mit Blindheit geschlagen ist, dass er nicht erkennt, wie sich gerade eine neue Sekte über Europa ausbreitet, gegen die sich die Katharer, Waldenser und Hussiten zusammengenommen wie ein harmloser Haufen einfältiger Schwarmgeister ausnehmen!

Auf dem Weg nach Salzburg hatte sich ein Gedanke immer stärker in den Vordergrund geschoben, hatte zunehmend drängender von ihm Besitz ergriffen. Er zwängte und presste sich in sein Innerstes, dehnte sich und füllte ihn irgendwann so aus, bis in ihm kein Platz mehr für etwas anderes war. Er roch nicht den nahenden Frühling, der in der Luft lag, sah nicht die sprießenden Krokusse und die gelben Schlüsselblumen, hatte keinen Blick übrig für die mächtigen Wasser, die von den apernden Bergflanken stürzten und hörte weder den Gesang der Vögel in den Lüften noch das Säuseln des warmen Windes in den knospenden Bäumen.

Seit ihn sein Beichtvater und Mitbruder Wolfgang von Basel verlassen hatte, der seine Launen nicht mehr ertragen konnte, führte er laute Selbstgespräche, die sich nur um das Eine drehten: Rache und Genugtuung für die erlittene Schmach.

»Du bist Inquisitor, hast eine Bulle vom Papst, in der bestätigt wird, dass es Hexen gibt und mit der du bevollmächtigt bist, diese zu verfolgen und zur Rechenschaft zu ziehen. Nur, was nützt das alles?« Wütend hatte er nach einem Stein getreten, der im hohen Bogen in die Wiese neben dem Weg flog und dabei geschrien: »Gar nichts!«

Mürrisch war er durch die Dörfer gezogen, den Blick zu Boden gesenkt, um keinen Gruß erwidern zu müssen, und auf den Landstraßen hastete er mit einem unverständlichen Knurren an den Entgegenkommenden vorbei, von denen manche stehen blieben und dem übel gelaunten Mönch verwundert nachblickten. Einen reisenden Händler, der ihn trotzdem angesprochen und um ein Gebet für seine kranke Tochter gebeten hatte, ließ er einfach stehen und stürmte wortlos weiter.

Nun stand er vor einer der Bücherwände in der Bibliothek des Salzburger Dominikanerklosters, das eine Zweigstelle des ältesten deutschsprachigen Dominikanerklosters Friesach in Kärnten war, und ärgerte sich. »Nichts von Vinzenz von Beauvais, nichts von Petrus de Taranthasia, von Johannes Nider zwar drei Abhandlungen über Askese und Observanz – aber kein ›Formicarius‹, auch bei Tullius, Plato und Aristoteles schaut es eher mager aus«, schimpfte er verärgert vor sich hin, »warum bin ich nicht gleich nach Augsburg gegangen!« Missmutig blätterte er bei Thomas von Aquin und griff dann nach Isidor von Sevilla, wo er hängen blieb: »... Feldgeister, die griechisch paniti, lateinisch inkubi genannt werden. Inkubi werden sie von ›Icubando‹ – darauf liegen, genannt. Denn oft erweisen sie sich als unzüchtig mit Frauen und führen mit ihnen den Beischlaf aus. Die Gallier nennen sie dusii, die Römer faunus ficarius, den Feigenfaun.«

Er stieß auch auf einen Bezug darauf bei Horaz: »Faun, Liebkoser der scheuen Nymphen / durch meine Feldmarken und sonnigen Felder / magst du sanft einherschreiten!«

Bei Thomas fand er einen Hinweis auf Aristoteles und seine Nikomachische Ethik, in der der Doctor meinte, es sei unverständlich, diesen Glauben zu leugnen, da schon der Grieche schrieb, was vielen richtig erscheine, könne nicht gänzlich falsch sein.

Schon auf dem Herweg nach Salzburg waren die anfangs noch weiten Kreise seines einzigen Gedankens immer enger und enger geworden und hatten sich dann zu einem Punkt verdichtet. Das war es: Er würde sich der neuen Technik des Buchdrucks bedienen. Er wollte nicht mehr abwarten, bis eine Stadtverwaltung oder ein Fürst nach einem Hexenjäger rief. Er hatte genug davon, mühsam von Ort zu Ort zu ziehen und dort von der Kanzel gegen diese Hexen anzupredigen und sich dann noch schmählich aus dem Land werfen zu lassen.

Was dringend notwendig war, war eine flächendeckende Verbreitung des Wissens über diese neuen und furchtbaren Sekten und was ebenso Not tat, war eine Anleitung zu deren Aufdeckung, Verfolgung und Ausrottung – und das konnte nicht mit dem mühsamen händischen Abschreiben bewerkstelligt werden.

»Es gibt kaum einen ernsthaften Gelehrten, Philosophen oder Theologen, der sich nicht mit diesem Phänomen auseinander gesetzt hat. Nur hat sich bis heute niemand die Mühe gemacht, das verstreute Wissen und die Theorien dazu wissenschaftlich aufzuarbeiten und auszulegen«, sagte er zum Mitbruder Niklas Swartz, der ihn in der Bibliothek aufsuchte. »Wer soll das machen, wenn nicht ich? Schließlich bin ich derjenige, der in den deutschen Landen die größte Erfahrung hat! Aber wie soll ich hier arbeiten – seht selbst und sagt, ob dieser Raum den Namen Bibliothek verdient«, knurrte Institoris verächtlich und machte eine wegwerfende Handbewegung.

»Ich weiß«, erwiderte Swartz mit betrübtem Gesicht, »aber die Kärntner Confratres lassen es uns schon spüren, dass dieser Konvent eigentlich nur ein Anhängsel ist, und vergessen auch nicht, immer wieder auf die Bedeutung ihres Klosters mit ihren über einhundert Ordensbrüdern in Friesach hinzuweisen. Aber ich kann Euch da in meiner Eigenschaft als Domprediger sicher weiterhelfen, die erzbischöfliche Bibliothek ist ganz gut ausgestattet und Bischof Johann Beckenschlager hat bestimmt nichts dagegen einzuwenden, wenn Ihr Euch dort bedient. Ich bin gerade auf dem Weg zu ihm und könnte Euch vorstellen!«

Institoris nickte. »Ja, das würde mir wahrscheinlich weiterhelfen.«

»Allerdings wird er nicht viel Zeit haben, da er mit der Bautätigkeit an der Festung Hohensalzburg alle Hände voll zu tun hat. Ich bin mit ihm in der neuen Waffenkammer verabredet, die gerade vor der Fertigstellung steht. Ihm scheint in seiner Haut nicht sonderlich wohl zu sein. Wie Ihr wahrscheinlich wisst, war er Erzbischof in Ungarn, ist dann aber wegen Streitigkeiten an den Hof in Wien geflohen, wo ihn dann die Leute des Kaisers Friederich als Erzbischof hier in Salzburg durchgedrückt haben, was aber wiederum dem Ungarnkönig Matthias Corvinus ein gewaltiger Dorn im Auge ist. Vor zwei Jahren hat Corvinus Wien eingenommen und hält es bis heute besetzt, einer der Anlässe dazu war auch Bischof Beckenschlager.«

Die beiden Männer traten durch die schmale Pforte des Klosters auf die Webergasse und schlugen den Weg zum Zeughaus ein, während Institoris unentwegt auf den Domprediger einredete. Schwere, graufellige Arbeitspferde, gedrungene Ochsen und magere Kühe zogen auf zweirädrigen Karren große Steinquader durch die engen Gassen, zerlumpte Bauersfrauen schoben da und dort wieder ein Fuhrwerk an, das zum Stillstand gekommen war, Peitschen knallten, Männer fluchten, in der Luft hing der beißende Rauch der Kohlefeuer und das helle Hämmern der Waffenschmiede.

Durch das Gewühl drängten sich zwei Reiter in Kettenhemden, abwechselnd stieß einer von ihnen in seine silberig glänzende Fanfare, während der andere mit lauter Stimme rief: »Maximilian, der Sohn des Kaisers Friederich, ist in Frankfurt von den Kurfürsten des Heiligen Römischen Reiches Deutscher Nation zum neuen Deutschen König gewählt worden!«

»Meinetwegen. Hoffentlich ist der Junge nicht so vertrottelt wie sein Vater«, brummte Institoris, »wie alt ist er denn eigentlich?«

»Sechsundzwanzig – glaube ich jedenfalls!«, antwortete Swartz, den die Nachricht auch nicht sonderlich interessierte. »Wie wollt Ihr das Buch denn anlegen?«, kam er wieder auf das unterbrochene Gespräch zurück.

»Ich denke, ich werde es in drei Teile gliedern. Zuerst werde ich nachweisen, dass es diese Verbrechen der Hexen wirklich gibt und nicht nur Hirngespinste sind. Es gibt auch Hexen, die allen Ernstes glauben, sie würden diese Schäden selbst verursachen, aber natürlich ist das nicht möglich, da sie dazu einen Pakt mit dem Teufel brauchen.«

»Sie rufen also den Dämonen an, ohne es zu wissen?«

»Genau so«, antwortete Bruder Heinrich, »es gibt zwei Arten von Pakten: Beim unwissentlichen – ich nenne ihn *pactus tacitus* – erfolgt dieser stillschweigend, da der Teufel schon die zauberische Beschwörung als Zeichen nimmt, tätig zu werden. In der anderen Form – ich bezeichne sie als *pactus expressus* – wird der Teufel ausdrücklich zum Beistand aufgefordert. Letztere ist besonders verabscheuungswürdig, da sie den Verkehr mit Dämonen, die Verwandlung in Tiere sowie die Verarbeitung von Kindern in Hexensalben nahe legt!«

»Nächtliche Flüge und Ausritte mit gesalbten Besen und anderem Zeug – das ist doch im Canon epis …«

»Der Canon?«, unterbrach ihn Institoris und schnaubte verächtlich. »Der Canon? Vergesst den Canon und denkt an meine Bulle!« Ohne weiter auf den Einwand einzugehen, fuhr er fort: »Den zweiten Teil werde ich unterteilen. Ich werde nachweisen, dass magische Gegenmittel wie Amulette, Zauberzettel und zauberische Sprüche wirkungslos sind, ja sogar wiederum die Grundlage für einen stillschweigenden Pakt mit dem Teufel selbst sein können. Aber wie kann sich der Mensch gegen die Untaten der Hexen wehren? Es dürfen also nur kirchliche Mittel angewendet werden, da es besser ist, körperliche Leiden zu ertragen, als seine Seele zu verspielen. Das wird die Beantwortung der zweiten Hauptfrage sein.«

Eine dicke Frau, die ihnen entgegenkam und die Institoris nicht mehr ausweichen konnte, stieß mit ihm zusammen. Aus ihrem Korb flogen Lauchstangen in den Dreck und blieben in einem frischen Kuhfladen liegen.

»Kannst du nicht aufpassen, du Trampel?«, fuhr er sie ärgerlich an und machte dann angewidert einen Bogen um den stinkenden Dung, ohne auf das Gezeter der Frau zu achten. Wie er es hasste – überall Dreck und Exkremente …

»Der dritte Teil ist der wichtigste«, berichtete er dann weiter, nachdem er wieder Tritt gefasst hatte. »Die kirchliche Seite kann nur untersuchen, ob ein Hexenverbrechen vorliegt, die Urteilsfindung und die Abstrafung unterliegt dem weltlichen Gericht. Das ist gut so und soll auch so bleiben. Nur – und das ist das Übel – es gibt jede Menge von Gemeinden und klar sehenden Magistraten und Bürgern, die sich zügige und rasche Abwicklungen der Prozesse wünschen. Aber die Richter werden durch die Gesetze sehr stark eingeengt und behindert. Das beginnt schon mit der Anklage in einem regulären Prozess, wobei der Kläger unter Umständen ein hohes Risiko eingehen muss, da die Beweisführung bei ihm liegt und ihm im schlimmsten Fall die gleiche Strafe droht, welche der Beklagte im Falle einer Verurteilung zu erwarten hat. Ich werde daher auch eine juristische Anleitung verfassen, wie das Gericht vorzugehen hat. Schließlich habe ich nun genügend einschlägige Erfahrungen gesammelt und auch mit dem Inquisitor in Como tausche ich regelmäßig Erkenntnisse aus. Ich habe es schon mehrfach praktiziert, die Klage als Denunzierung oder Zeugenaussage abzubiegen, und auch mein italienischer Kollege scheint damit erfolgreich gewesen zu sein.« Bruder Heinrich überlegte, ob er Swartz nicht nach einer Möglichkeit zu einer Dompredigt gegen das Hexenwesen fragen sollte, ließ es dann aber doch bleiben. Golser brauchte nicht unbedingt erfahren, dass er sich in Salzburg aufhielt.

Im Zeughaus fanden sie den Bischof über Pläne gebeugt, es herrschte ein Kommen und Gehen, jeder schien scheinbar etwas von ihm wissen zu wollen und als ihm Swartz das Thema seiner Sonntagspredigt nannte, nickte er nur kurz geistesabwesend.

»Das ist Doktor Heinrich Institoris, als Inquisitor auch für die Diözese Salzburg zuständig. Von seiner Bulle habt Ihr ja schon gehört. Er ist dabei, ein Buch über das Hexenwesen zu verfassen und würde gerne die erzbischöfliche Bibliothek dazu benutzen, wozu er gerne Eure Erlaubnis hätte!«

Mit verletztem Stolz bemerkte Institoris, wie ihn der Bischof kaum wahrnahm und durch ihn hindurch zu schauen schien. »Soso, Ihr seid also der Inquisitor, die Bulle kenne ich. Selbstverständlich könnt Ihr die Bibliothek benutzen, dazu ist sie ja schließlich da«, murmelte er und wandte sich wieder seinen Plänen zu.

Die beiden wollten gerade gehen, als sie die schneidende Stimme des Erzbischofs festhielt. »In Innsbruck ist es wohl nicht so gut gelaufen?«

Institoris lief rot an. »Nun ja, ein paar kleine Verfahrensfehler ...«, sagte er verlegen.

»Soso«, sagte der Bischof nur und schrie dann durch die Baustelle: »Wo bleibt denn dieser verflixte Bauleiter?«

»So ist er immer. Ich habe es Euch ja gesagt, er hat nie viel Zeit«, lachte Swartz, als er draußen auf dem Vorplatz in das immer noch finstere Gesicht von Institoris sah. »Trotzdem, ein wenig höflicher könnte er dennoch sein!«

Swartz hatte nicht zu viel versprochen, der Buchbestand war wirklich beeindruckend, auch wenn er nicht alles fand, was er suchte. Was er auch hier vermisste, war ein Exemplar des »Formicarius«, aber zur groben Abfassung wenigstens des ersten Teiles würde es reichen. Der Einwurf des Dompredigers vor ein paar Tagen bezüglich des *Canon episcopi* hatte ihm zu denken gegeben. Hier musste er anders als ursprünglich geplant vorgehen, da sich Zweifler immer wieder auf den Canon berufen würden und dieser immer noch Bestandteil des gültigen Kirchenrechtes war. Allein auf seine Bulle, in der auch noch ausdrücklich stand, dass sie ein Gnadenerweis sei, würde er sich nach seinen Innsbrucker Erfahrungen lieber nicht verlassen.

»Du musst den Canon auseinander nehmen und in Einzelteile zerpflücken. Du stellst Fragen dazu, die du auch gleich wieder selbst beantwortest. Darin trittst du die Beweisführung an, dass die Grundlagen der Irrtümer in der falschen Auslegung des Canon liegen. Material findest du hier genügend, in Homers Odyssee, bei Aristoteles, Plato, Widersprüche in den Paulusbriefen – und bei so großen Namen wie Augustinus, Albertus Magnus und Thomas von Aquin wird sich manch einer seinen Einspruch genauer überlegen«, sprach er halblaut mit sich selbst, während er seine aufgestützten Ellbogen vom Stehpult löste und zur Bücherwand hinüberging.

Hatte Swartz anfangs noch fast täglich bei ihm vorbeigeschaut, wurden seine Besuche nach und nach seltener. Zunehmend seltsamer wurde das Gebaren des Inquisitors, der nun immer eine Karaffe mit Wasser und ein Lavoir bereithielt, um sich jedes Mal die Hände zu waschen, nachdem er ein Buch zurück in das Regal gestellt hatte. Als der Domprediger versehentlich mit dem Tintenfass in Berührung kam und seine Finger im Waschgefäß reinigen wollte, fuhr ihn Bruder Heinrich wie von Sinnen an, dies sei sein Wasser und entriss ihm mit zornrotem Kopf das Handtuch.

Diskussionen über seine Arbeit endeten regelmäßig in lautstarken Auseinandersetzungen, in denen er nur seine Meinung gelten ließ. Swartz wusste nicht mehr, was er von ihm halten sollte. Erst gestern wieder war es zu einem erregten Disput gekommen, nachdem ihn Institoris am Abend vor dem Dom abgepasst hatte.

»Seht Ihr es denn nicht? Die ganze Welt ist voll Unrat und Schmutz, die ganze Schöpfung ist besudelt! Wir stehen vor dem Ende der Menschheit, jeder Dummkopf kann es in der Apokalypse im Evangelium des Johannes nachlesen. Ganze Gebiete werden von Unwettern bisher kaum bekannten Ausmaßes verwüstet, die Böden geben immer weniger Früchte, einer Pestilenz folgt eine noch schlimmere und überall entstehen neue Sekten wie die Schlangen am Haupte der Medusa. Kaum wird eine dieser Schlangen abgeschlagen, wächst sofort eine neue und noch größere nach. Am schlimmsten aber sind die Hexenbünde der Weiber, deren Verdorbenheit Luzifer in seiner Eigenschaft als männliches Wesen benutzt, Gottes Schöpfung zu vernichten. Was aber tun wir? Was tun viele Gelehrte der Kirche? Hören sie denn nicht, wie die Menschen nach Erlösung von dieser Pest schreien? Ich sage Euch, was sie tun: Sie verschanzen sich feige hinter einem Canon, der sagt, es gäbe zwar Dämonen, bestreiten aber die geschlechtliche Vereinigung, den Hexenflug und die daraus entstehenden Schandtaten. Die Behauptung, es gebe keine Hexerei, entspringt aus der Wurzel des Unglaubens! Es ist traurig, aber wahr, dass die weltliche Obrigkeit ihr Ohr näher am Volk hat als die kirchliche!«

Trotz des Dämmerlichtes sah Swartz, wie sich auf Heinrichs Stirn kleine Schweißtropfen bildeten. Er hat Angst, kam ihm blitzartig die Erkenntnis, er hat sogar furchtbare Angst. Er ist überzeugt davon, dass er die Welt retten muss und hat panische Angst, die ihm verbleibende Zeit könne vielleicht nicht mehr ausreichen!

»Alles Übel kommt vom Weibe«, fuhr Institoris erregt fort, »das haben sogar schon Heiden wie Cicero und Seneca erkannt, wenn sie sagen, das Wort »Weib« sei im Sinne von Fleischeslust zu deuten. Es steht geschrieben: Ich habe ein Weib, das bitterer ist als der Tod und selbst eine gute Frau ist der Fleischeslust hörig! Unersättlich ist der Schoß des Weibes und daher geschieht es, dass sie selbst mit dem Teufel verkehren, um ihre maßlose Lust zu stillen!«

»Aber Christus, der Herr, hat selbst einer Hure verziehen, einer Ehebrecherin vergeben, mit den Sündern sein Brot geteilt und ist so weit gegangen, selbst noch im Angesicht des Todes seinen Feinden zu ver ...«

»Papperlapapp«, unterbrach ihn Bruder Heinrich schroff, »es steht aber auch geschrieben: ›Wenn dir dein Auge ein Ärgernis ist oder sich Begierde in dein Herz senkt, so reiße es aus!‹ Aber wenn diese Weiber in ihrer Verblendung und Wollust nicht von ihrem schändlichen Tun ablassen wollen oder können, müssen andere dafür sorgen – und zwar mit aller Radikalität!«

Sein »R« rollte.

Schwer atmend blieb er stehen und lehnte sich an eine Hauswand. »Wird dieser Kampf aber aus Bequemlichkeit oder Feigheit nicht ausgefochten, dann möge man sich in ein, zwei Generationen die Völker ansehen. Ebenbilder Gottes dürfte man nur mehr sehr wenige finden, ohne des Allerhöchsten freveln zu wollen. Es wird ein Reich des Bösen sein, das unsere Vorstellungskraft bei weitem übersteigt! Wer aber immer noch geneigt ist, dies alles auf die leichte Schulter zu nehmen, der studiere die Verbreitung der Pest in den letzten zweihundert Jahren, denke sich dann in diese Weiterentwicklung hinein – und er müsste schon die Einfalt eines Esels besitzen, wenn ihm nicht ein kalter Schauer über den Rücken liefe! Glaubt mir, lieber Bruder, wir stehen am Rande eines höllischen Abgrundes!« Den letzten Satz stieß er so laut heraus, dass ein paar Vorübergehende erschrocken stehen blieben.

Der Domprediger kannte zwar den umstrittenen Ruf, der Bruder Heinrich vorauseilte. Manche hielten ihn einfach nur für verschroben, andere für verrückt, wieder andere bezeichneten ihn als Psychopathen, aber es gab auch nicht wenige, die in ihm einen hoch gelehrten Mann sahen, dessen Blick eben viel weiter als nur von einer Stadtmauer zur anderen reichte. Wie er nun so neben ihm stand, hoch aufgerichtet und die Augen voller Feuer, das Kinn trotzig vorgereckt und die Fäuste geballt, glaubte Swartz für einen kurzen Augenblick in das Innerste von Heinrichs Wesens zu sehen. Er wusste nicht, wieso, vielleicht war es nur ein Aufblitzen in seinem Blick oder eine Bewegung – aber für einen winzigen Moment lag dessen Seele nackt vor ihm. Nein, Institoris war nicht verrückt, das mochte zwar manchen so scheinen. Dieser Mann war ein Getriebener, der sich mit jedem Herzschlag in seiner Brust als von der Vorsehung gesandt und auserwählt fühlte. Dieser Mann war überzeugt, als verlängerter Arm des Weltenlenkers hier auf Erden zu dienen und Unrat und Dreck mit eisernem Besen aus dieser Welt zu kehren, wobei es aber nicht ausbleiben konnte, sich selbst zu beschmutzen – daher sein Waschzwang. Dieser Mann begriff sich selbst als ein Teil der göttlichen Vorsehung, dessen Lebenszweck es war, ohne Rücksichtnahme und mit Einsatz aller sich bietenden Mittel die Welt zu retten. Wie hatte er vor ein paar Tagen gesagt? – Auch Satan kennt keine Gnade!

Im Salzburger Konvent hatten alle heimlich aufgeatmet, als Bruder Heinrich mit einem Confratrer das Kloster verlassen hatte und auch Swartz hatte ihnen erleichtert nachgeblickt.

»Wir gehen zuerst nach Landshut, wo ich noch einige Zeit zu bleiben gedenke und werde mich anschließend in Augsburg im Kloster Sankt Magdalena aufhalten«, hatte er noch zum Abschied gesagt, »für den Fall, dass jemand nach mir fragen sollte!«

Bruder Cornelius war ein ruhiger, in sich gekehrter Mönch und stammte aus Öblarn in der Steiermark. Er war von kleiner, hagerer Statur und Institoris schätzte ihn auf Mitte zwanzig – sein genaues Alter wusste selbst Cornelius nicht. Noch bevor auf seiner Oberlippe der erste Bartflaum zu sprießen begonnen hatte, kam er gegen einen den Verhältnissen der Eltern entsprechenden Betrag bei den Dominikanern unter. Sein Vater war Schmelzmeister im Bergwerk in der Walchen und hatte auch schon im Benediktinerstift Admont wegen der Aufnahme eines seiner Buben vorgesprochen, wo man ihn aber abschlägig beschied. Auch der Hinweis, dadurch, dass das Bergwerk ja dem Kloster gehöre und er somit auch irgendwie mit dem Stift verbunden sei, fruchtete nichts.

Eines Abends hatten sie den Buben beiseite genommen und ihm zu erklären versucht, dass er, der Vater, schon alles versucht hätte, für ihn eine Arbeit zu finden, was aber auf Grund seiner schwächlichen Konstitution wenig Aussicht auf Erfolg habe. Sie hätten daher beschlossen, ihn, wenn ihn schon die Benediktiner nicht wollten, beim Bettelorden der Dominikaner unterzubringen. Dort könne er auch etwas lernen, sei auch in schlechteren Zeiten versorgt und müsse sich nicht so abrackern wie er selbst.

Für Cornelius war das Leben im Kloster vom ersten Tag an eine einzige Plage. Wegen nichts und wieder nichts gab es Strafen und Demütigungen, Herumtollen war untersagt, Reden während des Essens hatte Schläge zur Folge und sein erster zaghafter Widerspruch endete mit einer Nacht in einem dunklen Keller.

Irgendwann war er dann so verschüchtert, dass er alles duldsam über sich ergehen ließ und nur noch sprach, wenn er etwas gefragt wurde. Aber selbst da beschränkte er sich auf das Allernotwendigste. So hielt er es auch in der Schule und oftmals träumte er sich nach Hause in die lichtdurchfluteten Wiesen und die dunklen Wälder, in denen Bäche geheimnisvoll murmelnd von den hohen und noch viel geheimnisvolleren Bergen herab rauschten.

Nach und nach verschwanden auch die Gesichter seiner Eltern und Geschwister, auch an Maria, das Nachbarsmädchen, mit der er so oft an den warmen Felsen der Dornkarspitze herum geklettert war, konnte er sich nur noch schemenhaft erinnern. Cornelius begann sich in sein Schicksal zu fügen, sonderte sich von den anderen ab und wurde zunehmend verschlossener.

Erst als ihn der Friesacher Abt zu sich bestellte und ihm eröffnete, dass er mit einigen Mitbrüdern hinaus ins Land solle, um auch das Leben in anderen Klöstern und die Sorgen und Nöte der einfachen Menschen kennen zu lernen, kam so etwas wie Freude in ihm auf. Es war ein Gefühl, an das er sich nicht mehr entsinnen konnte, seit er von Öblarn fort war.

Das Muhen der Kühe, das Meckern der Ziegen, das Blöken der Schafe, das Summen der Bienen, das Keckern der Eichelhäher, das Tschilpen der Spatzen, das Zirpen der Grillen, selbst das Grunzen eines Schweines – all das nahm er mit geschärften Sinnen in sich auf und es erfüllte sein Herz ungleich mehr als jeder scholastische Disput.

Einer seiner Mitbrüder meinte einmal spöttisch, er sei wohl im falschen Orden gelandet und wäre wohl bei den Franziskanern besser aufgehoben. Dies betreffe nicht nur seine Tierliebe, sondern auch seinen Eifer an Gelehrsamkeit, die ja bei den Minderbrüdern ebenfalls nicht allzu ausgeprägt sei. Cornelius war nicht allzu betrübt, als ihm der Abt dann behutsam beizubringen suchte, dass für ihn nach reiflicher Überlegung innerhalb des Ordens nur die Mitgliedschaft als einfacher Bruder in Frage käme.

Nun schritt er neben dem Inquisitor auf Landshut zu, wo seine handwerklichen Fähigkeiten beim Ausbau der Dominikanerkirche Sankt Blasius gefragt waren.

Bruder Heinrich sprach unentwegt und war gerade bei den falschen Schwangerschaften, die von den Dämonen herbeigeführt würden. »Manchmal glauben Frauen«, sagte er, »sie seien von einem Incubus geschwängert worden und ihre Leiber schwellen darauf ungewöhnlich an. Diese Schwellung verschwindet jedoch mit dem Zeitpunkt der Entbindung, indem der Körper viel Wind entlässt. Wenn man nämlich zerstampfte Ameiseneier in die Getränke mischt oder den Samen der Wolfsmilch oder der Schwarzfichte zu sich nimmt, entstehen im menschlichen Körper unglaublich starke Winde und Blähungen. Dem Teufel ist es selbstverständlich ein Leichtes, dem weiblichen Leib derartige oder sogar noch viel üblere Täuschungen anzutun. Verstehst du das?«

»Ja«, sagte Cornelius einsilbig, während er eine glänzende Elsternfeder vom Boden aufhob.

»Es ist ein Jammer mit dir. Du hörst mir ja gar nicht richtig zu«, schimpfte Institoris, worauf sich sein Begleiter beeilte zu versichern, dass dem nicht so sei.

»Es hat aber auch Dämonen gegeben, die sich nicht scheuten, verheiratete Frauen in ihren Betten aufzusuchen. Diese Frauen glaubten natürlich nicht, dass es sich um Incubi handelte, sondern um Männer aus Fleisch und Blut. Wenn aber der Ehemann dem vermeintlichen Nebenbuhler eine Waffe durch den Leib stoßen wollte, machte sich dieser unsichtbar und verschwand. Die Frauen warfen sich dann scheinheilig in die Arme ihrer Männer, von denen aber nicht wenige ihre wollüstigen Weiber verprügelten. Andere aber drehten den Spieß um und verspotteten ihren Mann, ob er denn keine Augen im Kopf hätte und ob er vielleicht nicht selbst vom Teufel besessen wäre!«

»Da vorne ...«, unterbrach ihn Cornelius zaghaft und deutete auf ein einfaches Gehöft, das direkt am Wege lag.

»Ich habe auch Hunger!«, nickte Institoris beiläufig und fuhr fort, wie wichtig bei den Prozessen gegen diese verfluchten Hexen das Abscheren aller Haare sei und besonderes Augenmerk sei dabei auf die Haare zwischen den Beinen zu legen, was aber im deutschsprachigen Raum unverständlicherweise immer noch auf Ablehnung stoße. Am besten sei das Absengen, da man so auch die Teufelsmale besser erkennen könne, die oftmals einem Krötenfuß oder dem Abdruck einer Hasenpfote ähnelten und die Besiegelung des Teufelspaktes bewiesen. Man müsse nur mit einer langen Nadel hineinstechen. Wenn das Fleisch an dieser Stelle unempfindlich sei, sei auch die Hexe überführt, wenn nicht, so müsse man eben die Folter fortsetzen. So habe es auch der Inquisitor von Como in Bormio gemacht und sei mit diesem Verfahren überaus erfolgreich gewesen.

»Stell dir vor – über vierzig Hexen hat er nur innerhalb eines Jahres erwischt!«, sagte er beinahe ehrfürchtig, während sie auf den mit Dung übersäten Vorplatz des Hauses traten.

Institoris rümpfte widerwillig die Nase, hob seine Kutte an und wich auf den Zehenspitzen balancierend dem Kot aus.

Ein kleiner Köter schoss mit heiserem Bellen um die Ecke und verbiss sich böse knurrend in seinem Kuttensaum, während sich die schief in den Angeln hängende Türe knarrend öffnete.

Blinzelnd blieb eine alte, auf einen Stock gestützte Frau auf der Schwelle stehen.

»Wer ist da?«, fragte sie und hielt ihre linke Hand abschirmend über die Augen.

»Nehmt das verdammte Vieh weg!«, schrie Bruder Heinrich und trat nach dem Hund, was diesen aber nur noch wütender machte.

»Kusch!«, rief die Alte. »Kusch, Sultan!«

Grummelnd ließ der Köter von der Kutte ab und zog sich beleidigt zur Hauswand zurück, wo er seinen Kopf auf die Vorderpfoten legte und jede Bewegung der beiden Mönche misstrauisch verfolgte. »Einer meiner Söhne war bei den Türkenkriegen dabei, darum heißt er so.«

»Gelobt sei Jesus Christus!«, fauchte Bruder Heinrich, »wir sind zwei Dominikaner und bitten in Christi Namen um eine Wegzehrung!«

»Ein wenig Haferbrei ist noch da – den kann ich anbieten. Mehr habe ich auch nicht.«

Als sie die beiden Mönche herein bitten wollte, weigerte sich Institoris beharrlich und bestand darauf, sie solle das Essen herausbringen, und zwar mit zwei Tellern.

»Ich habe leider nur einen Teller, wir essen immer aus der Pfanne.«

»Dann bring beides ins Freie. Ich habe mich aus Versehen auf meinen eigenen Löffel gesetzt und er ist entzwei gebrochen, aber du wirst wohl noch einen haben!«, fuhr sie Institoris unfreundlich an. Angeekelt betrachtete er dann das abgenutzte hölzerne Geschirr, ging dann am knurrenden Hund vorbei zum Brunnen und spülte alles sorgfältig ab. Ihn schauderte bei dem Gedanken, dass die Alte schon vor ihm den Löffel in ihrem verknitterten Mund gehabt haben könnte und er versuchte krampfhaft, an irgendetwas anderes zu denken. »Wie weit ist es noch bis Landshut?«

»Landshut? Davon gehört habe ich schon, aber ich war noch nie dort. Ich weiß nur, dass es eine Stadt ist und dort verdorbene Leute wohnen. In allen Städten leben verdorbene Menschen, die zuerst auf dem Land stehlen und rauben. Wenn es ihnen hier zu eng wird, verstecken sie sich in den Städten. Dort soll es sogar Häuser geben, in denen sich Frauen für Geld an Männer verkaufen!«

»Alle Sündhaftigkeit ist gering im Verhältnis zur Sündhaftigkeit des Weibes!« Er warf Cornelius einen Blick zu, worauf dieser verlegen die Augen niederschlug.

»Lieber würde ich mit einem Löwen oder Drachen wohnen, als ein Haus mit einem sündigen Weib zu teilen!«, fügte Institoris nach einer Weile hinzu.

Den letzten Satz glaubte ihm Cornelius aufs Wort, der inzwischen fest davon überzeugt war, dass die einzige intime Berührung Bruder

Heinrichs mit einem weiblichen Wesen bei seiner Geburt zustande gekommen war, worüber er sich wahrscheinlich noch heute ekelte.

Wie es wohl Afra ging? Cornelius spürte, wie wieder dieses zwiespältige Gefühl in ihm hochstieg, das ihn innerlich zerfraß und über das er mit niemandem sprechen konnte. Er versuchte sich selbst damit zu entschuldigen, dass es ja nicht sein eigener Wille gewesen war, ins Kloster zu gehen, gleichzeitig schalt er sich einen undankbaren Gesellen, für den die Eltern das Beste gewollt hatten und auch den Dominikanern gegenüber war es trotz aller Härte nicht recht. Was hatte er nicht schon alles angestellt, um sie zu vergessen: Den Rücken hatte er sich mit einem Lederriemen halb blutig geschlagen, wenn er wieder einmal schlaflos in seiner Zelle lag, an kältesten Wintertagen hatte er das Eis aus dem Kübel gebrochen und sich damit abgerieben und sich dann so lange splitternackt auf den Boden gelegt, bis seine Zähne klapperten.

Aber alles hatte nichts genutzt, kaum schloss er die Augen, tauchte sie wieder auf und lächelte ihm geheimnisvoll zu. Einerseits hätte er alles gegeben, wenn er ihr nie begegnet wäre, andererseits wusste er ganz tief drinnen, dass er niemals mehr in seinem Leben einen solchen Augenblick erleben würde. Vielleicht hatte Gott doch etwas ganz anderes mit ihm vor? Oder wollte er ihn nur auf die Probe stellen? Oder war es gar der Teufel, der ihn verführen wollte?

Wie ein Blitz aus heiterem Himmel hatte es ihn getroffen, als er sie zum ersten Mal gesehen hatte und auch ihr schien es nicht anders ergangen zu sein. Wortlos hatten sie sich gegenübergestanden und einander nur angestarrt und keiner von beiden hatte den Blick vom anderen lösen können.

Nun kam sie über die Wiese auf ihn zu, unter ihrem Kopftuch schimmerten Strähnen ihres blonden Haares, ihre blauen Augen leuchteten und ihre vollen Lippen waren leicht geschürzt. Cornelius spürte, wie sein Blut immer schneller wurde und fuhr erschrocken zusammen, als er Institoris im Befehlston sagen hörte: »Schauen wir, dass wir weiterkommen!«

Als Bruder Heinrich wieder seine Kutte anhob, war dies dem Hund wieder nicht ganz geheuer. Kläffend sprang er auf ihn zu, wurde aber augenblicklich von der Alten zurückgerufen.

Immer mehr Fuhrwerke und Leute kamen ihnen entgegen und ein Mann im härenen Bußgewand aus einer Pilgergruppe, die nach Rom wollte, meinte, bis Landshut seien es höchstens noch zwei Stunden.

»Wie lange rechnest du mit deiner Arbeit an der Kirche?«, fragte Bruder Heinrich unvermittelt.

»Phh«, machte Cornelius, »an irgendwelchen Gewölben sollen Steine ausgewechselt und irgendwo ein Stuck erneuert werden. Zwei Wochen, hat man mir gesagt!«

»Gut. Je schneller, desto besser!«

23. KAPITEL

Auch im Landshuter Kloster war kein Exemplar des »Formicarius« aufzutreiben und langsam schien es ihm, als ob hier Luzifer selbst seine Hand im Spiel hatte, um sein Buch zu verhindern. Schließlich war der »Formicarius« ein inzwischen bekanntes und weit verbreitetes Werk, das, so hatte er gehört, schon in der zweiten Auflage gedruckt worden sei.

Ärgerlich dachte er dann, wieso es ihm nicht eingefallen war, Bruder Niklas in Innsbruck danach zu fragen und gab sich dann aber gleich selbst die Antwort, dass es ihm zum damaligen Zeitpunkt selbst nicht im Traum nicht nötig erschienen wäre, einmal ein Hexenbuch verfassen zu müssen.

Hier in Landshut hatte er nun zwei weitere Kapitel fertig geschrieben, Bruder Cornelius kam mit seinen Arbeiten auch dem Ende zu und als ihm ein durchreisender Mitbruder eher beiläufig sagte, das Ameisenbuch würde in Augsburg gerade neu aufgelegt, gab es für ihn kein Halten mehr. Wenn das Wetter nicht so miserabel gewesen wäre, hätte er sich unverzüglich alleine auf den Weg gemacht, so aber wartete er noch zwei lange Tage, um dann hastig mit Cornelius aufzubrechen. Auch für diesen wartete an der alten und eigentlich baufälligen Dominikanerkirche jede Menge Arbeit und je näher sie der Stadt kamen, desto stärker stiegen wieder seine zwiespältigen Gefühle in ihm hoch. Institoris war viel zu sehr mit sich selbst beschäftigt, um davon etwas zu bemerken, obwohl Cornelius glaubte, jeder müsse es in seinem Gesicht wie in einem aufgeschlagenen Buch lesen können.

Die Druckerei lag kaum einen Steinwurf vom Augsburger Konvent entfernt und gehörte Anton Sorg. Dieser hatte bei einem ehemaligen Gesellen Gutenbergs gelernt, der sich nach der Flucht seines Meisters aus Mainz hier niedergelassen hatte.

Bruder Heinrich hatte nicht die Ruhe, zuerst das Kloster aufzusuchen, sondern stürmte wortlos quer über die Straße auf die niedere Türe zu und Cornelius blieb nichts anderes übrig, als ihm zu folgen. In dem niederen Raum roch es sonderbar, überall standen Tiegel und Eimer herum, an einem großen Tisch saß gebeugt ein Mann, der mit einer Art Griffzange aus einem flachen Kasten kleine Klötzchen heraus pickte und sie in einem mit kleinen Brettchen unterteilten Kasten ablegte.

Das muss ein Setzer sein, dachte Cornelius und sah dann hinüber zu den beiden anderen Männern, die gerade Papier in eine Presse einlegten.

»Ach, Bruder Heinrich – auch wieder einmal in Augsburg?«

Überrascht drehte sich Institoris zum Fenster hin, wo sich eine Gestalt erhob und auf ihn zukam. Seine Augen konnten im ersten Moment im Gegenlicht nicht erkennen, wer das sein konnte, aber diese Stimme kannte er. »Bruder Niklas?«, fragte er ein wenig unsicher.

»Ja, ich bin es. Es hat sich schon herumgesprochen, dass Ihr überall nach dem Formicarius sucht ...«

»Ich habe gehört, er sei bis jetzt in Köln gedruckt worden. Wieso jetzt in Augsburg?«

Niklas lachte. »Auch wir Dominikaner müssen rechnen. Das Angebot war einfach billiger. Aber auch der Weg ist nicht mehr so weit. Man muss doch immer dabei sein, da sich sonst doch viele Fehler einschleichen. Man sagt dann zwar Druckfehler, aber das gibt es nicht. Die Fehler werden nicht im Druck selbst, sondern allesamt vorher gemacht!«

»Wie weit seid ihr – ich meine mit dem Druck?«, fragte Institoris, der seine Ungeduld kaum verbergen konnte.

»Kurz vor der Fertigstellung. Ich komme jeden Tag hierher, um Korrektur zu lesen. Zum Abgleich verwende ich die Originalschrift meines verehrten Lehrers Nider. Er war auch in kleinen Dingen sehr genau und es liegt mir daher viel daran, dass er auch so wiedergegeben wird, wie er ihn geschrieben hat. Das bin ich ihm schuldig, nach allem, was er für mich getan hat!«

»Hmm«, machte Bruder Heinrich und druckste dann scheinbar verlegen herum,

»Wisst Ihr, es wäre ... also ich habe ... es ist so, ich bin dabei, das Wissen über diese zauberischen Hexen in einem Gesamtwerk zu erfassen und eine Anleitung zu erstellen, wie gegen dieses Unwesen vorzugehen ist. In Basel habe ich das Buch Eures Lehrers schon einmal in der Hand gehabt und ich muss sagen, es hat mich sehr beeindruckt. Aber so sehr ich auch danach suche, ich komme an kein vollständiges Exemplar heran.«

»Ich muss zugeben, wir haben uns verschätzt, was die Nachfrage anbelangt. Wie sollten wir auch wissen, dass Anfragen bis aus England kommen? Ursprünglich waren wir der Meinung, es sei hauptsächlich für die Predigerorden interessant, aber inzwischen fragen auch die weltlichen Priester danach. Die Gleichnisse mit dem Ameisenstaat und einer auf Nächstenliebe gegründeten Gemeinschaft sind nicht nur für die einfachen Leute verständlich.«

»Lasst das liegen!«, schrie aufgeregt einer der beiden Männer an der Presse. Cornelius war dabei, einen noch frischen Druckbogen, der zum Trocknen ausgelegt war, in die Höhe zu heben.

»Wen habt Ihr denn da dabei?«, deutete Niklas mit einer Kopfbewegung zu dem jungen Bruder hinüber.

»Das ist Bruder Cornelius. Er hat mich von Salzburg her begleitet und soll hier an der Kirche und im Kloster einige notwendige Reparaturen vornehmen«, antwortete Institoris mit einem flüchtigen Blick auf seinen Begleiter. »Ich bin ein wenig in der Klemme«, fuhr er dann fort und versuchte dabei ein verzweifeltes Gesicht aufzusetzen, »ich brauche dringend einen Formicarius. Könnt Ihr mir helfen?«

Niklas wiegte nachdenklich den Kopf. »Welche Teile braucht Ihr denn so dringend?«, fragte er, obwohl er die Antwort bereits wusste.

»In erster Linie die Bereiche, in denen es sich um Zauberei und Hexenglauben dreht. Euer Lehrer Nider hat sich ja ausführlich damit beschäftigt!«

Niklas beschlich ein ungutes Gefühl – er kannte Bruder Heinrich nun schon lange genug und auch die Innsbrucker Vorgänge waren ihm noch in taufrischer Erinnerung. »In diesem Zusammenhang hat sich mein Mentor aber auch mit abnormalen Verhaltensweisen befasst, die auf Geisteskrankheiten beruhen, da er auch in der Säftelehre Galens bewandert war und auch die medizinischen Schriften von Avicenna kannte.«

»Ich weiß, ich weiß«, antwortete Bruder Heinrich und sein Mund verzog sich zu einem leichten überheblichen Lächeln.

»Ihr habt ihn ja nicht persönlich gekannt«, versuchte Niklas nochmals eine Art vorauseilender Schadensbegrenzung. »Johannes Nider hat seine hohen Ideale von Keuschheit, Demut, Mäßigkeit, Weisheit und Gerechtigkeit vorgelebt. Aber genau hier liegt auch seine Schwäche, da er auch in allen seinen Mitmenschen zuerst das Gute sah und so manchen Bericht eines glaubwürdigen Menschen, wie er selbst immer zu sagen pflegte, für bare Münze nahm.«

»Das passiert allen Menschen und selbst Heilige irrten«, antwortete Bruder Heinrich, dem Niklas' abweisende Haltung nicht entging.

Niklas kam resigniert zu dem Schluss, dass auch er es nicht verhindern könnte, dass jemand wie der von ihm nicht sonderlich geschätzte Mitbruder ein Exemplar in die Hände bekam. »Also gut«, antwortete er nach einer Weile, »Ihr könnt meinen Formicarius haben.«

Institoris atmete erleichtert auf.

»Aber für ein, zwei Stunden täglich benötige ich ihn selbst«, setzte Niklas einschränkend hinzu.

Schon als Cornelius das Kloster betrat und am nächsten Morgen die Kirche genauer in Augenschein nahm, war ihm klar, dass er hier einige Zeit zu tun haben würde. Als er am Weihwasserbecken vorbeiging, zog sich alles in ihm zusammen und die Stimme des Abtes kam nur wie aus weiter Ferne an sein Ohr. Genau hier hatte er damals am Fuß eine abgebrochene Verzierung ausgebessert und als er sich erhob, war sie engelgleich vor ihm gestanden.

»Nun ja«, hörte er den Abt sagen, »die Kirche ist jetzt auch schon an die zweihundert Jahre alt. Manche meinen, zumindest ein Teil der Mauern würde noch von den Templern stammen. Da, seht selbst: der lange Riss, im letzten Jahr ist er beinahe um einen halben Finger breiter geworden!«

»Den kann man schon noch ausbessern«, gab Cornelius zur Antwort, nachdem er ihn eine Zeit lang untersucht hatte.

»Hier, die Grablegung Mariens – es ist ein Jammer. Überall blättert die Farbe ab!« Vorsichtig strich der Abt über das Wandbild und streckte ihm dann den blau verfärbten Finger unter die Nase.

»Kann ich richten. Dann hält es noch ein paar hundert Jahre! Wieso ist jetzt eigentlich das Weihwasserbecken abgedeckt?«, wollte Cornelius wissen.

Der Abt verzog das Gesicht. »Es blieb uns nichts anderes mehr übrig. Wir haben immer wieder Leute dabei erwischt, denen das Besprengen offensichtlich nicht genügt hat, sondern die dachten, viel hilft viel und sich regelrecht im geweihten Wasser gebadet haben! Am besten wäre es wahrscheinlich, nicht nur die Kirche, sondern auch das Kloster abzureißen und neu aufzubauen. Schaut Euch nur die Decke im Altarraum an!«

Cornelius warf einen flüchtigen Blick nach oben. »Ich bin zwar kein Baumeister, aber ich kenne die Kirche und würde sagen, dass meiner Meinung nach die Bausubstanz gar nicht so schlecht ist!«, antwortete Cornelius.

Ob Afra noch in Augsburg war? Sicher hat sie mich schon längst vergessen. Ein Mädchen wie sie hat an jedem Finger zehn Verehrer, dachte er dann und spürte, wie es ihm dabei einen Stich ins Herz gab.

»Übrigens – Bruder Niklas hat mich gebeten, Euch helfen zu dürfen. Er hat von Euren Fertigkeiten gehört und meinte, er würde gerne noch etwas auch im Handwerklichen dazu lernen und wieder einmal ein wenig körperliche Arbeit würde ihm auch nicht schaden. In der Druckerei sei er nur ein paar Stunden beschäftigt. Aber da wollte ich zuerst Euch fragen, ob Ihr damit einverstanden seid, da ich nicht weiß, wie geschickt er ist und Euch womöglich nur im Weg herum steht.«

»Versuchen wir es einfach! Einen Gehilfen kann ich immer brauchen!«

Seit nunmehr fast einer Woche waren sie nun damit beschäftigt, die Risse in den Langwänden auszubessern, die sie mit Steinen auffüllten. Den benötigten Kalk löschte nun Niklas mit Wasser in einer Grube, die Cornelius ausgehoben hatte. Von der geöffneten Kirchentüre her näherten sich Schritte und von der rechten Seite her kam nach einiger Zeit ein schabendes Geräusch.

»Bring den Kübel hierher!«, rief Cornelius halblaut, aber nichts rührte sich. »Was ist mit dem Kalk?« Langsam wurde er ärgerlich und wandte sich leicht seitlich ab, um nach Niklas zu sehen.

Vor Schreck wäre er beinahe von der Leiter gefallen und konnte sich gerade noch im letzten Moment an den Holmen festhalten, wobei ihm der Spachtel entglitt und hell scheppernd auf dem Steinboden aufschlug.

Sein Herz begann zu rasen und wortlos starrte er hinunter zum Weihwasserbecken. Dort stand eine junge Frau, deren blonde Haare kaum durch das Kopftuch gebändigt wurden und in der rechten Hand hielt sie einen kleinen irdenen Krug.

Wie benommen stieg er von der Leiter und hörte nicht das Hallen seiner schweren Schritte.

»Afra!«, sagte er leise und blieb wie versteinert vor ihr stehen.

»Cornelius ... was machst du hier?«, fragte sie ebenso überrascht und ihre großen blauen Augen standen in einem seltsamen Kontrast zu der in ihr Gesicht schießenden Röte. »Weihwasser ...«, sagte sie stockend, »ich muss Weihwasser holen ... für daheim!«

Cornelius nickte nur stumm und versuchte, den Kloß im Hals hinunter zu würgen.

So standen sie immer noch, als Niklas mit dem Kalkkübel in das Kirchenschiff trat.

»Afra ... Afra ... Hehringer, die Tochter ... vom Medicus«, stotterte Cornelius nun ebenfalls mit hochrotem Kopf und machte eine unbeholfene Handbewegung hin zu der jungen Frau. »Bruder Niklas … er … er hilft mir!«

»Soso«, antwortete dieser lakonisch. Mit einem Blick hatte er die Situation erfasst und wusste nun ebenfalls nicht, wie er sich verhalten sollte. »Ich stelle den Kalk hinüber zur Leiter!«, sagte er dann und hatte es plötzlich eilig, aus dem Kirchenschiff zu verschwinden.

»Es ist nicht recht … ich meine, uns so und besonders dich in Gewissensbisse zu stürzen. Aber glaube mir, ich kann nichts dafür!«

Cornelius sah, wie sie mit den Tränen kämpfte. »Nein, nein!«, flüsterte er, nahm ihr Gesicht sanft in seine Hände und drückte seine Stirn zart, aber doch bestimmt auf die ihre. »Nein, nein«, wiederholte er, »es ist so gekommen, wir können beide nichts dafür. Ich habe alles getan, um dich zu vergessen, aber es gelingt mir nicht!«

»Mir geht es ebenso«, erwiderte sie.

Cornelius versuchte sich noch gegen seine Gefühle zu sperren, aber irgendwann hielt er es nicht mehr aus. Scheu legte er seinen Arm um ihre Schultern und spürte, wie sie sich leicht an ihn schmiegte.

»Ich kann nicht anders, ich liebe dich«, flüsterte er, »und wenn sie mich hinauswerfen!«

Die folgenden Tage gingen quälend langsam dahin, nachts lag er schlaflos auf seiner Pritsche, konnte an nichts anderes als an sie denken und suchte verzweifelt einen Ausweg. Was würden ihre Eltern sagen, wenn Afra mit einem Bettelmönch ohne einen Pfennig Geld daherkam? Die Antwort darauf war ihm klar: Vor die Türe setzen würden sie ihn, und zwar im hohen Bogen! Was sollte er tun? Seit seiner Kindheit kannte er nichts anderes als das mönchische Leben – wie sollte und konnte er überhaupt eine Familie ernähren? Es gab genügend im geistlichen Stand lebende Menschen, die es mit dem Zölibat nicht so genau nahmen. Nein, so einfach würde er es sich nicht machen.

Auch Niklas war es nicht entgangen, dass sein Mitbruder bei der Arbeit mit dem Kopf ganz woanders war. Er sah, wie dieser sich abquälte und er kannte nun auch den Grund dafür, aber er tat so, als ob er nichts bemerkte. Vor ein paar Tagen war es schon spät nach Mitternacht gewesen, als er Cornelius zufällig dabei ertappt hatte, wie er zurück ins Kloster gehuscht kam und auf Zehenspitzen in seine

Zelle schlich. Er selbst hatte sich gerade noch in einer Nische verstecken können.

Jetzt saß Cornelius da auf einem über zwei Steine gelegten Brett vor der Kirche und blinzelte aus geränderten Augen in die Sonne.

Niklas trat zu ihm und setzte sich ebenfalls. »Tut gut, endlich wieder einmal ein paar Strahlen!«, sagte er.

Cornelius nickte gleichgültig. »Bruder Niklas, kann ich mit dir reden?«, fragte er unvermittelt.

»Selbstverständlich. Nur zu!«, antwortete dieser aufmunternd.

Cornelius begann stockend zu erzählen, wie er Afra in der Kirche kennen gelernt und beide sofort das Gefühl hatten, dass sie zusammen gehörten. »Es ist, als ob ich sie schon ewig kennen würde und ihr geht es genau so. Was soll ich tun?«, schloss er verzweifelt.

Niklas wiegte seinen Kopf, während sein Blick auf einen unsichtbaren Punkt in der Ferne gerichtet war. »Hmm«, machte er dann, »jetzt überstürze nichts. In der Liebe ist es oft so wie mit einem Feuer. Manch eines lodert hell und hoch, erlischt dann aber gleich wieder. Ein anderes wieder brennt vielleicht nicht so hoch, aber dafür lang und beständig. Ein anderes wieder wird schon vom kleinsten Wind ausgeblasen, ein anderes glimmt schwach vor sich hin, weil es zu wenig Nahrung erhält und wieder ein anderes erkaltet, weil es von der eigenen Asche erstickt wird. Mein Rat ist: Gebt euch beide noch ein Jahr Zeit. Wenn eure Gefühle füreinander dann noch immer unverändert sind, folgt dem Ruf eurer Herzen und du lässt dich von deinem Gelübde entbinden! Du weißt, in diesem Falle steht ihr beide buchstäblich vor dem Nichts. Daher tut nichts Unüberlegtes, was ihr später bereuen würdet!«

Am späten Nachmittag lief Niklas Bruder Heinrich über den Weg, besser gesagt, er traf ihn in der Druckerei, wohin dieser den »Formicarius« zurückbrachte. Niklas legte nicht allzu viel Wert auf häufige Begegnungen mit seinem streitbaren Mitbruder und hatte mit diesem vereinbart, dass dieser das Buch hier abholen und auch wieder hierher zurückbringen sollte. »Was macht euer Werk? Kommt ihr gut voran?«, fragte er Institoris mehr der Höflichkeit halber.

Der Inquisitor sah nicht gut aus. Dunkle Ringe lagen unter seinen Augen, sein Gesichtsfarbe war fahl und seinem Gang fehlte die gewohnte Geschmeidigkeit. »Ich arbeite beinahe Tag und Nacht daran. Jede Stunde zählt, es ist ein Wettlauf auch mit der Zeit. Sie sind überall und breiten sich schneller als jede Epidemie über dem ganzen Land aus. Aber kaum haben sie eine dieser Hexen dingfest gemacht, lassen diese Dummköpfe sie auch wieder frei, so wie mir gerade der Notar Gremper aus Ravensburg berichtet hat. Dort haben sie vor ein paar Monaten schon wieder eine schon stadtbekannte Unholdin, Margarethe Schuchmacher heißt sie, gegen Schwören der Urfehde laufen lassen.« Institoris hob an, ihm die Umstände und die Schandtaten dieses offensichtlich teufelsbündnerischen Weibes zu schildern, aber Niklas blockte seinen Redefluss ab und fragte, wie er denn sein Werk eigentlich nennen wolle.

»*Malleus Maleficarum*«, erwiderte Institoris. Er machte eine Pause und sah seinen Mitbruder stolz an. »Der Hammer der Hexen. Damit meine ich den Hammer, der die Hexen zermalmen wird!«

»Hexenhammer«, murmelte Niklas, »wieso beschränkt Ihr den Titel auf das weibliche Geschlecht? Gibt es denn keine männlichen Hexer?«

»Doch, doch«, beeilte sich Institoris zu versichern, »aber sie sind eine verschwindend kleine und daher vernachlässigbare Minderheit. Wer die grundsätzliche Schlechtigkeit der Frau kennt, für den ist es kein Wunder, dass mehr Frauen der Ketzerei der Zauberer verfallen sind als Männer. Daher ist es folgerichtig, das Buch nach der Wichtigkeit des Geschlechtes zu benennen, das hauptsächlich betroffen ist.«

»Was war denn vor den Hexen? Soweit ich weiß, ist der Begriff Hexerei noch nicht so alt. Wenn ich mich nicht irre, wurde er das erste Mal 1419 bei einem Prozess in Luzern verwendet«, sagte Niklas und tat so, als ob er sich nicht ganz sicher sei.

Institoris sah ihn kampfeslustig an. »Na und?«, fragte er spitz. »Gerade Ihr als Schüler von Johannes Nider müsstet es besser wissen. Er selbst datiert das Aufkommen dieser neuen Sekten auf die zweite Hälfte des vergangenen Jahrhunderts. Auch ein Gericht erfindet keine neuen Begriffe, sondern greift auf bereits vorhandene zurück. Also ist die Bezeichnung Hexen schon viel älter und war auch schon im Volk bekannt!«

Wo er Recht hat, hat er Recht!, dachte Niklas und schwieg.

»Ich habe gerade hier mit dem Drucker gesprochen. Ich habe ihm angeboten, das Buch zu verlegen.«

»Und?«

»Er hat es abgelehnt. Das Risiko sei ihm zu hoch und er hat Angst, darauf sitzen zu bleiben. Auch daher drängt die Zeit. Ich muss einen Drucker finden, der sich etwas mehr zutraut und auch über bestehende Vertriebsstrukturen verfügt. Was meint Ihr, bis wann ist denn der Formicarius fertig?«

»In zwei Wochen, denke ich, können die ersten Exemplare gebunden werden!«, antwortete Niklas und versuchte freundlich zu bleiben.

»Versprecht mir, dass ich das erste Buch bekomme!«, lächelte Bruder Heinrich.

»Das müsst Ihr mit dem Drucker abmachen. Er ist auch gleichzeitig der Verleger«, antwortete Niklas nun unwirscher, als er eigentlich wollte. Er war schon im Gehen begriffen, als ihn die Stimme des Inquisitors zurückhielt.

»Bruder Niklas, Ihr seid ja viel unterwegs. Wart Ihr in letzter Zeit auch in Köln? Und wenn ja, was macht mein lieber Bruder Jakob Sprenger?«, fragte er mit lauerndem Unterton.

»Ja, ich war in Köln, aber das ist schon länger her. Dem Bruder Prior ging es damals gut und er erfreute sich bester Gesundheit. Seine Rosenkranzbruderschaft scheint ihn ziemlich in Anspruch zu nehmen, da im ganzen Reich neue derartige Zusammenschlüsse entstehen.«

Dass Sprenger von der Geschichte mit der Bulle wusste, verschwieg er lieber, da er Bruder Heinrich keinen Anlass geben wollte, einen Streit anzufangen, der wahrscheinlich in einem seiner bekannten Tobsuchtsanfälle enden würde.

»Sonst nichts?«

Niklas zuckte nur mit den Schultern, während aus dem Gesicht seines Gegenübers die Anspannung wich.

»Ach so, das fällt mir gerade ein. Wo ist denn Euer Novize? Wie heißt er gleich noch?«

»Leonhard. Er ist zum Studium der Philosophie für längere Zeit in Bologna.«

Es war ein trüber, nebeliger Mittwochmorgen, der keinen Lichtstrahl in die grauen Gassen durchließ und an dem selbst die gewohnten Geräusche gedämpft klangen. Auch dem bunt zusammen gewürfelten Söldnertrupp, vor dem er auf die andere Straßenseite wechselte, schienen die sonst üblichen derben Scherze und Zoten vergangen zu sein.

Institoris hatte das Buch wie einen kostbaren Schatz vor seine Brust gepresst, hielt aber nicht auf die Klosterpforte zu, sondern steuerte zwei Gassen weiter eine Schänke an.

»Jetzt kommt der Weinbettler schon wieder!«, knurrte der Wirt missmutig über die Schulter nach hinten in die Küche, wo seine Frau mit Töpfen und Pfannen hantierte.

»Wirf ihn hinaus!«, schimpfte sie in einer Lautstärke, die auch ein Halbtauber nicht überhören konnte.

Bruder Heinrich aber tat das, was er immer in so einer Situation machte. Er setzte das einnehmendste Lächeln auf, dessen er fähig war, und rief ein möglichst fröhlich klingendes »Gelobt sei Jesus Christus« in die Gaststube. Dann schritt er gemessenen Schrittes auf einen Tisch an einem Fenster zu, wo er sich in einer Art niederließ, dass jeder Außenstehende glauben musste, es handle sich um einen beliebten Gast, der den Wirt schon so lange kannte, dass er seine Launen nicht mehr verbergen musste. Sorgfältig richtete er den frisch gedruckten und noch einen starken Geruch verströmenden Formicarius pedantisch vor sich aus und rieb sich dann die Hände.

Der Mann am Schanktresen machte aber keine Anstalten, ihn zu bedienen, aber das war für Bruder Heinrich nichts Neues und er wusste sich auch da zu helfen. »Herr Wirt, Ihr wollt doch nicht einen armen Mönch verdursten lassen?«, rief er mit gespielter Heiterkeit durch den Raum und hatte kurz darauf seinen Schoppen Wein vor sich stehen.

Beinahe liebevoll schlug er das Buch auf und begann darin zu blättern. Nach einiger Zeit nahm er den letzten Schluck aus dem Becher, stand auf und verließ ohne nach seiner Schuldigkeit zu fragen mit einem fröhlichen »Gelobt sei Jesus Christus« das Gasthaus mit seinem ihm finster nachstarrenden Wirt.

Nur eine Gasse weiter wiederholte sich kurz darauf dieselbe Prozedur. Als er spürte, wie ihm der Wein zu Kopf stieg, erhob er sich, um mit leicht schwankendem Gang ins Kloster zurückzukehren und sich in seiner Zelle noch ein wenig hinzulegen.

»Wo ist denn Bruder Heinrich?«, fragte Niklas am Abend im Refektorium beim gemeinsamen Abendessen.

»Der hatte es plötzlich sehr eilig, von hier weg zu kommen. Er ist am Nachmittag mit Bruder Remigius aus Krems nach Speyer aufgebrochen«, bekam er zur Antwort.

24. KAPITEL

»Na, wird's bald?«, schrie der Mann mit der Augenklappe, dem ab dem Ellbogen auch der linke Unterarm fehlte. Auch der mit dem Beinstumpf schien ungeduldig zu sein und der mit dem fürchterlich zugerichteten Gesicht ließ die flach gehaltene Klinge seines Säbels immer wieder drohend in seine Handfläche klatschen.

Die beiden Mönche knieten am Boden und breiteten ihre Habseligkeiten aus, wobei Bruder Heinrich vergeblich versuchte, einen Beutel im Gebüsch verschwinden zu lassen. Beinahe hätte er es geschafft, aber die Schnur des Verschlusses hatte sich an einem kleinen dürren Baumzweig verfangen und der Einäugige hatte das Säckchen mit einem hämischen Blick aufgehoben und die Münzen einzeln auf den Boden fallen lassen.

»Hast du noch mehr?«, fragte der mit dem zerfetzten Gesicht lauernd.

Auch sein Mitbruder sah Institoris erschrocken an – so viel Geld hatte er noch nie bei einem über die Lande ziehenden und seinen Lebensunterhalt erbettelnden Mönch gesehen.

»Nein, das ist alles«, versicherte Bruder Heinrich immer wieder und fing dann zu lamentieren an, das Geld sei für sein Heimatkloster bestimmt und sei eine Belohnung von Herzog Sigmund von Tirol und hoffte inbrünstig, dass sie sein unter den Achseln eingenähtes Geld nicht entdecken würden.

Bruder Remigius zitterte wie Espenlaub, als ihn der Einbeinige aufforderte, zu ihm zu treten und anfing, in seine Taschen zu langen und ihn grob von oben bis unten abzutasten.

Institoris dachte, dass Angriff die beste Verteidigung sei und fing lautstark an zu zetern, welche Schwierigkeiten er in Schlettstadt bekommen würde, wenn er ohne das Geld im Beutel ins Kloster zurückkäme, beschimpfte die drei Räuber als ehrloses Gesindel und drohte ihnen mit allen Strafen der Kirche.

»Mein lieber Pfaffe«, sagte der mit der Augenklappe lachend, »wir drei haben schon so viele Verbrechen begangen, dass man uns für vogelfrei erklärt hat. Wenn sie uns erwischen, knüpfen sie uns an dem nächstbesten Baum auf und jeder, der will, kann uns umbringen, ohne dafür eine Strafe befürchten zu müssen. Wir haben als Landsknechte schon so viele Leute in die Hölle befördert, dass es uns auf einen oder zwei Pfaffen dazu auch nicht mehr ankommt. Und du willst uns mit der Kirchenstrafe drohen?«

Als auch ihn der Narbengesichtige abtasten wollte, meinte der Einäugige, das könne er sich wohl sparen, denn wer sich getraue, ein so großes Maul zu haben, sei entweder strohdumm oder habe wirklich nichts zu verbergen.

»So etwas habe ich geahnt«, sagte Heinrich auf dem Weiterweg zu Bruder Remigius, »ich habe daher meinem Beichtvater Wolfgang vorsichtshalber nur einen Teil der fürstlichen Belohnung für den Konvent mitgegeben.« Allerdings verschwieg er, wie groß dieser Anteil war. »Hoffentlich ist er nicht auch ausgeraubt worden, sonst ist alles futsch«, meinte er dann und griff sich vergewissernd unter die Achseln.

Schon in Augsburg hatte er versucht, mehr über Peter Drach zu erfahren, aber hatte nur so viel herausbekommen, dass dieser einen guten Ruf als Drucker habe und anscheinend auch bereit sei, bei sich für ihn lohnend scheinenden Büchern auch ein gewisses Risiko einzugehen. Darüber hinaus verfüge er über Leute, die Klöster und Bibliotheken besuchten, um dort seine Bücher vorzustellen und zu verkaufen. Auch in Augsburg unterhielt er ein eigenes Bücherlager, ebenso in Köln, Leipzig und Brünn, hatte man ihm dort gesagt.

Speyer kam ihm auch deswegen gelegen, weil das dortige Dominikanerkloster nicht im Wirkungsbereich Jakob Sprengers lag, zudem war der Stadtprediger Jakob Wimpfeling ein alter Bekannter aus gemeinsamen Schlettstädter Tagen. Bruder Heinrich kannte ihn schon beinahe von Kindesbeinen an, sein Vater war Sattler und hatte den schwächlichen und immer kränkelnden Knaben für den Beruf im geistlichen Stande bestimmt, wodurch er in seinem Heimatort zu den Dominikanern kam und in der von kurz zuvor von Ludwig Dringeberg gegründeten Schule unterrichtet wurde. Einer seiner Lehrer an der Universität in Freiburg war Johannes Geiler von Kaysersberg, dem selbst Institoris neidlos zugestand, einer der gewaltigsten Volksprediger in deutschen Landen zu sein. Er war einer, der den Leuten aufs Maul schaute, seine Predigten gegen die Entsittlichung des Klerus waren urwüchsig, manchmal derb, aber immer humorvoll. Auch sein Schüler Jakob Wimpfeling hatte viel von ihm gelernt und nahm auf der Kanzel ebenfalls kein Blatt vor den Mund, wenn es darum ging, seinen Finger in schwärende Wunden der Kirche zu legen. Wegen seiner pädagogischen Schriften nannte man ihn bald den »Erzieher Deutschlands« und Bruder Heinrich dachte, es könne nicht schaden, sich ein wenig im Lichte eines so berühmten Mannes zu sonnen.

Auch Bruder Jakob hatte ihm die Druckerei Drach wärmstens empfohlen. »Der junge Peter hat das Geschäft vor ein paar Jahren übernommen, sein Vater – so glaube ich wenigstens – hat noch bei Gutenberg gelernt. Drach ist keiner, der jemanden über den Tisch zieht. Aber Ihr müsst trotzdem ein wenig vorsichtig sein, denn er setzt immer sehr knappe Termine!«

Mit dem Drucker, der durch den juristischen Teil des geplanten Werkes bei Richtern und Rechtsgelehrten zusätzliche Verkaufsmöglichkeiten sah, wurde er schnell einig.

»Wir haben ein sehr aufwendiges Buch über eine Pilgerreise in das Heilige Land für den Herbst in Vorbereitung, unsere Auftragsbücher sind eigentlich voll. Unsere Druckerei ist inzwischen weit besser ausgelastet als die von Schöffer in Mainz«, lachte er, »wir brauchen also eine genaue Planung. Könnt Ihr mit dem Manuskript bis Oktober fertig sein?«

Bruder Heinrich sog scharf die Luft durch die Zähne. »Oktober?«, fragte er dann erschrocken.

»Wir müssen es setzen, es muss Korrektur gelesen werden, es muss gedruckt werden und schließlich noch gebunden! Wir schaffen höchstens sieben Exemplare pro Tag, bei einer Auflage von dreihundert könnt Ihr Euch selbst ausrechnen, bis wann wir fertig sind!«

»Also gut. Oktober!«, sagte er dann und schlug in Drachs hingehaltene Hand ein.

Zwar hatte er keine Ahnung, wie er diesen Termin einhalten sollte, aber versprochen war versprochen und er würde Tag und Nacht daran arbeiten. Mit dem Gefühl eines Siegers trat er hinaus auf die Straße und genoss die warm und süß in ihm aufsteigende Rache und versuchte sich das Gesicht Golsers vorzustellen, wenn er davon erfahren würde.

Zurück im Konvent, machte er sich sofort wieder an die Arbeit, aß kaum noch etwas und verließ die Zelle nur noch, um auf den Abtritt zu gehen oder die Bibliothek aufzusuchen.

Aber nach zwei Wochen wurde ihm vollends klar, was er eigentlich schon in der Druckerei geahnt hatte: Bis zum Oktober war es unmöglich, fertig zu werden.

»Du musst anders vorgehen«, murmelte er eines Abends müde, »so ist es nicht zu schaffen. Aber du musst, du musst, du musst!«

Die Erleuchtung kam am nächsten Morgen kurz nach dem Aufwachen, als sein Blick im Dämmerlicht des heraufziehenden Tages auf den »Formicarius« fiel.

»Das ist es!«, sagte er laut und schlug sich mit der flachen Hand gegen die Stirne. Es ist ja alles da: Nider, Thomas von Aquin, Augustinus … du musst doch das Rad nicht neu erfinden. Schreib die entsprechenden Stellen einfach ab und versehe sie mit deinen Kommentaren! Deine Predigten kannst du ja auch mit einbauen, kam ihm dann in den Sinn.

Institoris war schon lange nicht mehr außerhalb der Klostermauern gewesen, höchstens, um in der Druckerei nach irgendwelchen Vorgaben nachzufragen. Meist war er auf dem Weg mit dem Kopf ganz woanders und wenn ihn jemand gefragt hätte, was das für ein großer Dom vor ihnen sei, hätte er vermutlich überlegen müssen, in welcher Stadt er sich überhaupt befand. So bemerkte er auch nicht das zunehmend geschäftigere Treiben. Straßen wurden ausgebessert, Hauswände herunter gewaschen oder frisch getüncht, Reiter in blitzenden Rüstungen zogen durch die Stadttore, Tribünen wurden aufgebaut, heraus geputzte Huren und abgerissene Bettler suchten sich die besten Plätze zu sichern.

Es war reiner Zufall, dass Bruder Heinrich geistesabwesend wie immer im Refektorium während des Abendmahles nebenbei die Worte »Kaiser Friedrich« und »Speyer« aufschnappte.

»Was, Friedrich und Speyer?«, fragte er noch ahnungslos und sah in die erstaunten und belustigten Gesichter seiner Mitbrüder.

»Sagt doch im Ernst – Ihr wollt doch nicht sagen, Ihr wisst von nichts?«, lachte auch der Domprediger Wimpfeling fassungslos. »Die Spatzen pfeifen es doch von allen Dächern. Ein Teil der Abordnungen des Deutschen Städtetages sind schon hier eingetroffen und auch Kaiser Friedrich hat sein persönliches Erscheinen angekündigt!«

Bruder Heinrich wurde aschfahl. »Friedrich … der Dritte?«, stotterte er.

»Gibt es noch einen anderen Kaiser Friedrich?«, grinste einer der Gegenübersitzenden.

Das hatte gerade noch gefehlt. Er stand unter enormem Zeitdruck und jetzt musste ausgerechnet der Kaiser auch noch hier auftauchen. Nein, ihm blieb nichts anderes übrig – er musste von hier verschwinden. Bestimmt gab es noch genügend Leute in seiner Umgebung, die sich noch an seine Inhaftierung wegen Majestätsbeleidigung erinnerten und auch daran, dass bei seiner Entlassung aus der Haft nicht alles mit rechten Dingen zugegangen war.

Als »Erzschlafmütze des Reiches« hatte er ihn bezeichnet, ihm faktisch die Kaiserkrone abgesprochen und als lahmarschigen Zauderer beschimpft. Er warf seinem Mitbruder Wimpfeling einen Blick zu und bedeutete ihm, dass er ihn anschließend sprechen wollte.

Auch der Domprediger war dann nach einiger Überlegung der Ansicht, es sei sicherer, wenn Bruder Heinrich beim Eintreffen des Kaisers nicht in Speyer weilte.

»Was soll man aber auch von einem Edelsteine sammelnden Kaiser des Heiligen Römischen Reiches halten, der in Bauerngewändern auf einem Ochsenkarren durch seine Länder zieht und den seine eigenen Untertanen mit Spottgesängen empfangen, wie es nach seiner Vertreibung durch den Ungarnkönig Corvinus aus Wien in Wiener Neustadt geschehen ist?«, schimpfte Institoris.

»Ebendarum ist es besser, wenn Ihr für eine Zeit lang verschwindet, mein lieber Bruder Heinrich«, lachte Wimpfeling, »wie ich Euch kenne, rutscht Euch bestimmt auch hier wieder so eine Bemerkung heraus.«

Institoris starrte eine Weile wortlos an die Wand, plötzlich aber kam in seine Augen ein sonderbarer Glanz. »Wo ist eigentlich sein Sohn, der König Maximilian?«

Verblüfft sah ihn der Domherr an, der den Sinn der Frage nicht verstand. »In Brüssel. Er ist sofort nach seiner Krönung in Aachen in seine burgundischen Länder weitergezogen. Wieso wollt Ihr das wissen?«

Um Bruder Heinrichs Lippen spielte ein überlegenes Lächeln. »Weil ich zu ihm gehen werde!« Er bemerkte Wimpfelings erschrockenen Blick. »Nein, der König ist erst siebenundzwanzig und ist zu jung, um etwas davon zu wissen!«

Der riesige Elefant fächelte gemächlich mit den Ohren, fasste ein Büschel Heu und schob es ebenso gemächlich in seinen Schlund. Ein paar Schritte weiter brüllte heiser ein rotmähniger Löwe, während ein paar der Gazellen im weitläufigen Gehege erschrocken aufsahen und misstrauisch in den Wind witterten. Die neueste Errungenschaft des Herzogs und neuen Deutschen Königs war eine langhalsige Giraffe, für die extra ein besonders hoher Käfig gebaut werden musste. Institoris kannte alle diese Tiere nur vom Hörensagen und aus Abbildungen in Büchern und auch die Farbenpracht der Vögel in den großen Volieren, die bei schönem Wetter in den Wandelgängen ausgestellt waren, brachten ihn zum Staunen.

Als er am Hof in Brüssel angeklopft und sich als Doktor der Theologie und Inquisitor vorgestellt hatte, wurde ihm ohne lange Umstände eine komfortable Kammer zugewiesen.

Er war darüber nicht sonderlich überrascht, da ihm Maximilian I. als offener, großzügiger und den Künsten zugetaner König geschildert wurde, der sich gerne mit Gelehrten und Künstlern umgab. Im Gegensatz zu seinem griesgrämigen und eigenbrötlerischen Vater war er mit einem heiteren Naturell gesegnet und um seine Kühnheit bei Turnieren und in Schlachten rankten sich Legenden. Vor sechs Jahren war seine Frau Maria von Burgund bei einer Jagd vom Pferd gestürzt und wenige Tage später gestorben. Sie war die große Liebe seines Lebens gewesen und er hatte es nicht eilig, sich neu zu verheiraten, da an Frauen kein Mangel war, die es als Ehre ansahen, für eine Nacht mit ihm das Bett teilen zu dürfen.

Institoris warf noch einmal einen Blick auf die Giraffe und erhob sich dann von der steinernen Bank. Er war jetzt in Brüssel und musste nur noch an den König herankommen. Aber das war leichter gesagt als getan. Zwar hatte er Maximilian schon ein paar Mal von weitem gesehen, aber immer war er von einer Menge Leute umgeben und gerade hatte er vor ein paar Stunden erfahren, dass Jakob Fugger aus Augsburg eingetroffen sei. Es war ein offenes Geheimnis, dass von dem ehemals riesigen Vermögen seiner verstorbenen Frau nichts mehr übrig und der Habsburger bei den schwerreichen Kaufleuten aus Augsburg bis über beide Ohren verschuldet war.

Als er einen der Diener auf eine mögliche Audienz ansprach, lachte dieser und zwinkerte verschwörerisch.

»Das wird schon einige Tage dauern. Die beiden sind gleich alt und haben keine Weiber. Ich meine, Weiber schon, aber halt keine Ehefrauen!«

Enttäuscht und angeekelt beschloss er, sich auf seine Kammer zurückzuziehen und weiterzuarbeiten. Besonders die Geschichte von Ludwig dem Bärtigen, die er auf dem Herweg gehört hatte, wollte er unbedingt aufschreiben.

Der »Bärtige« war ein rheinischer Fürst, der aber schon seit ungefähr fünfzig Jahren tot war. Dieser Fürst forderte einen teufelsbündnerischen Armbrustschützen namens Puncker auf, seine zauberischen Fähigkeiten unter Beweis zu stellen. Dazu legte er dem kleinen Sohn des Schützen eine Münze auf die Kappe und befahl, den Groschen ohne die Kappe mit dem Pfeil herunter zu schießen. Puncker aber weigerte sich und erklärte, dass er dies nur tun würde, wenn er es ihm ausdrücklich befehle, da er nicht von Satan zu seinem eigenen Untergang verführt werden wolle. Aber der Fürst bestand darauf und der Schütze legte einen zweiten Pfeil in seinem Köcher bereit. Tatsächlich gelang es ihm, die Münze vom Kopf des Buben zu schießen und als ihn danach der Fürst fragte, warum er einen zweiten Pfeil vorbereitet habe, erhielt er zur Antwort: »Wenn mich der Teufel im Stich gelassen hätte und ich den Sohn getroffen hätte, wäre auch mein Leben verwirkt gewesen, da er mich an Ort und Stelle geholt hätte. In diesem Falle hätte ich auch Euch noch vorher mit dem anderen Pfeil durchbohrt!«

Selbst unter dem dichten Vollbart habe man noch gesehen, wie der Fürst erbleicht sei.

Am Hofe jagte ein Fest das andere, wobei Institoris ein kleiner, braun gelockter Knabe auffiel, der immer in Maximilians Nähe saß und mit dem ihn eine offensichtlich herzliche Beziehung verband.

»Wer ist denn der Bub?«, wollte er von seinem Tischnachbarn wissen.

»Christian Viertaller. Er ist einer seiner ledigen Söhne. Der Fugger hat ihn aus Augsburg mit her gebracht. Er ist für ihn so etwas wie ein Ersatz für seine beiden Kinder mit Maria. Seine Tochter Margarete wird schon seit ihrem dritten Lebensjahr als Friedenspfand in Frankreich festgehalten und seinen Sohn Philipp hatten die niederländischen Stände bis letztes Jahr in Gewahrsam.« Der Mann mit der unverkennbaren kehligen Tiroler Aussprache stellte sich dann als Florian Waldauf aus dem Pustertal vor und als ihm Institoris klagte, wie lange er schon auf eine Audienz beim König warte, lachte dieser auf. »Ich bin Berater Seiner Majestät. Kommt morgen zeitig in der Früh zu mir!«

Tatsächlich hatte es Waldauf geschafft, ihm für den Nachmittag ein Gespräch mit dem König zu vermitteln. Wie dieser nun vor ihm saß, hätte seine Kleidung eher auf einen wohlhabenden Kaufmann als den Herrscher des Deutschen Reiches schließen lassen.

In jeder seiner Bewegungen lag eine geschmeidige Kraft, seinen braunen Augen war trotz der sicherlich strapaziösen vergangenen Tage und Nächte mit Fugger keine Spur von Müdigkeit anzusehen.

»Nehmt Platz!«, forderte er den verdutzten Mönch auf und deutete auf einen Stuhl vor seinem Tisch. »Ich weiß, vor dem König steht man, aber ich nehme es da nicht so genau. Es geht um Hexen und Zauberei und dass Ihr darüber ein Buch schreibt, hat mir jedenfalls der Waldauf gesagt.«

Institoris hob an, seine sorgsam einstudierte Rede vorzutragen, bemerkte aber noch rechtzeitig, wie Maximilian zunehmend ungeduldiger wurde. Er unterbrach seinen Monolog und zog aus seiner Tasche einen vom Utrechter Notar in Innsbruck beglaubigten Druck seiner Bulle.

»Ich bitte daher Eure Majestät um Unterstützung und Schutz, da es auch bei der weltlichen Obrigkeit Leute gibt, die unsere Arbeit zu behindern versuchen. Wie Ihr selbst seht, haben wir beide, mein verehrter Mitbruder Sprenger in Köln und ich, die ausdrückliche Vollmacht des Papstes!«

Maximilian überflog das Papier und überlegte kurz.

Eines seiner großen Ziele war die Krönung durch den Papst zum Römischen Kaiser wie schon sein Vater. Auf diplomatischem Wege hatte er schon seine Fühler ausgestreckt und es konnte sicher nicht schaden, wenn er ein offensichtliches Anliegen des Heiligen Vaters in Rom unterstützte. Auch der Name Sprengers hatte hohes Ansehen, schließlich waren er selbst und sein Vater Mitglieder in seiner Bruderschaft.

»Also gut«, sagte er dann und wandte sich zu seinem Schreiber um. »Schreibt: *Wir als christlicher Fürst wollen die apostolische Bulle schützen und verteidigen und nehmen die erwähnten Inquisitoren in umfassenden Schutz, indem wir allen und jedem dem Römischen Reiche Untergebenen befehlen und vorschreiben, bei der Ausführung der Glaubenssache den Inquisitoren jede Begünstigung und Unterstützung zu geben und auch das andere zu tun, wie es in der Bulle ausführlicher geschrieben steht. Maximilianus, von göttlicher Gnade König der Römer, immer kaiserliche Majestät, Erzherzog von Österreich, Herzog von Burgund, Lothringen, Brabant, Limburg, Luxemburg und Geldern, Graf von Flandern etc. Gegeben in unserer Stadt Brüssel, unter unserem Siegel am 6. November anno Domini 1486 im ersten Jahre unserer Regierung.*«

Institoris hätte einen Luftsprung machen können. Nun hatte er es auch noch von einem der mächtigsten Fürsten des Abendlandes schriftlich, dass sich alle ihm zu fügen hätten. Fast liebevoll strich er über das am Pergament herabhängende rote Siegel mit dem Abdruck in blauem Wachs.

In seiner Kammer raffte er eilig seine Habseligkeiten zusammen und suchte danach eine Schänke auf, wo er sich einen Krug Wein kommen ließ und diesen sogar auch noch selber bezahlte. Für den Rückweg nahm er die Kutsche, da es ja ein Besuch bei einem Fürsten war und ihm dies bei etwas großzügiger Auslegung der Ordensregel auch erlaubt war.

Nach vier Tagen traf er wieder in Speyer ein und marschierte unverzüglich in die Druckerei, wo ihn bereits ein wütender Peter Drach erwartete.

»Es ist ein einziges Durcheinander, das reine Chaos! Wie sollen wir so mit dem Setzen der Lettern anfangen? Kraut und Rüben!«, schrie dieser und knallte ein paar der eng beschriebenen und mit Randverbesserungen übersäten Papierblätter auf den Tisch.

»Dann verschwindet Ihr einfach sang- und klanglos von hier und kommt mit einem ganzen Packen neuer Einfügungen zurück, wo doch noch fast der ganze Teil für die Richter fehlt!«

»Bei diesem Abschnitt werde ich mich weitgehend an Eymericus halten, mein Comoer Amtsbruder ist da weitgehend der gleichen Ansicht wie ich. In so schwer wiegenden Fällen müsste der Richter frei nach der Schwere des Verdachtes ein Urteil fällen können, ebenso werde ich begründen, warum im Einzelfall von einer Appellation an den Heiligen Stuhl abzuraten ist, da die Juristen in Rom Deppen sind, aber das kann ich natürlich nicht so schreiben. Weiters kommt noch ...«

»Das interessiert mich alles keinen feuchten Dreck!«, schrie ihn Drach an. »Ich verfasse das Buch nicht, ich bin nur der Drucker! So, und nun nehmt das ganze Zeug mit und bringt es in Ordnung! Da habt Ihr auch schon die ersten Druckfahnen, soweit wir aus dem Durcheinander schlau geworden sind!« Er langte über den Tisch und drückte dem nun doch recht kleinlauten Bruder Heinrich einen Stapel Papier in die Hand. »Und beeilt Euch! Schließlich kann ich nicht den halben Betrieb stillstehen lassen!«, rief er noch nach, als Institoris durch die Türe auf die Straße trat.

Im Kloster erfuhr der Mönch von Wimpfeling, der Kaiser Friedrich sei immer noch nicht hier gewesen, werde aber für Anfang Dezember in Speyer erwartet.

»Jetzt seid Ihr also umsonst nach Brüssel gereist«, meinte der Domprediger dann bedauernd.

»Nein, es war nicht umsonst. Seht mal, was ich mitgebracht habe!«, lächelte Heinrich überlegen und holte das gerollte Pergament aus der Tasche.

In den nächsten Monaten hätte er auch keine Zeit für Majestätsbeleidigungen gehabt und wenn ihm ein Bekannter über den Weg gelaufen wäre, so wäre das mehr als Zufall gewesen. Bruder Heinrich hatte sich regelrecht in seiner Zelle vergraben, wo er nun einen Teil seiner eigenen Predigten in das Werk einbrachte, worüber der Drucker aber wiederum alles andere als erfreut war.

»Das Ganze ist – mit Verlaub – ein einziger Saustall«, tobte Drach, »da, schaut Euch einmal die Gliederung an. Da heißt es, es werden achtundvierzig Fragen zur Erörterung gestellt, aber plötzlich ist das Buch dann in achtzig Kapitel unterteilt. Das sind nur die Fehler, die mir aufgefallen sind. Uns läuft die Zeit davon und wir werden es jetzt so drucken, wie es ist! Fertig und aus! Es liegen schon einige Bestellungen vor und ich kann die Leute auch nicht ewig vertrösten!« Drach ließ nicht mehr mit sich reden. »Nach den Feiertagen Anfang Januar werden die ersten Exemplare ausgeliefert! Darauf könnt Ihr Gift nehmen!«, blaffte er böse, als Institoris einen Einwand wagte.

Als »Tractat gegen die Zaubernisse« hatte Drach es in seine Auslieferungslisten eingetragen, den Titel »Malleus Maleficarum« konnte er sich einfach nicht merken und wie das Ding wirklich hieß, war ihm herzlich gleichgültig. Für ihn zählten nur die Zahlen unter dem Strich – und die waren mehr als dürftig. Anfangs hatte durchaus Interesse an dem Werk bestanden und einige Exemplare wurden nach Süddeutschland und ins Rheinische ausgeliefert, aber jetzt lag es wie Blei am Lager. Was ihm seine Agenten meldeten, war auch nicht dazu angetan, seine Stimmung zu heben. Soeben war gerade sein bester Verkäufer Mathis bei ihm gewesen und hatte ihm gesagt, dass der »Hexenhammer« fast überall auf Widerstand stoßen würde.

»Ich habe mich an den Rat des Inquisitors gehalten und habe mich damit nur an gelehrte und gebildete Menschen gewandt. Sicher, ich habe jetzt wieder sechs Stück verkauft, aber es läuft einfach zäh und mühsam. Was vor allem Anstoß erregt, sind die sexuellen Obsessionen und schon ein paar Mal musste ich mir anhören, das Buch sei einfach schweinisch. Auch der Hinweis auf die päpstliche Bulle hilft nicht viel!«

25. KAPITEL

Durch das morgendliche Köln schlich ein Dominikaner mit tief ins Gesicht gezogener Kapuze, der sofort in eine Seitengasse abbog, sobald er auch nur von weitem eines Mitgliedes des geistlichen Standes ansichtig wurde. Zielstrebig hielt er dann auf die Sankt-Andreas-Kirche zu, in deren unmittelbarer Nachbarschaft er eine Türglocke anschlug und danach in das Innere des Hauses schlüpfte, wobei er sich aber kurz versicherte, dass ihm niemand gefolgt war. Den Gruß der Haushälterin erwiderte er nur knapp und stieg dann unverzüglich über die knarrende Holztreppe hinauf in den ersten Stock, wo er schon von Lambertus de Monte sowie Christian Wintzen und Arnold Kolich aus Euskirchen erwartet wurde.

In Speyer war es anfangs letzter Woche wieder zu einer heftigen Auseinandersetzung zwischen Institoris und Drach gekommen, der geschrien hatte, er fühle sich betrogen und hintergangen, da ihm der Inquisitor immer wieder von einem riesigen Markt vorgefaselt habe und Bruder Heinrich hatte zurück gebrüllt, er lasse sich nicht von einem unfähigen Drucker und Verleger sein Lebenswerk kaputtmachen. Wenn Drachs Gehilfen nicht eingegriffen hätten, wären sie sich an die Gurgel gegangen. Erst als Institoris versprach, ihm würde schon etwas einfallen und er könne sich darauf verlassen, hatte sich auch der Drucker wieder beruhigt.

Da hatte er nun eine Bulle vom Papst, einen Schutzbrief vom König und ein Buch mit einer Anleitung, mit der bis ins kleinste Detail beschrieben war, wie diese Hexen aufgespürt, überführt und verurteilt werden konnten. Trotzdem kam er nicht weiter. Der Bischof in Brixen würde sich in seiner Meinung über ihn erneut bestätigt fühlen. Allein der Gedanke an den Hohn und den Spott schmerzte beinahe körperlich. Er überlegte hin und her – er konnte nach Wien oder nach Bologna oder sonst wohin, aber dazu fehlte ihm einfach die Zeit. Die nächste angesehene Universität war in Köln und damit ausgerechnet dort, wo sein Ordensbruder und Intimfeind Jakob Sprenger saß, der zu allem Überfluss auch noch gerade zum Ordensprovinzial in Teutonia gewählt worden war und dem er besser nicht in die Quere kam. Dieser hatte die Wahl ausdrücklich nur unter der Bedingung angenommen, dass er gegen ihn, Bruder Heinrich Institoris, Doktor der Theologie und päpstlich bestellten Inquisitor, in seinen Handlungen freie Hand habe. Aber was seinem »Hexenhammer« noch fehlte, war eine Anerkennung durch wissenschaftliche Autoritäten und die gab es hier zur Genüge. Ein bereits von vier seiner Ansicht nach sowieso nur zweitklassigen Gelehrten unterzeichnetes Gutachten war vernichtend ausgefallen und wütend hatte er es in kleine Schnipsel zerrissen. Er brauchte eine Bestätigung mit einem unanzweifelbaren Siegel, dass die im »Malleus Maleficarum« vertretenen Ansichten und Thesen der Lehrmeinung der Kirche entsprachen oder ihr zumindest nicht entgegen standen und auch im Teil über die rechtliche Handhabung nichts zu beanstanden war.

Allerdings – wenn er jeden Einzelnen aufsuchen und ihm den »Hexenhammer« vorlegen würde, konnte er das gleich vergessen. Jeder würde das Buch genau prüfen wollen, der eine hätte hier Bedenken und der andere da etwas einzuwenden, der nächste würde den Kopf wiegen und mit scholastischer Nachdenklichkeit sagen, er müsse noch jemand anderen zu Rate ziehen und nach einem halben Jahr würde er von jedem zweiten die Antwort bekommen, »...bedauerlicherweise sei er noch nicht dazu gekommen ... Arbeitsüberlastung, das kenne er sicher. Aber in den nächsten Monaten ... sicher ...«

Nein, das konnte er getrost vergessen, abgesehen davon, dass er so schnell wie möglich wieder aus Köln verschwinden musste. Dem Sprenger traute er alles zu, sogar, dass er ihn auf offener Straße überfallen, ins Kloster schleppen und dort einsperren ließ.

Vorsichtshalber war er in einer einfachen Unterkunft abgestiegen und hatte nach zwei Tagen im Schutz der Dämmerung den Notar Arnold Kolich aufgesucht und ihm sein Anliegen geschildert und ihm vorgejammert, wie sehr er unter Zeitdruck stünde und was für ein gemeiner und niederträchtiger Mensch der Drucker Drach sei.

»Das trifft sich gut. Ich bin morgen zusammen mit meinem Kollegen Christian Wintzen beim Dekan der Fakultät Lambertus de Monte, er will sein Testament aufsetzen. Dort können wir alles Weitere vorbereiten.«

Nun stand Institoris im hellen Studierzimmer des Gelehrten und breitete eine beglaubigte Abschrift der Bulle und das Empfehlungsschreiben des Königs auf dem Tisch aus und überreichte de Monte ein Exemplar des »Hexenhammers«. Er wusste, er durfte jetzt keinen Fehler machen. »Ich habe mit den Herren alles bereits abgesprochen«, sagte er und kramte wieder in seiner Tasche, aus der er mehrere beschriebene Papiere hervorzog. »Es ist alles bereits vorbereitet«, fuhr er fort, »ich denke, wir fangen mit der Erwähnung und dem Inhalt der Bulle an, ebenso soll die Urkunde des Königs aufgeführt werden und dann kommen die einzelnen Stellungnahmen zu den einzelnen Kapiteln der jeweiligen Fachleute. Was meint Ihr?«, wandte er sich an den Notar Kolich, der ihn konsterniert ansah.

»Wo sind denn die Unterzeichner?«

»Hier!«, deutete Institoris auf den Haufen Papier vor ihnen.

»Das geht nicht!«, protestierte Kolich, »die Leute müssen persönlich anwesend sein und in meinem Beisein unterschreiben!«

»Habt doch Einsehen! Manche der verehrten Herren sind schon hochbetagt, andere sind durch ihre Lehrtätigkeit an der Universität verhindert und andere weilen derzeit gar nicht in der Stadt. Ich habe jeden Einzelnen im Beisein des Notars Johannes Vörde aufgesucht und bestätigen lassen, dass vermerkt werden darf ›Unterschrieben mit eigener Hand und‹« – er wühlte kurz in den Papieren – »›in persönlicher Anwesenheit!‹«

Misstrauisch nahm Kolich das Blatt entgegen und betrachtete es eingehend und reichte es dann an Wintzen weiter. »Scheint echt zu sein!«, murmelte dieser dann.

»Scheint? Ist! Er hat auch selbst unterschrieben!« Institoris hielt Kolich das nächste Papier mit der Beurteilung hin. Die Handschrift war die Gleiche. »Ihr kennt doch die Schrift von Andreas von Ochsenfurt?« Er wusste, dass sich die beiden gut kannten.

Kolich sah kurz auf den Zettel, den er ihm in die Hand drückte.

»Und hier: Thomas von Schottland!« Auch diesen kannte er und dessen steile Schrift war unverkennbar, ebenso das geschwungene »S« in seiner Unterschrift.

»Da! Theodericus von Bummel!«

»Ich kenne zwar seinen Namen, nicht aber seine Schrift. Das alles geht trotzdem nicht ...«, wandte der Notar nun aber deutlich schwächer ein.

»Aber die Schrift des Ochsenfurters und des Schotten sind echt?«

»Soweit ich es von hier aus beurteilen kann – ja.«

Institoris wusste, dass er ihn nun gleich am Haken hatte wie einen Fisch an der Angel.

Genüsslich drehte er sich zu de Monte um, der in seinem Sessel zu versinken schien und dem der Disput der anderen scheinbar völlig gleichgültig war. »Sehr gut!«, murmelte dieser immer wieder.

Institoris hatte beim Überreichen des Buches wie zufällig eine längere Abhandlung aufgeschlagen, in der öfter Zitate des Aristoteles und Thomas von Aquin vorkamen. Dazu hatte er vorsorglich noch einige Zettel mit weiteren Anmerkungen zwischen die Seiten gesteckt, da er von de Montes schon fast fanatischen Verehrung für die beiden wusste. Von der Fehlerfreiheit der Aristotelischen Philosophie war de Monte so fest überzeugt, dass er sich sogar dazu verstiegen hatte, die Heiligsprechung dieses Heiden zu fordern.

»Was meint Ihr?«, fragte Institoris scheinheilig.

»Wie ... was?«, schreckte der Dekan hoch.

»Ich möchte wissen, was Ihr davon haltet?«, setzte Bruder Heinrich sein freundlichstes Lächeln auf.

»Was die Philosophen angeht, kann ich nur zustimmen. Bei den anderen Kapiteln denke ich, dass sie genau so fundiert sind und würde beim rechtlichen Teil die Einschränkung machen: Soweit dem kirchlichen Recht nichts entgegen steht. Auch wäre ich bereit, als Erster zu unterschreiben!«

Institoris wandte sich wieder dem Notar zu. »Ihr habt es selbst gehört. Vor Euch liegen eine im ganzen Reich bekannte päpstliche

Bulle, eine Aufforderung des Königs, mich zu unterstützen und beglaubigte Stellungnahmen der hochgelehrtesten Köpfe in den Deutschen Landen. Jakob Sprenger, einer der angesehensten Männer Kölns, ist Mitverfasser dieses Buches! Und jetzt sitzt Ihr hier und zögert und zaudert und haltet Euch und uns mit haarspalterischen Formalitäten auf, während sich die Hexensekten rasend wie die Pest ausbreiten?«

Der Notar konnte einwenden, was er wollte, aber Institoris drehte ihm so lange jedes Wort im Mund um, bis Kolich selbst der Ansicht war, im Unrecht zu sein und sich für seine pedantische Starrsinnigkeit entschuldigte. Schließlich fing er an zu schreiben, dass Lambertus de Monte die Erfahrungen der hervorragenden Männer für glaubhaft finde und dass dieses Buch nur gelehrten Männern zugänglich gemacht werden solle, dass Jakob von Straelen, Andreas von Ochsenfurt, Thomas von Schottland, Johann Vörde, Ulrich Kreidweiß, Konrad Vorn, Cornelius Pays, Theodericus von Bummel und der Mitinquisitor Jakob Sprenger sich vorbehaltlos anschlössen. Unter den einzelnen Formulierungen ließ er Platz für die Unterschrift, die Institoris versprochen hatte, von jedem Einzelnen persönlich einsetzen zu lassen.

»Sprenger ist sicher am einfachsten. Ihr wohnt ja im Konvent!«

»Ja, sicher. Er wollte zwar auch selbst herkommen, war aber verhindert. Ich treffe ihn heute Abend«, log Institoris und tat so, als ob er sich schon jetzt darauf freuen würde.

Bruder Heinrich hatte darauf bestanden, dass sowohl die wesentlichen Punkte der Bulle als auch die Empfehlung durch den König Maximilian mit einbezogen würden. Der Notar Wintzen diktierte »In unserem sehnlichsten Wunsche – *in summis desiderantes affectibus* ... « und es ging schon auf den Abend zu, als Kolich mit kratzender Feder schrieb:

»... 1487, am Samstag, 19. Mai ungefähr um fünf Uhr nachmittags ... in meiner Gegenwart als öffentlicher Notar und der gerufenen und unterschreibenden Zeugen ... der ehrwürdige und gottesfürchtige Bruder, der Inquisitor Henricus Institoris, Professor der Theologie ...«

»Und Jacobus Sprenger, ebenfalls Professor und Inquisitor«, rief Bruder Heinrich dazwischen, »ich bestehe ausdrücklich darauf!

Sonst sieht es ja so aus, als ob ich die überragenden Verdienste meines lieben Mitbruders an diesem Werk unterschlagen wolle. Aber auch Bruder Sprenger verlangt, dass Ihr seine persönliche Anwesenheit vermerkt. Hier …« Er wühlte in seinen Papieren und hielt dann Wintzen ein Blatt hin.

»Ist schon gut!«, lachte dieser und warf einen flüchtigen Blick darauf. »Es würde sich wohl kaum jemand getrauen, seinen angesehenen Namen zu missbrauchen!«

Institoris verzog den Mund zu einem schiefen Lächeln. »Nein, das wagt bei seinem Ansehen niemand, der noch bei Trost ist«, lachte er dann laut auf, »der müsste schon ziemlich verrückt sein.« Der Gedanke schien ihn zunehmend zu erheitern. »Das muss ich ihm gleich morgen früh erzählen, heute werde ich ihn wohl nicht mehr sehen!«, fügte er dann noch immer scheinbar belustigt hinzu.

Lambertus de Monte saß derweil in seinem Sessel und war von der Lektüre sichtlich gefesselt, während Institoris langsam nervös wurde. Irgendetwas musste ihm einfallen, wie er an die verflixte Tinte kommen konnte. Schließlich würde es bestimmt Misstrauen erwecken und könnte zu unnötigen Nachfragen führen, wenn die Unterschriften verschiedene Färbungen aufwiesen. Hier stand, dass alle Unterzeichner persönlich anwesend waren, aber wohl keiner würde dazu sein eigenes Tintenfass mitgebracht haben.

Wenn jemand bei den Notaren nachfragte, würden sich diese zuerst winden und dann erklären, der Inquisitor habe beglaubigte Abschriften vorgelegt und sie hätten keinen Grund gehabt, an deren Echtheit zu zweifeln. Aber es stimme schon, persönlich sei kein Einziger außer dem Dekan anwesend gewesen … Er musste unbedingt verhindern, dass auch nur der Hauch eines Verdachtes aufkommen könnte und dazu brauchte er unbedingt dieselbe Tinte, mit der auch die Approbatio geschrieben war. Ursprünglich hatte er vorgehabt, die beiden Notare auf diesen Sachverhalt hinzuweisen, aber nach dem langen Disput mit Kolich war er wieder davon abgekommen. Der würde nur auf die beglaubigten einzelnen Papiere verweisen, die ja in seinem Besitz seien. Lieber dachte er nicht daran, was geschehen würde, wenn jemand auf die Idee käme, bei einem der Unterzeichner nachzufragen.

Institoris war geradezu dankbar, als der Dekan seinen Kopf hob und fragte, was es mit der im Buch erwähnten Hexe von Richshofen für eine Bewandtnis habe.

»Diese Frau wohnte in der Burg und hatte solchen Zulauf von armseligen Menschen aus weitem Umkreis, die unter Schadenszaubereien der Unholdinnen zu leiden hatten. Es waren so viele, dass der Burgherr schließlich eine Einnahmequelle entdeckte, indem er am Burgtor einen Wegezoll einforderte und damit nicht wenig Geld verdiente. Es wurde behauptet, sie, also dieses Weib, könne mit geheimnisvollen Mitteln, die sie aber nicht verriet, den Zauber brechen, aber das ist, wie ich ja auch an anderen Stellen des Buches nachgewiesen habe, nicht statthaft oder zumindest äußerst bedenklich.«

Er erzählte nun lang und breit von einem Kaufmann in Speyer, der noch kürzlich damit geprahlt hatte, ihm könne keine Hexe etwas anhaben und der dann doch durch den bösen Blick eines weitum bekannten bösen Weibes eines Besseren belehrt wurde, indem er seinen linken Fuß von einem Augenblick auf den anderen nicht mehr ohne furchtbare Schmerzen bewegen konnte. Seine Diener holten ein Pferd und brachten ihn zu einer Burg, wo aber seine Schmerzen nicht geringer wurden, sondern stetig zunahmen, sodass er am dritten Tag nach einem Bauern schicken ließ, der sich mit Gegenzauber auskannte und der ihm versprach, ihn ohne Anrufung von Dämonen heilen zu können.

»Dieser erhitzte also Blei in einem Löffel, bis es flüssig war, hielt es dann über sein Bein und goss es dann in eine Schüssel mit Wasser, wobei das Blei sonderbare Formen annahm. Der Bauer sah sich das alles genau an und meinte dann, er sehe ganz klar, dass es sich um kein natürliches, sondern um ein angehextes Gebrechen handle.« Die Stimme Bruder Heinrichs war immer eindringlicher geworden und auch die beiden Notare hörten ihm nun gespannt zu. »Wie er das nun sehen könne, wurde er gefragt. Es gibt sieben Metalle, hat darauf der Bauer geantwortet, die wiederum den sieben Planeten entsprechen. Saturn aber gebiete über das Blei, das den Schadenszauber anzeige, wenn man es über einem solchen ausgieße. Das Bäuerlein kam an den drei folgenden Tagen zu ihm, wobei er dann den Fuß berührte und Gebete murmelte, worauf der Kaufmann völlig gesundete.

Es handelte sich bei dem Bleigießen um keine abergläubische Handlung, da er es nur anwandte, um die Ursache der Schädigung mit Hilfe des Saturn herauszufinden.«

In der Stube wurde es nun immer dämmeriger und der Dekan erhob sich umständlich aus seinem Sessel und rief im Gang nach der Haushälterin, sie solle ein paar Kerzen anzünden und hereinbringen.

Institoris erzählte noch von geschädigten Kühen, denen man nur die Beinkleider des Besitzers an einem Feiertag auf den Kopf legen müsse, worauf diese unverzüglich zum Hause der Hexe laufen würden und dort dann unter lautem Brüllen und Muhen fortwährend die Hörner gegen die Türe stießen.

Scheinbar erschrocken sah er hinüber zum Fenster, das aber nur noch als schwarzes Viereck in der Mauer auszumachen war. »So spät schon!«, tat er überrascht und schlug sich mit der flachen Hand vor die Stirne.

»Ich wollte im Kloster in der Zelle noch ein wenig schreiben, habe aber keine Tinte mehr. Bis ich aber dort bin, ist es schon so spät, dass ich keinen meiner Mitbrüder belästigen möchte. Was mache ich nun?«, fragte er und trat ein wenig näher ins Kerzenlicht, damit die anderen sein ratloses Gesicht besser sehen konnten.

»Das dürfte das kleinste Problem sein«, lachte der Dekan und rief nochmals nach der Haushälterin, die kurz darauf mit einem kleinen Fläschchen zurückkam.

Erschrocken wehrte Institoris ab, als de Monte Anstalten machte, das Behältnis aus einem großen Gefäß aufzufüllen, das auf einem Schrank auf der Seitenwand stand. »Macht Euch keine Mühe«, sagte er schnell, »mir genügt die Menge, die sich noch im Tintenfass auf dem Schreibpult befindet. Darüber hinaus ist es schon zu dunkel und Ihr verschüttet vielleicht noch etwas und habt dann einen hässlichen schwarzen Fleck auf dem Boden und dann noch Ärger mit der Haushälterin!«

»Ihr seid sicher, dass das genügt?«, fragte der Dekan.

»Ja, ja, völlig!«, beeilte sich Institoris zu versichern.

Erleichtert atmete er auf, als er mit dem von den Anwälten beglaubigten Dokument und einer Abschrift davon wieder auf die Straße trat. Tief zog er wieder seine Kapuze in die Stirne und hastete durch enge Seitengassen mit krummmäuerigen Behausungen, an deren Wänden der Salpeter wie wuchernde Geschwüre ausblühte und sich der Gestank wie Kletten festzuklammern schien. Räudige, abgemagerte Katzen strichen um die Häuserecken, wortlos starrten ihn finstere Gestalten an und er vermied es, ihnen ins Gesicht zu sehen, da sie nur einen Grund für einen Streit suchten, um ihn dann von seiner Barschaft zu erleichtern.

Vor einer heruntergekommenen Hütte, an der die Balken zwischen den brüchigen Steinwänden faulten und deren Eingangstüre bereits so schief in den Angeln hing, dass sie sich schon gar nicht mehr ganz schließen ließ, hielt er an und rief mit heiserer Stimme durch den Spalt nach innen.

Schlurfende Schritte näherten sich mit einem flackernden Licht, das mehrmals zu erlöschen drohte und das dann auf dem festgestampften Lehmboden abgestellt wurde. Die Türe öffnete sich nur ruckweise, da sie mit jedem Tag stärker am Boden streifte und dort schon eine halbkreisförmige Vertiefung eingegraben hatte. Das verhutzelte Männchen hieß ihn mürrisch einzutreten und spähte ängstlich links die Gasse hinauf und rechts hinunter, bevor er sich mit seinem schmächtigen Körper von innen her wieder gegen die Türe warf.

Von Hieronymus Schnyder hatte er eigentlich mehr zufällig in einer Kaschemme in der Nähe von Speyer gehört. Am Nebentisch unterhielten sie sich darüber, dass das beste Mittel gegen die Gicht die Asche eines schwarzen Raben sei, den man aber lebendig fangen müsse und der von diesem Augenblick an den Erdboden nicht mehr berühren dürfe. Aufgehorcht hatte er dann, als später die Rede auf den Schnyder kam, der als Schulmeister entlassen worden sei, weil er Unterschriften und Schriftstücke gefälscht habe, und zwar so gut, dass das Original kaum von der Fälschung zu unterscheiden war. Institoris hatte sich darauf sofort an den Nebentisch gesetzt und einen Krug Wein für alle bestellt und nach und nach erfahren, dass sich dieser Schnyder einer Anklage durch eine Flucht nach Mainz entzogen habe.

»Dort ist er aber nicht mehr. Er ist jetzt in Köln!«, warf ein hagerer Mann ein.

»Was? In Köln? Woher willst du das wissen?«, entgegnete ein anderer.

»Er ist in Köln. Der Fiedler, ich meine den Landauer, der hat ihn dort getroffen. Er hat sogar bei ihm gewohnt!«, sagte der Hagere triumphierend. »Er wohnt dort in einem alten Haus, vor dem ein riesiger Fliederbusch oder ein Holunderstrauch steht, so genau hat er es auch nicht mehr gewusst. Es sei keine besonders gute Gegend, hat er auch noch gesagt und leben täte der Schnyder mehr schlecht als recht von gelegentlichen Unterrichtsstunden und Gelegenheitsarbeiten.«

»Wann war das? Ich meine, wann hast du den Musikanten getroffen?«, wollte Institoris wissen und ließ noch einmal einen Krug Wein auffahren.

»Vorgestern! Er ist jetzt in Speyer!«

»Soso«, sagte der Mönch, nachdem er einen großen Schluck genommen hatte. »Unterschriften hat er also gefälscht!«

»Ja, und so gut, dass die Leute nicht unterscheiden konnten, welche letztendlich ihre eigene war«, bestätigte ein anderer.

In Speyer war es dann keine große Schwierigkeit, den Musikanten ausfindig zu machen und Institoris faselte, er würde den Schnyder schon lange kennen und er müsste in der nächsten Zeit sowieso nach Köln, worauf ihm der Landauer genau den Weg und das Haus beschrieb.

Erheblich schwieriger war es, Schriftproben der in Frage kommenden Gutachter zu besorgen, aber nach und nach bekam er auch diese zusammen, da es sich fast durchwegs um Gelehrte mit einem weit verzweigten Schriftverkehr handelte. Aber es waren doch ein paar dabei, von denen er nichts auftreiben konnte. Diese schrieb er selbst an und bat sie um Rat in irgendeiner Frage auf ihrem Fachgebiet mit der Bitte um baldmöglichste Beantwortung.

Noch am gleichen Tag seines Eintreffens in Köln hatte er den ehemaligen Schulmeister aufgesucht und es hatte nicht allzu viel Zuredens, sondern nur einer Hand voll größerer Münzen bedurft, um mit dem Schnyder handelseinig zu werden.

»Wenn sie mich erwischen …«, wagte dieser zaghaft einzuwenden, während er mit hungrigen Augen auf das Geld auf dem wackeligen Tisch starrte.

»Papperlapapp«, hatte Institoris entgegnet, »was glaubst du erst, was los ist, wenn sie mir dahinter kommen!« Aus seiner Tasche zog er dann verschiedene Papierbogen, die er sich bei Drach besorgt und dabei darauf geachtet hatte, dass sie verschiedene Strukturen, Färbungen und Maserungen aufwiesen. Dazu legte er zwei eng beschriebene Blätter mit bereits von ihm vorformulierten Texten der einzelnen Gutachter. »Das brauche ich bis morgen Abend!«, sagte er in einem Ton, der keinen Widerspruch duldete. »Das hier ist die Anzahlung. Den Rest bekommst du, wenn die Arbeit fertig ist und zur Zufriedenheit ausfällt!«

Der Schulmeister hatte es trotz der knappen Frist nicht eilig, sondern versteckte zuerst einen Teil des Geldes unter einer der losen Dielen und suchte danach unverzüglich eine Wirtschaft auf, wo er sich zum ersten Male wieder seit Wochen den Bauch mit einem großen Teller Kohlsuppe voll schlug, in der ein paar faserige Fleischstücke schwammen. Seine immer noch ängstlichen Bedenken betäubte er mit einem großen Krug Bier und machte sich dann sofort auf den Weg nach Hause, wo er die erste obenaufliegende Schriftprobe einige Zeit lang eingehend besah und sich dann einen dem Schriftbild entsprechenden Gänsekiel zurechtschnitt. Nachdem mehrere Versuche zu seiner Zufriedenheit ausgefallen waren, nahm er ein leeres Blatt und begann abzuschreiben: *Ich, Thomas de Scocia, Doktor der heiligen Theologie, wenn auch unwürdiger, denke übereinstimmend mit allen unseren ehrwürdigen vorstehenden Magistern über den Inhalt …*

Nun stand der Mönch wieder vor ihm in der durch den dürftigen Kerzenschein kaum erhellten Stube und Schnyder spürte, wie trotz der lauen Frühlingsnacht ein leichtes Frösteln über seinen Rücken kroch.

»Hier ist wie versprochen die Tinte«, kam aus dem Halbdunkel befehlend die schnarrende Stimme, »setz alle Unterschriften ein, benutze dabei aber nur einen Federkiel und nur diese Tinte!« Institoris stellte das Fläschchen auf den Tisch und legte die beiden Urkunden dazu. Nachdenklich starrte er auf die Papierrollen, räusperte sich dann und drehte sich dann zu Schnyder um. »Nein, nicht alle«, sagte er dann, »die von Jacobus Sprenger lässt du weg! Vorläufig zumindest!«, fügte er hinzu, als er merkte, wie ihn der ehemalige Schulmeister verwundert ansah.

Ihm waren zunehmend Bedenken gekommen, hier mitten in Köln und damit faktisch unter den Augen des Priors dessen Unterschrift fälschen zu lassen. Wenn dieser davon Wind bekommen sollte, würde ihn dieser ohne mit der Wimper zu zucken nicht nur im Kloster einsperren, sondern in den Kerker werfen lassen. Aber nicht nur das – auch seine ganze Arbeit und Mühe, die er sich mit dem »Hexenhammer« gemacht hatte, wäre womöglich umsonst gewesen. Mit Freude würde Sprenger auch alles daransetzen, ihn aus dem Orden ausstoßen zu lassen, der Bischof Golser würde sich hämisch über ihn lustig machen und selbst noch im fernen Rom würden sie über ihn spotten. Aber er konnte auf seine Unterschrift nicht verzichten, schließlich war Sprenger auch Dekan der Universität und erst durch die Beglaubigung durch ihn erhielt die Urkunde das nötige Gewicht.

»Nein, lass seine Unterschrift weg«, wiederholte er halblaut. So ließ er sich ein kleines Schlupfloch offen und er konnte immer noch behaupten, es sei nur durch ein dummes Missgeschick dazu gekommen, dass man ihn nicht in das Haus des Lambertus de Monte eingeladen hätte. Auch dem Einwand, er, Sprenger, würde den Inhalt des »Hexenhammers« überhaupt nicht kennen, könnte er so leichter begegnen. Mit erstaunten Augen würde er etwaigen Fragestellern antworten, das sei ihm vollkommen unverständlich und nicht erklärlich, da er ausdrücklich einen Angestellten des Druckers Drach angewiesen habe, ihm persönlich ein Exemplar zu übergeben. Für ihn sei es selbstverständlich außer Frage gestanden, dass auch der hochverehrte Mitbruder und Prior zu demselben Schluss wie alle anderen Unterzeichner gekommen wäre, allein schon deswegen, weil von ihm ja auch kein Einwand gekommen sei.

Sprenger würde ihn in einem Kloster einsperren lassen und ein Disziplinarverfahren gegen ihn anstrengen – das wäre bestimmt nicht sonderlich angenehm, aber sicher immer noch harmlos gegen das, was ihn erwartete, sollte er ihn wegen Urkundenfälschung überführen. Das wäre das Ende seiner mönchischen Existenz – was sollte er denn dann noch anfangen? Schließlich war er im achtundfünfzigsten

Lebensjahr und er malte es sich lieber nicht aus, wie seine Zukunft aussehen würde, wenn …

Trotzdem. Überall hatte er herumerzählt, sein Inquisitorenkollege Jakob Sprenger sei Mitverfasser des »Hexenhammers« und sogar mehr als einmal betont, dieser hätte sogar den allergrößten Teil des Werkes selbst geschrieben. Das Dumme war nur, dass er das immer bei Leuten behauptet hatte, von denen er wusste, dass sie ihm selbst nicht sonderlich wohl gesonnen waren. Auch beim Kaiser Maximilian hatte der Hinweis seine Wirkung nicht verfehlt. Aber er konnte es drehen und wenden, wie er wollte: Es würde bestimmt mehr als merkwürdig erscheinen, wenn Sprenger selbst mit keinem einzigen Buchstaben zu Wort käme. Aber auch dafür hatte er schon eine Lösung gefunden. Sein Mitbruder würde die »Apologia«, das Vorwort verfassen und das Werk, sein Werk, ins rechte Licht rücken.

Gebeugt saß nun der Schnyder an seinem Tisch und schrieb nun im zitterigen Schein zweier Kerzen, was ihm der Mönch in die Feder diktierte.

»*… wenn aber jemand glaubt, uns der Lüge bezichtigen zu müssen, so nehmen wir diesen Streit getrost an. Derjenige soll aber wissen, dass dieses Werk alt und neu zugleich ist, gleichzeitig kurz, aber auch weitläufig. Dem Stoff und dem Gewicht nach ist es sicherlich alt, neu ist es aber in der Herstellung der Bezüge, kurz ist es wegen der gekürzten Anführung vieler Autoren, lang wegen der unermesslichen Bosheit der Hexen und ihrer Untaten.* Punkt!«

Bruder Heinrich lächelte stolz in sich hinein, da er spürte, wie er Wort für Wort den Ton traf. Falls es Sprenger zu Gesicht bekäme, würde dieser ganz sicher eine Zeit lang angestrengt überlegen, wann und wo er denn das geschrieben haben könnte.

Demut. Du brauchst jetzt Demut, dachte er bei sich und fuhr beinahe übermütig fort: »*Wir sagen dieses nicht, um die Werke anderer Autoren zu schmälern und unseres ruhmsüchtig und hoffärtig in die Höhe zu stellen. Deswegen soll es auch nicht als unser Werk angesehen werden, sondern als Verknüpfung der Schriften anderer hochgelehrten Männer.* Punkt!«

Institoris ließ sich alles noch einmal vorlesen, verbesserte da einen Satz und stellte dort noch ein Wort um, bis er sicher war, dass auch Sprengers Sekretär Servatius Vanckel bezeugen würde, ein Schriftstück des Priors vor sich zu haben.

»Das Ganze in einfacher Ausführung und mit Sprengers Schrift und Signatur!«, sagte Institoris herrisch. »Ich hole es morgen Abend ab!«

»Geld? Was ist mit dem Geld?«

Bruder Heinrich langte in die Tasche seines Habits und legte murrend ein paar Münzen auf den Tisch.

26. KAPITEL

Neben dem rauen Karrenweg schälte sich ein älterer Mönch aus einer härenen Decke zwischen den Ästen einer frisch gefällten Tanne, mit denen er sich einen notdürftigen Unterstand hergerichtet hatte.

Vor fünf Tagen war er im Schutz der Dämmerung zur halb verfallenen Behausung von Schnyder geschlichen, nachdem er beim Notar Kolich das Original der nunmehr mit einem Siegel versehenen Beglaubigung abgeholt hatte. Auch der Schulmeister war inzwischen mit Sprengers Einführung fertig und hatte dann geschimpft wie ein Rohrspatz, als ihm Institoris nur einen Teil des von ihm erwarteten Betrages auf den Tisch legte. Ohne sich lange mit dem Schnyder einzulassen, hatte er diesen einfach stehen gelassen und war gleich in der noch mondhellen Nacht zum südlichen Stadttor aufgebrochen, da er keinen Augenblick länger als unbedingt nötig in Köln bleiben wollte.

Während er nun hinter einer Buche sein Wasser abschlug, stieg ihm der Rauch eines Feuers in die Nase, der aus dem Wald zu kommen schien. Ein paar halb zerlumpte Kinder tollten mit hellem Lachen und übermütig schreiend zwischen den Bäumen durch die bereits hoch stehenden Farne, schwere Tautropfen stoben glitzernd auf im Sonnenlicht und verschwanden dann im hellen Grün.

Landfahrer, dachte Bruder Heinrich erleichtert. Seit gestern Mittag hatte er keinen Bissen mehr gegessen und der Hunger stach in seinem Bauch.

Neben dem qualmenden Feuer stand ein kleiner Handwagen, an dessen Seitenwänden zwischen Kesseln und Töpfen allerlei Gerätschaften befestigt waren. Im Karren selbst lag der Hausrat zwischen verflickten Röcken und Hosen, aus einer Schüssel leuchteten gelbe Pfifferlinge zwischen braunen Maronen und aus einem Ledersack an der wie ein Kreuz aufgerichteten Zugdeichsel tropfte gelegentlich ein wenig Wasser.

Pfannenflicker – das sah er auf den ersten Blick.

Die beiden Leute blickten ihm nicht besonders freundlich entgegen. Sicher würde sie der Mönch gleich um Essen anbetteln, wo sie doch selbst kaum wussten, wie sie vier Mäuler stopfen sollten und um Geld zu sparen, wann es nur ging, im Wald übernachteten, anstatt in einer Winkelherberge abzusteigen.

»Gelobt sei Jesus Christus!«, grüßte Bruder Heinrich mit freundlichem Lächeln.

»In Ewigkeit, Amen!«, erwiderten die beiden mürrisch.

Aus den Augenwinkeln bemerkte er, wie die Frau Daumen, Zeigefinger und kleinen Finger der linken Hand übereinander legte und sie kurz auf ihn richtete, während sie sich einen Augenblick unbeobachtet fühlte.

Du dumme Kuh, dachte er bei sich, du weißt wohl nicht, dass mir dein Zauber nichts anhaben kann! So einfach wirst du mich nicht los! Aber er behielt sich in der Gewalt und redete trotzdem scheinbar fröhlich weiter. »Ein schöner Morgen, nicht wahr? Ich wollte gestern noch bis Mainz kommen, bin aber dann von der Nacht überrascht worden. Da – schaut her!« Er deutete mit ratlosem Gesichtsausdruck auf seine mit klebrigen Harzflecken überzogene Kutte.

»Das geht mit Schnaps oder scharfem Essig wieder heraus«, sagte die hagere Frau.

»Habt ihr so etwas?«

Mit unwilligem Gesicht brachte sie vom Karren eine irdene Flasche, die sie ihm zusammen mit einem alten, löcherigen Lumpen in die Hand drückte.

Umständlich ließ sich Institoris auf einem in einem Lichtfleck von der Sonne beschienenen Baumstumpf nieder und begann langsam und bedächtig mit der scharf riechenden Essenz seine Ordenstracht zu putzen. Dabei versuchte er, den Mann in ein Gespräch zu verwickeln, der ihn aber nur unter buschigen Augenbrauen anstarrte und seine Fragen einsilbig nur mit »Ja« oder »Nein« beantwortete, während sich seine Frau wortlos an dem großen Topf zu schaffen machte, der an einem dreibeinigen Gestell über dem Feuer hing.

Aus einiger Entfernung drangen gedämpft die hellen Stimmen der Kinder herüber, die nun offensichtlich Verstecken spielten, aber ihre Mutter schien keine Anstalten zu machen, sie zum Essen zu rufen. Als die Frau den Topf an der Kette um einige Ringe höher hängte, um ein Anbrennen zu verhindern, wusste er, dass sie ihm freiwillig keinen Bissen anbieten würden. Aber er tat so, als ob er die ungeduldigen Blicke nicht bemerkte, die sich die beiden zuwarfen.

Ein leiser Wind raschelte in den Baumkronen, die Bläue des Himmels wich einem leichten Grau, das sich aber zunehmend dunkler und dunkler verfärbte.

»Es wird Regen geben. Wenn Ihr noch trocken nach Mainz kommen wollt, solltet Ihr aufbrechen!«

Bruder Heinrich schien den zweiten Satz überhört zu haben. »Regen. Ja, Regen. Davon haben wir auch in diesem Jahr mehr als genug. Es sind diese verfluchten Hexen, die sich mit dem Fürsten der Finsternis verbunden haben und ihr verderbliches Unwesen treiben.«

Das Rascheln über ihren Köpfen war nun lauter geworden und auch die Stimmen der Kinder waren nur noch dann zu hören, wenn sie ein Windfetzen zu ihnen herüber trug. Ein fahler Lichtschein zuckte für die Länge eines Wimpernschlages über den nunmehr beinahe pechschwarzen Himmel, aus der Ferne drang drohend das grummelnde Rollen des Donners. Das Tosen wurde stärker, die Wipfel des Waldes beugten sich unter der Last des Windes und schnellten dann unter dem zischenden Rauschen der Äste und Zweige zurück.

Die Frau war gerade mit dem gelegentlichen Umrühren des Muses beschäftigt und Institoris sah, wie sie erschrocken innehielt, als ein langgezogener Strahl mit einem beinahe gleichzeitigen Krachen einherging.

Mit einem Satz fuhr er in die Höhe. »Wie herum hast du gerührt? Wie herum? Rechts oder links?« Der Mönch schien plötzlich wie von Sinnen zu sein.

»Komm jetzt nur nicht damit, du wüsstest es nicht mehr! Glaubst du, ich habe vorher nicht gesehen, wie du mir mit den Fingern einen Verwünschungszauber oder noch etwas Schlimmeres zufügen wolltest? Also – wie herum?«, schrie er auf die verdatterte Frau ein, die mit aufgerissenen Augen erstarrt vor ihm stand.

Auch ihr Mann war von der völlig unvorhersehbaren Wandlung des Mönches völlig überrascht, fasste sich aber dann schnell. »Rechts herum«, sagte er dann mit ruhiger Stimme, »sie rührt immer rechts herum!«

»Habe ich dich gefragt?«, belferte Institoris über die Schulter zurück, ohne die Frau aus den Augen zu lassen und fixierte sie von unten bis oben.

Tatsächlich, ihre dichten schwarzen Haare wuchsen an den Schläfen bis weit nach vorne in die Stirne und es gab Hinweise dafür, dass dies zumindest ein Zeichen Satans sein könnte. Auch der Inquisitor von Como hatte ihm davon berichtet und erzählt, dass die Bevölkerung von Como besonders darauf geachtet hätte und er selbst davon eigentlich überrascht gewesen sei, wie alle betroffenen Weibsbilder dann bei der peinlichen Befragung ausnahmslos gestanden hätten.

»Was ist jetzt? Rechts oder links?« Seine Augen hatten einen lauernden Ausdruck angenommen.

»Re … rechts«, stammelte die Frau, der alle Farbe aus dem Gesicht gewichen war. Schließlich wusste jedes Kind, was Rühren nach links zu bedeuten hatte.

Inzwischen hatte der Hunger als auch das heftig aufziehende Gewitter die beiden Kinder zurück getrieben. Sie mochten so um die sechs bis acht Jahre alt sein, aber Institoris tat sich immer mit dem Schätzen schwer, was Kinder anbelangte, da er sie nicht mochte. Bei ihrem Anblick wurde er immer daran erinnert, dass auch er selbst das Ergebnis einer fleischlichen Vereinigung war und nur schaudernd dachte er dann an die Wollust, die seine Eltern womöglich bei seiner Zeugung empfunden haben könnten.

Die beiden Balgen nahm er daher nur widerwillig zur Kenntnis, wie sie nun dreckverkrustet vor ihm standen und ihn wie scheue Wildkatzen anstarrten. Bei dem Mädchen wuchsen die Haare ebenso wie bei der Mutter weit nach vorne in die Stirne, beim Knaben konnte er nichts dergleichen feststellen. Aber vielleicht lag es auch daran, dass dessen langer Schopf wirr ins Gesicht hing.

»Sind das eure Kinder?«

»Von wem sollen sie denn sonst sein«, fragte der Mann, »seht Ihr denn sonst noch jemanden hier?«

»Das meine ich nicht!«, fuhr ihn der Mönch scharf an. »Sondern ich meine, ob die beiden eure leiblichen Kinder sind?«

Institoris musterte das Mädchen eingehend und je länger er es ansah, desto mehr verdichtete sich sein anfänglicher Verdacht zur beinahe sicheren Erkenntnis, als er bei beiden auch noch ein Muttermal auf der Höhe des Wangenknochens entdeckte. Sowohl die Mutter als auch das Kind waren nicht auf natürliche Art gezeugt, sondern verdankten ihre Existenz einem Incubus!

Dem Mann hatte es zunächst die Sprache verschlagen. »Habe ich richtig verstanden – ob das unsere eigenen Kinder seien?«

»Ja, genau das möchte ich wissen!«

»Das ist schon möglich, dass Ihr das wissen wollt – nur, was geht das Euch an?« Der Mann begann auf die unverschämten Fragen des Mönches wütend zu werden.

»Seht selbst! Die dicht in die Stirne wachsenden Haare deiner Frau. Und schau dir die deiner – ich sage mal angeblichen Tochter – an. Aber nicht genug damit! Beide haben dazu noch ein Mal im Gesicht und beide an der gleichen Stelle!«

»Na und? Was wollt Ihr damit sagen?« Das Gesicht des Mannes begann sich rot zu färben, was aber Institoris in keiner Weise zu beeindrucken schien.

»Dein Kind wurde vermutlich von einem Incubus gezeugt. Ebenso deine Frau! Das heißt, die Teufelsbuhlschuft ist in deiner Familie schon in der zweiten Generation!«

Die Frau wurde noch bleicher und auch das Mädchen bekam es mit der Angst zu tun, so wie sie dieser finstere Mönch ansah. Sie begann zu weinen und rannte hinüber zur Mutter, wo sie sich schutzsuchend an deren verflickter Joppe festklammerte.

Institoris schrie nun mit bedrohlich rollendem »R« mit dem Gewitter um die Wette, es sei möglich, dass der Mann selbst auch mit dem Satan im Bunde stünde, aber es sei auch möglich, dass zumindest die Tochter ohne sein Wissen von einem Dämonen in Männergestalt gezeugt worden sei und seine Erfahrung als Hexenjäger sage ihm, dass dies auch schon bei seiner Frau der Fall gewesen sei.

Die Frau begann beim Wort »Hexenjäger« am ganzen Körper zu zittern und beteuerte mit bebender Stimme immer wieder: »Ich bin keine Hexe ... ich bin keine Hexe ... und mein Kind auch nicht!«

»Das sagen sie alle!«, antwortete der Mönch kalt.

Ein greller Blitz zerschlitzte die schwarzen Wolken und der Wind trieb die ersten schweren Tropfen in die Lichtung. Das folgende zornige Krachen des Donners ließ sogar den tobenden Mönch zusammenzucken. Die beiden Kleinen wussten nicht mehr, wovor sie mehr Angst haben sollten – vor dem auf ihre Eltern einbrüllenden Mönch oder dem Unwetter über ihnen und fingen an, aus Leibeskräften zu plärren.

»Das war sie! Sie hat das Wetter herbeigezaubert, um mich loszuwerden! Ich habe sie doch ertappt, wie sie bei meiner Ankunft die Finger gegen mich gespreizt hat!«, schrie Institoris mit sich beinahe überschlagender Stimme.

»Jetzt reicht's aber!« Mit einem Aufschrei riss der Mann einen etwa armdicken, noch glosenden Ast auf dem inzwischen halb herunter gebrannten Feuer.

»Wage es ja nicht, mich anzurühren. Du weißt, was dann euch allen blüht, ihr werdet alle exkommuniziert!«, drohte Institoris und beschloss, vorerst keinen Finger breit von der Stelle zu rücken. Zu laufen begann er erst, als er sah, dass dem Pfannenflicker ernst war und dieser mit zum Schlag erhobenen qualmenden Prügel auf ihn los stürmte.

Zuerst über die Lichtung, dann über den Karrenweg trieb er den Mönch durch den inzwischen herab prasselnden und schon vereinzelt mit Hagelkörnern durchmischten Regen und jagte ihn so lange vor sich her, bis er selbst japsend nach Luft ringen musste und nur noch Kraft für ein paar unverständliche, stoßweise nachgeschriene Verwünschungen hatte.

Obwohl sie Unterstand unter dem weit ausladenden Geäst einer Eiche gesucht hatten, hingen auch der Frau und den Kindern die Haare triefend vom Kopf.

»Dem habe ich es aber gegeben! Wir verschwinden sofort von hier. Und zwar in die entgegengesetzte Richtung hinauf ins Kurtrierische!«, keuchte der Mann erschöpft ob der ungewohnten Anstrengung.

Bruder Heinrich hatte das Vorkommnis bereits längst zur Seite geschoben. Schließlich standen wichtigere Dinge an als die Verfolgung einer armseligen, habenichtsigen Pfannenflickerfamilie. Das konnte warten, sie würden der Gerechtigkeit schon irgendwann über den Weg laufen.

In Mainz suchte er gleich nach seiner Ankunft einen Notar auf, mit dem er sich unverzüglich in die Druckerei von Peter Schöffer begab. Zwar hätte es nicht unbedingt einer notariellen Beglaubigung bedurft, aber ihm ging es nun darum, möglichst viele Zeugen mit einzubeziehen, die die Echtheit der Dokumente bestätigen würden, falls irgendjemand irgendwelche Zweifel anmelden würde. Bei Schöffer hatte er schon seine Bulle drucken lassen und auch Drach hatte ihn an Schöffer verwiesen, weil er selbst mit dem Druck des Pilgerbuches bis über beide Ohren ausgelastet war und sich zudem weigerte, seine Nerven weiter – wie er sagte – mit den kruden Einfällen von Institoris zu strapazieren.

Peter Schöffer war nach der undurchsichtigen Übernahme der Gutenberg'schen Druckerei durch Johannes Fust damals bei diesem geblieben. Nach dem Tode Fusts heiratete er dessen Tochter und führte nun das Unternehmen weiter, aber seine Geschäfte gingen zur Zeit eher schleppend, während Drach oft nicht mehr wusste, wo ihm der Kopf stand. Schöffer war dann froh, wenn der Speyerer ihm gelegentlich einen kleineren Auftrag zukommen ließ.

Erleichtert atmete Institoris auf, als der Notar nach einer Weile bestätigte, dass sowohl die durch den Kölner Anwalt gesiegelte Approbatio in Ordnung sei, wenn auch die Unterschrift von Jakob

Sprenger fehlte. Bruder Heinrich war darauf vorbereitet und erklärte wortreich, dass dieser zwar selbstverständlich wie alle anderen Unterzeichner auch anwesend gewesen sei, aber aus irgendwelchen Gründen schlicht vergessen habe, aber in diesem Falle sei es sicher nebensächlich, da Sprenger wohl kaum seinem eigenen Werk die Zustimmung versagt haben würde.

»Hier, seht selbst! Er hat ja auch noch eigenhändig das Vorwort verfasst!«

Der Notar warf auf das mit »Apologia« überschriebene und mit »Jacobus Sprenger« unterzeichnete Schriftstück nur einen flüchtigen Blick und nickte dann stumm. »Wie viel?«

Bruder Heinrich überlegte einen Moment. Dreihundert Exemplare des »Hexenhammers« waren gedruckt und an die zwanzig bereits verkauft. Wären also zweihundertachtzig, aber so viel brauchte er nicht. »Zweihundertdreißig Stück«, antwortete er dann, »und schnellstmöglichste Lieferung an Drach!«

27. KAPITEL

»Mehr kann ich leider nicht anbieten!«, sagte die blonde Frau verlegen und stellte einen Krug mit drei Bechern auf den Tisch, dazu legte sie noch ein paar Scheiben warmes Graubrot, das sie kurz vorher noch am Herd angeröstet hatte.

Leonhard griff begierig zu, worauf Niklas seinen Mitbruder leicht gegen das Schienbein trat und ihm mit einem Blick bedeutete, er solle sich mäßigen.

»Nein, nein, so schlecht geht es uns nun auch wieder nicht. Es ist nur momentan nicht viel mehr im Haus, weil Afra noch nicht auf dem Markt war«, lachte Cornelius, dem das Ganze nicht entgangen war.

»Deinen Brief habe ich bekommen und ich war auf dem Herweg auch bei deinen Schwiegereltern, wie ich es versprochen habe. Aber ...« Niklas machte eine Pause und sah ernst zu Afra, die nun aus der Dämmerung des rückwärtigen Teiles der niederen Stube zu ihnen getreten war und ihn erwartungsvoll anstarrte. »Aber«, fuhr er fort und kratzte sich am Kopf, »um es geradeheraus zu sagen, es hat nicht viel genutzt. Dein Vater ist immer noch wütend auf euch beide und als was er dich bezeichnet hat« – er wandte sich an Cornelius – »möchte ich lieber nicht wiederholen!«

Niklas sah, wie es Afra die Tränen in die Augen trieb. »Was hätten wir denn tun sollen? Cornelius ist meinetwegen aus dem Orden ausgetreten und als er um meine Hand angehalten hat, bekam mein Vater einen Tobsuchtsanfall. ›Nur über meine Leiche!‹, hat er geschrien und er wäre zornrasend auf Cornelius losgegangen, wenn sich nicht meine Mutter und ich vor ihn gestellt hätten. Mir hat er gedroht, dass er mich sofort am kommenden Tag in das nächstbeste Kloster stecken würde. So habe ich meinen Vater noch nie erlebt … auch die Mutter konnte ihn nicht besänftigen … er … er …« Ihre schmalen Schultern begannen zu zucken, laut aufschluchzend ließ sie sich auf einen Schemel fallen und verbarg das Gesicht in ihren Händen.

Cornelius stand auf und legte unbeholfen den Arm um sie. »Ist schon gut … ist schon gut!«, versuchte er sie zu beschwichtigen.

»Ich liebe ihn doch … und selbst mein Vater kann das nicht verhindern!«, stammelte sie und wischte sich mit dem Ärmel über die Augen.

Leonhard fühlte sich unbehaglich und wusste nicht, wie er sich verhalten sollte. Unbeweglich saß er am Tisch und stierte auf irgendeinen imaginären Punkt an der Wand gegenüber.

»Lass deinem Vater etwas Zeit – Zeit heilt viele Wunden. Aber jetzt ist er noch nicht so weit und er kann es auch nicht verwinden, dass ihr noch in der gleichen Nacht verschwunden seid. Er betrachtet es als so etwas wie Verrat, da ihr das ja vorher abgesprochen habt! Ihr müsst ihn verstehen – da kommt ein Mönch daher, der mit dem Klosterleben nicht fertig geworden ist, der zudem noch arm ist wie eine Kirchenmaus und auch kaum Aussicht auf eine Arbeit hat und will die Tochter des Medicus heiraten, die jeden zweiten angesehenen Bürgersohn in der Stadt hätte haben können!«

»Ich wollte aber einen Mann, den ich auch liebe!«, antwortete Afra trotzig.

Niklas musste lachen, während Leonhard noch immer die Wand anstarrte. »Wie seid ihr denn hierher gekommen und wovon lebt ihr?«, wollte er dann wissen.

»Hm, das ist eine lange Geschichte. Wir haben deinen Rat befolgt und noch fast ein Jahr gewartet, bis wir beide uns ganz sicher waren.« Cornelius warf dabei Afra einen verliebten Blick zu, worauf Leonhard rot anlief. »In Friesach habe ich dann um meine Entlassung aus dem Orden angesucht, was aber kein so großes Problem war, wie ich es mir vorgestellt hatte, ich war ja nur ein niederer Bruder und hatte nur die zeitlichen Gelübde abgelegt. Zwar hat der Abt mit allen Mitteln versucht, mich umzustimmen und meine Zukunft in den dunkelsten Farben ausgemalt, aber mein Entschluss stand fest. Mit Gelegenheitsarbeiten schlug ich mich mühsam wieder nach Augsburg durch, wo mir bald klar wurde, dass ich dort verhungern würde. Wo ich auch selbst nach der geringsten Arbeit nachfragte, kannte man bereits meine Geschichte und es war manchmal schon beinahe lächerlich, welche Ausflüchte herhalten mussten, um mich wieder loszuwerden. Ohne Verwandtschaft oder Zugehörigkeit zu einer Zunft kommst du dir vor wie ein Maikäfer, der auf dem Rücken liegt. Du kannst strampeln, so viel du willst – aber es ist zwecklos. Hinter uns wurde bereits getuschelt, obwohl wir uns nur heimlich und das auch nur nachts trafen. Wir beschlossen also, so bald als möglich bei Afras Eltern vorstellig zu werden. Vorher hatten wir noch abgemacht, notfalls in der gleichen Nacht zu fliehen und weit fort zu gehen, wo uns niemand kennt …«

»Was wir dann auch getan haben. Aber meine Mutter hat wahrscheinlich so etwas geahnt und hat mich abgepasst …«, warf Afra ein und die Erinnerung an die letzten Augenblicke an daheim trieben ihr wieder die Tränen in die Augen, aber ihre Stimme blieb fest. »Sie wusste, dass meinem Vater mit dem Kloster ernst war und sie versuchte deshalb auch nicht, mich zurückzuhalten. ›Hier, mein Kind, nimm das. Ihr werdet es brauchen!‹, hat sie noch gesagt und mir einen kleinen Beutel mit Geld in die Hand gedrückt.«

Cornelius nickte. »Ja, das haben wir wirklich gebraucht. Sie ist eine gute Frau.« Er goss sich noch etwas von dem verdünnten Holundersirup in den Becher und nahm einen großen Schluck. »Weit, weit weg von Augsburg. Wir müssen irgendwo hin, wo mich niemand kennt, habe ich immer zu Afra gesagt. Über Frankfurt sind wir nun hier in dem Kaff in Kurtrier gelandet. Koblenz, Trier und Boppard sind die drei größten Städte im Kurtrierischen, da gibt es immer etwas zu renovieren und zu erneuern, wobei mir meine Erfahrungen auf diesem Gebiet zu Gute kommen. Reich sind wir zwar noch nicht geworden, aber über mangelnde Arbeit kann ich nicht klagen.«

Auch Leonhard füllte seinen Becher auf.

»Wo kommt ihr her und wo wollt ihr hin?«, wollte nun Cornelius wissen.

»Von Basel«, antwortete Niklas. »Bruder Leonhard kommt aus Bologna und wir wollen weiter nach Köln. Wir waren schon lange nicht mehr dort. Ich bin schon gespannt, was der Prior Sprenger sagt!«

»Was? Wozu sagt?«

»Hast du es noch nicht gehört? Bruder Heinrichs Hexenbuch scheint ein Erfolg zu sein!«

»Na und?« Cornelius zuckte scheinbar gleichgültig mit den Schultern. »Ich bin froh, wenn ich nichts mehr davon und vor allem von ihm höre. Als ich mit ihm unterwegs war, hat er von nichts anderem als nur noch davon gesprochen. Er ist ein Verrückter!«

»Das mag zwar so scheinen, aber verrückt ist er nicht. Wenn er sich etwas in den Kopf gesetzt hat, bringt er es auch zu Ende. Hat er jemals im Zusammenhang mit seinem Buch den Namen Jakob Sprenger erwähnt?«

»Nein, aber wenn er von ihm gesprochen hat, war das nichts Gutes. Warum fragst du?«

»Weil er ihn als Mitverfasser angibt!«

Cornelius blieb der Mund offen stehen. »Was hat er?«, fragte er dann ungläubig.

»Du hast richtig gehört. Ich habe es in Basel flüchtig gelesen. Als Verfasser sind genannt Jacobus Sprenger und Henricus Institoris. Das Vorwort dazu stammt ebenfalls von Sprenger, ebenso ist er in der Beglaubigung durch die Kölner Universität aufgeführt!«

»Er ist übrigens hier in der Gegend!«, warf Afra leise ein.

»Wer? Institoris?«

Sie nickte.

»Er predigt im Kurtrierer Raum und drüben im Lothringischen gegen die Hexen«, ergänzte Cornelius, »in Ediger an der Mosel errichten sie gerade einen Kreuzweg zur Bannung der Hexengefahr!«

»Und die Leute?«, wollte Leonhard wissen.

»In Metz haben sie gerade eine Reihe von Frauen angeklagt. Aber auch hier wirst du nur wenige finden, die inzwischen nicht davon felsenfest überzeugt sind, dass es auch Menschen gibt, die sich mit dem Teufel verbündet haben. Daher sind sie geradezu erleichtert, dass es auch im Klerus Leute wie Institoris gibt, die nicht die Augen verschließen und alles nur, wie auch ein Teil der sowohl weltlichen als auch kirchlichen Obrigkeit, als Aberglauben abtun, sondern auch etwas dagegen unternehmen.«

»Aber hier? Wie kommt er dazu? Für die Bistümer Köln, Mainz und Trier ist doch Sprenger als Inquisitor eingesetzt?«, entgegnete Leonhard.

»War. Er war eingesetzt. Mit seiner Berufung zum Ordensprovinzial hat er dieses Amt abgegeben. So habe ich es jedenfalls in Basel gehört!«, erwiderte Niklas.

»Dann kann es also doch stimmen. In Ediger soll sich Institoris als Legat des Papstes zuständiger Inquisitor für alle fünf Erzbistümer vorgestellt haben, also auch noch für Salzburg und Bremen«, antwortete Cornelius.

An der Türe klopfte es. Afra erhob sich, öffnete einen Spalt breit und schlüpfte ins Freie. Von draußen hörten die Männer die Stimme von zwei Frauen, die sich dann entfernten. Nach einiger Zeit kam Afra mit einer mit einem Tuch abgedeckten Schüssel wieder zurück.

»Die Nachbarin«, lächelte sie, »vor Neugier hat sie es nicht mehr ausgehalten. Zwei Mönche bei uns im Haus – und sie weiß nicht, warum und woher sie kommen. Aber vielleicht hat sie es schon bereut«, deutete sie lachend mit dem Kinn auf die Schüssel, »ich habe sie statt einer langen Erklärung gebeten, ob sie uns ein wenig Kraut und etwas Brot zum Abendessen leihen kann. Ihr bleibt doch über Nacht?«

»Wenn wir keine Umstände machen, gerne«, antwortete Niklas, »aber wir müssen morgen früh zeitig weiter!«

Es war an einem der seltenen strahlenden Sonnentage des späten Frühjahres. Prior Sprenger hatte mit einigen Confratres das feierliche sonntägliche Hochamt zelebriert und war gerade im Begriff, die Sakristei zu verlassen, als ein hochgewachsener und vornehm gekleideter Mann auf ihn zutrat und sich als Anwalt und Notar des weltlichen Rechtes vorstellte. Er sei extra aus Neuss herüber gekommen in der Hoffnung, einen Blick in den »Hexenhammer« werfen zu dürfen, den er zwar für seine Kanzlei bestellt habe, der aber noch nicht eingetroffen sei. Vielleicht sei es auch möglich, wenn es seine kostbare Zeit erlaube, ein paar grundsätzliche Fragen zum rechtlichen Teil zu erörtern, der ja, wie er gehört habe, doch einen wesentlichen Teil des Werkes ausmachen würde. Sprenger hatte ihm höflich geantwortet, ihm sei zwar zu Ohren gekommen, dass einer seiner Ordensbrüder an einem Buch über das Hexenwesen arbeite, er selber aber das Werk nicht kenne. Darauf war der Mann ärgerlich geworden und hatte gemeint, er könne es ihm auch direkt sagen, wenn er keine Zeit oder Lust habe, ihn einen Blick in das Buch werfen zu lassen oder darüber zu sprechen. Aber er habe deshalb den Weg hierher gemacht, da er sicher sei, dass wenigstens der Verfasser ein Exemplar besitze.

»Verfasser? Wovon?«

»Hexenhammer. Malleus Maleficarum. Von Jacobus Sprenger und Henricus Institoris. Hier!«

Der Anwalt hatte einen Zettel aus der Tasche gezogen und ihm unter die Nase gehalten.

»Gedruckt bei Peter Drach in Speyer«, hatte Sprenger fassungslos weitergelesen und dann gestammelt: »Woher …?«

»Ein Kollege aus Speyer hat es mir in einem Brief geschrieben. Ich habe es hier in Köln bestellt, aber sie können es anscheinend nicht liefern!«

Sprenger war dagestanden wie die Salzsäule im Alten Testament und es hatte eine Weile gedauert, bis er wieder einen klaren Gedanken fassen konnte. »Das ist ein Irrtum. Ich habe damit nichts zu tun!«, hatte er beteuert, aber dabei seinem Gegenüber angesehen, dass ihm dieser kein Wort glaubte.

Gleich am folgenden Montag hatte er seinen Sekretär Servatius

Vanckel, der ebenfalls aus allen Wolken gefallen war, zu Drachs Kölner Buchlager geschickt, wo man aber geheimnisvoll tat und herumdruckste, es sei momentan nicht vorrätig und es würde sicher noch ein paar Wochen dauern, mindestens, aber es könnte auch noch länger sein, Genaues könnten und wollten sie da nicht sagen.

Aus Worms erfuhr er später, dass sie dort eine Ausgabe erworben hätten, das Buch trüge zwar den Titel »Malleus Maleficarum«, aber es seien keine Verfasser angegeben. An der Universität traf er aber immer wieder Leute, die bestätigten, sie hätten von ihm als Mitverfasser zumindest gehört. Die Geschichte wurde immer verworrener. Plötzlich kam noch das Gerücht auf, er sei nicht nur Mitautor, sondern er habe auch den Einführungstext geschrieben. Dann wurde behauptet, dem »Hexenhammer« sei ein Anerkennungsschreiben der hiesigen Universität beigefügt, das auch von einer Reihe angesehener Gelehrter wie Thomas von Schottland beglaubigt sei. Der aber wusste wie auch schon Johann von Vörde nichts davon und bestritt energisch, jemals ein solches Schriftstück unterzeichnet zu haben.

Vor etwas über einer Woche war nun endlich von einem Boten ein Exemplar des Buches angeliefert worden, aber auch dort fand sich kein Hinweis auf die Urheber, geschweige denn ein angeblich von ihm verfasstes Vorwort.

Nun aber standen die beiden Mitbrüder Niklas und Leonhard vor ihm und beharrten steif und fest darauf, zumindest in Basel gebe es eine Ausgabe, in der er zusammen mit Bruder Heinrich als Verfasser genannt sei. Aber nicht nur das – auch sei dort eine Approbatio beigefügt, beglaubigt von einigen Professoren der hiesigen Universität, ja auch sogar von ihm, Sprenger selbst. Allerdings fehle seine Unterschrift. Ferner enthalte das Buch ein Empfehlungsschreiben des Königs Maximilian, eine Abschrift der Hexenbulle und dem Ganzen sei eine Apologia vorangestellt, unterschrieben mit seinem Namen.

Sprenger atmete schwer und biss sich auf die Unterlippe. »Keine einzige Zeile stammt von mir, nicht einmal ein Wort. Ich habe das Buch inzwischen gelesen. Es ist schändlich und widerlich und es wird der Glaubwürdigkeit der Kirche unermesslichen Schaden zufügen. Mehr, als alle verkommenen Mönche und vom Weg des Glaubens abgeirrten Priester zusammen es je vermögen.« Er hielt inne und sein Blick kehrte sich nach innen. »Dazu benutzt er meinen Namen und zieht mich in seinen Schmutz. Ich vertrete das genaue Gegenteil der dargelegten Positionen, indem ich versuche, die Menschen von ihren abergläubischen Vorstellungen und heidnischen Praktiken abzubringen und sie hinzuführen zur allumfassenden Liebe Christi. Während sich mit mir viele andere bemühen, den wie dichter Nebel über die Lande wabernden und die Herzen und Seelen verdüsternden Aberglauben mit dem hellen Licht des Glaubens zu vertreiben, bestärkt er die Menschen in ihren dumpfen, dunklen Ahnungen. Anstatt den Verirrten in ihren Ängsten eine hilfreiche Hand anzubieten, fordert er deren Vernichtung. Er schreibt, auch Zauberer seien Ketzer und nicht nur vom Glauben Abgefallene, da sie den Glauben verderben, durch den erst das Leben der Seele existiert und das sei schlimmer, als Geld zu fälschen, worauf ja auch die Todesstrafe stehe. Daher seien sie hinzurichten, selbst dann, wenn sie bereuen, da latent die Gefahr bestehe, dass sie rückfällig würden und wieder andere ansteckten. Auch komme es geradezu einer Aufforderung zum Verüben weiterer Schandtaten gleich, wenn Nachsicht geübt würde. Anstatt zu Liebe und Vergebung ruft er auf zum Hass. Ja, es ist ein Buch des Hasses!«

»Vielleicht ist die Erwähnung Eures Namens seine Art der Rache. Schließlich verfolgt Ihr ihn ja regelrecht, und das schon seit Jahren …«, warf Leonhard ein.

Sprenger sah ihn streng an. »Ich verfolge ihn aber nicht mit Hass, sondern sehe in ihm einen verwirrten Mitbruder und Mitmenschen. Bruder Heinrich gehört zu denen, die eigentlich vor sich selbst beschützt werden müssten. Er ist unfähig, zwischen Wahrheit und seiner eigenen Phantasie zu unterscheiden. Daher verkündet er seine eigenen Ansichten als endgültige Wahrheiten und seien sie noch so läppisch. Zu ihrer Durchsetzung ist ihm jedes Mittel recht und es gibt jede Menge Leute, die ihm nachlaufen und ihn auch unterstützen.«

»Nicht nur nachlaufen. Sie schreien nach ihm. In eine Reihe von Orten kam er nicht selbst als Hexenjäger, sondern er wurde von den Obrigkeiten gerufen!«, setzte Niklas hinzu.

»Aber mit dem Buch stimmt trotzdem irgendetwas nicht. Gedruckt wird es bei Drach in Speyer. Wieso unterscheidet sich aber die Lieferung nach Basel von der nach Worms oder Köln?«

»Ich weiß es«, antwortete der Sekretär Vanckel, der kurz vorher eingetreten war und schweigend zugehört hatte.

»Heute früh war ich noch wegen des Pilgerbuches in Drachs Lager und habe dort den Mann geradeheraus darauf angesprochen, was es denn mit dem Gerede um den Hexenhammer auf sich habe.« Der Sekretär machte eine kunstvolle Pause und genoss die gespannten Blicke der anderen.

»Und?«, fragte Sprenger dann leicht ungeduldig.

»Zuerst hat er sich gewunden, er habe davon noch nichts gehört und das würde sicher nicht stimmen. Wahrscheinlich seien das nur Gerüchte und jemand wolle sich wichtig machen. Als ich dann auf den fehlenden Autorenhinweis ansprach, meinte er, das sei sicher ein Fehlexemplar und er könnte dafür einen Nachlass gewähren, den er auf das nächste Buch anrechnen würde. Nichts da, habe ich ihm geantwortet, wenn schon, dann will das Kloster für die Bibliothek ein vollständiges Werk und er könne das Buch zum Umtausch abholen lassen. Daraufhin wurde ihm in seiner Haut sichtlich unwohl. Das sei furchtbar umständlich und er müsste das Buch zuerst wieder nach Speyer schicken und dann sei es immer noch nicht sicher, ob Drach das so akzeptieren würde. Als ich dann immer noch nicht lockergelassen habe, hat er dann zugegeben, dass es tatsächlich zwei Versionen gibt. Eine mit Nennung der Autoren Sprenger und Institoris, Apologia und Approbatio und eine ohne.« Servatius Vanckel sah sich triumphierend um. »Und jetzt kommt es: Die Anordnung hat Bruder Heinrich selbst gegeben. Ohne für Köln und die umliegenden Bistümer, mit hauptsächlich für Süddeutschland und andere entfernte Gebiete. Die Gründe dafür sind offensichtlich: Er wollte verhindern, dass Prior Sprenger oder sonst jemand frühzeitig davon erfährt und womöglich die Auslieferung der ersten Auflage vereitelt.«

»Wie verkauft sich das Buch?«, wollte Niklas wissen.

»Gut. Die erste Auflage sei bereits so gut wie ausverkauft! Ein Großteil wurde angeblich von Juristen bestellt!«

Ratlos blickte Sprenger in die Runde. »Was können wir tun?«

»Hm«, machte der Sekretär nachdenklich und kratzte sich am Kinn, »man kann ihn wegen Urkundenfälschung belangen. Bei der Apologia ist das noch einfach, da Ihr hier nur als Einzelkläger auftretet.«

»Schwieriger wird es bei der Approbatio, weil er dort eine ganze Litanei von Unterzeichnern benannt hat. Das kann Jahre dauern«, warf Niklas ein und fuhr dann nach einer kurzen Pause fort: »Ich meine, dass es auch kein gutes Licht auf den Orden wirft und auch intern für Unruhe sorgt, wenn sich der Provinzial nicht anders zu helfen weiß, als einen Mitbruder vor ein weltliches Gericht zu zerren.«

»Soll ich denn das wie schon mit der Hexenbulle stillschweigend hinnehmen?«

»Ich bin zwar hier der Jüngste«, mischte sich Leonhard ein, der bisher nichts gesagt hatte, »aber auch ich denke, eine Regelung innerhalb des Ordens wäre das Sinnvollste!«

Alle außer Sprenger nickten. »Ich habe die Wahl damals nur unter der Bedingung angenommen, gegen Bruder Heinrich freie Hand zu haben. Aber er tanzt mir auf der Nase herum. Trotz Verbot findet er immer noch Klöster, die ihn aufnehmen. Ohne einen Augenblick zu zögern, würde ich ihn in einer Zelle wegschließen lassen. Aber er ist wie ein Fisch, den du mit bloßen Händen fangen willst. Kaum glaubst du, ihn sicher gefasst zu haben, glitscht er dir aus den Fingern!«

28. KAPITEL

Anton Hehringer war ein Mann mit ehernen Maßstäben, die er nicht nur an sich selber, sondern auch an anderen anlegte. Seiner einzigen Tochter hatte er auch noch nach Jahren nicht verziehen, dass sie sich eines Nachts still und heimlich aus seinem Haus davon gemacht und mit einem abgehalfterten Mönch verschwunden war. Die Briefe von ihr ließ er alle unbeantwortet und seine Frau bekam sie erst gar nicht zu lesen, da er sie immer nur kurz überflog, danach sofort zerriss und dann verbrannte. Irene Hehringer war schließlich noch verbitterter als ihr Mann geworden, als ihr dieser verboten hatte, den Namen ihres einzigen Kindes in seiner Anwesenheit auch nur andeutungsweise zu erwähnen. Auch die gelegentlichen Vermittlungsversuche von Bruder Niklas fruchteten nichts, sondern stießen auf eisige, wortkarge Ablehnung.

Der Name »Afra« war ihm erst wieder über die Lippen gekommen, als er in seinem Behandlungszimmer den Brief öffnete, den kurz zuvor ein Bote vorbeigebracht hatte. Vorher hatte er noch den alten, abgemagerten Mann angewiesen, gegen den Wurmbefall jeweils an einem Donnerstag bei Monduntergang Betonie, Ehrenpreis, Wegerich und Kuckucksampfer zu sammeln, alles zusammen in einem Mörser zu zerstampfen, mit Met zu mischen, dann das Ganze durch ein Tuch zu pressen und davon jeden Morgen einen Becher voll auf nüchternen Magen zu trinken.

»Was ist los? Was steht da drin?«, fragte seine Frau besorgt, die den Medicus beobachtete.

Anton Hehringer stand mitten im Zimmer und sein Hände begannen so heftig zu zittern, dass er beinahe nicht in der Lage war, die Schrift zu entziffern.

»Afra«, hatte er gestammelt, »Afra ...«

In seinem Blick stand fassungsloses Entsetzen. Kalte Angst kroch in ihr hoch – es musste etwas Furchtbares passiert sein – so hatte sie ihren Mann jedenfalls noch nie gesehen.

Sie wollte fragen, brachte aber keinen Ton heraus.

»Afra«, sagte er dann tonlos, »sie haben sie wegen Hexerei angeklagt!«

Irene Hehringer brauchte eine Weile, bis sie begriff. Mit einem Aufstöhnen fasste sie sich ans Herz. »Nein, nein. Das ist bestimmt eine Verwechslung oder ein Irrtum oder ... jemand will sich einen üblen Scherz machen!« Verzweifelt suchte sie nach dem noch so fadenscheinigsten Grund, warum das nicht sein könne, aber der Ausdruck in den Augen ihres Gemahles nahm ihr jede Hoffnung.

»Der Brief kommt von ihrem Mann, diesem ... diesem Cornelius!«

So saß er nun in der Stube seines verachteten und verhassten Schwiegersohnes in der Nähe von Boppard und musste sich widerwillig eingestehen, dass der Mann seiner Tochter doch kein so übler Kerl war, wie er es sich selbst und seiner Frau immer eingeredet hatte.

Vor kurzer Zeit hatte dieser das Häuschen gekauft und war nun dabei, es umzubauen und wohnlich einzurichten. Mit heimlicher Achtung, wenn auch durchmischt mit ein wenig Neid, hatte Hehringer bei sich festgestellt, dass in zwei der Fenster sogar echtes Glas war und nicht nur diese billigen dünnen, durchschimmernden Tierhäute.

Anton Hehringers Ablehnung wich nur nach und nach, wozu aber die beiden auf dem Boden spielenden Kinder Anton und Irene der hauptsächliche Grund waren. Afra hatte darauf bestanden, sie auf die Namen ihrer Eltern taufen zu lassen.

»Großvater«, fragte die kleine Irene und sah ihn mit großen Kinderaugen an, »kommt die Großmutter auch mit, wenn die Mama zurückkommt?«

Er spürte, wie es ihm den Hals zuschnürte und wie etwas Hartes, Festes in seinem Inneren nachgab und mit einem Mal ganz weich und sanft wurde.

»Großvater!«

Allein schon dieses Wort. In den beiden unschuldigen Kindern floss auch sein Blut. Er stand auf und hob das kleine Mädchen zu sich hoch. »Wenn ihr eure Mama wieder seht, wird auch die Großmutter da sein! Ich verspreche es euch beiden.«

Kaum aber setzte er Irene wieder auf den Boden, flogen seine Gedanken zurück zu seiner Tochter und der Groll gegen seinen ungeliebten Schwiegersohn schwoll wieder an.

Wieso musste sich Afra gerade ihn aussuchen? Fast jeden jungen Burschen in Augsburg hätte sie haben können! Und jetzt lag sie in Boppard schon über zwei Wochen im Gefängnis, weil ein paar Leute im Siechenhaus behaupteten, sie habe ihnen zu ihren bisherigen Siechtümern noch ein paar andere Krankheiten dazu gehext. Wenn sie sich nicht in diesen Cornelius vergafft hätte, wäre sie auch in Augsburg geblieben und hätte es nicht nötig gehabt, sich für ein paar Münzen um bresthafte Habenichtse zu kümmern. Da half es auch nichts, wenn Cornelius immer wieder beteuerte, es sei ihr dabei nicht um das Geld, sondern um die christliche Nächstenliebe gegangen. Aus dem Siechenhaus heraus hatten sie sie verhaftet und der fassungslose Vater hatte den heulenden Kindern erzählt, ihre Mutter sei für ein paar Wochen zu ihren Eltern gereist.

Die beiden Männer sprachen zwar miteinander, beschränkten sich dabei aber auf das Notwendigste und Cornelius wusste, dass er ihm Zeit lassen musste. Aber trotzdem spürte er, wie sie Afras Schicksal näher zusammenrücken ließ. Jetzt war keine Zeit für engstirnige Schuldzuweisungen und beide hielten sich stillschweigend daran. Sachlich und kühl hatten sie bis spät in die Nacht alle verbleibenden Möglichkeiten durchgespielt, aber das Ergebnis sah eher dürftig aus.

Cornelius hatte berichtet, wie er gleich nach Afras Festnahme beim Magistrat vorstellig geworden war, wo man ihm aber schlicht eine umfassendere Auskunft verweigert und ihn nur herablassend mit nichtssagenden Floskeln abgefertigt hatte. Auch eine Anfrage im Siechenhaus nach der genauen Art der Anschuldigung und die Nennung der Namen der angeblich Behexten wurde abschlägig beschieden, da dazu eine Anweisung seitens des Gerichtes vorläge. Selbst Afras nächste Mitarbeiterinnen, von denen sie glaubte, einige zu ihren Freundinnen zählen zu können, hüllten sich in Schweigen. Zusammen waren sie beide dann im Gefängnis erschienen, aber ein Gespräch mit Afra wurde strikt abgelehnt. Es half auch nichts, dass sich der Medicus als ihr Vater vorstellte, der extra den weiten Weg hierher auf sich genommen hatte, um seine Tochter zu sehen.

Das einzige, was man ihnen sagte, war, es seien bereits weitere Frauen verhaftet worden, von denen es ebenfalls hieße, sie seien Hexen. Von einem Bekannten, dessen Frau als Wäscherin auch für den Haushalt eines Stadtrates arbeitete, erfuhr Cornelius dann, es seien bisher noch keine Verhöre gemacht worden, da sich das Gericht über die Vorgehensweise nicht einig sei.

Am frühen Abend saßen sie sich stumm in der Stube gegenüber und jeder spürte neben seiner eigenen auch die immer größer werdende Verzweiflung des anderen. Draußen vor dem Haus zirpten die Grillen, ein paar Frösche quakten, zwei Elstern zankten sich lautstark im Geäst der Linde und auf dem Boden quengelten die Kinder. Aber keiner der beiden nahm etwas davon wahr.

»Der Henker!«, flüsterte Anton Hehringer mit einem Mal heiser.

Cornelius sah ihn verständnislos an.

»Der Henker! Kennst du ihn?«

Sein Schwiegersohn protestierte halb beleidigt, dass kein ehrsamer Mensch Wert darauf lege, einen Scharfrichter zu kennen, der womöglich auch noch als Abdecker, Hundefänger und Abtritträumer seinen Lebensunterhalt verdiene, aber Hehringer unterbrach ihn ungeduldig. »Der Henker – weißt du, wo er wohnt?«

»Ja, schon, in einem kleinen Haus außerhalb der Stadtmauer. Ich glaube, Diebold Hartmann heißt er«, antwortete Cornelius immer noch leicht ungehalten.

»Also gut. Noch heute Abend gehst du zu ihm. Ich würde zwar gerne mitkommen, aber zwei Leute fallen mehr auf als ein einzelner Mann. Ich passe inzwischen auf die Kinder auf.«

Noch während er dies sagte, erhob er sich und kramte einen Beutel aus der Tasche auf der Bank an der längsseitigen Wand. »Hier!«, sagte er mit einer Stimme, die keinen Widerspruch duldete und drückte Cornelius den schweren Geldsack in die Hand.

Es mochten noch keine drei Stunden vergangen sein, als die Türe aufflog und Cornelius schwer atmend in die Stube gestürzt kam.

»Er ist da!«, keuchte er stoßweise. »Er ist in Boppard! Vater Heinrich, ich meine Institoris … Heinrich Institoris … er ist da. Ich habe ihn gesehen!«

Der Medicus konnte mit dem Namen im ersten Moment nichts anfangen. Aber als ihm sein Schwiegersohn in knappen Sätzen erklärte, um wen es sich handelte, wurde auch ihm klar, dass ihnen nicht mehr viel Zeit blieb.

»Ich schritt gerade auf das Haus des Henkers zu, als sich die Haustüre öffnete. Im schwachen Lichtschein der Kerze stand ein Mönch im Habit der Dominikaner. Gerade konnte ich mich noch hinter einem Baum verstecken, als ich zwar undeutlich, aber doch noch verständlich hörte, wie er sagte: ›Also gut, ich komme Morrrgen wiederrr!‹«

Anton Hehringer sah ihn zweifelnd an. »Und du bist dir ganz sicher, dass er es war? Schließlich ist es stockdunkel!«

»Sein rollendes R ist unverkennbar. Dann lief er auch noch keine zwei Schritt entfernt an mir vorbei.« Cornelius wischte sich mit dem Ärmel den Schweiß von der Stirne. »Wenn ich einen Prügel gehabt hätte, so hätte ich ihn erschlagen!«, setzte er hinzu und als der Medicus sein Gesicht sah, glaubte er ihm aufs Wort.

»Mit dem Henker – hast du mit ihm gesprochen?«

Cornelius schüttelte den Kopf. »Nein. Die Situation hat sich geändert. Was ist, wenn es der Scharfrichter ihm morgen brühwarm erzählt? Nein – wir brauchen Hilfe. Und zwar nicht von hier, das ist zu gefährlich, sondern von außen!«

»Und wer?«, fragte Hehringer ratlos.

»Vater Niklas. Er ist ein Freund. Ich hoffe nur, er ist in Köln. Gleich morgen früh leihe ich mir ein Pferd und reite dorthin!«

Aus der Ecke kam das gleichmäßige Atmen der Kinder, neben ihm schnarchte gleichmäßig sein Schwiegervater und von draußen drang die noch dämmerige Helle des neuen Tages, als sich Cornelius leise erhob und kurz darauf das Haus verließ.

Die ganze Nacht hatte er kein Auge zugetan und mehrmals fuhr er dann erschrocken zusammen, wenn seine Lider wieder schwer wurden und er beinahe vom Pferd gefallen wäre.

Vor Siegburg wurde der Hengst zunehmend langsamer. Er wechselte ihn dort gegen einen frischen aus und kam verstaubt und verschwitzt am späten Abend in Köln an, wo er noch das Pferd versorgte und sich gleich darauf im Massenlager der Herberge hungrig und hundemüde auf eine Pritsche fallen ließ.

Niklas staunte am Morgen im ersten Augenblick ein wenig ungläubig, als ein Novize an seiner Zelle anklopfte sagte, ein Cornelius Hoier wünsche ihn zu sprechen. Dann aber schwante ihm, dass das bestimmt nichts Gutes zu bedeuten hatte und als er Cornelius ansichtig wurde, sah er seine Ahnung auf den ersten Blick bestätigt.

»Du hast Glück gehabt«, sagte er dann ernst, nachdem ihm sein ehemaliger Ordensbruder die verzweifelte Lage Afras geschildert hatte, »ich bin erst seit gestern aus Bremen zurück. Schade, dass Bruder Sprenger nicht mehr hier ist, er ist, so viel ich weiß, momentan in Straßburg. Ich denke, das hätte ihn sicher interessiert. Aber komm mit, wir reden mit dem Pater Prior!«

Bis 1488 war Sprenger Vorstand des Kölner Klosters gewesen. Mit seiner Wahl zum Ordensprovinzial war er nun ununterbrochen in der ganzen Provinz unterwegs, um in den Klöstern nach dem Rechten zu sehen. Zu seinem Nachfolger wurde sein langjähriger Sekretär und Vertraute Servatius Vanckel gewählt.

Niklas hatte ihm Cornelius nicht als ehemaliges Ordensmitglied, sondern als alten Bekannten vorgestellt, da er nicht abschätzen konnte, wie der Prior auf seine Vorgeschichte reagieren würde.

»Ich habe mir gedacht, vielleicht schafft es einer der geistlichen Mitbrüder aus dem Orden, ihn und den Magistrat zu überzeugen, dass es sich hier um einen furchtbaren Irrtum handelt. Pater Niklas ist unsere letzte Hoffnung!«, schloss Cornelius.

Der Prior sah die beiden zweifelnd an. »Da habe ich zwar meine Bedenken, wie wohl jeder, der Bruder Heinrich kennt. Aber gut, Ihr habt Recht. Bruder Niklas kennt ihn schon viele Jahre und weiß auch um die Vorgänge damals in Innsbruck. Wart Ihr nicht auch mit ihm zusammen im Augsburger Konvent?«

Niklas nickte und auch Cornelius wollte eine bestätigende Kopfbewegung machen, hielt aber gerade noch im letzten Moment inne.

»Ja, ich habe ihm dort auch den Formicarius geliehen. Dort hat er auch von meinem Lehrer Nider abgeschrieben wie beispielsweise die Schilderungen des Peter von Greyerz im Simmental. Was bei Nider noch Berichte glaubwürdiger Leute sind, wird bei ihm zu bewiesenen Tatsachen …«

»Ich weiß«, unterbrach der Prior seinen Mitbruder, »aber Euer Freund hat im Moment sicher andere Sorgen!«

»Verzeiht!«, antwortete Niklas kleinlaut.

»Nach den Schilderungen sehe ich es auch so, dass hier im Falle seiner Frau etwas nicht stimmen kann. Wer geht schließlich freiwillig aus Nächstenliebe in ein Siechenhaus, putzt den Lahmen den Hintern, verbindet die Ekel erregendsten Geschwüre und wünscht dann den Elendesten der Elenden ein noch größeres Elend an den Hals, um das man sich dann auch noch letztendlich selbst zu kümmern hat? Seht Ihr eine Möglichkeit, dies Bruder Heinrich und dem Gericht zu verdeutlichen?«

»Ich hoffe es. Aber wenn auch ich wenig Aussicht auf Erfolg sehe, so müssen wir es doch versuchen!«, gab Niklas zur Antwort.

»Also gut«, nickte der Prior.

»Kann Bruder Leonhard mit uns kommen?«

»Ich denke, da spricht nichts dagegen.«

Cornelius räusperte sich. »Da wäre noch etwas!«, sagte er dann.

»Was denn?«

»Ich weiß, es ist nur bei strengen Ausnahmen erlaubt ... aber ... könnten wir ... reiten? Wir haben nicht viel Zeit! Die Miete für die Pferde bezahle selbstverständlich ich!«

»Ich bin noch nie auf einem Pferd gesessen!«, fuhr Niklas erschrocken auf. »Und Bruder Leonhard auch nicht!«, ergänzte er gleich zur Bekräftigung.

»Das ist nicht so schwer. Selbst ich habe es nach zwei Stunden gekonnt, als mir keine andere Wahl blieb!«, lachte Vanckel.

Auch Cornelius wäre unter anderen Umständen in schallendes Gelächter ausgebrochen, wie wenig später zwei Mönche versuchten, auf die Rücken ihrer Pferde zu gelangen. Aber er war in Gedanken bei seiner Frau in einer modrigen Gefängniszelle in Boppard.

29. KAPITEL

Bruder Heinrich war über das Ansinnen seines Gegenübers erst fassungslos gewesen und seine anfängliche, wenn auch nur mühsam beherrschte Freundlichkeit war dann in blanke Wut umgeschlagen. So richtig hatte er diesem Niklas noch nie über den Weg getraut, der es zwar nicht offen aussprach, aber ihn doch spüren ließ, auf welcher Seite er stand. Ausgerechnet ein Mitglied aus dem Heimatkonvent seines Erzfeindes Sprenger bat ihn nun um seine Vermittlung, dazu noch im Falle der Frau eines aus dem Orden ausgetretenen Mönches, der mit ihm selbst vor Jahren einige Zeit unterwegs gewesen war.

»Sprenger!«

Auch dieser Niklas hatte es bestimmt mit heimlicher Schadensfreude beobachtet, wie ihn dieser über Jahre hinweg behindert und regelrecht verfolgt hatte. Als ihm hier im Kurtrierischen damals der Boden zu heiß geworden war, hatte er sich nach Salzburg zurückgezogen, wo er es dann zwar bis zum Domprediger gebracht hatte, aber Sprenger hatte keine Ruhe gelassen, bis er unter Androhung der Exkommunikation auch diese Stelle aufgeben musste und auch der ihm wohl gesonnene Prior nahe legte zu verschwinden, da er ihn ansonsten einsperren müsste. Bis ins Italienische musste er ziehen, um vor seinen Nachstellungen sicher zu sein.

Selbst im Halbdunkel des kleinen Gasthauses sah Niklas deutlich das hasserfüllte Glimmen in seinen Augen. »Liebe? Bekehrung? Verzeihung? Das mag vielleicht Sprenger predigen! Aber hält sich auch Satan daran?« Institoris begann nun zu brüllen. »Warum glaubt Ihr, habe ich das Buch Malleus Maleficarum, Hexenhammer genannt? Genau!«, gab er gleich selbst die Antwort. »Zerschmettert sollen sie werden, diese gottlosen Weiber! Und zwar gnadenlos, ohne Mitleid und ohne Rücksicht auf Stand und Ansehen!«

»Dazu habt Ihr Sprenger benutzt, die Approbatio ist gefälscht, vieles ist erstunken und erlogen, wie zum Beispiel der Bericht vom Prozess in Innsbruck, wo alle Angeklagten ausnahmslos gestanden hätten, mit dem Teufel im Bunde zu sein. Dem Fass schlägt es aber noch den Boden aus, wenn Ihr schreibt, Bischof Golser und Fürst Sigmund hätten Euch rückhaltlos unterstützt!«

Bruder Heinrichs Mund verzog sich zu einem hämischen Grinsen. »Golser ist tot und der Fürst ist ein bis über beide Ohren verschuldeter alter tatteriger Greis, der seine Gebiete an Maximilian abgetreten hat. Was die anderen angeht – sie sollen mir das erst beweisen! Aber wen interessiert das wirklich? Das Buch hat nun über zehn Auflagen und bis jetzt hat sich noch kaum jemand beschwert! Was allein zählt, sind die zehn Auflagen – niemand verkauft zehn Auflagen, wenn kein Bedarf dafür da ist!«

Niklas konnte nicht mehr an sich halten und begann nun ebenfalls zu schreien. »Weil Ihr mit Euren Fälschungen und erschlichenen Empfehlungsschreiben den Anschein erweckt, dass sowohl die Kirche als auch die Regierung des Reiches dahinter stehen!«

»Der Zweck heiligt die …«

Niklas ließ ihn nicht ausreden, sondern schrie weiter. »Was habt

Ihr mit dem Formicarius meines Lehrers Nider gemacht?! Auch ihn habt Ihr für Euer Schandwerk missbraucht! Sicher, mein Mentor war auch über die Ansichten vom Pakt mit den Dämonen zerrissen und er war es ja auch, der diese Gedanken beim Basler Konzil zur Diskussion gestellt hat. Sein Formicarius ist ein moralisches Werk und kein Aufruf zur Hexenjagd! Er hat niemals den Tod der Verirrten gefordert, er verurteilte die Sünde, nicht aber die Sünder! Auch hat er die Frauen nicht in Grund und Boden verdammt, so wie Ihr es tut. Er war zwar der Ansicht, dass Frauen von Natur aus schwächer sind und daher eher zu Ekstasen und phantastischen Visionen neigen als Männer, aber ...«

»Was anderes ist die Frau als die Feindin der Freundschaft, eine unentrinnbare Strafe, ein notwendiges Übel, eine natürliche Heimsuchung, ein wünschenswerter Verlust, eine häusliche Gefahr, ein ergötzlicher Schaden, ein Fehler der Natur, mit schöner Farbe bemalt. Sagt schon Chrystostomos!«, schrie Institoris zurück.

»Eben! Das meine ich!«, antwortete Niklas nun etwas ruhiger. »Ihr habt nur zusammengeklaubt, was in Eure vorgefertigte Meinung passt. Nider war Beichtvater und Seelsorger vieler Frauen und hatte durchaus Hochachtung vor ihnen. Er sagt auch, dass Gott das weibliche Geschlecht als etwas Gutes erschaffen habe, aber weil sie der Natur näher stünden als der Mann, unterlägen sie auch leichter Täuschungen. Da aber der Mann sich mehr vom Verstand leiten lasse und daher Gott als geistigem Wesen näher sei, würde dieser auch über der Frau stehen und so würden sie sich ergänzen. Wie im Ameisenstaat sieht er hier eine Form des geschwisterlichen Zusammenlebens und der Nächstenliebe unter den Geschlechtern. Was aber macht Ihr? Ihr predigt den blanken Hass auf alles Weibliche, Hass aber macht blind und blinder Hass ist Fanatismus, der bekanntlich unbelehrbar ist!«

Institoris sah ihn kalt an. »Ihr habt ohne es zu wollen den Kern getroffen. Ein großes Ziel erreicht man mit Beharrlichkeit – vielleicht. Aber viel sicherer erreicht man etwas, was man einmal als für richtig erkannt hat, mit eisernem Fanatismus, nicht mit endlosem, sich nur noch im Kreise drehendem Nachdenken und zögerndem Abwägen. Der Erfolg gibt uns Recht – über zweihundert dieser verkommenen Weiber wurden inzwischen hingerichtet!«

Niklas sah ihn entsetzt an. Aber ein Mann wie Bruder Heinrich machte keine Scherze.

Als Niklas über den schmalen Pfad heran humpelte, versuchten sie in seinem schmerzhaft verzerrten Gesicht zu lesen. »Der Teufel soll sie holen, diese verflixte Reiterei!«, schimpfte Niklas, worauf ihm Leonhard heftig beipflichtete.

»Und?«

Niklas schüttelte den Kopf. »Wie es zu erwarten war. Zum Schluss hat er noch gemeint, wenn Afra keine Hexe sei, würde das Gericht das schon herausfinden und im Übrigen deute auch einiges darauf hin, dass er, Cornelius, mit irgendeinem Liebeszauber dazu gebracht worden sei, den Orden zu verlassen.«

Betreten standen nun die drei Männer auf der Waldlichtung, auf der sie sich verabredet hatten, da der Medicus gemeint hatte, die neugierige Nachbarin würde ihm etwas zu auffällig um das Haus herum streifen und es sei sicher besser, wenn man sie nicht zusammen sehe.

»Dann bleibt also nur noch der Henker!«, sagte Cornelius niedergeschlagen.

Die beiden Mönche nickten stumm.

»Vielleicht ist es nicht gerade klug, nachdem Bruder Heinrich nun weiß, dass ich hier bin. Aber ich komme mit. Wir treffen uns vor seinem Haus!«, sagte Niklas dann bestimmt.

Der Scharfrichter Diebold Hartmann war ein riesiger, vierschrötiger Mann mit einem kugelrunden Schädel und gewaltigen Pranken, die eher an Schaufeln denn an Hände erinnerten. Der Blick aus den engstehenden Augen war stechend und schon beim Öffnen der Türe war beiden klar, dass sie es mit jemandem zu tun hatten, der es nicht gewohnt war, lange Fragen zu stellen. Im ganzen Haus hing ein widerwärtiger Geruch, da er nicht nur als Scharfrichter waltete, sondern auch einen Teil seines Lebensunterhaltes damit bestritt, mit seinem Schinderkarren die Kadaver verendeter Tiere einzusammeln und denen er, wenn sie noch irgendwie verwertbar waren, das Fell abzog.

Diebold Hartmann war es gewohnt, dass sich am Tage selbst das Gesindel, Quacksalber und Bettler von seiner Behausung fern hielt, dafür aber kaum eine Nacht verging, an der nicht jemand verstohlen an seinem Fenster klopfte, um mit ihm Geschäfte zu machen. Besonders begehrt waren bei den Bettlern die Beine von Hingerichteten, die sie dann am Boden kauernd halb verfault unter ihren Lumpen hervorschauen ließen. Kaum jemand wagte es dann ohne schlechtes Gewissen an ihnen vorbeizugehen, ohne ihnen nicht wenigstens ein kleines Almosen zuzuwerfen. Aber auch blutgetränkte Erde, Fasern vom Galgenstrick oder Finger- und Zehennägel von Hingerichteten waren beliebt. Das war schon während seiner sechzehn Jahre als Henker in Wetzlar so gewesen und war auch hier genau so. Wer so alles nächtens bei ihm vorbeikam, erstaunte ihn kaum noch. Nun allerdings war so ein Augenblick gewesen, als er neben dem Mann einen Mönch erkannte und ein Mönch war, seit er sich erinnern konnte, noch keiner bei ihm gewesen außer dieser Doktor Isidoris oder Instiroris oder wie auch immer der hieß.

»Was wollt ihr?«, fragte der Henker unwirsch in der nur mit einer Talgkerze notdürftig erhellten Stube.

»Wir möchten Euch einen Handel vorschlagen«, antwortete Cornelius unsicher.

»Soso!«

Während noch Cornelius umständlich herumdruckste, sah sich Niklas neugierig um. Auf dem Tisch stand ein verdreckter Teller mit vertrockneten Breiresten zwischen Messern in verschiedenen Größen, der Rand des Kruges war ausgezackt und das angebissene Brotstück war bereits schimmelig. Aber das alles war es nicht, was ihn anzog. Es war etwas, das bestimmt nicht in dieses Haus passte. Inmitten der Unordnung lag ein dickes Buch.

»Was macht ein Henker mit einem Buch? Er kann doch bestimmt nicht lesen und schreiben!«

Der Scharfrichter hatte seinen Blick bemerkt.

»Verdammte Hexenprozesse!«, knurrte er dann, »nichts als zusätzliche Mehrarbeit, für die man nicht bezahlt wird. An die zwanzig von ihnen habe ich in den letzten eineinhalb Jahren hier hingerichtet. Aber jetzt soll ich die Weiber bei der Ergreifung auf den

Karren binden, damit sie keinen Fuß mehr auf den Boden bringen, ihnen die Augen verbinden und den Mund verstopfen. Früher haben sie selbst laufen müssen – aber – ach, ich weiß nicht, wie er heißt, dieser Doktor Insidoris …«

»Heinrich Institoris«, berichtigte Niklas.

»Ja, genau so, er besteht darauf. Auch bei den peinlichen Verhören kommt neues Zeug dazu, das man beachten soll!«

»Und, was macht Ihr mit dem Malleus, ich meine dem Hexenhammer? Versteht Ihr denn, was da drin steht?«

»Das ist es ja. Meine Frau kann zwar ein wenig lesen, aber sie versteht kein Latein. Jetzt hat das Gericht diesen Doktor Isidoris oder wie er heißt zu mir geschickt und er hat übersetzt, was für den Scharfrichter wichtig ist. Da, er hat überall Zettel hinein gesteckt und gesagt, wenn ich es vergessen habe, soll es mir einer der Richter vorlesen!«

Niklas schlug das Buch an einer mit einem Papierblatt markierten Stelle auf.

»1. Abscheren aller Haare, auch an der Scham, den Ohren und den Augenbrauen. 2. Schneiden der Hand- und Fußnägel bis an das Fleisch. 3. Wegnehmen aller Schleier, Bändel und Hauben«, stand da.

»Weswegen seid ihr eigentlich hier?«, knurrte der Henker. »Es ist schon spät in der Nacht und ich muss morgen früh heraus!«

»Wir möchten Euch bestechen!«, lachte Niklas und sah ihn verschmitzt an.

Diebold Hartmann schien nicht richtig gehört zu haben. »Was wollt ihr?«, fragte er nochmals.

»Ihr habt schon recht verstanden«, grinste der Mönch, »wir wollen Euch bestechen!«

»Hinaus! Aber schnell!«, brüllte der Henker dann so laut, dass seine Frau erschrocken die Türe aufriss und wortlos herein starrte.

»Verschwinde!«, schrie er sie an, worauf das Spitzmausgesicht verängstigt verschwand.

»Ihr da – hinaus!«, brüllte er nochmals.

Aber die beiden ließen sich auch von seiner drohenden Haltung nicht beeindrucken. Cornelius war zum Tisch getreten, hatte Messer und Teller ein wenig zur Seite geschoben, holte nun langsam und bedächtig Münze für Münze aus dem Geldbeutel und reihte sie sorgfältig aneinander. Nachdem er drei Reihen fertig hatte, hielt er inne und sah Hartmann an, der nun ebenfalls vor dem Tisch stand und auf das viele Geld stierte.

Niklas gab Cornelius ein Zeichen, der mit einer neuen Reihe begann, in die er zwei Geldstücke legte. Der Henker konnte seinen Blick nicht mehr abwenden. Was da vor ihm lag, war bestimmt mehr, als er im ganzen letzten Jahr verdient hatte. Keiner der Männer sprach ein Wort, nur das schwere Atmen Hartmanns war zu hören.

»Was … was muss ich dafür tun?«, fragte der Henker dann nach einer Weile heiser.

Cornelius öffnete den Beutel und legte noch drei weitere Münzen dazu.

30. KAPITEL

Draußen vor der Türe unterhielten sich halblaut zwei Männer. Afras Herz begann wie rasend bis in den Hals zu pochen, als sie eine der Stimmen als die des Scharfrichters erkannte.

»Morgen sollen die Verhöre beginnen und ich will mir die Frauen noch vorher ansehen!«, hörte sie ihn sagen. Obwohl sie an der Zellenwand kauerte, spürte sie, wie ihre Knie zu zittern begannen. Afra hatte schon längst keine Tränen mehr, nur noch gelegentlich stieg ein trockenes, würgendes Schluchzen in ihr hoch. Schon an die zwei Wochen lag sie nun hier in dem feuchten Verlies, kein Mensch sprach mit ihr eine Silbe und auch die Wärter versahen wortlos und mürrisch ihren Dienst. Nur das leise Wimmern und das gelegentliche Klirren der Eisenketten aus den Kammern neben ihr gaben ihr das Gefühl, in ihrer Angst und Verzweiflung nicht ganz allein zu sein. Das war zwar ein schwacher und wie sie sich eingestehen musste auch unchristlicher Trost, aber es war ihr einziger. Anfangs hatte sie noch gehofft, dass das Ganze nur ein furchtbarer Irrtum sei, aber mit jeder Zelle, die neu belegt wurde, starb auch ein Stück Hoffnung in ihr.

Eine Hexe sollte sie sein. Ausgerechnet sie, die sich im Siechenhaus auch nicht vor den widerwärtigsten Arbeiten drückte, wie es manche andere taten. Die sich sogar der bei allen gefürchteten Klara annahm, deren ganzer Körper über und über mit Geschwüren übersät war und um die fast alle wegen ihrer Bösartigkeit einen großen Bogen machten. Diese dankte es ihr aber nur mit gehässigen Anwürfen und mutwilligen Schikanen. Als noch ein großes Furunkel in ihrem Genick dazu kam, streute sie tuschelnd das Gerücht, einzig und allein Afra sei daran schuld, weil diese sie nicht leiden könne. Zwei andere, ein Mann und eine Frau, deren Zustand sich ebenfalls verschlechterte, schlossen ebenfalls nicht aus, dass das alles nicht mit rechten Dingen zugehen könne und als der Greis sich vor Schmerzen auf der Bahre krümmte und auch Afras Hilfe keine Linderung brachte, waren sich alle drei einig, es könne sich nur um üble Hexerei handeln. Lästig waren sie und möglichst schnell loswerden wollte sie sie.

Cornelius? Wieso tat er nichts und ließ sie hier schmachten?

Bitterkeit stieg in ihr hoch, während quietschend eine der benachbarten Zellentüren aufgeschlossen wurde. Er war ihr Mann, den sie immer noch innig liebte, für den sie sich sogar mit ihrem Vater überworfen hatte und der sie nun so schmählich im Stich zu lassen schien. Nichts hatte sie mehr von ihm gehört und es kam ihr vor, als ob er ganz, ganz weit weg sei und sie tatenlos mit unbewegter Miene und gleichgültigen Augen aus der Ferne beobachtete.

»Du tust ihm Unrecht. Sicher unternimmt er alles, was in seiner Kraft steht!« Die Kinder. Was war mit den Kindern?

Der Gedanke an sie schnitt wie ein langer, spitzer Dolch in ihre Seele. Er war noch um ein vielfaches schmerzlicher als der an Cornelius. Was würde aus ihnen werden, aus diesen beiden kleinen, unschuldigen Würmern? Tränenlos starrte sie in die Dunkelheit und sah sie vor sich. Das kleine, übermütige Lausbubengesicht von Anton und das stille, in sich gekehrte von Irene. Vom Gang her hörte sie das undeutliche Gemurmel der beiden Männer und Schritte des einen, die sich offensichtlich entfernten. Angespannt lauschte sie, wie sich eine Türe nach der anderen öffnete und dann wieder zugeworfen wurde.

»Soso, die Frau des Pfannenflickers seid Ihr, also die Hexe, die der Doktor vor ein paar Jahren schon in der Nähe von Mainz entdeckt hat!«, hörte sie dann die laut vernehmliche Männerstimme aus der Zelle neben ihr.

Als der Schlüssel zu ihrem Verlies schwer im Schloss drehte, wich sie unwillkürlich so weit in die Tiefe des Raumes zurück, wie es die Kette erlaubte.

Vor ihr stand auf der Schwelle die massige Gestalt des Henkers.

»Afra Hoier?«, knurrte er kurz.

»Ja?«

Vor Angst versagte beinahe ihre Stimme.

Diebold Hartmann schob die Zellentüre so weit zu, dass nur noch ein handbreiter Spalt offen blieb. »Hört zu«, flüsterte er, »aber hört genau zu!«

Während er redete, suchte er einen Schlüssel an dem Bund in seinen Händen und machte sich dann an der breiten Schelle an ihrer Hand zu schaffen.

»Ihr verschwindet sofort von hier, das Tor unten ist offen! Aber Ihr seid dabei leiser als ein Mäuschen! Dann geht Ihr unauffällig zum östlichen Stadttor. Dabei rennt Ihr nicht und lauft nicht! Ihr kennt den Weg dorthin?«

Afra nickte und war sich sicher, dass sie sofort aus diesem Traum erwachen würde.

Erst als sie der Henker an der Schulter fasste und unsanft zur Türe drängte, wusste sie, dass sie nicht träumte. »Schaut zu, dass Ihr weiterkommt!«

Afra wollte noch fragen, was am Stadttor geschehen würde. Aber sie wurde wortlos hinaus auf den Gang geschoben und der Henker zischte kaum hörbar »Los!«.

Im schwachen Schein der in Eisenringen steckenden Fackeln tappte sie an der Wand entlang nach unten und schlüpfte dann ins Freie, während oben der Scharfrichter laut redete, dazwischen mit der Kette klirrte, die Handschelle verriegelte, danach die Türe krachend zuwarf, deutlich vernehmbar den Schlüssel umdrehte und dann die nächste Zelle aufschloss.

Als der Büttel zurückkehrte, schnauzte er diesen lautstark an, wenn er sage, er könne für eine Viertelstunde auf einen schnellen Schoppen, dann meine er auch eine viertel und keine halbe Stunde. Oben in den Kammern konnten sie zwar kein Wort verstehen, aber die Weiber würden am Morgen die Anwesenheit des Wächters bezeugen, wenn sie als Erste befragt würden. Der Wärter selbst würde schon im eigenen Interesse kein Wort verlauten lassen, dass er während des Dienstes in einer Wirtschaft gewesen war.

Afra war unterdessen zum Osttor unterwegs und musste sich zwingen, nicht einfach loszurennen, sondern einen ruhigen Schritt zu halten. Wenn ihr jemand entgegenkam, wich sie möglichst unauffällig aus und hielt den Kopf gesenkt. Alles hätte sie jetzt gegeben für ihr Kopftuch, aber das hatten sie ihr gleich bei ihrer Einlieferung weggenommen. Erschrocken fuhr sie zusammen, als es hinter einer Hecke raschelte und ängstlich machte sie ein paar schnelle Schritte nach vorne, als sie die Stimme von Cornelius erkannte.

»Afra, hierher!«

Einen Augenblick blieb sie stehen und sah sich suchend um, aber schon fuhr seine Hand aus dem Gebüsch und zog sie nach hinten. Als Cornelius im fahlen Licht des abnehmenden Mondes das Gesicht seiner Frau sah, musste er sich zusammennehmen, um sich sein Erschrecken nicht anmerken zu lassen. Das war nicht die Afra, die er kannte. Ihre Wangen waren hohl und eingefallen, der Blick war nicht mehr strahlend wie ehedem und ihre Gestalt war abgemagert.

»Da, nimm! Zieh dich schnell um, wir haben nicht viel Zeit!«

Cornelius hielt ihr ein frisches Kleid hin, holte aus dem Bündel hastig noch ein paar Strümpfe und Schuhe und als sie ihm das alte, zerlumpte Gewand reichte, um es einzupacken, zerknüllte er es und warf es achtlos hinter eine verfallene Mauer. Mit einem Kamm versuchte sie noch ihre Haare ein wenig zu ordnen, aber diese waren schon zu verfilzt.

»Komm, wir müssen uns beeilen!«, drängte Cornelius.

Kurz vor dem Osttor stand eine riesige Weide, deren dicht belaubte Äste bis zum Boden reichten. Cornelius hielt auf sie zu und als sie nur noch wenige Schritte entfernt waren, kam Leonhard zum Vorschein, woraufhin Afra nochmals zusammenfuhr.

»Bist du bereit?«

Leonhard nickte und klopfte mit der Hand auf den linken unteren Teil seiner Kutte.

»Also«, flüsterte Cornelius seiner Frau zu, »zuerst gehe ich durch das Tor, dann folgst du mir nach und zum Schluss kommt Leonhard.«

Heute früh waren sie auf der Waldlichtung zusammengekommen und Cornelius hatte sie auf etwas aufmerksam gemacht, was außer Afras Vater niemand bedacht hatte.

»Wenn sie Afras Verschwinden bemerken, werden sie sofort an den Stadttoren nachfragen. Damit haben sie wenigstens die ungefähre Fluchtrichtung. Das aber müssen wir verhindern, da sie dann in alle Richtungen suchen müssen. Der neugierigen Nachbarin habe ich schon mehrfach erzählt, dass ich aus Erfurt stamme und wieder nach Hause müsse. Hoffentlich merkt sie sich den Stadtnamen!«

Der Medicus hatte dann vorgeschlagen, den Torwächter ebenfalls wie den Henker zu bestechen.

»Aber wenn er sich nicht bestechen lässt oder das Geld einfach nimmt und uns dann trotzdem verrät?«, hatte Cornelius entgegnet, worauf auch dem Schwiegervater keine Antwort einfiel.

Auf die Lösung war dann Niklas gekommen. Sie war ganz einfach und konnte eigentlich ihre Wirkung nicht verfehlen.

»Wir bedrohen ihn!«, sagte er auf der Lichtung und musste dabei laut lachen, wobei ihn die anderen beiden verwundert ansahen. Als er es ihnen erklärte, konnten auch Cornelius und Leonhard trotz des Ernstes der Lage nicht mehr an sich halten.

Und so geschah es jetzt. Leonhard war ruhigen Schrittes auf das Osttor zugegangen, war dann aber kurz davor stehen geblieben und sah sich nochmals unauffällig um. Die Straße war ruhig und niemand war zu sehen. Auf die vereinbarten drei kurzen Huster hin kam Cornelius und der Torwächter trat aus seinem Verschlag.

»Gleich kommt eine Frau, die Ihr freundlich grüßt, ganz so, als ob Ihr sie gut kennen würdet und die Ihr dann ohne weitere Fragen oder sonst etwas passieren lasst!«

»Wieso soll ich das tun?«, fragte der Mann verdutzt.

»Deshalb!«, antwortete Cornelius, öffnete kurz seine Hand und hielt ihm für einen kurzen Augenblick eine große Münze unter die Nase.

»Schert Euch zum Teufel!« An seinem ratlosen Gesicht war anzusehen, dass er keine Ahnung hatte, was er von der Geschichte halten sollte. Ob das eine der Finten war, mit der die Obrigkeit seine Verlässlichkeit prüfen wollte? »Verschwindet!«, sagte er dann energisch, »oder ich rufe um Verstärkung!«

»Das würde ich nicht tun!«, sagte eine freundliche Stimme hinter ihm. »Ich an Eurer Stelle würde das Geld nehmen!«

Als er sich umwandte, wurde die Verwirrung des Mannes nur noch größer. Da stand tatsächlich ein Mönch vor ihm, der ihn aufforderte, Geld dafür zu nehmen, dass er eine Frau freundlich grüßte. »Nein!«, erwiderte der Wächter beharrlich, bekam aber gleich darauf ganz große Augen, als der Dominikaner seine Kutte ein wenig anhob.

»Also, was ist?«, sagte Leonhard freundlich und deutete auf den großen Knüppel. »Soll ich Euch den über den Schädel ziehen?«

Die beiden sahen, wie es in dem Mann arbeitete und wie seine Augen plötzlich erleichtert aufleuchteten. »Also gut, einverstanden! Ich nehme das Geld!«

Cornelius drückte ihm die Münze in die Hand, die der Mann aber ohne sie genauer anzusehen sofort in seiner Tasche verschwinden ließ.

»Übrigens«, sagte dann der Mönch, »ich weiß, was Ihr denkt. Aber die Münze ist gekennzeichnet. Sie werden Euch morgen nach der Frau und möglichen Begleitern fragen. Nur für den Fall, dass Ihr das Geld annehmen und sofort zum Magistrat rennen wollt. Es sind ein paar Zeichen darauf, die nur wir kennen und Ihr könnt suchen, so lange Ihr wollt, Ihr werdet nur Kratzer entdecken. Falls wir innerhalb der nächsten drei Tage gefasst werden sollten, werden wir angeben, Euch bestochen zu haben und können es auch beweisen. Dann aber seid Ihr nicht nur die wertvolle Münze los, sondern auch Eure Arbeit. Abgesehen davon, werdet Ihr sie auch nicht hier in Boppard ausgeben können, wo Euch jeder kennt und sich fragen wird, wie ein schlecht bezahlter Torwächter plötzlich zu so viel Geld kommt!«

Mit einer Kopfbewegung forderte Leonhard Cornelius zum Gehen auf, kurz darauf folgte Afra, die der Wächter wie eine alte Bekannte grüßte, während der Mönch mit dem Knüppel unter der Kutte bei ihm stand und dem Mann erklärte, dass man hie und da etwas Schlechtes tun müsse, um Gutes zu bewirken.

Auch in der Nacht hatte die Stadt Augen und Ohren. Aber selbst ein aufmerksamer Beobachter hätte nur berichten können, dass er nichts Auffälliges bemerkt habe.

Als Leonhard schließlich als Letzter durch die kleine Türe im Tor die Stadt verließ, war der Torwächter immer noch fassungslos. So eine verrückte Geschichte hatte er noch nie gehört, dass jemand unter Androhung von Gewalt gezwungen wurde, Geld anzunehmen. Normalerweise war es immer umgekehrt.

Die Anspannung fiel erst ein wenig von Cornelius ab, als er Afra im Mondlicht auf sich zukommen sah. Eigentlich stolperte sie mehr als sie lief und immer wieder wandte sie sich um. Aber niemand schien ihr zu folgen.

Cornelius ging ihr einige Schritte entgegen und fasste nach ihrer Hand, während er einen flüchtigen Kuss auf ihre Wange drückte.

»Komm, wir müssen weiter. Jeder Schritt mehr weg von Boppard ist jetzt entscheidend. Gleich morgen früh werden sie zu suchen beginnen und berittene Boten mit einer Beschreibung deiner Person aussenden. Wir werden uns trennen, dein Vater …«

»Mein Vater?«, fragte sie nach Luft ringend, während sie Cornelius ohne anzuhalten hinter sich herzog.

»Dein Vater, ja. Er ist hier. Er hat sich schon mit den Kindern aufgemacht.« Afra wollte stehen bleiben, aber ihr Mann schleppte sie weiter. »Mit deinem Vater ist alles in Ordnung. Er ist sofort hierher gekommen, als er von deiner Verhaftung erfahren hat. Du und dein Vater fahrt mit den Kindern auf einem Treidelschiff ein paar Tage den Rhein hinunter. Sie fangen schon im ersten Morgengrauen an, den Frachtkahn mit den Pferden gegen die Strömung zu ziehen. Das ist zwar erheblich langsamer als auf dem Landweg, aber sicherer. Auf dem Wasser werden sie zuletzt suchen. Niklas hat schon alles vorbereitet. Wenn jemand fragt, so ist dein Mann gestorben und du gehst mit deinem Vater und den Kindern nach Pforzheim. Wir treffen uns dann in Augsburg wieder.«

»Was ist mit unserem Haus?«, keuchte sie.

»Vergiss es!«, antwortete er knapp.

An einer Wegkreuzung hielten sie an. Afra hatten die Tage im Kerker auch wegen der mageren Kost, die nur aus einer wässerigen Suppe bestand, schwer zugesetzt und durch die Aufregung und Anstrengung der letzten Stunden waren ihre Kräfte kurz vor dem Ende. Schwankend wie ein Schilfhalm im Wind blieb sie stehen und lehnte sich mit dem Rücken an die Brust von Cornelius, der nun den modrigen Geruch aus ihren Haaren einsog. Ihm aber schien es, als ob er den Duft von Blumen einatmete.

Von irgendwoher kam zuerst leise, dann zunehmend lauter werdendes Hufgetrappel und das Schnauben eines Pferdes.

»Das ist Leonhard«, sagte Cornelius beruhigend, als er merkte, wie Afra vor Angst steif wurde wie ein Stock, »er hat vorsichtshalber einen anderen Weg genommen. Er bringt dich zu deinem Vater und den Kindern.«

»Und du? Was machst du?«

»Mach dir um mich keine Gedanken. Ich schlage mich schon durch!«, antwortete er lächelnd. Zu zweit hoben sie Afra in den Sattel, Leonhard fasste nach dem Zügel, während sich Afra am Sattelknauf festklammerte.

»Behüte euch Gott!«, sagte Cornelius.

»Dich auch!«, antwortete Afra leise.

Nach einer Weile flüsterte sie: »Ich liebe dich.« Aber er war schon zu weit weg, um es noch hören zu können.

Cornelius sah ihnen nach, bis sie die Dunkelheit verschluckte und das gleichmäßige Trappeln der Hufe sich immer weiter entfernte und sie ihn in einer beinahe unheimlichen Stille zurückließen.

Nun war er schon die ganze Nacht durchmarschiert, nur ganz kurz hatte er sich in einem Wald in seine Decke eingerollt. Aber nachdem er kurz eingeschlafen war, war er entsetzt in die Höhe gefahren. Im Traum sah er Afra mit den Kindern auf dem Boot und aus der Dunkelheit griffen viele Krallen von offensichtlich riesigen Tieren nach ihnen, die er aber nicht sehen konnte. Afra und die Kinder schrien, seine Frau wehrte sich verzweifelt und rief immer wieder seinen Namen, aber sosehr er sich auch mit bloßen Händen mühte – er bekam keine der mächtigen Tatzen zu fassen, sondern fasste immer nur ins Leere.

Am Nachmittag erst kam er durch einen größeren Ort, wo er hungrig und durstig in einer Schenke einkehrte. Die Wirtin, kaum hatte er Platz genommen und ihn kurz nach dem woher und wohin gefragt, sprudelte aufgeregt los, in Boppard sei eine Hexe entwischt, die sich dazu wahrscheinlich in eine Maus verwandelt habe. Aber es gäbe auch Leute, die sagten, sie hätten etwas gesehen, das Ähnlichkeit mit einem schwarzen Raben gehabt hätte und von der Gefängnismauer aufgeflogen sei. Auf jeden Fall müsse der Teufel mit im Spiel gewesen sein. Die Zelle sei am Morgen ordentlich abgesperrt und sogar die Handschelle sei noch geschlossen gewesen.

»Jetzt suchen sie nach einem jungen Paar mit zwei kleinen Kindern, das wahrscheinlich in Begleitung eines älteren Mannes sei. Der blonden Frau würde man immer noch ansehen, dass sie einmal ein hübsches Ding gewesen sein musste. Wer der Ältere ist, weiß man nicht genau. Einer Nachbarin von dem Pärchen ist er jedenfalls nicht geheuer gewesen, weil er ihr immer ausgewichen ist und nur brummige Antworten gegeben hat. Die Kinder haben zwar ›Großvater‹ zu ihm gesagt, aber das stimmt nicht, sie wollten damit nur eine falsche Spur legen. Auch hat die Nachbarin herausbekommen, dass er aus Weimar stammt und man glaubt, dass alle miteinander dorthin unterwegs sind. Jedenfalls suchen sie hauptsächlich in diese Richtung.« Der letzte Satz klang beinahe ein wenig enttäuscht. »Bei dem älteren Mann handelt es sich wahrscheinlich um ihren Hexenmeister, sonst hätte er nicht so geheimnisvoll getan und ist ausgerechnet kurz nach ihrer Verhaftung aufgetaucht, wo man ihn vorher noch nie hier gesehen hat. Es ist ja allgemein bekannt, wie diese Hexensekten zusammenhalten.«

Cornelius konnte es nicht fassen. Da war er die ganze Nacht und mehr als den halben Tag unterwegs gewesen, aber das Gerücht hatte ihn bereits eingeholt.

»Großvater, wieso laufen die Rösser so sonderbar?« wollte der kleine Anton wissen, als sie bei anbrechender Dunkelheit in der Treidelstation ankamen.

Anton Hehringer sah auf seinen Enkel hinab und strich dem Buben leicht über das Haar. »Wenn sie die Schiffe gegen die Strömung schleppen, können sie nicht geradeaus gehen, weil sie sonst ins

Wasser gezogen würden. Sie müssen daher immer schräg laufen und deswegen sieht ihr Gang auch dann schief aus, wenn sie nicht treideln.«

»Als ob sie auf einer Seite kürzere Beine hätten!«, sagte seine Enkelin darauf ernst.

Sofort nach seiner Ankunft hatte er sich zu den Schiffsmännern durchgefragt, deren Boot sie mitnehmen würde. Wie Niklas gesagt hatte, waren es wilde Gestalten und er hatte noch gemeint, sie sollen sich darauf einstellen, dass auf dem Wasser andere Gesetze gelten würden. Es seien nicht wenige unter den Flussschiffern, die sich besser nicht allzu lange an Land blicken ließen.

Der Bootsführer war ein finsterer, gedrungener Mann mit einem wucherndem Bart, der wahrscheinlich schon seit Jahren mit keiner Schere in Berührung gekommen war und wenn er den Mund öffnete, sah man seine drei noch verbliebenen gesunden Zähne. Als ihm der Medicus den mit Niklas abgesprochenen Betrag in die Hand drückte, grunzte er nur etwas Unverständliches und bedeutete ihnen mit einer knappen Handbewegung, ihm zu folgen.

Es war ein stattliches Schiff, jedenfalls größer als die meisten anderen und der kleine Anton sprang übermütig zwischen den Ballen, Kisten und Tauen herum, worauf ihn der Mann aber sofort anfuhr, dass er das morgen nicht dulden würde.

Am rückwärtigen Teil des Bootes war ein kleiner Verschlag, dessen Eingang mit einem löcherigen Tuch verhängt war.

»Hier!«, deutete der Schiffer, drehte sich um und verließ ohne ein weiteres Wort das Boot.

Nach langem Quengeln und Plärren nach den Eltern waren die Kinder endlich eingeschlafen und Anton Hehringer war auf dem Weg ein kurzes Stück nach Norden gegangen, wo er sich dann auf einem Wegstein niederließ.

Angestrengt horchte er in die Nacht. Von unten drang das Gurgeln des Stromes, platschend brachen sich die Wellen am Ufer und aus dem Wäldchen kam der Schrei eines Uhus. Nach einer Zeit, die ihm wie eine halbe Ewigkeit vorkam, hörte er das Hufklappern eines Pferdes, das anscheinend nicht allzu schnell unterwegs war. Der Medicus erhob sich langsam und spürte, wie er zunehmend unsicherer wurde. Immer wieder hatte er sich die Worte zurechtgelegt, aber nun waren sie mit einem Mal aus seinem Kopf verschwunden.

Auch Afra wusste nicht, was sie sagen sollte, als sie mit Leonhards Hilfe aus dem Sattel rutschte und zögernd auf die Gestalt im Dunklen zuging.

»Afra!«, flüsterte er heiser. »Komm her!«

Afra fühlte sich plötzlich ganz leicht.

»Afra«, hatte er gesagt.

Für einen Moment vergaß sie die Gefahr, vergaß, dass sie auf der Flucht war. Ihr schien, als ob sich alles Dunkle in ihr mit einem Mal mit hellem Licht zu füllen begann.

»Vater!«, antwortete sie aufgewühlt, »Vater!«

Erst als Anton Hehringer den salzigen Geschmack im Mund spürte, wurde ihm bewusst, dass er weinte. Aber er schämte sich nicht dafür.

»Ich muss weiter. Gleich morgen früh wollen wir zurück nach Köln!« Schemenhaft hob sich die Gestalt Leonhards auf dem Pferd im Mondlicht ab.

»Bestellt Niklas einen Gruß und sagt ihm, dass ich weiß, wie tief ich in euer beider Schuld stehe«, sagte Afra und reichte ihm die Hand.

»Wenn Ihr in Augsburg seid, seid Ihr jederzeit in meinem Haus willkommen. Vergelte es Euch Gott, was Ihr für Afra und uns getan habt!«, fügte der Medicus hinzu.

»Das war doch selbstverständlich. Aber noch seid ihr nicht in Sicherheit. Passt gut auf euch auf! Also dann – Gott befohlen!« Der Mönch wendete sein Pferd und verschwand dann in der Schwärze der Nacht.

Das erste Licht des Tages schob sich langsam und zögerlich am Himmel empor, die weißen Nebel auf dem Fluss zerfaserten sich allmählich, wurden dünn und durchsichtig. Schwer stemmten sich die Treidelpferde auf dem Weg am Ufer in ihre Zuggeschirre, schreiende Knechte saßen mit seitlich herab baumelnden Beinen auf den Tieren, in einer Hand hielten sie riesige Messer, die beinahe so groß waren wie Schwerter.

Die Kinder konnten sich nicht daran satt sehen, wie die Landschaft an ihnen vorüberglitt. Aufregung kam auf, als eines der Pferde aus dem Tritt kam, worauf auch die anderen ihren Rhythmus verloren. Einige der Reiter sprangen ab und versuchten mit Brüllen und Schreien wieder Ordnung und Ruhe in die Gruppe zu bringen. Auch das Schiff begann heftig zu schlingern und der Bärtige hielt mit beiden Händen den Ausleger des Ruders umklammert. Eine falsche Bewegung von ihm – und das Schiff hätte die Pferde unweigerlich in den Fluss gezogen. Als letzte Rettung wäre dann nur noch das Kappen der Taue geblieben.

Am frühen Nachmittag wurden die ermatteten Pferde ausgewechselt und Anton Hehringer nutzte die Unterbrechung, um in der Station etwas Wein in einen Ziegenschlauch abfüllen zu lassen, den er dann am Brunnen mit etwas Wasser verdünnte.

»Die Entscheidung war richtig!«, sagte er dann ernst zu Afra, als er wieder zurück auf das Boot kam. »Auch hier wissen sie es schon. Sie suchen zwar hauptsächlich nordwärts, aber auch hier in der Gegend sollen die Leute die Augen offen halten!«

»Was ist, wenn uns die Schiffer verraten?«, fragte sie angstvoll.

Der Medicus schüttelte den Kopf. »Schau sie dir an. Die sind selber heilfroh, wenn sie in Ruhe gelassen werden. Aber vorsichtshalber bleibst du nun in dem Verschlag und lässt dich nicht auf dem Schiff blicken!«

Erst nach vier Tagen wagten sie es, das Schiff zu verlassen und teils mit Kutschen und teils zu Fuß weiterzureisen.

Sie waren schon einige Tage in Augsburg, als dann endlich auch Cornelius eintraf, der um Geld zu sparen mit wenigen Ausnahmen fast die ganze Strecke gelaufen war.

Afras Mutter war glückselig. Endlich war die Familie ohne Groll und Zwist vereint und sie ließ es sich nicht nehmen, für den Sonntag ein großes Fest vorzubereiten.

Erwartungsvoll saßen sie dann alle um den großen Tisch, als Irene Hehringer einen großen Topf mit Linsensuppe auftrug. Darauf folgten gefüllte Hühner in einer Weinsoße mit Anis-Geschmack und

Pfannkuchen, dazu kamen geröstete Birnen. Für die Kinder gab es gebratene Tauben und zum Abschluss für alle Apfelmus mit Mandelmilch und etwas Zimt.

Nachdem die beiden Frauen den Tisch abgeräumt hatten und die Kleinen ins Freie verschwunden waren, blieben Cornelius und sein Schwiegervater noch bei einem Becher Wein sitzen. »Wie geht es weiter? Ich meine, womit willst du deine Familie ernähren?«

Beide wussten, dass ein Neubeginn an jedem anderen Ort der Welt leichter fallen würde als hier in Augsburg. Selbst noch nach so vielen Jahren würde das Getratsche nicht verstummen.

»Ich habe gedacht, vielleicht versuchen wir es in Innsbruck«, antwortete Cornelius etwas unsicher.

Sein Schwiegervater schwieg und nickte nach einer Weile bedächtig mit dem Kopf. »Innsbruck? Ja, Innsbruck wäre gut!« Dann sah er Cornelius gerade an. »Verstehst du etwas von Orgelbau?«

»Hmm«, machte dieser und rieb sich nachdenklich die Nase. »Wenn ich ehrlich bin, von Orgelbau selbst nicht allzu viel. Ich kann zwar manches an einer Orgel reparieren. Auch kann ich mit allen Materialien umgehen, die verwendet werden. Warum fragst du?«

»Hast du schon einmal von Paul Hofhaimer gehört?«

Cornelius musste überlegen. »Paul Hofhaimer – du meinst den Organisten?«

»Ja. Genau den. Kaiser Maximilian hat in Innsbruck zur Verschönerung der liturgischen Hofgottesdienste eine Kantorei aufgebaut und dazu Hofhaimer als Cantor bestellt. Er hat ihn von Herzog Sigmund übernommen und gleich sein Gehalt verdoppelt, weil er weiß, was für ein Genie er an seinem Hofe hat. Hofhaimer ist nicht nur einer der besten Orgelspieler unserer Zeit, sondern auch ein begnadeter Komponist.« Der Medicus warf seinem Schwiegersohn einen verschmitzten Blick zu. »Aber«, fuhr er dann fort, »er hat noch eine andere Leidenschaft und das ist der Orgelbau. Nur ist er auf diesem Gebiet nicht ganz so gut wie auf den anderen. Zwar hat er seine Fachleute, aber eben deshalb sind es viele Dinge, die auch von diesen nebenher erledigt werden müssen und sie so in ihrer eigentlichen Arbeit behindern. Maximilian hat ihm versprochen, zwei weitere Orgeln zu finanzieren und Hofhaimer sucht händeringend einen Mann, der sich auf mehr als nur sein Spezialgebiet versteht. Das weiß ich von ihm selber!«

»Wie – du kennst ihn?«, staunte Cornelius.

»Wir sind seit ungefähr fünfzehn Jahren befreundet. Immer, wenn er zusammen mit dem Kaiser nach Augsburg kommt, schaut er bei uns vorbei.« Er überlegte einen Moment und fuhr dann fort: »Du kannst davon ausgehen, dass er jede Menge Arbeit für dich hat. Ich würde sagen, für die nächsten zehn Jahre bist du bei ihm voll ausgelastet.« Der Medicus goss sich noch einen Schluck Wein ein und schob dann den Krug zu Cornelius über den Tisch. »Innsbruck und Augsburg. Na ja, ein paar Tagesreisen sind es schon. Aber ich denke, Irene wird damit zurechtkommen. Du siehst ja selbst, wie sie an den Kindern einen Narren gefressen hat und seit Afra wieder da ist, ist sie ein ganz anderer Mensch!« Hehringer schwieg dann und fuhr unruhig mit den Fingerspitzen auf der Tischplatte hin und her.

Cornelius merkte, wie ihn etwas bewegte und wie er mit sich selbst kämpfte.

»Ich ... ich möchte ...«, hub er an und gab sich dann einen Ruck. »Ich möchte auch dich um Verzeihung bitten. Nicht nur euch beiden, sondern auch meiner Frau habe ich mit meiner Hartherzigkeit und meiner Überheblichkeit Unrecht und Leid zugefügt.«

Wortlos streckte er Cornelius die Hand hin, die dieser fest ergriff.

»Wir alle machen Fehler. Wir, ich meine Afra und ich, wissen auch nicht, ob sich unsere Kinder so verhalten, wie wir es uns wünschen! Was zählt, ist, dass du da warst, als wir dich gebraucht haben!«

31. KAPITEL

Jakob Sprenger war an einem trüben, kalten Dezembertag, begleitet von den leisen Gebeten seiner Confratres, in Straßburg zu seinem Schöpfer heimgekehrt. Auch Niklas und Leonhard standen an seinem Sterbebett und als ein verklärtes Lächeln über sein Gesicht huschte, wussten sie, dass er angekommen war.

Beide hatten, als sie von seinem Zustand erfuhren, keinen Augenblick gezögert, den Prior Vanckel um Erlaubnis zu bitten, um in den letzten Stunden seines irdischen Daseins bei ihrem Lehrer zu sein. Unter den Mitbrüdern gab es kaum einen, der nicht der Ansicht war, er habe die Schmach der Verleumdungen nicht länger verwinden können, denen er ausgesetzt war – und jeder wusste, wer dahinter steckte.

Johannes van Beek, der Provinzvikar der Konventualen, die sich immer noch gegen Reformen sträubten, verweigerte wie schon Institoris vor über zehn Jahren vorher in Colmar die Abgabenzahlungen an die Provinzleitung. Beide hatten sich dann zusammengetan und verbreiteten Gerüchte über Unregelmäßigkeiten in Sprengers Amtsführung. Van Beek war dann in Rom vorstellig geworden und hatte die Amtsenthebung Sprengers bewirkt. Die Zurücknahme dieses Unrechts, auf die dieser bis auf seinen letzten Tag gewartet hatte, traf dann kurz nach seinem Ableben in Straßburg ein. Einige Jahre später überwarf sich Institoris auch mit van Beek. Schon öfter hatte ihm dieser – zuerst nur mit vagen Anspielungen, dann aber immer unverblümter – gedroht, die Geschichte mit dem gekauften Doktortitel einmal einigen Leuten zu erzählen, worauf sich Bruder Heinrich gezwungen sah, wollte er sich nicht einen neuen Skandal an den Hals laden, seine Korrespondenz nur noch einfach mit »Frater Henricus Institoris« zu unterzeichnen und auch darauf zu bestehen, nur noch als einfacher Bruder angesprochen zu werden.

Bruder Heinrich saß im Garten des Dominikanerklosters im mährischen Brünn auf einer Bank und wandte sein Gesicht den letzten wärmenden Strahlen der fahlen Herbstsonne zu. Seine Haut war gelb und seine Hände zitterten, als er nach dem Stock neben sich tastete. Er brauchte ihn zwar im Augenblick nicht und er wollte auch nicht aufstehen, sondern sich nur versichern, dass er da war.

»Vierundsiebzig Jahre bin ich nun alt und mein Geist ist noch frisch, wenn auch mein Körper nicht mehr mitmacht. Aber das heißt noch lange nicht, dass Ihr mich deswegen für töricht halten könnt! Ihr habt ja keine Ahnung!«, fauchte er.

»Ihr habt die Inquisition für Eure Ziele benutzt und ihr mit dem Hexenglauben wie an einem Baum einen neuen Ast aufgepfropft.

Dieser Ast aber hat mit dem Stamm nur wenig gemein! Es verwirrt die Leute und nicht wenige können schon jetzt Inquisition und Hexenverfolgung nicht mehr auseinander halten!«

»Na und? Das ist haarspalterisches Geschwätz, es könnte von Bruder Niklas stammen. Was macht er eigentlich?«

»Er hat sich in den Kölner Konvent zurückgezogen. Er ist ja auch nicht mehr der Jüngste«, antwortete Leonhard knapp, da er spürte, wie Bruder Heinrich ablenken wollte.

»Nehmen wir unseren Ordensbruder Thomas de Torquemada«, fuhr Leonhard unbeirrt fort, »seit ein paar Jahren erst ist er tot. Über hunderttausend Urteile sollen in seiner Zeit als spanischer Großinquisitor gefällt worden sein. Ratet, wie viele Hexen gefunden wurden? Richtig! Keine einzige! Wenn, dann waren es vereinzelte Fälle, in denen es um Zauberei ging!«, gab er gleich selbst die Antwort. »Und das, obwohl Torquemada auf dem Konzil von Basel war, wo ja die Hexenfrage ausführlich diskutiert wurde. Und hier, in den deutschen Landen?«

»Bis jetzt über vierhundert«, gab Bruder Heinrich finster zur Antwort, »glaube ich jedenfalls. Ich habe ein wenig den Überblick verloren.« Er langte nach dem Stock und stampfte mit ihm wütend auf den Boden. Leicht spritzte der Sand auf. »Wenn man nichts sucht, wird man auch nichts finden. Wenn wir schon dabei sind – ich habe es nicht vergessen, ich meine die Sache in Boppard. Wohin ist dieses liederliche Weib mit ihrem schändlichen Mann entkommen?«

»In Sicherheit!«, antwortete Leonhard ausweichend.

Neben ihm stand ein schlaksiger junger Kerl mit hellen grüngrauen Augen, der die Auseinandersetzung wortlos verfolgte. Reinhard war ihm vom Prior Vanckel als Novize erst vor kurzer Zeit zugeteilt worden war.

»Was ist aus dem Henker geworden?«, platzte der Junge heraus.

Leonhard warf dem Burschen einen ärgerlichen Blick zu. Bruder Heinrichs Augen wurden lauernd.

»Was weißt du davon?«

»Äh ... nichts ... äh ... halt nur, was man so gehört hat«, wand er sich nun verlegen und biss sich auf die Unterlippe.

»Was hat man gehört?«, fragte Institoris scharf.

»Na ja, das, was so an Gerüchten umging«, antwortete Leonhard für ihn.

»Ich bin mir auch heute noch gewiss, Ihr und Bruder Niklas hattet da eure Finger im Spiel, auch wenn der Henker energisch seine Beihilfe bestritten hat und man ihm nichts beweisen konnte. Gerne hätte ich etwas gegen Euch unternommen, wenn ich gekonnt hätte!«

Bruder Heinrich starrte ihn ohne Wimpernschlag an, wie er es immer tat, wenn er jemanden in Verlegenheit bringen oder demütigen wollte.

Leonhard hielt seinem Blick stand und glaubte dann, nicht richtig zu sehen. Um Heinrichs Mundwinkel spielte plötzlich der Anflug eines Lächelns. Nicht böse, gemein oder hinterhältig. Nein, es war zwar ein kurzes, aber ein heiteres, beinahe lustiges und gutmütiges Lächeln.

»In Kurtrier hatten wir in kurzer Zeit über dreißig Hinrichtungen. Vom Henker Diebold habe ich in Mainz gehört, er sei dort von einem anderen Henker angezeigt worden, weil er diesen als Mörder beschimpft habe!«

Leonhard konnte nicht anders und musste auch für einen Moment schmunzeln, während Reinhard der Schreck über seine Vorwitzigkeit immer noch in den Knochen steckte.

Es war aber nur ein kleines Aufblitzen gewesen und Bruder Heinrichs matte Augen hatten sofort wieder ihren kalten, eisigen Ausdruck angenommen.

»Ja, ich hätte viel darum gegeben, wenn sie Euch erwischt und wegen Beihilfe zur Flucht angeklagt hätten!«

»Warum habt Ihr denn im Orden keine Maßnahmen gegen uns gefordert?«

Institoris tat so, als ob er die Frage nicht gehört hätte.

»Ich sage es Euch, warum. Dazu hättet ihr Euch an Sprenger wenden müssen!«

»Sprenger!«, schnaubte er verächtlich. Er wollte aufspringen, sank dann aber mit einem Ächzen zurück auf die Bank, wo er dann unbeweglich sitzen blieb.

»Jawohl, Bruder Jakob Sprenger. Im Grunde genommen war er immer Euer großes Vorbild, von dem Ihr aber gewusst habt, dass Ihr es niemals erreichen werdet. Dafür aber hasst Ihr ihn. Immer wenn Ihr versucht habt, eine seiner Ideen nachzuahmen oder ihn gar zu übertreffen, seid Ihr kläglich gescheitert. Wie beispielsweise mit Eurer Bruderschaft gegen die Hexen. Während Sprengers Rosenkranzbruderschaft im gesamten deutschsprachigen Raum mit Begeisterung aufgenommen wurde und immer noch gewaltigen Zulauf hat, wurden Euch in Rom gerade einmal höchstens hundert Mitglieder bewilligt. Aber selbst nicht einmal die habt Ihr zusammenbekommen!«

»Ihr habt keine Ahnung!«, schrie Heinrich aufgebracht, »was wäre Sprenger ohne mich! Durch mich und den Hexenhammer ist er erst richtig bekannt geworden und wird zusammen mit mir immer noch berühmter! Er sollte ...«

»Bruder Jakob würde sicher liebend gerne auf diese mehr als zweifelhafte Ehre verzichten. Eitel und ruhmsüchtig wie Ihr schon immer wart, ging es Euch nur darum, Euren Namen nach vorne zu spielen. Warum habt Ihr denn sonst in Nürnberg in der Druckerei erzählt, Ihr seiet der alleinige Verfasser? Wir kommen gerade von dort, daher wissen wir es. Aber selbst das werdet Ihr nicht schaffen. Schon jetzt wird Sprenger vielfach als maßgeblicher Autor angesehen und auf seinem Namen lastet die Schande, deren Ruhm Ihr Euch für den Euren so gewünscht habt. Lieber Bruder Heinrich, Ihr habt den Fehler gemacht, Sprengers Ansehen zu sehr in den Vordergrund zu stellen. Es war ein bisschen zu viel, Approbatio, Apologia und Urheber-Nennung. Da bleibt für Euch nicht mehr viel übrig!«

Leonhard sah, wie Institoris regelrecht zusammensackte. »Ist ... das ... wahr?«, fragte er dann und Leonhard spürte, wie ihn die Frage fast unmenschliche Kraft kostete. Bruder Heinrich hielt den Kopf gesenkt, wie ein Delinquent, der auf den Streich des Scharfrichters wartet. Er kannte die Wahrheit und er hatte Angst davor, dass jemand sie einmal aussprechen könnte. Vor dreizehn, vierzehn Jahren hatte zuletzt die Stadt Nürnberg um seinen Rat gefragt, danach war es zunehmend ruhiger um ihn geworden. Wo er früher Furcht verbreitet hatte, schlug ihm heute höchstens noch Gleichgültigkeit entgegen und niemand schien noch vor ihm übermäßige Achtung zu haben.

»Ja!«, antwortete Leonhard unerbittlich.

Institoris fiel noch mehr zusammen und Leonhard musste sich überwinden, um dem Alten die entscheidende Frage zu stellen. Aber er wollte die Antwort wissen und die kannte nur Bruder Heinrich.

»Bruder Heinrich, Ihr seid alt und gebrechlich und wir Ordensleute beschäftigen uns jeden Tag mit unserem Tod und wie wir unserem Schöpfer gegenüber treten werden. Mit allem Respekt: Wenn Ihr in das jenseitige Leben eintretet, so werdet Ihr auch Seelen begegnen, die nicht einverstanden waren, ihr irdisches Leben unter grausamen Schmerzen beenden zu müssen. Wie werdet Ihr Euch ihnen gegenüber verhalten?«

Institoris sah ihn fassungslos an. »Ist das Euer Ernst? Diejenigen, die ohne Reue gestorben sind, werde ich sowieso nicht wiedersehen. Diejenigen aber, die bereut haben, werden sich freudig bei mir für ihre Errettung bedanken!«

»Und diejenigen, die unschuldig starben?«

»Gerade sie sind in der besonderen Liebe Gottes. Mir haben sie längst verziehen und sie werden mich freudig begrüßen!«

Nun war es an Leonhard, die Fassung zu verlieren. »Damit rechtfertigt Ihr also die weitere Hinrichtung Unschuldiger?«

Bruder Heinrich bäumte sich noch einmal auf. »Ihr habt keine Ahnung! Alle werden es sehen, dass ich Recht habe! Wenn nicht heute, dann irgendwann! Hoffentlich ist es dann nur nicht schon zu spät!«

»Komm!«, sagte Leonhard zu seinem Novizen. »Es hat keinen Sinn, sich mit einem Mann zu streiten, der davon überzeugt ist, noch nie einen Fehler gemacht zu haben und dessen Rechtfertigung in einem einzigen Satz besteht: Ihr habt keine Ahnung!«

Institoris sah sie finster an, den Stock hielt er mit beiden Händen fest umklammert, ganz so, als ob dieser noch sein allerletzter Halt auf dieser Erde wäre. »Verschwindet!«, knurrte er dann böse.

Ein trüber, schneller Tag stieg herauf, schier zu Boden gedrückt von schweren dunklen Wolken, ein trauriger Tag ohne Freude und ohne Farbe.

Schweigend liefen Leonhard und sein Novize nebeneinanderher und Reinhard war von dem Gespräch am gestrigen Nachmittag noch immer durcheinander.

»Meister?«, sagte er entschlossen und schwieg dann aber beinahe erschrocken.

»Was möchtest du fragen?«

»Meister«, seine Stimme klang unsicher, »gibt es nun Hexen oder nicht?«

Leonhard hatte schon lange auf diese Frage gewartet. »So wie sie sich Bruder Heinrich und mit ihm inzwischen wohl die halbe Welt vorstellen, also dass sie durch die Lüfte fliegen, wozu sie kleine Kinder kochen und zu Salben verarbeiten, gibt es sie sicher nicht.«

»Aber wieso kaufen und lesen gelehrte Leute den ›Hexenhammer‹? Wieso widerspricht ihm dann niemand?«

»Gerade weil das Buch so gelehrt daher kommt, meinen viele Gelehrte, es sei auch gelehrt. Bruder Heinrich hat ja nicht alles selbst erfunden, das Gedankengerüst dazu war ja schon da. Denk an die griechischen Philosophen, an Augustinus oder Thomas von Aquin, der die Teufelsbuhlschaft zumindest für denkbar hielt. Unser Mitbruder hat nur die Inquisition, die in deutschen Landen beinahe bedeutungslos geworden war, als Vehikel benutzt und auf diesen Karren noch seine Hexenthesen darauf gepackt. Aus der Hexerei wurde so eine Art der Ketzerei und wer das in Zweifel zieht, zieht auch die Lehre der Kirchenväter und so auch die Lehre der Kirche in Zweifel. Er brauchte nur noch abzuwarten, bis auf seinem Karren alles gut durchgeschüttelt wurde. Im Wesentlichen geht es dann nicht mehr um den Abfall von Gott, sondern um Schadenszaubereien mit Hilfe Satans. Was den Widerstand anbelangt – ja, es gab ihn und es gibt ihn. Du wirst kaum einen älteren Hexenhammer finden, in dem du nicht jede Menge handschriftlicher Kommentare am Rand vermerkt findest. Auch hat gerade der Franziskaner Samuel de Cassinis in einem Traktat die Möglichkeit des Hexenfluges strikt bestritten.«

In Reinhard arbeitete es und die nächste Frage wagte er kaum zu stellen. Dreimal setzte er an und nahm dann allen Mut zusammen. »Den Teufel und Dämonen – ich … meine …«

Leonhard lachte. »Du bist ein Narr! Schau dich doch um: Mord,

Krieg, Totschlag, Betrug, Lügen, Untreue, Verrat, Eitelkeit, Hochmut, Hass, Neid, Dummheit ... was soll ich noch alles aufzählen? Solche Leute wie du sind ihm natürlich am liebsten, die seine Existenz anzweifeln oder ganz leugnen. Aber auch ein Buch wie der Hexenhammer wird dazu beitragen, weil es das andere Extrem darstellt. Jetzt sehen sie hinter jeder Kleinigkeit Satan am Werk, aber wenn die Menschen merken, dass der Hexenglaube Unfug ist, werden sie auch den Teufel in Frage stellen.«

»Ihr meint also, der ›Hexenhammer‹ sei ein Werk des Teufels und Bruder Heinrich sein Werkzeug?«

»Richte nicht, damit auch du nicht gerichtet wirst. Aber es ist bestimmt kein Werk, das Gott wohlgefällig ist. Mit keinem Wort wird die österliche Frohbotschaft erwähnt, kein Wort von christlicher Nächstenliebe, kein Wort von Brüderlichkeit, Barmherzigkeit oder Vergebung, dafür aber umso mehr von Gnadenlosigkeit, Ausrottung und Vernichtung.«

Reinhard lief stumm weiter nebenher und blieb dann plötzlich stehen. »Etwas will mir nicht in den Kopf. Warum glauben die Leute denn das alles? Ich meine, alle diese schaurigen Dinge?«

Auch Leonhard hielt inne, überlegte eine Weile und zog dann langsam seine Augenbrauen nach oben. »Die Menschen reden zwar ununterbrochen über Gott, aber sie haben keinen Glauben. Ein Mensch ohne Glauben aber, mein lieber Reinhard, der glaubt irgendwann alles!«

NACHBEMERKUNG

Heinrich Kramer, genannt Institoris, starb um 1505 verbittert und von der Welt vergessen in Brünn oder Ölmütz. Sein Werk aber, das neben Adolf Hitlers »Mein Kampf« zu den unheilvollsten Büchern der Weltliteratur zählt und deren Autoren unverkennbare Parallelen sowohl in ihrer Psyche als auch ihrem Weltbild aufweisen, wurde noch zu seinen Lebzeiten seinem Intimfeind Sprenger als maßgeblichem Verfasser zugeschrieben. Auch noch heute wird Sprenger vielfach als Hauptautor oder sogar alleiniger Verfasser genannt.

Der »Malleus Maleficarum« wurde durch die Erfindung des Buchdrucks zu einem der ersten »Bestseller« und erlebte 29 Auflagen. Über Jahrhunderte diente er als Anleitung zum Aufspüren, Überführen, Aburteilen und Hinrichten von Hexen. Diesem Wahn, der sich bis zur Raserei steigerte, fielen nach neueren Forschungen im deutschsprachigen Raum etwa 20 000 und europaweit ca. 60 000 Menschen, hauptsächlich Frauen, zum Opfer.

GLOSSAR

Benediktiner
Ordensgründung durch Benedikt von Nursia um 529. Ursprünglich wichtigster Orden der katholischen Kirche. Förderung der persönlichen natürlichen Talente.
Leitsatz: »Ora et labora!« – »Bete und arbeite!«

Beg(h)arden
In meist klosterähnlichen Gemeinschaften lebende männliche Laien. Vielfach auch als Wanderprediger tätig.

Beg(h)inen
In meist klosterähnlichen Gemeinschaften weibliche Laien. Für die Bezeichnung gibt es mehrere Deutungen.

Canon episcopi
Eigentlich: »Brief der Bischöfe«. Eine für Jahrhunderte verbindliche, kirchliche Rechtsordnung auf Grundlage von Beschlüssen des Konzils von Arles (314). Verfasst 906 in Trier als Zusammenstellung des Synodal- und Kapitularienrechts.
Auszug im Wortlaut:
»Es darf auch nicht übergangen werden, dass gewisse liederliche Frauen, vom Teufel verdorben, von Illusionen und vom Blendwerk der Dämonen verführt, daran glauben und es offen bekennen, dass sie um Mitternacht mit der heidnischen Göttin Diana in einem zahllosen Haufen von Frauen auf gewissen Tieren reiten, in der Mitternachtsstille weite Gebiete des Landes überfliegen und die Befehle der Göttin, ihrer Herrin, befolgen, während sie sich in anderen Nächten zu Gottesdiensten versammeln, die sie ihr zu Ehren abhalten. Doch es wäre gut, wenn sie in ihrem Unglauben allein zu Grunde gingen und nicht so viel andere mit sich in den Abgrund ihrer Ungläubigkeit zögen. Denn eine zahllose, durch diese falsche Ansicht getäuschte Mehrheit hält dies für wahr und weicht in dieser Meinung vom rechten Glauben ab; sie verfällt heidnischen Irrtümern, wenn sie meint, dass es außer dem einen Gott irgendein anderes göttliches Wesen oder eine andere göttliche Macht gibt . .
Es muss daher allen öffentlich verkündigt werden, dass jeder, der solche oder ähnliche Dinge für möglich hält, den Glauben verliert, und dass, wer nicht den rechten Glauben an Gott hat, nicht von Gott, sondern von dem an den er glaubt, das heißt des Teufels ist. Denn von unse-

rem Herrn steht geschrieben: ›Alle Dinge sind von Ihm erschaffen.‹ Wer immer deshalb glaubt, dass etwas gemacht werden kann, oder dass irgendeine Kreatur zum Besseren oder Schlechteren verändert oder in eine andere Gestalt verwandelt werden kann außer von Gott selbst, der alles geschaffen hat und durch den alle Dinge erschaffen wurden, der ist ohne Zweifel ein Ungläubiger.«

Decretum Gratiani
Erster Teil der Zusammenfassung des Kirchenrechtes in der ersten Hälfte des 12. Jahrhunderts. Benannt nach dem Mönch und Rechtsgelehrten Gratian in Bologna. Obwohl dieses Werk eine Privatarbeit war, verdrängte es bald frühere Sammlungen und erhielt einen autoritativen Status. Aufnahme des Canon episcopi um 1140. Der Glaube an Glück bringende »Holde« wurde mit zwei, der Glaube an fliegende und verderbende »Unholde« mit sieben Jahren Kirchenbuße belegt.

Directorium inquisitorum
Handbuch für Inquisitoren des Spaniers Nicolaus Eymericus († 1399). Sammlung kirchenrechtlicher Texte, beschreibt auch das Verhältnis zwischen kirchlichen und weltlichen Machthabern. Eines der ersten gedruckten Bücher, letzte Auflage 1607.

Dominikaner
Orden der Predigerbrüder. Gegründet 1214 von Dominikus Guzman aus Caleruega. Die Mitglieder sind zur radikalen Armut verpflichtet. Im Mittelpunkt standen Predigertätigkeit, Schulung und Bildung. Nachdem sich die bischöfliche Inquisition als nicht sehr effektiv erwies, wurde 1231 der Orden mit der Leitung der Inquisition beauftragt.

Franziskaner
Orden der Minderbrüder (Minoriten). 1209 gegründet von Franz von Assisi (Francesco Bernadone). Mitglieder sind wie die Dominikaner der absoluten Armut verpflichtet. Prediger unter den Armen, Forderung nach Askese und körperlicher Arbeit. Betonung der Verbundenheit der belebten und unbelebten Schöpfung. Ebenfalls mit der Inquisition betraut, wenn auch in geringerem Umfang als die Dominikaner.

Häretiker
Verkünder oder Anhänger einer Irrlehre. Aus griech. »Hairetikos« – »Parteiischer Mensch«, aber auch »Sektierer«. Im Neuen Testament Bezeichnung für eine religiöse Partei wie z.B. die der Sadduzäer oder Pharisäer.

Hexe
Erste urkundlicher Nachweis der Bezeichnung 1419. Vermutlich von »Hagazussa« – »Zaunreiterin«. Von Hag = Zaun, Hecke.

Hussiten
Anhänger des Johannes Hus (1369–1415). Forderten die kirchliche Lehre auf den strikten biblischen Grundlagen, das freie Recht zur Predigt und das Ende der Pfründe für Geistliche. Neben sozialen Anliegen vertraten sie auch nationale tschechische Forderungen und betrieben die Loslösung von der deutschen Herrschaft.

Inquisition
(v. lat. »*inquirere*« – »aufsuchen, prüfen«)
Bis zum 12. Jahrhundert war die Überwachung der kirchlichen Lehrmeinung und deren Verkündigung Aufgabe der Bischöfe. Abweichungen wurden im Regelfall mit kirchlichen Bußen, Klosterhaft oder schlimmstenfalls Exkommunikation geahndet. Mitte des 12. Jahrhunderts begannen die großen Ketzerbewegungen der Katharer und Waldenser zur ernsten Bedrohung der Kirche und damit auch der weltlichen Mächte zu werden.
Unter Theodosius I. wurde das Christentum zur Staatsreligion, wodurch nun die Rechtsprechung und Aburteilung bei den weltlichen Gerichten lag. Innozenz III., ein juristisch ausgebildeter Papst, führte das Inquisitionsverfahren ein, vorerst allerdings nicht, um so Ketzer anzuklagen, sondern um damit gegen das Fehlverhalten geistlicher Würdenträger vorgehen zu können. Ein erstes Vorgehen gegen die Waldenser erfolgte nach der Ermordung eines päpstlichen Gesandten in Südfrankreich. 1231 beauftragte Gregor IX. den Dominikanerorden, später auch den der Franziskaner mit der Suche nach Häretikern und stattete sie mit Sondervollmachten aus. Die Vollstreckung der Urteile oblag der weltlichen Macht, da nach kanonischem Recht Geistliche kein Bluturteil verhängen oder vollstrecken durften (Grundsatz im *Decretum Gratiani*).

Spanische Inquisition
Sie richtete sich fast ausnahmslos gegen getaufte Mauren und Juden (*Conversos*), die nun auch nach Ämtern und Würden strebten. 1478 gestattete Papst Sixtus IV. die Ernennung von drei Inquisitoren in Sevilla und erlaubte der spanischen Königin Isabella und ihrem Gemahl Ferdinand weitere Ernennungen vorzuschlagen. 1481 ernannte Ferdinand eigenmächtig weitere Inquisitoren. 1482 beschwerte sich der Papst beim spanischen Königspaar, dass sich die Inquisition nicht gegen die eigentliche Häresie, sondern ausschließlich ge-

gen *Conversos* richten würde. Unter starkem diplomatischem Druck seitens der spanischen Krone bestallte Sixtus IV. 1483 Thomas de Torquemada zum Großinquisitor. Mit seiner Zustimmung wurden auch ungetaufte Juden vor ein Inquisitionsgericht gestellt.

Katharer
Auch »Albigenser«, bedeutendste ketzerische Bewegung des Hochmittelalters. Ihre Lehre sah die Welt in einer ständigen Auseinandersetzung zwischen Gut und Böse (Dualismus). Ablehnung von Privateigentum, der Sakramente und der kirchlichen Hierarchie. Die Katharer wurden durch die Inquisition vollständig ausgerottet.

Ketzer
Abgeleitet von »Katharer« (aus dem Griechischen »Die Reinen«). Synonym zur Bezeichnung »Häretiker«.

Qualiter et quando
Dekret vom 26. Februar 1206, bestätigt auf dem 4. Laterankonzil 1215. Beschreibt das Vorgehen gegen Beklagte. Ablehnung von Gottesurteilen, Zweikämpfen und des Reinigungseides. Zur Ermittlung werden »materielle Beweise« (Zeugenaussagen) verlangt. Angeklagte müssen die Möglichkeit zur Verteidigung haben.

Skapulier
Mönchisches Schultergewand mit Kapuze.

Summis desiderantes affectibus
So beginnt die so genannte »Hexenbulle«: »Sich mit größter Sehnsucht wünschend« – »Es ist unser sehnlichster Wunsch«

Waldenser
Benannt nach Petrus Valdes, einem Kaufmann aus Lyon. Ihr Streben galt dem Ideal der apostolischen Armut. 1184 wurden sie von Papst Lucius III. zu Ketzern erklärt und verfolgt, aber nie völlig vernichtet. Einzelne Gemeinden bestehen bis heute.

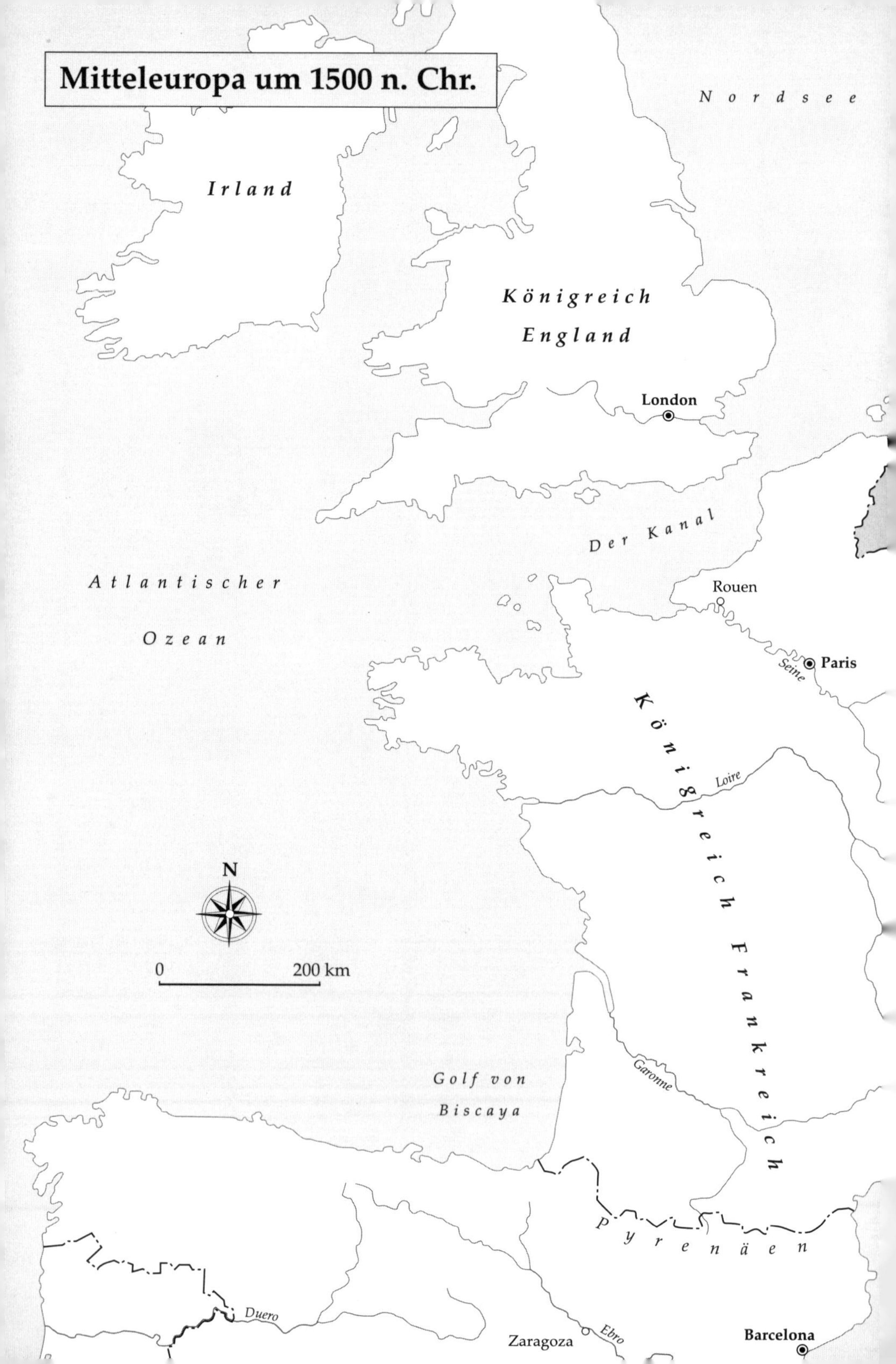

Mitteleuropa um 1500 n. Chr.
Nordsee
Irland
Königreich England
London
Der Kanal
Atlantischer Ozean
Rouen
Paris
Seine
Königreich Frankreich
Loire
N
0
200 km
Golf von Biscaya
Garonne
Pyrenäen
Duero
Zaragoza
Ebro
Barcelona